Lebendige Welt der Bibel
Entdeckungsreise in das Alte Testament

Lebendige Welt der Bibel

Entdeckungsreise in das Alte Testament

Herausgegeben von
Erich Zenger

unter Mitarbeit von
Christoph Dohmen
Irmtraud Fischer
Christian Frevel
Frank-Lothar Hossfeld
Georg Steins

Herder
Freiburg · Basel · Wien

Abbildungen:
Herder-Archiv, mit Ausnahme folgender Seiten:

16: Herzog August Bibliothek, Wolfenbüttel
29 ob.; 29 u.; 31 u. links; 56: Christoph Dohmen
44: Minna Antova
73 ob.: Hebrew Union College
84 ob., 2. von rechts, sowie u., rechts und links; 96 u.; 104 ob., rechts; 105 ob.; 110, ob., rechts und links: Erich Lessing
113 ob.: The Oriental Institute Museum, University of Chicago
116 u.: Institute of Archeology, Hebrew University of Jerusalem

In Einzelfällen waren die Rechteinhaber nicht ausfindig zu machen. Begründete Ansprüche werden selbstverständlich abgegolten.

Die Deutsche Bibliothek - CIP-Einheitsaufnahme

Lebendige Welt der Bibel : Entdeckungsreise in das Alte Testament / hrsg. von Erich Zenger. Unter Mitarb. von Christoph Dohmen ... - Freiburg [Breisgau] ; Basel ; Wien : Herder, 1997
ISBN 3-451-26123-5

Umschlag und Layout:
Finken & Bumiller, Stuttgart

Druck:
Spiegel Buch, Ulm

ISBN 3-451-26123-5

Inhalt

Einführung
Das fremde Buch?

Unter der Überschrift »Der Star, den keiner kennt« veröffentlichte 1991 das »Zeitmagazin«[1] ein Portrait von Gérard Brach, der die Drehbücher für viele erfolgreiche Filme geschrieben hat: »Tanz der Vampire«, »Wenn Katelbach kommt«, »Der Name der Rose« und viele mehr. Regisseure und Produzenten - so heißt es in diesem Portrait - würden ihm die Welt zu Füßen legen. Doch der Franzose lebt wie ein Eremit. Seine Wohnung verläßt er nur, wenn es sein muß. Und ins Kino geht er auch nicht. Dafür liest er Unmengen, sieht fern - und studiert das Alte Testament, immer wieder. Da, so sagt Brach, steckt alles drin, was Kino können muß. Alles an Leidenschaft zwischen Liebe und Haß, an Dramatik zwischen Leben und Tod, an Melancholie und Utopie.

Es ist schon erstaunlich: Während vielen Kirchengängern und Theologen das Alte Testament nicht besonders wichtig oder vertraut ist, hat dieses Buch Künstler und Literaten immer schon angezogen und inspiriert (wofür der erste Teil unseres Sachbuchs zahlreiche Beispiele bietet). Für literarisch Interessierte gehört das Alte Testament zur Weltliteratur. Die Sprachkraft und die Lebendigkeit seiner Erzählungen, die archaischen Bilder seiner Poesie und die Treffsicherheit seiner Lebensweisheiten, die markanten Gesellschaftsanalysen und die beschwörenden Utopien der alttestamentlichen Prophetie - all dies hat künstlerische und für Kunst sensible Menschen noch immer fasziniert. So schreibt Heinrich Heine in einem der acht Briefe, die er in seine 1839 entstandene »Denkschrift« über Ludwig Börne aufgenommen hat: »Da gestern Sonntag war und eine bleierne Langeweile über der ganzen Insel [Helgoland] lag und mir fast das Haupt eindrückte, griff ich aus Verzweiflung zur Bibel ... und ich gestehe es Dir, trotzdem, daß ich ein heimlicher Hellene bin, hat mich das Buch nicht bloß gut unterhalten, sondern auch weidlich erbaut. Welch ein Buch! groß und weit wie die Welt, wurzelnd in die Abgründe der Schöpfung und hinaufragend in die blauen Geheimnisse des Himmels ... Sonnenaufgang und Sonnenuntergang, Verheißung und Erfüllung, Geburt und Tod, das ganze Drama der Menschheit, alles ist in diesem Buche ... Es ist das Buch der Bücher, Biblia. Die Juden sollten sich leicht trösten, daß sie Jerusalem und den Tempel und die Bundeslade und die goldenen Geräte und Kleinodien Salomonis eingebüßt haben ... solcher Verlust ist doch nur geringfügig in Vergleichung mit der Bibel, dem unzerstörbaren Schatze, den sie gerettet.«[2]

»Wenn der König seinen Königsthron bestiegen hat, soll er alle Tage seines Lebens in der Tora lesen, damit er lernt, seinen Gott zu fürchten ... und sein Herz nicht über seine Brüder zu erheben« (Dtn 17, 18-20). Nach jüdischem Verständnis ist die Tora des Mose als grundlegender Teil der Bibel das Lehrbuch par excellence. Die Abbildung zeigt König Salomo als Toraschüler (aus einem jüdischen Gebetbuch, spätes 13. Jh., Nordfrankreich).

In der Tat: Das Alte Testament ist das große Buch über Gott und die Welt, über die vielen Gesichter, mit denen das Leben und der Tod auf die Menschen zukommen, und vor allem über die Erfahrungen, die Menschen gemacht haben, als sie ihr Leben mit dem lebendigen Gott zu leben versuchten. Was sie dabei erlebt haben, ist im Alten Testament zusammengefaßt, das man deshalb zu Recht »verdichtetes Leben« genannt hat. Rainer Maria Rilke, einer der ganz großen Liebhaber des Alten Testaments, konnte deshalb sogar sagen, daß ihm »das Alte Testament, wo immer wir es aufschlugen, zum Ereignis, zum Klima« wurde.[3]

Wie kaum ein anderes Buch ist die Jüdische Bibel / das Alte Testament ein Spiegel und Gegenbild des Lebens zugleich. In ihm hat sich nicht nur das Leben verdichtet, wie es ist, sondern zugleich, ja noch viel mehr, wie es sein soll und sein kann. Es deckt die dunklen Seiten des Lebens auf, nicht aus Lust am Bösen, sondern um dem Versagen und der Schuld seine Gegenwelt des Guten und der Hoffnung entgegenzuhalten.

Die Jüdische Bibel / das Alte Testament ist ein in literarischer Hinsicht kunstvolles und faszinierendes Buch, gerade weil es in vielem ein für uns fremdes Buch ist bzw. geworden ist. Zwischen seiner Welt und unserer Welt liegen, wie wir sagen, »Welten«. Gerade diese Fremdheit ist der Reichtum dieses Buches, der uns anziehen kann. Im Alten Testament können wir über uns selbst und über unseren Gott, über das Leben und die Welt vieles lernen und erfahren, was wir nicht wissen und wovon wir träumen. Dieses »alte« Buch steckt voller Neuigkeiten, wenn man sich auf eine Entdeckungsreise einläßt, um Land und Leute der Bibel kennenzulernen.

Wie lebendig die Welt des Alten Testaments ist, will unser »Sachbuch« in seinen drei Teilen aufzeigen: Das Alte Testament ist, stärker als vielen bewußt, Inspirationsquelle unserer Kultur und Kunst (Teil 1). Es ist Spiegel der Lebensgeschichte des biblischen Israel, das in einer faszinierenden Landschaft und in einer lebendigen Kultur seinen ureigenen Weg mit seinem Gott gesucht hat (Teil 2). Und es ist eine ganze Bibliothek von Schriften, die man als großartiges theologisch-politisches Programm, als Wegweisung für das alltägliche Leben und insbesondere für ein neues Miteinander von Juden und Christen studieren und realisieren kann (Teil 3).

Auch wenn man Friedrich Nietzsches Urteil über das Neue Testament nicht zustimmen wird, so hat er zumindest die Lebendigkeit und Großartigkeit des Alten Testaments intuitiv erfaßt (wenn auch nicht angemessen »theologisch« gewürdigt), wenn er in »Jenseits von Gut und Böse« schreibt: »Im jüdischen ›alten Testament‹, dem Buch von der göttlichen Gerechtigkeit, giebt es Menschen, Dinge und Reden in einem so grossen Stile, dass das griechische und indische Schriftenthum ihm nichts zur Seite zu stellen hat ... Der Geschmack am alten Testament ist ein Prüfstein auf ›Gross‹ und ›Klein‹«.[4] Gegenüber dem »großen« Alten Testament ist für Nietzsche das Neue Testament »klein«. Da irrt Nietzsche. Aber daß das Alte Testament auf jeden Fall ein »großes« Buch ist, darin hat er mehr als recht. Es ist nicht immer ein leichtes Buch. Es ist oft beunruhigend und erschreckend. Es widersetzt sich auch jenen von pastoralem Pathos getragenen Sätzen wie »Jeder von uns ist Mose, Amos und Jona« oder »Jeder von uns ist in der Wüste, steht am Gottesberg«. Nein: Die Gestalten und die Bücher des Alten Testaments gehen nie in unserem Leben so auf, daß sie ihre Eigenständigkeit und Fremdheit verlieren. Gerade deshalb sind sie auch nach Jahrhunderten immer noch aktuell, verheißend und tröstend, mahnend und herausfordernd. Damit sie dies sind oder werden, muß man sich auf sie einlassen, muß man zu verstehen suchen, wie *sie selbst* sind (nicht: »für mich ist Mose oder Jesus wie ...«) - und man muß sich von ihnen und von ihrer Welt ansprechen lassen. Dazu will dieses Sachbuch motivieren und hinführen.

Erster Teil

Das Alte Testament in unserer Lebenswelt

1. Spuren des Alten Testaments in der Alltagswelt

Erich Zenger

In der Werbung

»Adam und Eva wurden aus dem Paradies vertrieben. Wir fliegen Sie jeden Tag hin.« So wirbt ein Reiseveranstalter für sein Urlaubsangebot. Und er verspricht, daß *dieses* Paradies das wahre Paradies ist, anders als es das Paradies der Bibel war: »Hier gibt es keine verbotenen Früchte, hier ist alles erlaubt. Hier kann man alles bekommen, von der frischen Ananas über das Reitpferd bis hin zum Hummer.« Die Reisebüros werden so zu Orten der »Paradies-Beratung«, wo man das Paradies buchen kann.

1991 brachte ein Automobilkonzern seinen Kleinwagen auf den Markt mit einer Anzeigenserie, die mit dem Slogan »Made in Paradise« Lust auf diese Paradiesesfrucht wecken sollte. »Suchen Sie das Paradies nicht irgendwo, suchen Sie es hier«, heißt nun der (göttliche) Ratschlag. Eine freundlich-vertrauensvoll dreinblickende, blauäugige Schlange zischelt ihre Worte aus paradiesischer Landschaft, in deren Mitte das Auto steht: »Hallo Adams. Hallo Evas. Sind das nicht Formen zum schwach werden?« Oder: »Hallo Adams. Hallo Evas. Hier ist Anbeißen keine Sünde mehr.« Oder: »Hallo Adams. Hallo Evas. Jetzt könnt ihr mal so richtig in Fahrt kommen.« In der Fernseh-Filmfassung der Werbung lassen sich Adam und Eva von der liebenswürdig-kompetenten Schlange überzeugen: Jung, schön und splitternackt schauen sie sich das begehrenswerte Objekt an, setzen sich hinein und fahren vergnügt aus dem exotischen Paradies hinaus in die urbane Welt von heute - wohin sie den Kleinwagen als ihr Paradies mitnehmen.

Im Sommer 1996 produzierte ein Parfumhersteller eine neue Kosmetikserie mit Apfelduft und gab ihr den Namen »All about Eve«. Es ist ein Duft, in dem das Paradies und die paradiesische Eva wiederkehren, wie der Werbetext verheißt: »Ein Duft, der fasziniert, lockt, verführt. Inspiriert

Werbeplakat einer Reisegesellschaft

Anzeigenseite einer Autofirma

von der verbotenen Frucht, dem paradiesischen Apfel. Ein Duft wie Eva.« Durch diesen Duft wird jede Frau zur verführerischen Eva und zu einem paradiesischen Apfel, in den jeder Mann hineinbeißen wird.

Die Werbefachleute wissen, warum sie auf die alttestamentliche Paradiesgeschichte zurückgreifen. Zwar ist, wie wir eingangs gesagt haben, die Bibel *als Buch* kaum noch in unserer Alltagswelt präsent. Aber einzelne Geschichten und Motive sind immer noch und beinahe überall gegenwärtig. Ihre biblische Autorität und Bekanntheit werden in der Werbung aufgegriffen. Sie machen den Kauf der »paradiesischen« Produkte Urlaub, Auto und Kosmetika zu einem religiösen Akt. Die biblischen Assoziationen wecken die Sehnsucht nach Heil und Glück inmitten einer Welt von Unheil und Leid. Die exotische Welt des Paradieses soll eine Gegenwelt zur Banalität und zum Streß der Arbeit sein. Mit der Bibel soll himmlischer Glanz in das Grau des Alltags fallen. Das entspricht ohnedies dem Selbstverständnis der Werbung überhaupt, die nach Meinung nicht weniger Kulturkritiker die Rolle der Religion besetzt hat. Sie definiert sich ohnedies gerne als »der Himmel auf Erden«, »das Gemüt einer gemütlichen Welt und die Seele seliger Zustände«[1].

Nur nebenbei soll darauf aufmerksam gemacht werden, mit welch hintergründiger Ironie das Alte Testament selbst, so man es kennt, das als Paradiesesfrucht angepriesene Auto - gewiß gegen die Absicht der Werbefachleute - qualifiziert: als todbringenden Sündenfall der Zivilisation, so wie nicht wenige Kritiker der Moderne das Auto be- bzw. verurteilen, das sie darüber hinaus in alttestamentlicher Sprache als »Goldenes Kalb« (vgl. Ex 32) vieler Zeitgenossen bezeichnen.

In der Volkskunst: am Beispiel von Adam und Eva

Auch frühere Generationen haben über die Gestalten von Adam und Eva ihren Alltag in biblisches und religiöses Licht getaucht.[2] Sie haben

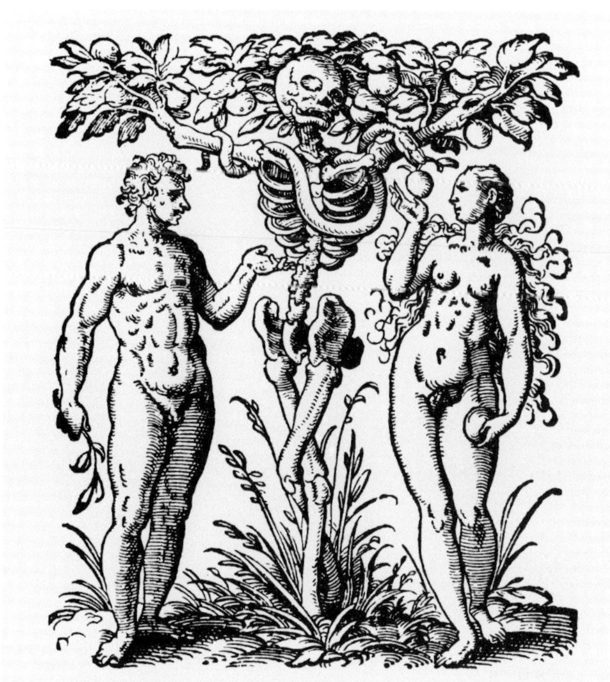

Der Baum des Todes und des Lebens. Titelholzschnitt aus Jacob Rueffs Hebammenbuch »Alle Heimlichkeit des weiblichen Geschlechts«, 1553

Hochzeitsschüssel vom Niederrhein, um 1750

damit freilich nicht die Illusion geweckt, daß das Paradies machbar und kaufbar sei. Im Gegenteil. Mit der Erinnerung an Adam und Eva haben sie sich die Vergänglichkeit, die Sündhaftigkeit und die Todesverfallenheit allen menschlichen Lebens bewußtgemacht.

Bis zum Ende des 19. Jahrhunderts gehörten billige Drucke mit der Darstellung der Lebensalterstufen zum beliebtesten Wandschmuck des bäuerlichen und kleinbürgerlichen Haushaltes. Die verschiedenen Lebensalter werden dabei in auf- und absteigenden Stufen dargestellt. Dieser Stufenbau wölbt sich oft über die Szene des sog. Sündenfalls mit Eva, die den Apfel vom Paradiesesbaum pflückt, und Adam, der zuschaut oder selbst ißt. Entsprechende Verse laden ein, diesen Weg allen Lebens immer vor Augen zu haben. Das wird besonders aus jenen Lebensalterbildern deutlich, auf denen in freier Abwandlung von Ps 90,12 geschrieben steht: »Herr, lehre uns bedenken, daß wir sterben müssen, auf daß wir klug werden«. Daß Adam und Eva als Mahnbilder des Todes verinnerlicht werden sollen, zeigt nicht nur ihre Darstellung auf Totenbrettern und Sargtüchern, sondern besonders eindrucksvoll ihr Auftreten auf den beliebten sog. Memento-mori-Klappbriefen, die zwei Bilder darbieten. Wenn der Faltbrief geschlossen ist, sieht man das paradiesische Glück mit Adam (allein) inmitten einer friedlichen Tierwelt. Die Szene dieses »uranfänglichen« Schöpfungsglücks wird dann beispielsweise so kommentiert:

O Rückblick voller Lieblichkeit,
Einst gab es keinen Schmerz, kein Leid.
Ja denke, Sterblicher, zurück,
An jener Tage reines Glück!
Der Mensch war da bei seinem Gott
Und kannte weder Noth noch Tod.
Allein, was kurz darauf geschehn,
das könnt ihr hier mit Wehmuth sehn.

»Was kurz darauf geschehn«, zeigt der Faltbrief, wenn man ihn aufklappt: Eva greift nach dem Apfel im Maul der Schlange. Das war, so wird kommentiert, der große Sündenfall, »der uns nun tödtet all'!«. Zugleich freilich wächst aus dem Baum, von dem Adam und Eva essen, das rettende Kreuz Christi. Der Paradiesbaum, der den Tod brachte, wird typologisch transparent auf den erlösenden Lebensbaum des Kreuzes. Das ist die von Paulus herkommende Adam-Christus-Typologie (vgl. Röm 5,12-21; 1 Kor 15,20-22), die in der anschließenden christlichen Überlieferung zur Lebensbaumtheologie (in Aufnahme von Ps 1) entfaltet wurde und die uns aus der Liturgie vertraut ist: »Von einem Baume kam der Tod, von einem Baume sollte das Leben erstehen. Der am Holze siegte, sollte am Holze besiegt werden: durch Christus unseren Herrn.« Ikonographisch ist diese Mutation des Paradiesesbaumes zu einem Baum des Todes besonders plastisch dargestellt, wenn dessen Stamm als Totengerippe mit absterbenden Blättern zwischen Adam und Eva steht, die von seinen Früchten essen (vgl. Abb. S. 11).

Wegen dieses typologischen Bezugs auf die Erlösung durch Jesus Christus ist das biblische Paradies mit Adam und Eva in der christlichen Volkskunst und Volksfrömmigkeit das beliebteste alttestamentliche Thema. Das wird besonders im Umfeld des Weihnachtsfestes sichtbar, in dem die Geburt des Erlösers als Beendigung des durch Adam und Eva über alle Menschen gebrachten Todes gefeiert wird. Daß der christliche Heiligenkalender den Tag vor der Geburt Christi, also den 24. Dezember, als Fest der Heiligen Adam und Eva vorsieht, hängt damit ebenso zusammen wie der Brauch, am 24. Dezember keine Äpfel zu essen. In vielen Gegenden wurde zu Weihnachten ein Gebäck mit einem Model gebacken, der Adam und Eva unter dem Paradiesbaum zeigt. Und der Weihnachtsbaum ist bekanntlich aus den Paradiesspielen hervorgegangen, die am Heiligen Abend die Heilsgeschichte vom Paradies bis zu Christus szenisch nachspielten. Der (vielleicht erstmals in Tirol) ursprünglich nur mit Äpfeln behängte Baum war der Paradiesesbaum, von dem im Paradiesspiel Adam und Eva aßen. In manchen Gegenden hieß dieser ursprüngliche Christbaum deshalb auch Adamsbaum. Als Teilelement der christlichen Erlösungsikonographie gehörte die alttestamentliche Adam-Eva-Konstellation zur christlichen Alltagswelt und war als Lieblingsmotiv der Volkskunst und des Kunsthandwerks geradezu allgegenwärtig: man stickte sie auf Taschen- und Handtücher, man schnitzte sie auf Wäscheklopfer und Mangelbretter, man malte sie auf Wandfliesen und Hausfassaden und goß sie als Relief auf die eisernen Ofenplatten. Indem Adam und Eva gegenwärtig waren, war man selbst in der mit ihnen beginnenden Heilsgeschichte gegenwärtig.

Diese Partizipation an der biblisch bezeugten Heilsgeschichte suchte man über Adam und Eva auch für die Ehe. Deshalb spielt das Adam-Eva-Thema im Umfeld des hochzeitlichen Brauchtums eine zentrale Rolle. Man malt oder schnitzt Adam und Eva auf die Bettgestelle und stickt Adam und Eva sozusagen als erstes Hochzeitspaar der Menschheitsgeschichte auf die Bettdecke, unter der das neuvermählte Paar zum ersten Mal miteinander schläft. Die besonders kostbaren Stücke der Brautausstattung werden ebenso mit dem Adam-Eva-Motiv verziert wie die Hochzeitshandschuhe der Braut. Was man von dieser Rückbindung an die alttestamentliche Tradition erhoffte, kann man einer Hochzeitsschüssel vom Niederrhein (aus der zweiten Hälfte des 18. Jh.) entnehmen (vgl. Abb. S. 11), auf der unter dem Bild von Adam und Eva im Paradies folgender Text geschrieben steht: »Gott setzte dem Adam die Eva ins Paradies und gab ihnen den Befehl, sich von den Früchten eines Baumes zu enthalten, welcher mitten im Paradiese stund. Durch die Beobachtung dieses Verbotes sollten sie ihre Liebe, Treue ehren und Gehorsam gegen Gott anlegen. Gott drohte ihnen zugleich den Tod, wenn sie dieses Verbot übertreten würden; den 8. Juni. Janderich Möllendieck, Janhenderich Möllendiek Möller.«

Für die Werbung wurden Adam und Eva nicht erst in unseren Tagen entdeckt. Wirtshäuser nannten sich gerne »Zum Paradies« und luden mit entsprechenden Wirtshausschildern zur paradiesischen Einkehr ein. Und eine Brauerei in der Nähe von Kempten im Allgäu legte sich das Firmenschild »Zum Illerparadies« zu, wählte als Motiv für ihre Bierdeckel Adam und Eva unterm Paradiesbaum und schrieb auf den Deckel dazu: »Hätte Adam Paradies-Bier besessen, hätt' er den Apfel nicht gegessen.«

Die Neuentdeckung des Alten Testaments durch die Laien-Bibelfrömmigkeit des Spätmittelalters und der Reformationszeit

Ein eigener Umgang mit der Bibel war den Laien aus vielen Gründen jahrhundertelang verwehrt. Das war Sache der Klöster und des gebildeten Klerus. Als ab dem 12. Jh. volkssprachliche Bibelübersetzungen aufkamen, wurden sie zunächst von der kirchlichen Hierarchie bekämpft. Wer eine volkssprachliche Bibel besaß, mußte damit rechnen, als Ketzer behandelt zu werden. »Unnachgiebig trat die Amtskirche auf den Plan, wenn einzelne Personen und Gemeinschaften ihrem Verlangen nach volkssprachlicher Bibel- und Liturgiesprache Ausdruck gaben. Das war bei den Waldensern nicht anders als bei den Beginen, bei John Wyclif (um 1320-1384) nicht anders als bei Johannes Hus (um 1370-1415). Als Wyclif gemeinsam mit Kollegen und Anhängern die Bibel vollständig ins Englische übersetzte, sprach der Bischof von Oxford ein Leseverbot aus (1408), ohne jedoch verhindern zu können, daß die Wyclif-Bibel weite Verbreitung und zahlreiche Leser fand. Der böhmische Reformator Johannes Hus machte dem Klerus seiner Zeit zum Vorwurf, mit aller Macht dahin zu arbeiten, ›daß die gemeinen Leute zur Kenntnis der Schrift nicht kommen‹. Kleriker würden die Bibel dem einfachen Volk deshalb vorenthalten, weil sie befürchten, ›daß sie von den Laien nicht mehr so geehrt würden, wenn diese die Heilige Schrift lesen möchten‹ ...›Was ... die Entstehung ... volkssprachlicher Bibelübersetzungen vor allem verursachte und förderte, war die

Tatsache, daß seit dem 14. Jahrhundert die Gleichsetzung von *laicus* und *illiteratus*, von Laie und Analphabet, nicht mehr aufging.‹[3]

Es bildete sich nun eine »Laienschaft« heraus, die in Wort und Schrift ihrer Muttersprache mächtig war - und gerade im eigenständigen Umgang mit der Bibel ihre neue innerkirchliche Identität fand. Als dann der Buchdruck kam, wurde die Bibel erst recht zum Medium von Frömmigkeit und Kultur. »Spätmittelalterliche Kirchenreform, humanistische Strömungen und vor allem die von Martin Luther in Gang gebrachte Reformation wirkten aktivierend auf das Leseverhalten breiterer Schichten. Das soziale Spektrum bibellesender Laien erweiterte sich im späten Mittelalter und in der frühen Neuzeit erheblich. Dessen unterste Schicht verkörperte der Bauer, der in der reformatorischen Flugschriftenliteratur des 16. Jahrhunderts zum ersten Mal als Bibelleser dargestellt wird. Eine sozialgeschichtliche Auswertung der erhaltenen Bibelhandschriften und Bibeldrucke des 15. und beginnenden 16. Jahrhunderts ergibt folgendes Bild: Als Leser und Besitzer von Bibelhandschriften und Bibelfrühdrucken werden königliche und fürstliche Familien genannt, Adelsgeschlechter und wohlhabende, zum Patriziat gehörige oder ratsgesessene Stadtbürger. Bemerkenswert sind die zahlreichen Namen von Frauen, die im späten Mittelalter als Besitzer biblischer Handschriften und Drucke genannt werden ... Altkirchliche Reformkräfte und humanistische Geister, insbesondere

Motiv der »Wurzel Jesse«: In der Brust des schlafenden Jesse wurzelt ein Baum, der als Frucht Maria mit dem Jesuskind in der Mandorla hervorbringt, Lektionar aus Mirepoix

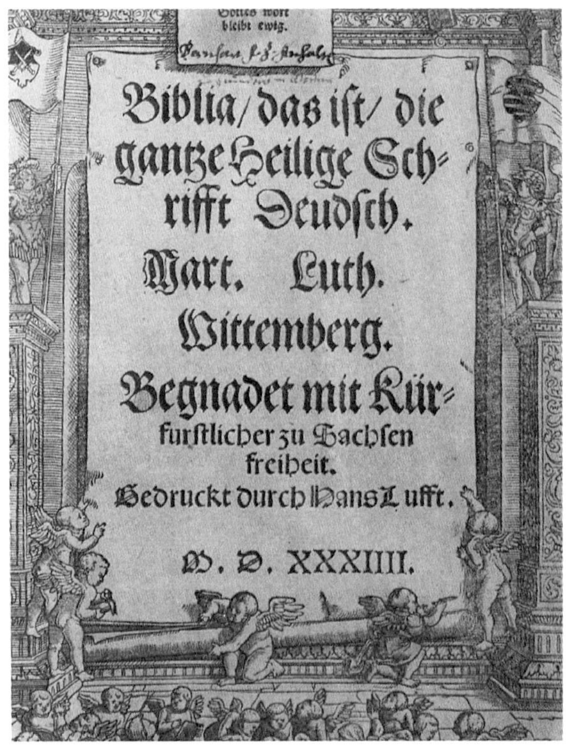

Lucas Cranach d. Ä., Titelblatt der 1534 erschienenen vollständigen deutschen Bibelübersetzung Martin Luthers

aber Martin Luther, trugen wesentlich dazu bei, ein bibellesendes Laienpublikum auszubilden, das, gefördert durch den Ausbau des niederen und höheren Schulwesens während des 16. Jahrhunderts, kontinuierlich wuchs.«[4] Martin Luthers Bibelübersetzung war nicht die erste deutschsprachige Bibel. Es gab schon vor ihm gut zwanzig deutsche Vollbibeln und damit bereits ein breites populäres Lesepublikum. Aber Luther schuf eine Bibelübersetzung, die dem Sprachempfinden und der Alltagserfahrung seiner Zeitgenossen, vor allem der sog. einfachen Leute, entsprach.

Die Bibel begann nun ihren Aufstieg zum »Volksbuch«, vor allem in den Regionen, in denen die Reformation sich ausbreitete. Die Predigt als Auslegung der Bibel rückte ins Zentrum der reformatorischen Gottesdienste. Dabei wurde nun auch stark das Alte Testament miteinbezogen. In der Schweiz richtete Zwingli mit der sogenannten »Prophezei« in Zürich ein eigenes alttestamentliches Schriftstudium der Züricher Theologen ein, an das sich jeweils eine öffentliche Gemeindepredigt anschloß. Die neuen Kirchenlieder inspirierten sich an der Bibel. Bis heute gehören die Psalmenlieder von Martin Luther (z.B. »Ein feste Burg ist unser Gott« als dichterische Auslegung von Psalm 46; Entstehungszeit umstritten: zwischen 1524 und 1530; »Aus tiefer Not schrei ich zu dir« als Umdichtung von Psalm 130; entstanden 1524) und Paul Gerhardt (z.B. »Geh aus mein Herz und suche Freud« als Umdichtung von Psalm 104; erstmals erschienen 1635 zu Berlin), aber auch des 1572 zum Katholizismus konvertierten Lutheraners Caspar Ulenberg (1582 erschienen seine »Psalmen Davids«; daraus werden bis heute gerne gesungen: »Nun lobet Gott im hohen Thron« = Ps 117; »Mein Hirt ist Gott der Herr« = Ps 23; »Groß ist der Herr in seiner Stadt« = Ps 48) zu den großen Zeugnissen alttestamentlich inspirierter Frömmigkeit. Eine Fülle von geistlichen Volksliedern der katholischen und der reformatorischen Tradition, die im 16. und 17. Jahrhundert entstanden und bis heute lebendig sind, sind mit alttestamentlichen Motiven gestaltet. Teilweise sind die Texte in ihrem Wortlaut sogar nur wirklich verständlich, wenn man die alttestamentliche Vorlage (den sog. Prätext) kennt. Das um 1587/88 in Mainz entstandene Weihnachtslied »Es ist ein Ros entsprungen aus einer Wurzel zart, wie uns die Alten sungen, von Jesse kam die Art« ist eine Aktualisierung der messianischen Verheißung des Jesajabuchs, daß »ein Reis« aus der Wurzel des abgehauenen Baumstumpfs Isais (lateinisch: Jesse = Vater Davids) wachsen wird (vgl. Abb. S. 14); dieser Sproß wird zu einem Fruchtbaum werden, der die Wiederkehr des paradiesischen Friedens bringen wird (vgl. Jes 11,1-9). Oder wenn es im Kirchenlied »Lobe den Herren, den mächtigen König der Ehren«, das geradezu eine alttestamentliche Anthologie ist, heißt »Lobe den Herren, der alles so herrlich regieret, der dich auf Adelers Fittichen sicher geführet«, dann muß man den alttestamentlichen Bezug auf Ex 19,4 (»Ihr habt gesehen, wie ich euch auf Adelers Fittichen [= Adlerflügeln] getragen und zu mir gebracht habe«) mithören, um die Gottesbotschaft des Liedes voll zu erfassen. Und wenn es im gleichen Lied heißt »Lobe den Herren, der künstlich und fein dich bereitet«, wird auf die in Ps 139,13-15 beschriebene kunstvolle Schaffung des Menschen im Mutterschoß angespielt.

Auf Flugblättern, in öffentlichen Gebäuden und an Privathäusern

Der neue sprachliche Zugang zur Vollbibel machte im 16. und 17. Jahrhundert das Alte Testament offensichtlich zum sprachlichen und bildlichen Quellgrund von Kultur und Religiosität des Volkes. Wenn beispielsweise im Dreißigjährigen Krieg das Eingreifen Gustav Adolfs auf illustrierten Flugblättern,[5] die sich an die breiten Massen wandten, mit vornehmlich alttestamentlichen Zitaten und Bildmotiven angekündigt und gefeiert wird, dann setzt dies eine, wie wir heute feststellen müssen, erstaunliche Kenntnis des Alten Testaments voraus. Und daß die katholische

Gegenseite ebenfalls mit alttestamentlich gestalteten Flugschriften antwortete, unterstreicht, wie tief das Alte Testament mittlerweile in der Alltagskultur verwurzelt war. Ein besonders elaboriertes Beispiel ist ein 1631 verbreitetes Flugblatt, das Gustav Adolf als Judas Makkabäus zeigt, der das Schwert zum Sieg gegen die kaiserlichen Truppen direkt aus der Hand Gottes erhält, wie auch das entsprechende Zitat 2 Makk 15,16 erläutert: »Nimm hin das heilige Schwert, das dir Gott schenkt; damit sollst du die Feinde schlagen.« So sprach nach dem 2. Makkabäerbuch der dem Judas Makkabäus im Traum erschienene Prophet Jeremia. Nun aktualisierte sich der Auftrag zur Befreiung »Israels« aus der Macht der »ungläubigen« Papisten in Gustav Adolf, dessen Kommen man bereits im Alten Testament angedeutet fand, nämlich in dem Psalmvers 34,9 »Kostet und seht, wie freundlich der Herr ist.« Dieser Psalmvers ist auf Lateinisch als Gloriole um das Haupt Gustav Adolfs gesetzt. Aus den lateinischen Worten des Psalmverses konnte man den biblischen Hinweis auf »Gustav Sued« herauslesen, wie die hier kursiv gedruckten Buchstaben zeigen: »*Gusta*te et *V*idete quam *Su*avis *e*st *D*ominus.« Links und rechts von Gustav Adolf ordnen ihn zwei weitere alttestamentliche Zitate in die Heilsgeschichte ein: »Weil dann die Elenden verstöret werden und die Armen seuffzen, wil ich auff, spricht der Herr. Ich wil eine Hülffe schaffen, daß man getröst werden sol« (Ps 12,6) und »Ich ruffe einem Vogel vom Aufgang und einem Mann, der meinen anschlag thue, aus fernem Lande. Was ich sage, das lasse ich kommen, was ich dencke, das thue ich auch« (Jes 46,11). Und unter der Gestalt Adolfs ist das Zitat Ps 18,30, das seinerseits über dem Bild der Erstürmung der Städte (von links nach rechts) Mainz, Bamberg und Würzburg steht: »Denn mit dir kann ich Kriegsvolk zerschmeissen, und mit meinem Gott über Mawren springen.« Mit diesem Psalmvers wird Gustav Adolf zum »neuen David« - und die Überschrift des Flugblatts macht ihn gar noch zum »neuen Mose«. Die Überschrift ist lateinisch und deutsch »Cum duplicantur lateres venit Mose« bzw. »Wenn man die Zigel duplicirt, So kommt Moses und liberirt«. Das ist eine Anspie-

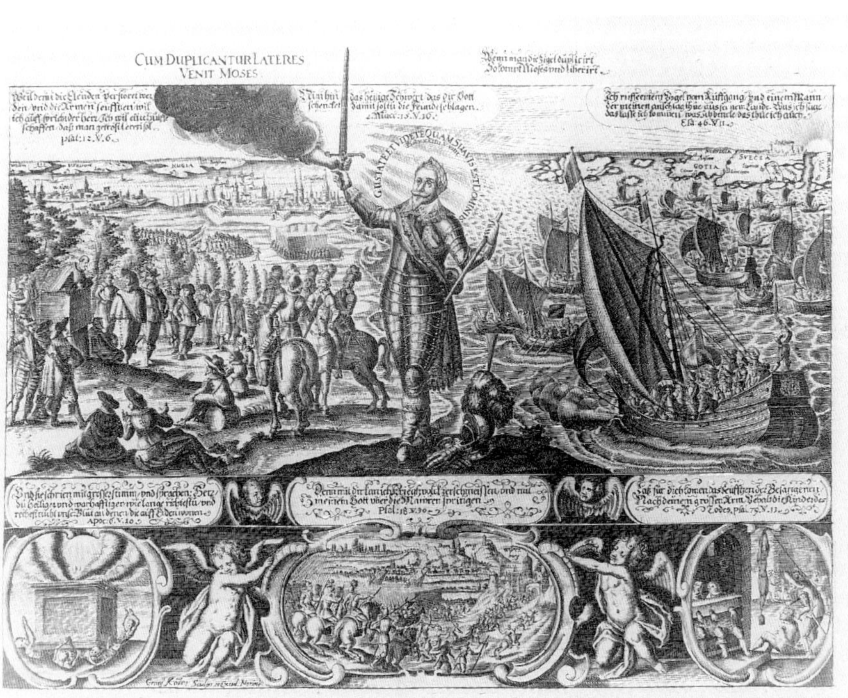

Illustriertes Flugblatt »Cum duplicantur lateres venit Moses« – »Wenn man die Ziegel duplicirt, so kommt Moses und liberirt«, Nürnberg 1631, Herzog August Bibliothek Wolfenbüttel: IH 201

lung an Ex 5, wo die Verschärfung der Arbeitsbedingungen bei der Ziegelherstellung für den Pharao als definitiver Auslöser für die in Ex 6 (erneut) erzählte Beauftragung des Mose zur Rettung Israels erzählt wird. Ein solches Flugblatt setzt voraus, daß die Adressaten es verstanden. Das aber heißt: Das Alte Testament war die geistige Welt, in der die Leute dachten und redeten.

Das bestätigen auch die Bilder und Figuren, die man - vor allem in den protestantischen Städten - an öffentlichen Plätzen und in öffentlichen Gebäuden anbrachte. Die nördlichen Niederlande sind dafür ein faszinierendes Beispiel. Sie haben im und nach dem Befreiungskampf gegen (das katholische) Spanien mit den Geschichten und Gestalten des Alten Testaments sich ihre neue Identität geschaffen.[6] Als sie die Heiligen der katholischen Tradition als Vorbilder christlichen Lebens ablehnten, griffen sie alttestamentliche Gestalten auf und malten diese an und in ihren öffentlichen Gebäuden als biblische Vorbilder: die keusche Susanna und den klugen Daniel, der diese rettet (vgl. Dan 13), den weisen Salomo als Ideal des gerechten Richters (vgl. 1 Kön 3), Josef, den klugen Verwalter Ägyptens (vgl. Gen 47), und den Propheten Elischa, der den vom Aussatz befallenen syrischen General Naaman umsonst heilt (vgl. 2 Kön 5).

Das im 17. Jahrhundert erbaute Amsterdamer Rathaus wurde in seinen einzelnen Sälen entsprechend den Aufgaben, die dort erfüllt wurden, so originell mit alttestamentlichen Bildern ausgestattet, daß es geradezu ein alttestamentliches Bilder-Kompendium war. So sahen sich die Ratsherren in ihrem Saal als Nachfolger der von Mose eingesetzten Richter (vgl. Ex 18), aber auch unter der Verheißung der dem Salomo auf seine Bitte hin in Gibeon von Gott geschenkten Weisheit (vgl. 1 Kön 3). Die Finanzbeamten arbeiteten in ihrem Raum umgeben von Bildern aus der Josefsgeschichte (Josef sorgt für das ganze Land Ägypten durch kluge Vorratsplanung und gerechte Verteilung). Die Schöffen übten ihre Tätigkeit im Angesicht von Bildern aus, die Mose mit den Gesetzestafeln (vgl. Abb. links), aber auch als strengen Richter über das Volk wegen des Abfalls zum Goldenen Kalb (vgl. Ex 32 und 34) zeigten. Und die Bürgergalerie gab mit den Bildern »Simson besiegt die Philister« (vgl. Ri 15) und »David erschlägt

Ferdinand Bol, Mose zeigt dem Volk die Gesetzestafeln, um 1663, Amsterdam, Koninklijk Paleis

Goliath« (vgl. 1 Sam 17) die biblische Legitimation des Befreiungskampfes gegen die spanischen Herren.

Alttestamentliche Gestalten und Geschichten dienten aber auch zur Unterhaltung und Belustigung, wie man der Beschreibung der sog. Amsterdamer Irrgärten entnehmen kann. Diese waren eine Art von Vergnügungs- und Erholungsparks, wo es zierliche Brunnen mit Figuren und Bildern gab, aber auch Gebäude, in denen man durch Skulpturen verschiedene »Historien« illustrierte. »Im ältesten Irrgarten war u.a. eine kleine Bühne mit ›Salomo und die Königin von Saba‹ (1 Kön 10,1-13) zu sehen, umgeben von einem Gefolge von Soldaten, Musikanten und Hofdamen. Durch einen Mechanismus konnte sich Salomo von seinem Thron erheben, um sich anschließend wieder zu setzen. Zugleich wurde eine große, bis heute bewahrt gebliebene Gruppe von Skulpturen zur Schau gestellt, die ›David und Goliath‹ (1. Samuel 17,49) darstellte und von denen einige Teile sich bewegen konnten.«[7] Dazu gab es Darstellungen zum Esterbuch, von Daniel und von David mit der Harfe, wozu auf einer Spieluhr Harfenmusik erklang. Das Ganze war also ein richtiger »Bibel-Park«, in dem das Alte Testament als Volks- und Lebensbuch »erlebt« werden konnte (vergleichbar unseren heutigen Märchenparks).

Eine derart intensive und programmatische Präsenz des Alten Testaments gab es in Deutschland nicht (und z.B. schon gar nicht im katholischen Italien, wo man lieber Themen der griechischen und römischen Mythologie aufgriff). Aber auch hier war das Alte Testament im Alltag buchstäblich präsent, wenn man in den protestantischen Regionen durch Städte und Dörfer ging. Die im 17. und 18. Jahrhundert erbauten niedersächsischen, westfälisch-lippischen und nordhessischen Fachwerkhäuser, sowohl die Amts- und Bürgerhäuser in den Städten (z.B. Osnabrück, Hildesheim und Braunschweig), als auch die Ackerbürgerhäuser und die Bauernhäuser in den Kleinstädten und Dörfern erhielten auf ihren Schwellen (horizontale, wandtragende Balken) und Torbögen (an den Bauernhäusern) weithin sichtbar biblische Zitate, vorwiegend aus dem Alten Testament, jeweils mit Stellenangabe versehen. Leider sind in den letzten Jahrzehnten viele Fachwerkhäuser abgerissen worden, aber die erhaltenen lassen noch heute erahnen, wie diese Städte und Dörfer eine Art »öffentliche Bibel« waren, in deren Ausstrahlung man lebte und arbeitete. Vor allem Psalmverse und Zitate aus den Weisheitsbüchern (Sprichwörter, Prediger und Jesus Sirach) waren außerordentlich beliebt. Zitiert wurde nach der Lutherübersetzung, aber auch nach plattdeutschen Bibelübersetzungen. An vornehmen Stadthäusern wurde im 16. Jahrhundert noch lateinisch oder lateinisch mit deutsch bzw. plattdeutsch gemischt zitiert. Zwar gibt es einige immer wiederkehrende Psalmzitate wie Ps 127,1-2:

»Wo der Herr nicht das Haus bauet,
so arbeiten umsonst die daran bauen.
Wo der Herr nicht die Stadt behütet,
so wachet der Wächter umsonst.
Es ist umsonst, daß ihr frühe aufsteht
und hernach lange sitzet
und esset euer Brot mit Sorgen.
Denn seinen Freunden gibt ers schlafend.«

Insgesamt aber ist die Vielfalt der Zitate überraschend und verrät große Vertrautheit mit dem Alten Testament. Eine 1968 durchgeführte Aufnahme von Inschriften an lippischen Fachwerkhäusern (im Raum Detmold/Lemgo) stellte Zitate aus 77 verschiedenen Psalmen fest.[8]
All dies bezeugt, wie stark Kultur und Frömmigkeit damals von der Sprach- und Bildwelt des Alten Testaments geprägt waren, so daß es nicht verwundert, daß die Sprache des Alten Testaments, vor allem in ihrer von Martin Luther geschaffenen Sprachgestalt, in die Alltags- und Literatursprache einging - und unsere Sprache bis heute mehr bestimmt als den meisten bewußt ist.

In unserer Alltagssprache

In der 1864 zum ersten Mal von Georg Büchmann zusammengestellten und seither in über 30 Auflagen fortgeführten Sammlung »Geflügelte Worte. Der Zitatenschatz des deutschen Volkes«[9] kann man auf 58 Seiten nachlesen, welche »geflügelten Worte« aus dem Alten Testament (meist in der Sprache Luthers) stammen. Ich nenne daraus folgende Zitate: hier herrscht ja ein Tohuwabohu (vgl. Gen 1,2); ich habe keine Lust, das Feigenblatt zu spielen (vgl. Gen 3,7); im Schweiße deines/seines Angesichts (vgl. Gen 3,19); das ist ein himmelschreiendes Unrecht (vgl. Gen 4,12); Zustände wie in Sodom und Gomorra (vgl. Gen 19); er ist ein echter Landesvater (vgl. Gen 41,43); die Fleischtöpfe Ägyptens (vgl. Ex 16,3); Auge um Auge, Zahn um Zahn (vgl. Ex 21,24); von Angesicht zu Angesicht (vgl. Ex 33,11); alle Jubeljahre einmal (vgl. Lev 25); vom Scheitel bis zur Sohle (vgl. Dtn 28,35); wie seinen Augapfel hüten (vgl. Dtn 32,10); Gift und Galle (vgl. Dtn 32,33); sein Herz ausschütten (1 Sam 1,15); alt und grau werden (vgl. 1 Sam 12,2); ein Mann nach dem Herzen Gottes (vgl. 1 Sam 13,14); Krethi und Plethi (vgl. 2 Sam 8,18); ein salomonisches Urteil (vgl. 1 Kön 3,16-28); ein Lückenbüßer (Neh 4,7 lautete in der alten Luther-Fassung: »Da aber Saneballat und Tobia und die Araber und Ammoniter und Asdoditer hörten, daß die Mauern zu Jerusalem zugemacht waren und daß sie die Lücken angefangen hatten *zu büßen* [= verschließen, ausbessern], wurden sie sehr zornig«); die Haare stehen zu Berge (vgl. Ijob 4,15); auf keinen grünen Zweig kommen (vgl. Ijob 15,32); auf Herz und Nieren prüfen (vgl. Ijob 7,10); wer andern eine Grube gräbt, fällt selbst hinein (vgl. Spr 26,27); bleibe im Lande und nähre dich redlich (vgl. Ps 37,3); die Zähne zusammenbeißen (vgl. Ps 37,12); sein Leid in sich hineinfressen (vgl. Ps 39,3); jemanden unter seine Fittiche nehmen (vgl. Ps 61,5; 91,4); der Rest ist für die Gottlosen (vgl. Ps 75,9); einem das Maul stopfen (vgl. Ps 107,42); wen der Herr liebhat, den züchtigt er (vgl. Spr 3,12); du bist ein Lästermaul (vgl. Spr 4,24); Rat und Tat (vgl. Spr 8,14); der Mensch denkt und Gott lenkt (vgl. Spr 16,9); Hochmut kommt vor dem Fall (Spr 16,18); alles ist eitel (Koh 1,2 u.ö.); ein Nimmersatt (vgl. Koh 1,8); nichts Neues unter der Sonne (Koh 1,9); tauben Ohren predigen (vgl. Jes 42,20); ein Unschuldslamm (vgl. Jes 53,7); ein Unglück kommt selten allein (Ez 7,5); Menetekel (vgl. Dan 5,25); wer Wind sät, wird Sturm ernten (vgl. Hos 8,7); Himmel und Erde in Bewegung setzen (vgl. Hag 2,7); lapsus linguae (Vulgata-Übersetzung von Sir 20,20); in den letzten Zügen liegen (vgl. 2 Makk 3,31); mit dem Leben davonkommen (vgl. 2 Makk 3,38); eine löbliche Sitte (vgl. 2 Makk 4,11); ein Auge auf jemand werfen (vgl. Dan 13,9).

Das von Lutz Röhrich 1991 veröffentlichte »Lexikon der sprichwörtlichen Redensarten«[10] bietet ebenfalls einen beeindruckenden Befund über das Fortwirken des Alten Testaments in unserer Alltagssprache. Hier findet sich einerseits das von Büchmann gesammelte Material breiter dokumentiert, aber über Büchmann hinaus bietet dieses Lexikon noch weiteres Material, aus dem ich wieder einige Beispiele auswähle: Alt wie Methusalem (vgl. Gen 5,15-27); angst und bange werden/machen (vgl. Sir 4,19); wie ein Blinder im Dunkeln tappen (vgl. Dtn 28,28f); mit Blindheit geschlagen sein (vgl. Gen 19,11); wie es im Buche steht (vgl. Ps 40,8); auf tönernen Füßen stehen (vgl. Dan 2,31-34); etwas auf die Goldwaage legen (vgl. Sir 21,27; 28,29); auf Händen tragen (vgl. Ps 91,12); aus seinem Herzen (k)eine Mördergrube machen (vgl. Jer 7,11); wenig, aber von Herzen (vgl. Tob 4,9); jemandem das Herz stehlen (vgl. 2 Sam 12,5); Hiobsbotschaft und Hiobsgeduld (vgl. Ijob 1-2); sieben fette und sieben magere Jahre (vgl. Gen 41); über den Jordan gehen (vgl. Jos 3); ums goldene Kalb tanzen (vgl. Ex 32); ein Kind des Todes sein (vgl. 1 Sam 26,16); glühende Kohlen auf dem Haupte sammeln (vgl. Spr 25,21f); nicht ganz koscher (vgl. Lev 11); es geht ihm ein Licht auf (vgl. Ijob 25,3; Ps 97,11); lieber ein lebendiger Hund als ein toter Löwe (vgl. Koh

9,4); Lockvogel (vgl. Jer 5,27; Sir 11,31); einen Mohren weiß waschen (vgl. Jer 13,23); eine Landplage (vgl. Ex 7-12); sich einen großen Namen machen (vgl. Gen 11,4; 2 Sam 8,13); Nonplusultra (vgl. Ijob 38,11 Vulgata); das kann ich mir nicht aus der Rippe schneiden (vgl. Gen 2,21); zur Salzsäule werden (vgl. Gen 19,26); Schlaf des Gerechten (vgl. Spr 24,15; Ps 3,6f); durstige Seele (vgl. Ps 107,9); den Seinen gibt's der Herr im Schlafe (vgl. Ps 127,2); vorsintflutlich bzw. nach uns die Sintflut (vgl Gen 6-9); den Weg allen Fleisches gehen (vgl. Gen 6,12f); es geschehen noch Zeichen und Wunder (vgl. Ex 7,3).

Spurensuche im alltäglichen Leben

Die Präsenz des Alten Testaments in unserer heutigen Alltagssprache unterscheidet sich von der Gegenwärtigkeit des Alten Testaments in der Alltagskultur des 17. und 18. Jahrhunderts, die wir beschrieben haben. Wir leben nicht mehr *bewußt* in der Sprach- und Bildwelt der Bibel. Es gibt nur noch wenige Situationen des Alltags, wo das Alte Testament *ausdrücklich* vorkommt. Es sind vor allem religiös bestimmte Situationen. Bei den Gottesdiensten werden Lesungen aus dem Alten Testament vorgetragen. Manche Christen wählen alttestamentliche Zitate als Tauf-, Konfirmations- und Hochzeitssprüche. Manchmal finden sich Psalmverse auf Totenzetteln. Ob Eltern, die ihren Kindern alttestamentliche Vornamen wie Ruth, Judith, Esther, Jonas oder Daniel geben, die nach diesen Gestalten benannten alttestamentlichen Bücher überhaupt kennen oder gar gelesen haben, ist nicht so sicher. Und ebenso ist fraglich, ob Vereine und Institutionen, die »Zehn Gebote« (z.B. des Autofahrers, des Bienenzüchters, des Hochleistungssportlers usw.) formulieren, dabei an die Zehn Gebote des Alten Testaments denken. Vielleicht fällt einem noch bei Roman-, Film- und Liedtiteln wie »Jenseits von Eden«, »Arche

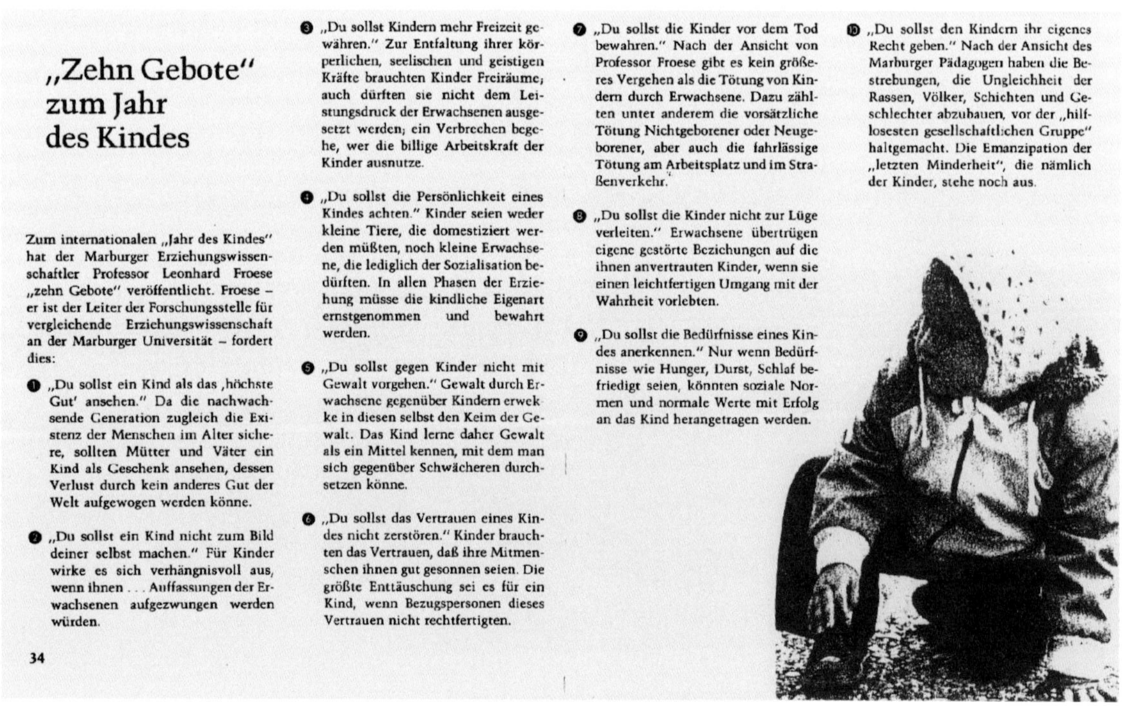

„Zehn Gebote" zum Jahr des Kindes

Zum internationalen „Jahr des Kindes" hat der Marburger Erziehungswissenschaftler Professor Leonhard Froese „zehn Gebote" veröffentlicht. Froese – er ist der Leiter der Forschungsstelle für vergleichende Erziehungswissenschaft an der Marburger Universität – fordert dies:

1. „Du sollst ein Kind als das ‚höchste Gut' ansehen." Da die nachwachsende Generation zugleich die Existenz der Menschen im Alter sichere, sollten Mütter und Väter ein Kind als Geschenk ansehen, dessen Verlust durch kein anderes Gut der Welt aufgewogen werden könne.
2. „Du sollst ein Kind nicht zum Bild deiner selbst machen." Für Kinder wirke es sich verhängnisvoll aus, wenn ihnen . . . Auffassungen der Erwachsenen aufgezwungen werden würden.
3. „Du sollst Kindern mehr Freizeit gewähren." Zur Entfaltung ihrer körperlichen, seelischen und geistigen Kräfte brauchten Kinder Freiräume; auch dürften sie nicht dem Leistungsdruck der Erwachsenen ausgesetzt werden; ein Verbrechen begehe, wer die billige Arbeitskraft der Kinder ausnutze.
4. „Du sollst die Persönlichkeit eines Kindes achten." Kinder seien weder kleine Tiere, die domestiziert werden müßten, noch kleine Erwachsene, die lediglich der Sozialisation bedürften. In allen Phasen der Erziehung müsse die kindliche Eigenart ernstgenommen und bewahrt werden.
5. „Du sollst gegen Kinder nicht mit Gewalt vorgehen." Gewalt durch Erwachsene gegenüber Kindern erwekke in diesen selbst den Keim der Gewalt. Das Kind lerne daher Gewalt als ein Mittel kennen, mit dem man sich gegenüber Schwächeren durchsetzen könne.
6. „Du sollst das Vertrauen eines Kindes nicht zerstören." Kinder brauchten das Vertrauen, daß ihre Mitmenschen ihnen gut gesonnen seien. Die größte Enttäuschung sei es für ein Kind, wenn Bezugspersonen dieses Vertrauen nicht rechtfertigten.
7. „Du sollst die Kinder vor dem Tod bewahren." Nach der Ansicht von Professor Froese gibt es kein größeres Vergehen als die Tötung von Kindern durch Erwachsene. Dazu zählten unter anderem die vorsätzliche Tötung Nichtgeborener oder Neugeborener, aber auch die fahrlässige Tötung am Arbeitsplatz und im Straßenverkehr.
8. „Du sollst die Kinder nicht zur Lüge verleiten." Erwachsene übertrügen eigene gestörte Beziehungen auf die ihnen anvertrauten Kinder, wenn sie einen leichtfertigen Umgang mit der Wahrheit vorlebten.
9. „Du sollst die Bedürfnisse eines Kindes anerkennen." Nur wenn Bedürfnisse wie Hunger, Durst, Schlaf befriedigt seien, könnten soziale Normen und normale Werte mit Erfolg an das Kind herangetragen werden.
10. „Du sollst den Kindern ihr eigenes Recht geben." Nach der Ansicht des Marburger Pädagogen haben die Bestrebungen, die Ungleichheit der Rassen, Völker, Schichten und Geschlechter abzubauen, vor der „hilflosesten gesellschaftlichen Gruppe" haltgemacht. Die Emanzipation der „letzten Minderheit", die nämlich der Kinder, stehe noch aus.

34

Zeitungsausschnitt: »Zehn Gebote« zum Jahr des Kindes.

Noah« oder »Die 120 Tage von Sodom« das Stichwort »Altes Testament« ein, vielleicht auch, wenn man von einer Popgruppe hört, die sich »Genesis« nennt, oder wenn man Spirituals wie »When Israel was in Egyptland - Go down Moses« oder »Joshua fit the Battle of Jericho« singt.

So bleibt als Fazit dieser kleinen Skizze (was auch die nächsten Abschnitte dieses Buchs bestätigen): »Irgendwie« ist das Alte Testament (immer noch oder wieder) in unserer Alltagswelt da. Vor allem aber ist das Leben da, von dem das Alte Testament redet. Das Leben der Menschen des Alten Testaments ist einerseits nicht grundsätzlich anders als unser Leben. Andererseits gehen sie in vielem anders mit diesem Leben um - miteinander und mit ihrem Gott. Das ist für uns fremd und faszinierend zugleich - und diese Fremdheit lädt zur Spurensuche, zur Entdeckungsreise in die lebendige Welt des Alten Testaments ein.

Zeitungsausschnitt
Anzeige eines Finanzmaklers

2. Das Alte Testament in Bildprogrammen christlicher Kunst

Christoph Dohmen

Christliche Kunst gibt es ohne Altes Testament ebensowenig wie es ein Christentum ohne Altes Testament geben kann. Denn als Religion ist das Christentum keine Neugründung, sondern ein Bekenntnis, das auf dem Boden des Judentums entstanden ist. Die Bezeichnung Christentum hält dies selbst noch fest, da sie ja zurückgeht auf das Grundbekenntnis, daß Jesus (von Nazareth) der Gesalbte (Messias/ Christus) Israels ist. Deshalb mußte das frühe Christentum seinen Glauben immer von der Bibel Israels, dem späteren Alten Testament der Christen, her artikulieren und erklären.[1] Die daraus entstandenen Besonderheiten und Schwierigkeiten des Christentums in bezug auf die als Altes Testament übernommene Heilige Schrift, spiegelt die christliche Kunst in einzigartiger Weise wider.

Die Bibel Israels als Altes Testament am Anfang der christlichen Kunst?

Fast nie ist das Alte Testament im Christentum um seiner selbst willen dargestellt worden, vielmehr wurde es herangezogen, um dem christlichen Glauben Ausdruck zu verleihen. Dies entspricht den im Christentum im Laufe der Jahrhunderte immer wieder aufbrechenden Fragen, warum und wozu man das Alte Testament brauche und wie man mit ihm umzugehen habe. Konkret werden diese Fragen vom 3. Jahrhundert an, seit der Zeit, als sich im Christentum die zweigeteilte Bibel aus Altem und Neuem Testament herausbildete und die Frage nach dem Verhältnis dieser beiden Teile zueinander sich wie von selbst stellte. Bis dahin hatte auch das Christentum als Heilige Schrift lediglich die Bibel Israels. Es ist vielleicht auch nicht unwichtig zu sehen, daß in den ersten 2 bzw. 3 Jahrhunderten noch keine spezifische Kunst hervorgebracht wurde, weil sich dieses Fehlen nicht nur aus dem noch zu behandelnden Bilderverbot der Bibel Israels erklären läßt.

Die Inhalte der christlichen Kunst erschließen sich nur auf der Basis der Besonderheit der christlichen Bibel als zweigeteilter Einheit. Die Zweiteilung in der Einheit fordert zur Verhältnisbestimmung zwischen den beiden Teilen heraus. Stellt der erste Teil nur die Vorgeschichte oder aber das bleibende Fundament oder gar nur die Negativfolie dar für das, was das Christentum durch den zweiten Teil, das sogenannte Neue Testament, zu verkünden hat? Die Verkündigung des Neuen Testamentes selbst hält fest, daß die Botschaft, Jesus ist der Christus, nur aus der Offenbarung Gottes an Israel her verständlich ist. Durch zahlreiche Rückverweise und Zitate halten die Schriften des Neuen Testamentes den rezipierenden, fortschreibenden und anknüpfenden Charakter ihrer Verkündigung in bezug auf die Bibel Israels fest. Wenn Jesus im Matthäusevangelium sagt, daß er nicht gekommen sei, um Gesetz und Propheten aufzuheben, sondern um sie zu erfüllen (vgl. Mt 5,17), dann liegt damit schon ein Plädoyer für die bleibende Gültigkeit des Alten Testamentes im Christentum vor, das hier in der Kurzformel »Gesetz und Propheten« angesprochen wird. Gleichzeitig ist damit aber auch ein Hinweis auf das Verständnis dieser Größe »Gesetz und Propheten« gegeben, der sich hinter dem Begriff Erfüllung verbirgt. Das darin enthaltene Schema von Verheißung und Erfüllung ist keine Erfindung des Christentums, sondern begegnet bereits innerhalb der alttestamentlichen Überlieferung. Um das Christusgeschehen zu deuten, greift das Christentum vielfältig auf diese aus der Prophetie kommende Konzeption zurück und liest mehr und mehr das gesamte Alte Testament aus einer so entwickelten prophetischen Perspektive. Diese zeigt sich nicht zuletzt auch in der Anordnung des christlichen Alten Testamentes, in der eine klare Gewichtsverlagerung zugunsten der prophetischen Bücher gegenüber der Tora im rabbinischen Judentum zu verzeichnen ist. Diese prophetische Perspektive ist eine der zentralen Ansatzpunkte des Christentums, um die Christusbotschaft von der vorliegenden Offenbarung, wie sie sich in der Bibel Israels niedergeschlagen hat, her verständlich zu machen.

Die Hl. Familie auf der Flucht nach Ägypten, Hans Baldung Grien, Hochaltar des Freiburger Münsters, Außenflügel (1512-1516)

Die frühchristliche und neutestamentliche Deutung und Legitimierung der Christusbotschaft von der Bibel Israels her versteht man als Erfüllung zuvor ergangener Verheißungen. Da dies innerhalb des Neuen Testamentes jedoch in narrativer Form geschieht, entsteht für die christliche Kunst das Problem, daß sie Alttestamentliches darzustellen hat, selbst wenn sie neutestamentliche Szenen illustriert. So läßt sich natürlich die Flucht nach Ägypten aus Furcht vor Herodes, von der Matthäus am Anfang seines Evangeliums berichtet (Mt 2,13-15), als neutestamentliche Szene in der Weise darstellen, daß man Maria und ihr Kind auf einem Esel sitzend sieht, den Josef führt, doch geht dabei die theologische Programmatik des Textes völlig verloren, der darauf hinaus will, daß sich in der Geburt dieses Kindes der von der Befreiung aus Ägypten bekannte Rettergott Israels zu Wort meldet, was an dem Zitat aus dem Propheten Hosea zu erkennen ist, auf das die ganze Episode zuläuft«: aus Ägypten habe ich meinen Sohn gerufen« (Mt 2,15). Um nicht in dieser Weise in Illustrationen biblischer Szenen zu verfallen, setzen die Anfänge der christlichen Kunst bei Bildprogrammen ein, die sich nur dem bibelkundigen Betrachter erschließen.

So sind die ältesten Darstellungen der Geburt Christi nicht in einer Krippenidylle mit Maria, Josef, Hirten und drei Königen zu finden, sondern in einfachen Bildern, die das Kind in der Krippe nur gerahmt sein lassen von Ochs und Esel,[2] die

Frescogemälde, Grabkammer des Coemeterii San Sebastiano, 2. Hälfte 4. Jh.

gerade nicht in den Evangelien erwähnt werden. Über das Stichwort Krippe wird das Geschehen durch die in Jes 1 erwähnten Ochs und Esel gedeutet. Die uneingeschränkte - und zuerst einmal alleinige - Gültigkeit der Bibel Israels als Heilige Schrift im Christentum hat natürlich nicht nur dazu geführt, daß diese Heilige Schrift dazu dienen konnte, in visualisierter Form Deutungen der Christusbotschaft zu liefern, sondern die sich im zweiten der Zehn Gebote äußernde Distanz gegenüber der Kunst hat auch das Christentum in seinen Anfängen uneingeschränkt rezipiert. Wobei es zu bedenken gilt, daß das Verbot »Du sollst dir kein Bildnis machen« (Ex 20,4/Dtn 5,8), das sogenannte Bilderverbot, sich nicht auf jegliches Bild bezieht und folglich als Kunstverbot zu verstehen ist, sondern es wird eindeutig auf den Bereich des Kultes beschränkt und konzentriert sich dabei noch einmal im besonderen auf die Nichtdarstellbarkeit Gottes.[3]

Diesem Kernanliegen des Bilderverbotes hat das Christentum lange entsprochen, auch noch nachdem sich christliche Kunst schon herausgebildet hatte. Mehr als ein Jahrtausend hielt das Christentum daran fest, daß Gott, den niemand je gesehen hat (vgl. Joh 1,18), nicht im Bild dargestellt werden könne und dürfe. Wie im Judentum wich man auch im Christentum auf die Darstellung von Symbolen aus, die das göttliche Wirken verdeutlichten, wie Hand, Strahlen, Auge etc. Als Besonderheit aufgrund des Gedankens, daß Gott in Jesus Mensch geworden sei, kam es aber dazu, daß Jesusbilder - nicht Christusbilder - zunehmend in Darstellung alttestamentlicher Szenen, wie z.B. der Paradiesgeschichte oder prophetischen Visionen, für das fehlende Gottesbild eintraten, weil er doch »das Ebenbild des unsichtbaren Gottes« (Kol 1,15) ist bzw. man in ihm den Vater sehen kann (vgl. Joh 14,9). Beachtet man diesen Hintergrund der Rezeption des Bilderverbotes nicht, dann machen

Intarsientafeln zum Credo, Chorgestühl von Siena, 15. Jh.

diese Darstellungen, bei denen eine Christusgestalt sozusagen im Alten Testament auftaucht den Eindruck, der christlichen Vereinnahmung der Bibel Israels, wie sie de facto in der Deutung des Alten Testamentes ja auch oft stattgefunden hat. Aufgeweicht wird die Zurückhaltung vor der Gottesdarstellung im Christentum dann erst zwischen dem 12. und 15. Jahrhundert, wo die ersten Darstellungen Gott Vaters als alter Mann zu finden sind, unter anderem werden sie dort notwendig, wo die Sätze des christlichen Credos visualisiert werden, so daß nebeneinander Vater und Sohn erscheinen müssen.

Das Alte Testament als Vor-Bild

Die Fortsetzung alttestamentlicher Traditionen im Christentum und in der christlichen Kunst und auch die sich durch die prophetische Perspektive, aus der heraus das Alte Testament im Christentum verstanden wird, abzeichnende Kontinuität zwischen den beiden Teilen der christlichen Bibel vermochten jedoch nicht, eine christliche Bedeutung des ganzen Alten Testamentes aufzuweisen. Dies gelang erst schrittweise durch die Methoden der Schriftauslegung, die die verschiedenen Texte des Alten Testamentes auf die je unterschiedlichen aktuellen Situationen des Christentums hin erschließen konnten. Markantester Ausdruck dieses Bemühens um aktuelle Bedeutung der Texte ist die sich langsam herauskristallisierende Lehre vom mehrfachen Schriftsinn. Kurz gesagt, geht es dabei um die Suche nach einem anderen als dem wörtlichen Sinn (Literalsinn) eines biblischen Textes. Durch Übertragungen gelangt man so zuerst zu einem und später zu zwei bzw. drei weiteren Sinnen der Texte. Die so erschlossenen Verstehensmöglichkeiten des Alten Testamentes im Christentum eröffnen natürlich auch der christlichen Kunst neue und größere Möglichkeiten, da sie auch sprachlich sehr stark auf Metaphorisierung aufbauen und einer breiten, weil vieldeutigen Visualisierung den Weg bereiten. Und schon bei den Kirchenvätern findet man in Predigten und Bibelkommentaren allegorische Darstellungen der Entsprechungen nach dem Schema Verheißung-Erfüllung zwischen Altem und Neuem Testament, die deutlich werden lassen, daß es nicht nur um das simple Aufdecken von Entsprechungen geht, sondern darum, durch diese Entsprechungen die christliche Existenz zu deuten.

Gleichwohl steht äußerlich die Entsprechung zwischen Altem und Neuem Testament im Vordergrund christlicher Kunst, so daß das Urteil des Kunsthistorikers sich von hierher geradezu aufdrängt: »Typologie im bibelexegetischen Sinn ist

Die Lehre vom vierfachen Schriftsinn

Bezeichnung	latein. Name	Bedeutung	Beispiel: »Jerusalem«
Literalsinn	littera, historia	Wörtliche, historische Auslegung	Stadt in Israel
Allegorischer Sinn	allegoria	Auslegung auf den Glauben = dogmatische Interpretation	Bild der Kirche
Tropologischer Sinn	tropologia, sensus moralis	Auslegung auf die christliche Liebe = moraltheologische Interpretation	Bild der menschlichen Seele
Anagogischer Sinn	anagogia	Auslegung auf die Hoffnung = eschatologische Interpretation	Bild der himmlischen Herrlichkeit

das Kernstück ikonologischer Forschung im Bereich der christlichen Kunst«[4]. Typologie bzw. typologisches Denken meint in diesem Kontext, daß »Entsprechungen« in Worten, Ereignissen, Personen oder Institutionen des Alten Testamentes im Neuen Testament zu finden sind. Durch diese Gegenüberstellung von Typos (AT) und Antitypos (NT) soll die Kontinuität der Heilsgeschichte aufgedeckt werden, und zwar in der Weise, daß das Alte Testament als Vor-Bild, als Präfiguration einer vollkommeneren Wirklichkeit des Neuen Testamentes betrachtet wird. Bewußt machen muß man sich dabei natürlich, daß solche Typologien nicht von selbst aus dem Alten Testament entstehen, sondern vom Neuen Testament her entworfen werden, um die Einheit der Testamente herauszustellen. Die Intention solcher Typologien führt also auch dazu, daß das Alte Testament zur notwendigen Voraussetzung der neutestamentlichen Botschaft gemacht wird. Die so aufgedeckte Typologie eröffnet sodann ein tieferes Verstehen der neutestamentlichen Heilsereignisse, so daß man davon auszugehen hat, daß der vom Antitypos her aufgedeckte alttestamentliche Typos auch zu einem neuen (christlichen) Sinn des alttestamentlichen Textes führt, was sich beispielsweise in entsprechenden allegorischen Auslegungen niederschlägt.

Bernwardstür, Hildesheimer Dom

Vom Lesen der Bilder

Die Visualisierung der Typologien in der christlichen Kunst setzt schon früh an. Ein voll ausgestaltetes typologisches Bildprogramm im Anschluß an die paulinische Adam-Christus-Typologie aus Röm 5 findet sich schon in der von Bischof Bernward entworfenen Tür des Hildesheimer Domes aus dem Anfang des 11. Jahrhunderts. Dort sind auf den beiden Flügeln je 8 Motive aus dem Alten und Neuen Testament zu finden. Es finden sich hier folgende Themen dargestellt: 1. Die Erschaffung des Menschen; 2. Gott Vater führt Eva dem Adam zu; 3. der Sündenfall; 4. das Verhör Gott Vaters; 5. die Verteibung aus dem Paradies; 6. das Los der Menschen nach ihrer Vertreibung; 7. das Opfer Kains und Abels; 8. der Brudermord. Auf der gegenüberliegenden Tür folgt dann 9. die Verkündigung Mariens; 10. die Geburt Christi; 11. die Anbetung der drei Könige; 12. die Darstellung Jesu im Tempel; 13. Christus vor Herodes/Pilatus; 14. die Kreuzigung; 15. die drei Frauen am Grabe; 16. Christus und Maria Magdalena.

Diese Darstellung der Typologien in der bildenden Kunst erlebt ihren Höhepunkt aber im

Mittelalter - in Parallele zur Blüte der Lehre vom vierfachen Schriftsinn - in den großen Bildseiten der sogenannten *biblia pauperum*, der »Armenbibel«. Die leicht irreführende Bezeichnung *Armenbibel* hat weder etwas mit materieller Armut zu tun noch damit, daß hier Bilder für des Lesens Unkundige vorliegen würden. Die erst im nachhinein auf diese Buchgattung übertragene Bezeichnung spiegelt »die Distanz wider, die in der Zeit der Archivierung und Katalogisierung gegenüber dieser Buchgattung eingetreten war. Aus der Sicht der Bibliothekare, die im Geist des Gutenberg-Zeitalters vom Vorrang des gedruckten Wortes gegenüber dem Bild überzeugt waren, konnten Bibelhandschriften religiösen Inhalts nur für eine Bevölkerungsschicht geschaffen worden sein, die des Lesens nicht mächtig und insofern ›arm im Geiste‹ waren«.[5] Bei genauerer Betrachtung sieht man allerdings sehr schnell, daß man für diese Armenbibeln sogar in doppelter Weise lesen können muß. Zum einen stellt jede Seite eine Mischung von Bild und Text dar und zum anderen muß man die Bildkompositionen auch erst lesen lernen. Wenn man das System dieser Buchgattung vereinfacht darstellt, ergeben sich jeweils drei Hauptbilder, von denen zwei dem alttestamentlichen Typos gewidmet sind und das zentrale - zumeist größte - dem neutestamentlichen Antitypos. Hinzu kommen aber jeweils noch vier Prophetendarstellungen mit entsprechenden Texten, die zusätzlich zu den alttestamentlichen Darstellungen vom Alten Testament her auf die zentrale neutestamentliche Szene verweisen. Schaut man sich diese »Prophetengestalten«, die fast immer am prophetischen Zeigegestus als solche zu erkennen sind, genauer an, dann entdeckt man darin schnell die bereits angesprochene prophetische Perspektive bei der Rezeption des Alten Testamentes; denn hier finden sich nicht nur die klassischen Propheten des Alten Testamentes dargestellt, sondern ebenso andere alttestamentliche Personen, die in der Bibel selbst nicht als Propheten charakterisiert werden. Allen voran ist es David, der am häufigsten dargestellt wird, weil er in der Tradition als Verfasser der Psalmen gilt und Psalmenverse eine wichtige Rolle in diesem Kontext spielen. Daneben begegnen aber auch Abraham, Ijob, Salomo, Jakob und sogar Kohelet. Stellt man einmal nur die Szenen des Antitypos mit dem ersten und zweiten Typos einander gegenüber, so erkennt man sehr schnell, daß es gar nicht so einfach ist, die dargestellten Szenen typologisch aufeinander zu beziehen. So ist z.B. dem Antitypos Geburt Christi einerseits als Typos Mose vor dem brennenden Dornbusch und auf der anderen Seite die blühende Rute Aarons gegenübergestellt. Die Deutung dieses Bezugssystems eröffnet sich über die »wundersamen« Ereignisse im Alten Testament, die auf das »Wunder« der Jungfrauengeburt weisen sollen. Auf einem anderen Bild findet sich als alttestamentliche Darstellung die Zerstörung des goldenen

Biblia Pauperum mit Grablegung Christi in der Mitte, Josef wird in den Brunnen geworfen (links), Jona wird ins Meer geworfen (rechts)

Opferszenen Abels, Melchisedeks und Abrahams in den Mosaiken des Altarraumes in S. Vitale in Ravenna aus dem 6. Jh.

Kalbs durch Mose und der Aufenthalt der Bundeslade im Tempel des Gottes Dagon, denen gegenüber sich als neutestamentlicher Antitypos der Sturz der ägyptischen Götterbilder im Angesicht des Jesuskindes gegenübergestellt ist. Dieses Beispiel zeigt, daß bei der Ausgestaltung der Bildseiten der Armenbibel auch auf außerbiblische Überlieferungen, Legenden etc. zurückgegriffen wurde. Durch allegorische Auslegung muß man als Betrachter nun auch noch die vier Prophetentexte mit einbeziehen, so daß sich das Ganze als sehr komplexes typologisches Bildprogramm aus Wort und Bild ergibt. Hier liegen also keine Illustrationen zu biblischen Szenen vor, sondern eher der Versuch einer kommentierenden Zusammenschau des Alten und Neuen Testaments.

Die in der Armenbibel visualisierten Typologien werden natürlich auch noch in anderen Kontexten realisiert, wo sie aber gelegentlich auf den ersten Blick gar nicht als solche zu erkennen sind. Dies ist z.B. der Fall, wenn alttestamentliche Szenen im Sakralraum dargestellt werden und der typologische Bezug sich über die Funktion des Raumes eröffnet, wie z.B. bei den Opferszenen Abels, Melchisedeks und Abrahams in den Mosaiken des Altarraumes in S. Vitale in Ravenna aus dem 6. Jahrhundert (siehe nebenstehende Abb.).

Synagoge und Kirche - AT und NT

Neben diesen weit verbreiteten typologischen Bildprogrammen finden sich in der christlichen Kunst allerdings auch Zusammenstellungen an alt- und neutestamentlichen Szenen, die nicht rein typologisch sind, sondern bei denen assoziative Verknüpfungen vorgenommen werden. Hier werden dann Ähnlichkeiten oder Parallelen von Motiven oder Themen dazu benutzt, größere Zusammenhänge herzustellen. So finden sich beispielsweise in der Ausmalung der Kreuzgewölbe aus dem 12. Jahrhundert in der Kirche von Schwarzrheindorf bei Bonn zu 20 Bildern aus dem Buch Ezechiel lediglich vier zugeordnete neutestamentliche Szenen. Dabei sind die 20 Bilder des Ezechielzyklus in zwei Bildkreise, einen äußeren, der durch die vier Kreuzarme läuft und einen inneren, der das neue Jerusalem aus der Schlußvision des Ezechielbuches darstellt, getrennt. Aus den vier neutestamentlichen Szenen, die nach außen hin anschließen, aber einen Bezug zum Bildkreis in der Mitte aufweisen, ist zu ersehen, daß das Bildprogramm über Kreuz zur Mitte hin gelesen werden muß. Nicht typologisch, sondern assoziativ wird zuerst vom Thema des äußeren Bildkreises zur neutestamentlichen Szene gesprungen, um dann über das äußere - neutestamentliche - Bild die Verbindung zum inneren Bildkreis herzustellen. So sind beispielsweise die ersten vier Bilder des Ezechielzyklus der propheti-

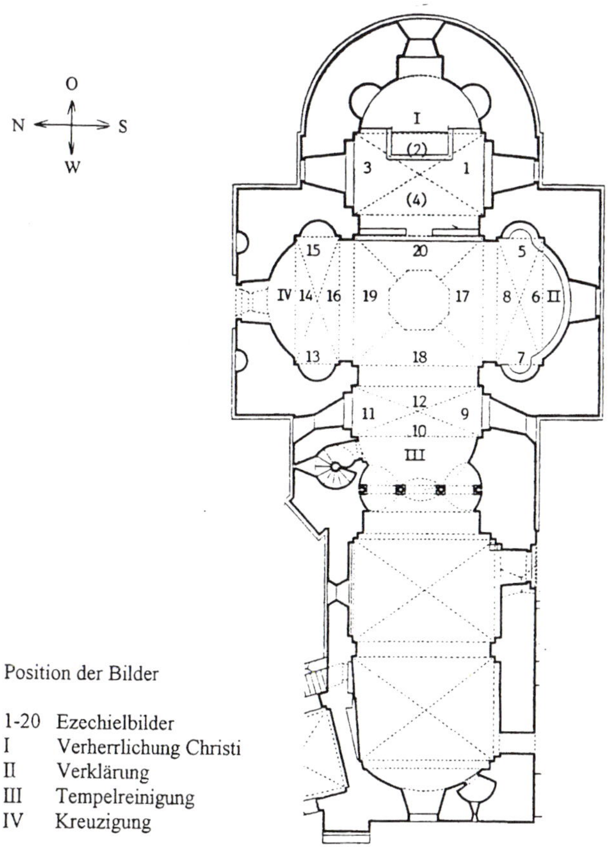

Position der Bilder

1-20 Ezechielbilder
I Verherrlichung Christi
II Verklärung
III Tempelreinigung
IV Kreuzigung

Grundriß der Unterkirche von Schwarzrheindorf mit Positionsangabe der Bilder des Ezechiel-Zyklus

schen Berufung gewidmet, bei der die Erscheinung der Herrlichkeit des Herrn eine große Rolle spielt, was als assoziativer Anknüpfungspunkt zur neutestamentlichen Szene von der Verherrlichung Christi, dargestellt mit Aposteln und Evangelisten, dient. Von der Verherrlichung Christi nun läßt sich ein Bogen zum Schlußbild des ganzen Zyklus, dem gegenüberliegenden Bild des mittleren Kreises, schlagen, wo das verschlossene Osttor des himmlischen Jerusalems dargestellt ist, durch das die Herrlichkeit des Herrn in die Stadt gezogen ist (vgl. Ez 44). Aber über die Aspekte der nicht rein typologischen Beziehung zwischen alt- und neutestamentlichen Szenen hinaus ist dieses Bildprogramm für die Frage des Alten Testamentes im Christentum von Bedeutung. Die 16 Bilder des äußeren Kreises konzentrieren sich sehr stark auf das Thema Gericht Gottes, während die vier Bilder des inneren Kreises in der Darstellung der Vision vom himmlischen Jerusalem eine Heilsverheißung enthalten. Das zur Mitte hin zu lesende Bildprogramm enthält also einen Übergang vom Gericht zum Heil und somit einen dynamischen Aspekt eines dramatischen Geschehens. Die Dramatik liegt genau in dieser Fuge, die für die Betrachtung zwischen dem äußeren und inneren Bildkreis liegt. Dieser Übergang vom Gericht zum Heil ist in der Theologie als Stunde des Erbarmens bekannt. Dieses Bildprogramm geht in seiner eschatologischen Perspektive auf die Geschichtstheologie von Rupert von Deutz zurück. Diese Stunde des Erbarmens ist durch die Bilder der endzeitlichen Versöhnung der beiden Gottesvölker von Juden und Christen dem himmlischen Jerusalem gewidmet. Thema und Art der Darstellung - durch die Kombination mit den neutestamentlichen Szenen - lassen keinen Zweifel daran, daß hinter dem Ezechielzyklus die Ein-

Schlußbild des Ezechiel-Zyklus von Schwarzrheindorf, 12. Jh.

Südportal des Straßburger Münsters, 12. Jh.

sicht steht, daß das Verhältnis von Altem und Neuem Testament in der christlichen Bibel seine Widerspiegelung im Verhältnis von Juden und Christen findet.

Dieser Gedanke wird noch deutlicher in dem sehr verwandten Bildprogramm des südlichen Querhausportals am Straßburger Münster aus dem 12. Jahrhundert. Allerdings ist dieses Bildprogramm bis heute sehr oft mißverstanden worden, weil die beiden äußeren Figuren von Kirche und Synagoge als isolierte abgebildet, und so dann als versteinertes Gegenüber von Kirche und Synagoge gedeutet werden. Doch was hier im Portal vorliegt, ist ein Bildprogramm, das auf die Hohe Lied-Auslegung des Mittelalters - wahrscheinlich auch von Rupert von Deutz beeinflußt - zurückgeht. Kirche und Synagoge sind nämlich am Straßburger Münster nicht als Einzelfiguren dargestellt, sondern über die in der Mitte stehende Richterfigur des Salomo/Christus miteinander verbunden. Aus der Ehemetaphorik des Hohen Liedes hat man im Mittelalter das Problem der zwei Gottesvölker von Juden und Christen abgeleitet. Da Christus am Ende der Tage nicht als Bräutigam mit zwei Bräuten erscheinen kann, muß es eine endzeitliche Versöhnung von Juden und Christen geben, die sich auch als »Wiedervereinigung« des einen getrennten Gottesvolkes verstehen läßt. Insofern geht es am Straßburger Münster wie beim Ezechielzyklus von Schwarzrheindorf um diese Stunde des Erbarmens für Juden und Christen. Die Entsprechung zur zweigeteilten christlichen Bibel findet sich in Straßburg direkt ausgedrückt durch die Fensterrossette, die der *concordia veteris et novi testamenti* gewidmet ist. Wie wichtig es ist, die Kontexte zu beachten, können die unzähligen und ganz anders zu verstehenden Darstellungen von Kirche und Synagoge in der christlichen Kunst zeigen, die oft sehr stark diffamierend sind. So finden sich beispielsweise ähnliche Personifizierungen von Kirche und Synagoge am Südportal der Osnabrücker Marienkirche. Doch bilden die beiden Figuren hier jeweils den Abschluß der Darstellung der klugen und törichten Jungfrauen, die an den gefüllten bzw. leeren Ölkännchen zu erkennen sind, und sind folglich auch von diesem Kontext her zu deuten. Daß aufgrund der bereits genannten Entsprechung Kirche/Synagoge und Altes Testament/ Neues Testament solche Darstellungen die Abwertung bzw. Vernachlässigung des Alten Testamentes im Christentum begünstigt haben, ist selbstevident.

Gleichwohl ist auch festzuhalten, daß es eben auch ganz andere Bildprogramme gibt, wie z.B. das berühmte sogenannte »anagogische Fenster« des Abtes Suger aus der Mitte des 12. Jahrhunderts in Saint Denis. Hier stehen Kirche und Synagoge dem königlichen Christus an der Seite, den die sieben Gaben des Geistes wie Sonnen umgeben. Segnend legt Christus eine Hand auf das Haupt der Kirche und nimmt mit dem anderen der Synagoge den Schleier von den Augen. Hier ist das einzig richtige Verständnis von 2 Kor 3,14 dargestellt. Die Einheitsübersetzung, die die Aussage falsch versteht, lautet bei dieser Stelle: »Doch ihr (der Israeliten) Denken wurde verhärtet. Bis zum heutigen Tag liegt die gleiche Hülle auf dem Alten Bund, wenn daraus vorgelesen wird, und es bleibt verhüllt, daß er in Christus ein Ende nimmt.« In dieser Übersetzung kommt der Gedanke zum

Anagogisches Fenster von Saint Denis, 12. Jh.: Kirche und Synagoge (Nachzeichnung)

Ausdruck, daß der Alte Bund, der von Mose vermittelte, verhüllt sei und in Christus sogar ende. Dies ist aber nicht der Gedanke des Apostels Paulus, dem es darum geht, daß nicht der Alte Bund endet, sondern dessen Verhüllung, so daß also in Christus der eine und einzige Bund Gottes mit Israel in neuem Licht, nämlich enthüllt, erscheint. Der darin zum Ausdruck kommende Gedanke, daß es sich beim Alten und Neuen Bund nicht um zwei verschiedene handelt, sondern um ein und denselben, hält natürlich auch die bleibende Bedeutung des Alten Testamentes für die Christen wach.

Marienkirche Osnabrück, Südportal, 12. Jh.

Die Wurzel des Christentums im Alten Testament

Eine andere Art der Visualisierung der Verbindung zwischen Altem und Neuem Testament, bzw. der Verwurzelung des Neuen Testamentes im Alten findet sich im Motiv der Wurzel Jesse. Ausgehend von der Verheißung in Jes 11, daß ein neuer Reis aus der Wurzel Isais (Jesse) hervorgehen wird, ist es als Motiv der Messiaserwartung in

Wurzel Jesse auf einem Teppich (1503; 3,65x2,85m), Kloster Lünen bei Lüneburg

Abraham und David, die schon in der Überschrift des Evangeliums (Mt 1,1) begegnen. Dazwischen schiebt er die nicht aus der Genealogie kommende, aber auf das Alte Testament als Ganzes verweisende Prophetie, die er an Jesaja - zu erkennen durch den jungen Trieb, den Reis Isais - und der Prophetin Hulda in Verbindung mit der Buchrolle (vgl. 2 Kön 22) symbolisiert. Dadurch entsteht aus dem zugrundeliegenden Motiv der Genealogie ein ganz im Sinn dieser matthäischen Einleitung gestaltetes Programm zur Visualisierung der christlichen Bibel aus Altem und Neuem Testa-

der Romanik herausgebildet worden. Die im Jesajatext enthaltene Kritik an der Daviddynastie - durch den Rückgriff auf Davids Vater - wird in der Kunst allerdings nicht realisiert, sondern statt dessen steht die Beschreibung des künftigen Herrschers nach Jes 11 im Vordergrund des Motivs. Je nach Ausgestaltung dieses Motivs werden von Isai ausgehend in genealogischer Art oft viele Personen und Ereignisse des Alten Testamentes eingefügt, so daß eine ikonographische Verbindung zur Darstellung der Abstammung Jesu, die aber schon älter ist, zu beobachten ist, wobei allerdings der Unterschied darin besteht, daß die Darstellung der Genealogie - z.B. nach Mt 1 - auf den Erweis der davidischen Herkunft Jesu beruht. Eine interessante Weiterentwicklung dieses Bildprogramms findet sich in der Darstellung des sogenannten Stammbaumes Jesu Christi von Sieger Köder in einem Fensterbild in St. Moritz in Rottenburg aus dem Jahre 1980. Der Künstler hat eine kleine Besonderheit dieses Stammbaums bei Matthäus genutzt, um die »Stammütter« Jesu einmal hervorzuheben. Nur vier Frauen tauchen in der Genealogie des Matthäus unter den 40 Männern auf. Sie stellt der Künstler dar verbunden mit

Matthias Grünewald, Isenheimer Altar (Ausschnitt), Colmar

ment. Dies wird auch noch einmal dadurch unterstrichen, daß die »Proportionen« der christlichen Bibel sich in den fünf Sparten des Glasfensters ausgedrückt finden, von denen nämlich vier dem Alten Testament und eine dem Neuen - hier durch die Aufnahme des alten Motivs der »Anna Selbdritt« (Marias Mutter Anna mit Maria und dem Jesuskind) passend zum Kontext der Stammütter dargestellt - gewidmet sind. Sich umkehrende Proportionen zwischen Altem und Neuem Testament, die schließlich die christlichen Schwierigkeiten im Umgang mit dem Alten Testament widerspiegeln, finden sich in der berühmten Kreuzigungsdarstellung des Isenheimer Altars von Matthias Grünewald, wo Johannes der Täufer unter dem Kreuz stehend für den Alten Bund steht. Mit prophetischem Zeigegestus und Buch in der Hand vertritt er die prophetische Perspektive des Alten Testamentes im Blick auf das Christusgeschehen am Kreuz. Das Programmatische der Darstellung, das allein schon an der Existenz des Täufers unter dem Kreuz - nach Mk 6/Mt 14 war er schon tot - zu erkennen ist, wird durch die deutende Beischrift »jener muß wachsen, ich aber geringer werden« die aus Joh 3,30 stammt, klar hervorgehoben. Eine der Hermeneutik der zweigeteilten christlichen Bibel adäquatere Visualisierung, die sowohl dem Verhältnis von Altem und Neuem Testament als auch der Zuordnung Kirche/Israel gerecht wird, findet sich im sogenannten Fürstenportal des Bamberger Domes, wo die Apostel auf den Schultern der Propheten stehen, so daß deutlich wird, daß es kein Neues Testament ohne Altes geben kann bzw. daß auch die Apostel fallen, die auf den Schultern der Propheten stehen, wenn letztere gering gemacht werden und fallen.

Apostel auf den Schultern der Propheten, Bamberger Dom

3. Alttestamentliche Gestalten als politische Programme in der europäischen Malerei und Plastik

Irmtraud Fischer

Millionen von Touristen pilgern alljährlich durch Museen, historische Stadtkerne und Kirchen. Die Kunstschätze der Vergangenheit, die sie bewundern, stellen bis ins Hochmittelalter überwiegend religiöse Szenen und Figuren dar. Die Kenntnis der Bibel ist für die Aneignung des künstlerischen Erbes Europas eine Voraussetzung.

Wenngleich es für die meisten biblischen Szenen einen »Kanon« der Darstellung gibt, der oft aus der Antike inspiriert ist, wird in den einzelnen Ausgestaltungen vor allem bedeutender Künstlerinnen und Künstler deutlich, daß sie nicht »Reproduktionen« zum Thema darstellen wollten. Sie schufen ihre eigenen, zeit- und persönlichkeitsbedingten Interpretationen und vermittelten damit politische Programme. Dies wird immer deutlicher erkennbar seit der Renaissance, mit der die Einheit von politischem Konzept und Theologie zugunsten der Individualität und des Humanismus aufgebrochen wird. Im folgenden sollen exemplarisch drei alttestamentliche Szenen in der Bildkunst des christlichen Mitteleuropa vorgestellt werden. Die programmatischen Aussagen unterscheiden sich deutlich. Das läßt sowohl auf die vitale Tradition der biblischen Botschaft, welche jede Zeit für sich aktualisieren muß, als auch auf die unterschiedlichen sozialen und kulturellen Kontexte der Künstlerinnen und Künstler schließen.

Albrecht Altdorfer, Lot und seine Töchter (1537), Wien, Kunsthistorisches Museum

1. Lot und seine Töchter: Ein Programm zur politischen Diskriminierung von Juden und Frauen?

Die frühe christliche Kunst greift aus der Lot-Geschichte[1] von Gen 19 vorrangig die Szene der Rettung aus Sodom heraus und stellt typologisch den Zusammenhang mit dem Weltgericht her: Die Seele wird aus den Begierden des Fleisches in das ewige Leben gerettet. Wer als Sünder zur Sünde zurückschaut, der hat wie Lots Frau die Rettung verwirkt. Die Schlußszene der Lot-Erzählung, die Berauschung des Vaters durch die Töchter, um nach der Flucht in die einsame Höhle durch den Beischlaf mit ihm zu Nachkommenschaft zu kommen, wird erst in der Neuzeit ein Hauptthema. Über 300 Darstellungen sind belegt. Eine der frühen Darstellungen ist jene von Albrecht Altdorfer aus dem Jahr 1537.[2] Das Bild wird dominiert von einem - bis auf den Schleier und den Schmuck der Frau - völlig nackten Paar. Die Höhle Lots ist ersetzt durch ein in freier Natur ausgebreitetes, grasgrünes Samttuch, das Baldachin und Bettlaken zugleich ist. Im Grün der Wiese, auf der die zweite Tochter ihr Haar frisiert, setzt sich das penetrante Grün des Bettzeugs fort: Die Assoziation an den Vorwurf, die Töchter Israels hätten unter jedem grünen Baum gehurt, stellt sich ein. Die ganze Atmosphäre des Bildes ist jene eines Bordells. Daß Altdorfer selber dies so verstand, läßt sich durch die ganz ähnliche Position des Liebespaares auf seinen Fresken im Aufgang zum Regensburger Kaiserbad belegen, die aus derselben Schaffensperiode stammen.[3] Der lüsterne Lot, dessen Physiognomie mit antisemitischen Stereotypen gestaltet ist, macht mehr den Eindruck eines Faunes als den eines betrunkenen Alten. Mit beiden Händen zieht er die sich dem Beschauer ohne Scham nackt darbietende Frau in seinen Schoß. Nicht Lot hält den luxuriösen Weinpokal, sondern die Tochter. *Sie* wird offensichtlich betrunken gemacht, um dem Inzest zuzustimmen, nicht der Vater. Die zinnerne Weinflasche am rechten, unteren Bildrand stellt Altdorfer auf ein blaugestreiftes, weißes Tuch mit Fransen: Es ist ein Tallit, ein jüdischer Gebetsschal, die antisemitische Gestaltung der Gesichtszüge Lots damit kein Zufall. Die programmatische Darstellung der willig-lasziven, nackten Tochter, die durch ihren Stirnschmuck als Christin gekennzeichnet ist, könnte bereits heimtückische Frucht des Ende des 15. Jahrhunderts erschienenen »Hexenhammers« sein. Denn die zweite, ebenfalls splitternackte Tochter im Bildhintergrund präsentiert Altdorfer durch ihre verschlungene Beinstellung als Hexe.[4] Hinter ihr schimmert die Feuerlohe Sodoms. In der dargestellten Konstellation hat diese Hinweischarakter auf die Scheiterhaufen, auf denen Juden und Jüdinnen - sowie vorrangig weibliche Mitglieder der Gesellschaft - nach der Denunziation, mit dem Teufel im Bunde zu stehen, grausamst ermordet wurden. Das doppelte politische Diskriminierungsprogramm, das Altdorfer mit seinem Bild propagiert, ist obszön: Zu solch schändlich-ausschweifenden Taten seien nur Juden und Frauen fähig, die im Bildhintergrund lauernde Strafe sei daher nur gerecht.

Albrecht Altdorfer war, obwohl er keinem Patriziergeschlecht entstammte, in Regensburg zum Ratsherrn aufgestiegen. Als solcher hat er das Pogrom von 1519 mitzuverantworten. Innerhalb weniger Tage hatten die Juden Regensburg zu verlassen. Ihr Besitz wurde enteignet, die Synagoge zerstört. Altdorfer fand in den wenigen Stunden Zeit, zwei Radierungen des Gotteshauses zu skizzieren, deren eine er mit der Inschrift versah, daß die Synagoge nach Gottes gerechtem Ratschluß zerstört worden sei. Altdorfer entwirft mit seinem Gemälde von Lot und seinen Töchtern nicht nur ein propagandistisches Bild zur antisemitischen Hetze. Die Tatfolgen aus dieser hat er in seinem bürgerlichen Leben bereits vorweggenommen. Die antisemitische und frauenfeindliche Deutung der Geschichte Lots und seiner Töchter war freilich nicht neu in seiner Zeit: Origenes entwarf bereits in seinen Genesishomilien[5] das pseudotheologische Programm, nach dem Lot das mosaische Gesetz repräsentiere, die beiden Töchter aber

Ohola und Oholiba (vgl. Ez 23), die mit dem Gesetz huren. - Weder die Kunst noch die Theologie sind unschuldig, wenn sie zu ideologischen Propagandistinnen von Diskriminierungsprogrammen werden!

Ein Ölgemälde, das lange Zeit Bernardo Cavallino zugeschrieben wurde, jedoch das belegte und verloren geglaubte Werk von Artemisia Gentileschi sein dürfte, wählt ebenfalls das Sujet von Lot und seinen Töchtern. Um wieviel anders als Altdorfer stellt die Malerin die Szene dar! Im Hintergrund sieht man wie bei Altdorfer das brennende Sodom, am Bildrand die graue, erstarrte Figur der Frau Lots. Der Vater ist mit seinen beiden Töchtern tatsächlich in einer Höhle. Alle drei Figuren sind in der Tracht einfacher Leute der damaligen Zeit gekleidet, sie liegen nicht, sondern sitzen beim Mahl. Die beherrschenden Figuren sind, wie meist bei Gentileschi, die Frauen, nicht der Mann. Während die Kleider- und Hautfarben der Töchter sich stark abheben, gehört der trunkene Vater farblich zum Hintergrund, zur brennenden Stadt und zum freigewählten Aufenthaltsort der Höhle. Die eine Tochter reicht den Wein, mehr gut zuredend als verführend. Der alternde, betrunkene Vater mit dem Weinglas in der Hand legt seine Hand auf die Schulter der anderen Tochter. Diese wendet sich mit dem Oberkörper zwar dem Vater zu, ist aber mehr mit dem Brotschneiden beschäftigt: Die Malerin beläßt dem Dargestellten seine biblische Deutung, indem sie der Frau Brot als Symbol der Überlebenssicherung in die Hand gibt. Der Blick der Tochter hat nichts Erotisches, sondern ist mit Entschlossenheit auf die vom Wein getrübten Augen Lots gerichtet. Nackt ist nur ein Fuß und das Knie des Vaters, in der Trunkenheit wie beiläufig enthüllt. Der Fuß der das Überleben sichernden Tochter wirkt zwar nackt, ist jedoch mit einer zierlichen Sandale bekleidet. Artemisia Gentileschi vermittelt mit ihrer Darstellung von Lot und seinen Töchtern ein Frauenprogramm: Die entschlossenen, hellwachen Frauen machen den vom Wein betäubten Mann, selbst wenn er das Zentrum des Gemäldes ausfüllt, zur Nebenfigur. Die solidarischen Schwestern sichern das Leben und das Überleben. Gentileschis theologisches Programm der Darstellung ist frei von jeder Polemik. Es entspricht dem des Midrasch:[6] Die initiativen Töchter Lots werden durch den mit dem Vater gezeugten Sohn Moab zu Ahnfrauen des Messias, denn dieser wird von David, dem Urenkel der Moabiterin Rut, abstammen.

Artemisia Gentileschi,
Lot und seine Töchter (1640?)
Toledo/Ohio, Museum of Art

2. David: Symbolfigur für Herrscher, Vasallen und republikanisch gesinnte Bürger

Die Figur des Ahnherrn der davidischen Königsdynastie und Psalmendichters David wurde in der christlichen Ikonographie vielfältig aufgenommen.[7] Szenen aus seinem Leben wurden primär typologisch gedeutet (etwa Davids Sieg über Goliat auf den Sieg Christi über den Satan und seinen Abstieg in die Vorhölle; Davids Triumphzug mit dem Haupt Goliats auf den Einzug Jesu in Jerusalem). David findet sich ebenso im Bildprogramm der Propheten, die auf Christus verweisen, wie auch an prominenter Stelle des Stammbaumes Jesu aus der Wurzel Jesse. Durchgängig nachweisbar ist die Rolle des Psalmensängers David als Patron für die Musik, vom Patron der Meistersinger bis zu den häufigen Darstellungen auf barocken Orgelprospekten.

Szenen aus der Jugendgeschichte Davids, Bibel von Souvigny (12. Jh.), Ms. 1, fol. 93r., Moulins

Die Figur Davids, des ersten Königs über ganz Israel und Ahnvaters des Messias, konnte nahtlos als Legitimation der Herrscher verwendet werden. So ist von Karl dem Großen überliefert, daß er sich als »David« bezeichnen ließ. Im Mittelalter wird David zur Idealgestalt des Ritters, zu einem der »neun guten Helden«. So findet sich David am »Schönen Brunnen« in Nürnberg in der Gesellschaft der deutschen Kurfürsten. Niccolo Macchiavelli exemplifiziert an David seine Idealvorstellungen des unumschränkten Machthabers, der fernab jeder Verwiesenheit auf Gott durch kluges politisches Kalkül seine Herrschaft erlangt und festigt.[8]

Auch bei David wurden mit der Darstellung ein- und desselben Sujets völlig unterschiedliche politische Programme propagiert. Im folgenden soll dies anhand der Szene des Sieges Davids über Goliat (vgl. 1 Sam 17) aufgezeigt werden.

Die Darstellungen der Bibel von Souvigny (Anfang 12. Jh.) verstehen die Geschichte als Programm der Unterordnung unter die Geistlichkeit und den König. Im obersten Bildfeld wird David von Samuel gesalbt. Die demütige Gestik des Knieenden verweist auf die Unterwerfung unter die Hierarchie. Die beiden unteren, größeren Bildfelder sind jeweils dreigeteilt und zeigen die Auswirkung der Salbung: David erschlägt im Hirtendienst einen Löwen, um anschließend zu Saul zu gehen und sich zum Kampf gegen Goliat zur Verfügung zu stellen. Das Mittelbild zeigt David in der Rüstung Sauls, die ihm jedoch nicht paßt. Im dritten Bild fällt der Hirtenjunge dem auf seinem Thron residierenden König zu Füßen. Er hält dem König seine Steinschleuder entgegen, die er für sich als Ausstattung zum Kampf adäquater findet. Der gekrönte König hält seinem Vasallen das weltliche Schwert entgegen. In der bildlichen Darstellung erfährt es in der Schleuderwaffe Davids seine vertikale Fortsetzung. Das unterste Feld zeigt die Kampfesszene mit Goliat und dessen Enthauptung mit dem eigenen Schwert. Das rechte Bild ist wiederum, wie in allen drei Reihen, eine Vasallenszene. David bietet dem in seinem Palast thronenden König das Haupt des Goliat dar. Der Sieg gehört nicht David, sondern dem König, in dessen Diensten er kämpfte. Wie ein Szepter hält Saul triumphierend sein Schwert erhoben. Über seine Schulter schaut seine Tochter Michal: Der im Königsdienst stehende Soldat wird mit der Braut belohnt. Die Bilderfolge ist programmatisch. In David stellt sie den treuen Gefolgsmann von Thron und Altar dar. Willig ist er bereit, sich vor beiden niederzuwerfen und seine Kraft für sie einzusetzen.

David enthauptet Goliat (Fresco um 1470), Kreuzgang zu Brixen

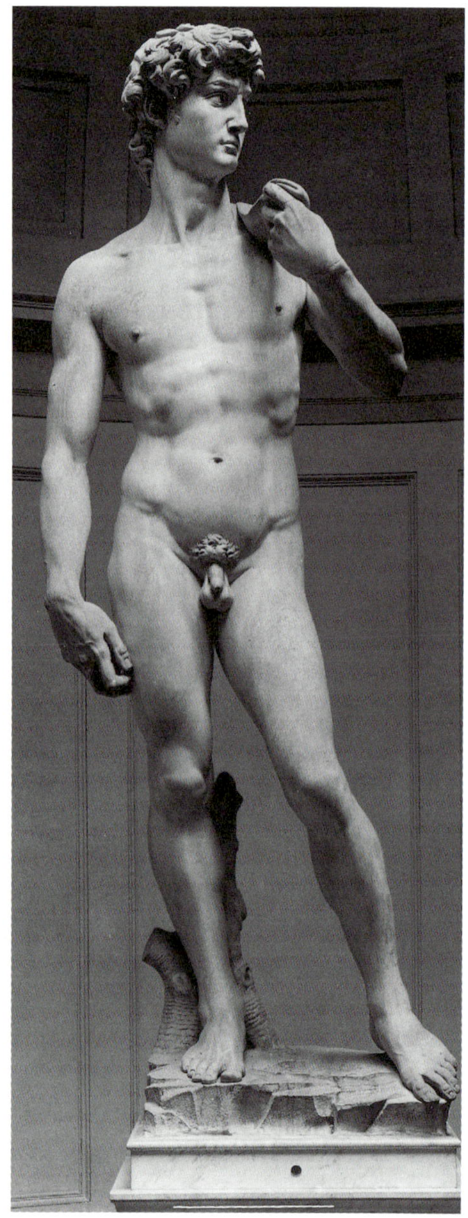

Michelangelo, David (1501-1504), Florenz, Akademie

Jene Darstellungen der Goliatgeschichte, die den Bezug zu Saul nicht ins Bild bringen, können auch Gegenteiliges vermitteln: Der mangelnd bewaffnete Junge aus einfachen Verhältnissen wendet sich gegen die militärisch hochgerüstete Macht. Ein Fresko im Kreuzgang zu Brixen zeigt den im Gewand der Zeit gekleideten Hirtenjungen, wie er den entscheidenden Schlag gegen den in voller Ritterrüstung zu Boden sinkenden Goliat führt. Ob hier nur die frühchristliche Tradition der Märtyrer, die ohne Waffen siegen, fortgeführt wird? Oder kündigt sich bereits die Auflehnung der Bauern gegen den Ritterstand an?

Sicherlich programmatisch wird die Szene in Florenz verstanden. Zwei berühmte, freistehende Bronzefiguren Davids, die heute im Bargello zu sehen sind, stellen David mit der Waffe in der Hand dar, zu seinen Füßen das Haupt des Goliat. Der jugendliche, feminin wirkende Knabe David von Donatello ist die erste nackte Figur seit der Antike (um 1430). Das Spielbein ist locker auf dem noch behelmten Haupt des erschlagenen Gegners postiert. David trägt einen bekränzten Hut, der mit der Standfläche der Figur, einem Lorbeerkranz, korrespondiert. Der jungenhafte und bekleidete David von Verrocchio (ca. 1475), ebenfalls mit der Waffe in der Hand, hat das riesenhafte Haupt Goliats zu seinen Füßen liegen. Der mittelalterliche Darstellungskanon, der den Siegreichen (Christus, Maria, David, Judit) den Fuß auf das Haupt des Besiegten (Satan, Goliat, Holofernes) stellen läßt, ist gelockert, wenn auch nicht ganz verlassen. Die kontextlosen Figuren Donatellos und Verrocchios stellen den Sieg über die schwerfällige militärische Übermacht als selbstbestimmte Tat Davids dar. Nicht die Szene der Gewalt des Köpfens wird ins Bild gebracht, sondern der scheinbar leicht errungene Sieg. Hier drückt sich das republikanische Selbstbewußtsein der Stadt Florenz gegen die Übermacht des Kaisers und des Papstes aus.

Die wohl berühmteste Statue der Welt, der David Michelangelos (1501-04),[9] wird im selben Geist geschaffen. Die kolossale Figur ist ein eleganter Männerakt ohne die traditionellen Attribute des Schwertes und des toten Hauptes. Die Steinschleuder ist bei frontaler Betrachtung unsichtbar. Wie beiläufig ist das Band der Waffe, locker gehalten von der erhobenen Hand, über die Schulter geworfen. Die Gefährlichkeit der Waffe, der Stein, lauert verborgen in der gelöst herabhängenden Hand. In ihr endet auch das Band der Schleuder, das elegant quer über den ganzen Rücken geführt wird. Die entspannte Pose von Stand- und Spielbein übernimmt Michelangelo von Donatello und Verrocchio. Angespannt, in voller Konzentration, ist der Kopf. Michelangelos David ist kein Jüngling, sondern ein athletischer Mann mit willensstarkem Blick und Kraft in jeder Faser des nackten Körpers: Die Einheit von Körper und Geist ist Symbol genug für Stärke und Selbstbestimmung.

Die Figur war ein Auftragswerk für das Florentiner Domgesims. Als sie vollendet war, erkannte man die Einmaligkeit des Kunstwerks. Sie war nicht in eine Figurengalerie einzugliedern, sie mußte frei und singulär stehen. Auf Beschluß einer demokratischen Kommission wurde sie am Eingang zur Florentiner Signoria, zum »palatinum populi« (Palast des Volkes), wie der Palazzo Vecchio auch genannt wurde, aufgestellt. Donatellos Judit, die bis dahin diesen Platz innehatte, mußte dabei dem David Michelangelos weichen. Beide Figuren verkünden dasselbe Programm der Auflehnung gegen angemaßte Macht und sind Symbol für den republikanischen Freiheitswillen. Der Mann, der dem Tyrannen den Kopf abschlägt, paßte den Florentiner Herren freilich besser als die Frau, die dasselbe tut und damit ihr eigenes, revolutionäres Programm gegen das Patriarchat transportiert.

In unserer Zeit wird der David Michelangelos in der schonungslosen Vermarktung wiederum zum gesellschaftspolitischen Programm: Als Reklamefigur für Jeans zum Propagandisten für den Konsum, auf Postkarten und Postern auf den Körperbereich seiner nackten Genitalien reduziert zum Botschafter der sexuellen Freiheit.

3. Judit: Programmatisch für das Frauenbild

Die Juditdarstellungen[10] sind bis ins Mittelalter im wesentlichen zwei Gruppen zuzuordnen: Die eine stellt in Judit die Tugenden dar, die in der Enthauptung von Holofernes über die Laster siegen. Die andere ist in das typologische Bildprogramm einzureihen. Judit, die auf das Haupt des Holofernes tritt, entspricht einerseits Maria als der neuen Eva, die der Schlange den Kopf zertritt, andererseits der Ekklesia, der Kirche, die den Satan besiegt. Diese triumphalistische Linie kehrt im Hochbarock wieder: Judit muß für das mit dem Schwert verwirklichte Programm der katholischen Gegenreformation herhalten. Deckenfresken in Barockkirchen zeigen sie als »ekklesia triumphans«, die den »Sieg der Wahrheit über die Ketzerei«, sowohl den Protestantismus als auch die Türken, errungen hat: Im Bild von Francesco Solimena (um 1730, Kunsthistorisches Museum Wien) beugen sich das Volk, der Klerus und das Militär demütig anbetend vor Judit als der einzig wahren Kirche.

Donatello, Judit und Holofernes (1457/59), Florenz, Piazza della Signoria

Ab der Renaissance wird Judit als Heroin dargestellt. Aber auch ihr Frau-Sein wird mit unterschiedlichsten Aspekten zu einem der Lieblingsthemen. Die Juditdarstellung von Giorgone (1500-1504, Eremitage St. Petersburg) bildet einen Übergang zwischen den Konzepten. In der Pose der Siegerin tritt Judit leichtfüßig dem bezwungenen Feind auf das abgeschlagene Haupt. Der mariengleiche Oberkörper steht in seltsamer Spannung zu dem bis auf den Oberschenkel entblößten Spielbein, unter dem der Tote dem Ort seiner Begierde zulächelt. Ob im Haupt des Holofernes ein Selbstbildnis Giorgiones - und damit auch persönliche Erfahrung - verborgen ist, läßt sich nicht mit Sicherheit sagen. Sicher ist dies bei Christofano Alloris (um 1620, Palazzo Pitti) und bei Michelangelos Holofernes in der Sixtinischen Kapelle.

In Florenz wird die Juditfigur - wie die des David - zum Symbol der republikanischen Unabhängigkeit. Ghiberti stellt an seinem Paradiesestor Judit mit erhobenem Schwert und dem Haupt des Holofernes der Szene Davids mit Goliat gegenüber. Donatello läßt Judit in seiner Bronzestatue (um 1455) zum entscheidenden Schlag des Tyrannenmordes ansetzen. Er gibt der Szene damit andauernd-präsentischen Charakter. Der Körper des Holofernes ist auf das Kissen zu Judits Füßen gesunken, halb aufgerichtet, das Haupt in der Höhe des Schoßes, den er begehrte. Die politische Deutung ist an dieser Statue sogar inschriftlich am Sockel der Figur belegt. Judit ist das Symbol der tugendhaften Stadt Florenz, die sich permanent gegen Herrschaftsansprüche wehrt, die die bürgerliche Freiheit bedrohen.

Vor allem in der italienischen Malerei ab der späten Renaissence wird die Figurengruppe der Judit und des Holofernes durch die Magd der Heldin erweitert. Die aktive Judit wird in diesen Bildern jungmädchenhaft dargestellt. Die passive Dienerin wird als Kontrast meist als alte, hexenhafte Frau gegenübergestellt. Überaus deutlich ist dies bei Caravaggio (1598-99, Rom, Palazzo Barberini). Veronese (um 1580, Kunsthistorisches Museum Wien) kontrastiert seine adelige Judit mit einer häßlichen, dunkelhäutigen Magd.

Einen völlig anderen Weg beschreitet hier die Malerin Artemisia Gentileschi. Sie weicht von diesem Darstellungskanon ab, indem sie Judit, plausibler für die biblische Witwe, als erfahrene Frau, ihre Magd jedoch als junges Mädchen darstellt. Die Dienerin schaut auf allen vier erhaltenen Juditbildern Gentileschis nicht passiv der Tat der Herrin zu, sondern ist aktiv am Geschehen als Kollaborateurin beteiligt. Zwei der Bilder zeigen den Mord an Holofernes (1612-13, Neapel, Museo di Capodimonte und dessen Replik von 1620, Florenz, Uffizien). Gentileschi bricht mit diesen beiden Darstellungen das Tabu der Gewaltanwendung durch Frauen. Nicht weil Gewaltdarstellungen in der Kunst ein Tabu wären - Männer sind je brutaler, desto größere Heroen -, sondern weil die brutale Gewalttat durch eine selbstbestimmte Frau verübt wird, empfindet der androzentrische Blick dies als schandhaft. Die Male-

Artemisia Gentileschi, Judit enthauptet Holofernes (um 1620), Florenz, Uffizien

Giorgione, Judit (1500-04), St. Petersburg, Eremitage

rin stellt die Enthauptung des auf seinem Lager liegenden Feldherrn als Schlachtung dar. Besonders drastisch ist dies in der Uffizien-Version. Holofernes wehrt sich verzweifelt, aber erfolglos. Die Halsschlagader ist bereits durchtrennt, Blut spritzt auf das Laken, auf Judits Kleid und ihren nackten Busen, den das tiefdekolletierte gelbe Kleid in erotischer Rundung hervortreten läßt. Judit ist in der Pose einer Metzgerin. Den an den Haaren gepackten Kopf benützt sie als Widerstand, um den Schnitt kräftiger führen zu können. Die Magd hält den Oberkörper nieder. Das Rot der Ärmelstulpen an den kräftigen vier Mörderinnenarmen entspricht dem Rot des Samttuches, mit dem Holofernes gerade an jener Stelle noch bekleidet ist, mit der er selber Gewalt gegen die Frau ausüben wollte. In den beiden Bildern bewältigt Artemisa Gentileschi sicher auch ihre aktenkundig überlieferte, persönliche Erfahrung der Vergewaltigung durch den Malerkollegen ihres Vaters, Agostino Tassi, dem ein Freund bei seiner Gewalttat zur Seite stand. In den Juditbildern rächen sich zwei Frauen an einem Mann. Ihr Programm ist aber sicherlich nicht die Privatrache, sondern hat gesellschaftspolitische Dimensionen: Die beiden Frauen agieren jenseits der sozialen Kontrolle durch das Patriarchat und des Korsetts der Geschlechterstereotypen.

Die beiden anderen Juditbilder Gentileschis zeigen die zwei Frauen nach getaner Tat in der Gefahr, entdeckt zu werden. Das Vollbild (Detroit, Institute of Arts, um 1625), das die beiden Frauen nach der Tötung noch im Zelt des Holofernes zeigt, und das Halbbild (Florenz, Palazzo Pitti, 1613-14), dessen Szene bereits auf dem nachtdunklen Fluchtweg spielt, sind geprägt durch das angespannte Wahrnehmen der Gefahr. Die Gesichtszüge der beiden subversiven Frauen sind höchst konzentriert, sie gleichen hierin dem David Michelangelos. Die Waffe trägt Judit zur Abwehr des aus der Entdeckung der Tat drohenden Unheils mit sich. Artemisia Gentileschi malt ein Frauenprogramm - und deshalb keine triumphierende Judit: Was die beiden Frauen tun, ist

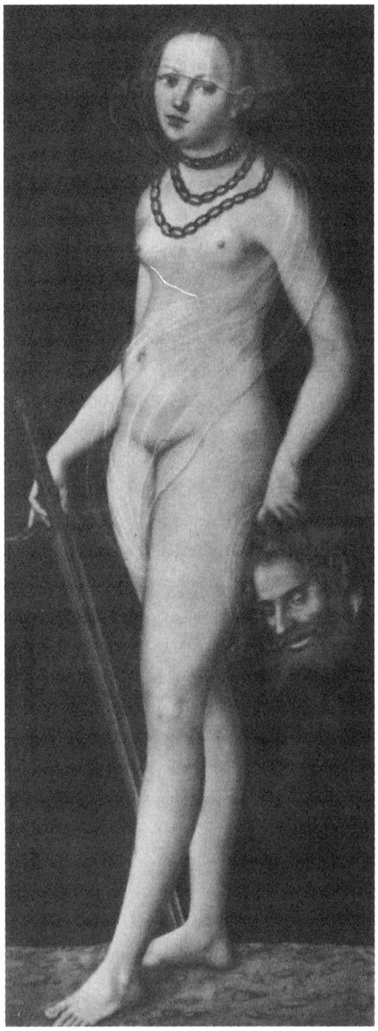

Lucas Cranach, Judit (nach 1537), ehemals Dresden, Gemäldegalerie

illegal. Die Anerkennung ihres Sieges steht im fremden Lager aus. Sie kann erst jenseits des von kriegerischen Männern besetzten Lagers gefeiert werden.

Sobald in Judit die Frau ins Spiel gebracht wird, verletzt sie zutiefst die geschlechtsspezifischen Rollenstereotypen. Männerzentriert strukturierte Wahrnehmung kann die Bedrohung, die von ihr ausgeht, nicht integrieren. An der künstlerischen Darstellung Judits sind zwei Fluchtwege markiert: Die Frau wird entweder durch die allegorische oder typologische Auslegung über die Realität hinausgehoben, oder sie muß abgewertet werden, zur unkeuschen Sünderin, gleich ihrer neutestamentlichen Antipode Salome: Seit dem 16. Jahrhundert ist Judit im Zyklus um die »Weibermacht« präsent. Von Lucas Cranach wird sie vorerst mit Salome parallelisiert (beide Bilder um 1530) und wenige Jahre später vom selben Maler splitternackt, mit dem enthüllenden Schleier Salomes, dargestellt (um 1537, Abbildung siehe S. 42). Die unschuldige Deutung einer »nuda veritas« der Renaissance ist damit auszuschließen. Zur barbusigen Judit von Rubens (um 1630, Herzog Anton Ulrich-Museum, Braunschweig) bis zur femme fatale des Fin-de-siècle (Gustav Klimt, 1901, Österreichische Galerie Wien) und zum lasziven Vamp der heutigen Zeit sind es nur noch ein paar Schritte.

Die in Wien lebende Künstlerin Minna Antova[11] hat 1991 im Zuge eines Auftrags zur Ausstattung der Mozart-Oper »Betulia liberata« einen Juditzyklus, »Revolte im Ornament«, geschaffen. Zwei der Bilder nehmen den Darstellungskanon der europäischen Malerei auf, wandeln ihn jedoch entscheidend ab. »Sacre corps contre l'amour« ist eine Replik auf Giorgiones Judit. Das Bildformat ist schmäler, was einerseits durch die Zweiteilung der Komposition, durch den Kontrapunkt des Holofernesbildes, bedingt ist. Andererseits visualisiert Antova im Format ihre Kritik am zeitgenössischen Frauenbild, das aktive Frauen auf magersüchtige Körper hin zu konditionieren versucht. Bis zur Schulterpartie und zur Hand am Schwert übernimmt Antova Giorgiones Gestaltung - allerdings schablonenhaft, in bloßer Umrißzeichnung. Ab der Mitte fließt Judits Leib mit dem Hintergrund zusammen: Die »Siegerin« ist entleiblicht wie der tote »Besiegte«. Das gelbgrüne Licht, das vom linken oberen Bilddrittel einfällt, schnürt Judit den Hals ein. Genau an jener Stelle, an der sie Holofernes tödlich traf, trägt auch ihr Leib eine blutige Strieme. Blutrot pulsierend ist die aktive Hand, die das Schwert trägt. Und blutbespritzt ist der entleiblichte Unterleib - offen für beide Deutungen, für die Spuren des Tyrannenmordes und der Vergewaltigung. Antova gestaltet die Triumphpose von Giorgiones weiblich-lieblicher Judit radikal um, indem sie ein Doppelbild gestaltet: Der linke Fuß, der im Giorgonebild auf dem Haupt des Besiegten ruht, sowie die linke Hand, die bei Giorgone auf der Hüfte liegend zum bezwungenen Gegner weist, sind in Antovas Judit-Bild »abgeschnitten«. Sie finden sich im Komplementärbild des Holofernes. Der Kopf des Feldherrn ist als Theatermaske eines Toten gestaltet. Die fragmentierte Hand, die die Lichtfarben von Judits Oberkörper, aber auch die blutenden Farben ihres Unterkörpers trägt, berührt den fiktiven Totenkopf in einer zärtlichen Geste: »Was hätte sein können« (Antova) in der Geschlechterbeziehung, ist in beiden Bildern präsent. Das »Was ist« in patriarchaler Gesellschaftsordnung, die Verwundung, die Tötung, die Erstarrung zur Maske und die Entleiblichung, da der reale Körper nur durch Projektionen wahrgenommen wird, stellt keinen Sieg dar. Wenn Frauen aus ihrer gesellschaftlich vorgeschriebenen Passivität heraustreten und sich mit männlichen Mustern der Konfliktbewältigung wehren, gehen sie mit in die Niederlage: Die Lösung des Dilemmas der Frauenunterdrückung liegt nicht in bloßer Umkehrung der Machtverhältnisse.

Antovas »Vollstreckerin« zeigt dies noch drastischer. Das Bild steht im Darstellungskanon den Halbbildern von Judit mit ihrer Magd und dem Haupt des Holofernes nahe. Eine mitreißende Bewegung geht diagonal durch das Bild, dessen Mitte das zur Maske erstarrte Gesicht der Vollstreckerin mit ihren entsetzten Augen bildet. Judits Hals ist blutrot eingeschnürt. Die Haare stehen vor Entsetzen zu Berge und fliegen gleichzeitig im rasanten Fall hinterher. Die überdimensionale rechte Mörderinnenhand hält das Haupt des Besiegten hoch. Auf der farblich mit dem Bildhintergrund verschmelzenden Larve des Toten sitzt paradox ein grüner Lorbeerkranz. Das dominierende Schwert, das parallel zur Hand wie ein

Minna Antova,
Die Vollstreckerin (1991),
Wien, Privatbesitz

Triumphszepter emporragt, durchschneidet das Bild. Jenseits davon setzt Antova nicht das Bild der solidarischen Magd, sondern die Trauermaske der Vollstreckerin. Wie das Haupt des Holofernes tritt diese aus dem Bildgrund nur durch den Umriß hervor: Die Enthauptung wird zur Tragödie für die Siegerin. Nicht sie, sondern der tote Besiegte trägt die Insignien des Triumphes.

Antovas Juditdarstellungen haben nichts von der »femme fatale«, zu der Judit in der Kunst des letzten Jahrhunderts - man denke nur an die »Judit« Gustav Klimts - gemacht wurde. Die Erotik spielt, wenn überhaupt, in ihrer tragischen Seite eine Rolle. Eine Frau wie Judit ist in patriarchaler Gesellschaft nicht integrierbar. Sie muß, dem Leben entrückt, zur »Heiligen« (»sacre corps«) werden, damit sie nicht zur Identifikationsfigur für Frauen wird und so die herr-lichen Oberhäupter ihre Hauptstellung behalten. Antovas Bilder sind gerade im Aufgreifen der traditionellen Juditdarstellungen radikale, feministische Kritik an einer traditionalistischen Gesellschaft, die diese Denk-Bilder weiterhin pflegt.

4. Das Alte Testament in Oratorien und Opern

Christoph Dohmen

Das Alte Testament ist wie auch die Bibel insgesamt kein Thema der Musik, aber es liefert der Musik Themen, wie es in gleicher Weise auch in der bildenden Kunst oder der Literatur gewirkt hat. Im Zentrum der alttestamentlichen Bedeutung für die Musik steht zweifellos der Psalter, der zumindest zu einem Teil aus der Tradition kultisch-liturgischer Musik stammt und als ganzer den Bereich der geistlichen Musik wie kein anderes Buch inspiriert und bestimmt hat. Das liegt sicherlich nicht zuletzt daran, daß er in seinen 150 Einzeltexten ein kleines Kompendium biblischer Theologie darstellt und deshalb in seinen poetischen Formen fast schon als Vorarbeit für die musikalische Rezeption biblischer Themen angesehen werden kann. Nicht von ungefähr ist der von der Tradition als Verfasser der Psalmen angenommene König David in der bildenden Kunst sehr häufig als Musiker dargestellt. Aus den biblischen Beschreibungen seiner musikalischen Tätigkeit zur Aufmunterung des unter Melancholie und Depressionen leidenden König Sauls lassen sich zumindest auch bei ihm Ansätze nichtsakraler Musik entnehmen, ja, manch einer glaubt hier auch schon den ältesten Hinweis auf Formen von Musiktherapie[1] zu entdecken. Gerade im Bereich der nichtgeistlichen und nichtsakralen Musik hat das Alte Testament eine breite Wirkungsgeschichte entwickeln können. Hier sind es vor allen Dingen seine Personen, Geschichten und problematisierten Lebenserfahrungen, die die vielfältigen Stoffe für die Musik bieten. An ausgewählten Beispielen aus Oratorien und Opern kann die Breite des Spektrums dieser Rezeption vorgestellt werden.

König David an der Harfe, Miniatur aus dem Westminster-Abbey-Psalter (12. Jahrhundert), London, Britisches Museum

Händel und das »Volk« seiner Oratorien

Gerade die Oratorien sind es, die ihre Nähe zur sakralen Musik noch erkennen lassen, denn von ihrem Ursprung her sind sie von der streng liturgischen Musik, die in der Kirche gepflegt wird, getrennt, indem sie im Betraum, dem Oratorium, gespielt werden, und doch durch die geistlichen Themen oft mit ihr verwandt. Das Besondere des Oratoriums gegenüber der liturgischen Musik ist natürlich seine dramatische Gliederung, allerdings ohne szenische Darstellung wie in der Oper. Daß das Alte Testament dazu wesentlich mehr Stoff anbietet als das Neue Testament, ist schon aus der literarischen Vielfalt alttestamentlicher Überlieferungen zu erklären und in den Frühformen des Oratoriums am Beginn des 17. Jahrhunderts auch gleich zu erkennen, denn für die 15 erhaltenen Oratorien, die G. Carissimis für S. Marcello in Rom schuf, sind fast ausschließlich alttestamentliche Themen gewählt. Das gleiche Bild zeigt sich schließlich bei Georg Friedrich Händel: von seinen 21 englischen Oratorien beruhen 12 direkt auf alttestamentlichen Textvorlagen.

1733 Deborah (nach Ri 4; 5)
1738 Saul (nach 1/2 Sam)
1738 Israel in Egypt (nach Ex 15; Ps 105. 106)
1741 Samson (nach Ri 16)
1743 Joseph and his Brethren (nach Gen 39-45)
1744 Belshazzar (nach Dan 5; Jes 13; Jer 25)
1746 Judas Maccabaeus (nach 1 Makk 2-8)
1747 Joshua (nach Jos)
1747 Alexander Balus (nach 1 Makk 10.11)
1748 Susanna (nach Dan 13)
1748 Solomon (nach 1 Kön 3ff; 2 Chr 9)
1751 Jephtha (nach Ri 10.11)

Zu den Oratorien, die rein auf alttestamentlicher Textbasis beruhen, könnte man auch noch die hinzunehmen, die neben alttestamentlichen Texten auch neutestamentliche oder andere Textmaterialien enthalten, wie z.B. der 1741 entstandene berühmte »Messias« oder das 1746 entstandene »Occasional Oratorio«. Auf der anderen Seite ist auch zu berücksichtigen, daß die alttestamentlichen Oratorien Händels oft nicht ausschließlich den Bibeltext zugrunde legen, sondern auch noch entsprechende literarische Nachdichtungen enthalten, wie biblische Romane, Epen oder Erzählungen oder auch ergänzende Informationen aus der antiken Literatur, z.B. des Flavius Josephus für den »Judas Maccabaeus« oder den »Solomon«. Blickt man auf die übrigen Oratorien Händels, dann sieht man schnell, daß es nicht eine theologische oder religiöse Vorliebe Händels für das Alte Testament ist, die die Themenwahl bestimmt hat, sondern daß es die großen Gestalten und dramatischen Ereignisse sind, denn bei den übrigen Oratorien dienen vor allen Dingen bekannte Stoffe der klassischen Antike als Grundlage. Das »geistliche Drama«, wie Händel selbst die Oratorien gerne zu bezeichnen pflegte, entfernt sich trotz der biblischen Themen mehr und mehr von seinem religiösen Hintergrund, und Händel konzipiert seine Oratorien bewußt zur Aufführung im Theater bzw. Konzertsaal. Dies hat auch zu Widerständen strenggläubiger Kreise und der Kirche geführt, die eine unwürdige Profanisierung in einem solchen Gebrauch der Heiligen Schrift sahen. Im Blick auf den Umgang mit der Bibel

Georg Friedrich Händel,
Portrait von Thomas Hudson (1756), London,
National Portrait Gallery

weisen Händels Oratorien eine gewisse Parallelität zu den Verfilmungen biblischer Stoffe in unseren Tagen auf. Und doch gibt es bei aller Ähnlichkeit einen entscheidenden Unterschied, der nicht zuletzt an der Wirkung abzulesen ist. Händel erreichte mit seinen Oratorien einen Durchbruch, doch nicht als Komponist und Musiker - als er seine Oratorien schrieb, besaß er schon einen großen Namen als solcher -, sondern es war ein Durchbruch zu einem neuen und ungewöhnlich großen Publikum. Die Geschichten und Gestalten des Alten Testamentes waren im England des 18. Jahrhunderts wohlbekannt und beliebt, was nicht zuletzt an den zahlreichen alttestamentlichen Vornamen abzulesen ist, denen man in dieser Zeit in England begegnet. Aber mehr noch fand man sich in der Geschichte des Alten Testamentes wieder, identifizierte sich mit seinen Personen und empfand sich selbst als Volk in der Nachfolge Israels, als »das neue Israel«. Das von Händel geschaffene sogenannte »englische Oratorium« ermöglichte nicht nur über die Sprache, sondern eben auch über die Stoffe einem breiteren Publikum einen Zugang zu ihnen, weil man - anders als in den zumeist italienisch oder französisch gesungenen Opern - die Texte verstand und die Geschichten an sich schon kannte. Dem Wechsel des Publikums zum Bürgertum hin entsprach gegenüber den Opern auch ein Wechsel auf der Bühne, weil nun zunehmend englische Sänger auftraten und Händel die Oratorien als Gemeinschaftswerke vor allen Dingen durch die großen Chorpartien nochmals unterstrich. Dies bekommt seinen besonderen Ausdruck in »Israel in Egypt«, dessen Text Händel selbst zusammenstellte. Hier ließ er die Solisten fast ganz zugunsten eines Chordramas zurücktreten, das für das Volk steht, das er auch im Mittelpunkt der biblischen Geschichte vom Exodus sieht. Moses als Führer des Volkes geht geradezu unter in diesem Volk, und ganz im Impetus der biblischen Texte betont Händel das Motiv der Gottesherrschaft, so daß das ganze deutlich auf die Gegenüberstellung Volk-Gott reduziert wird. Entsprechend korrespondiert mit dem im Zentrum stehenden Doppelchor »The People shall hear« der klare und unzweideutige Schluß »The Lord shall reign«.

Die für die Rezeption bestimmenden nationalen Elemente treten noch stärker im »Judas Maccabaeus« hervor. Als er am 1. April 1747 aufgeführt wurde, war der letzte große Aufstand der Stuartpartei in Schottland gerade durch die Schlacht von Culloden niedergeschlagen, so daß geradezu ganz England sich mit Israel identifizieren konnte, dessen Sieg über seine Feinde im »Judas Maccabaeus« thematisiert ist. Und weit über England hinaus ist dieses Oratorium, das eigentlich ein politisches ist, als Triumphgesang aufgenommen worden. Dafür ist der weit über das Oratorium hinaus bekannte Chor »See the conquering hero comes« (Seht den Sieger ruhmgekrönt) ein recht deutliches Beispiel.

Daß es tatsächlich die wohlbekannten Stoffe sind, und nicht die Musikform des Oratoriums, die Händel ein ungeahnt großes Publikum erschließen, zeigt das 1749 entstandene Oratorium »Theodora«, das auf einer Märtyrer- und Heiligenlegende beruht: Ihm war kein Erfolg beschieden, weil das Publikum es nicht annahm.

Das Alte Testament meditieren - Mendelssohns »Elias«

Daß auch die Kunstform des Oratoriums sich dem Alten Testament ganz anders als nur zur dramatischen Stoffsuche zuwenden kann, beweist in ganz besonderer Weise das Oratorium »Elias« des Felix Mendelssohn-Bartholdys, weil auch hinter dem Libretto das Ringen des Komponisten um diesen biblischen Stoff als bewußt alttestamentlichen zu erkennen ist. Unter einer Fülle verschiedenartiger geistlicher Musik stehen die beiden Oratorien Mendelssohn-Bartholdys »Paulus« und »Elias« - ein drittes »Christus« ist Fragment geblieben - ein wenig isoliert, und doch deuten beide auf besondere Art die tiefe Verwurzelung des christlichen Komponisten an, dessen Vater

Abraham Mendelssohn, Sohn des berühmten jüdischen Philosophen Moses Mendelssohn, seine Kinder christlich taufen und in reformatorischer Tradition erziehen ließ, weil er das Christentum, zu dem er selbst auch konvertierte, als vernunftmäßige Religion ansah. Äußeres Zeichen der Konversion sollte die Übernahme des Namens Bartholdy werden, der von dem Schwager stammt, der den Vater in seinem Entschluß bestärkt hatte. Wenn Mendelssohn-Bartholdy die der Musikform des Oratoriums eigenen dramatischen Elemente zugunsten von kontemplativen zurücknimmt, dann gerade auch um ihm Wichtiges in der Musik zu reflektieren. Daß diese Reflexion schon in dem 1836 vollendeten »Paulus« ganz wesentlich vom Alten Testament bestimmt ist, hat man schon zu Recht hervorgehoben: »Den biblischen Bericht

Felix Mendelssohn-Bartholdy

um Paulus‹ Bekehrung und seine Heidenreisen hat Mendelssohn im häufigen Wechsel zwei Solosopranen und einem Tenor anvertraut. Die Worte Christi dagegen werden durch einen vierstimmigen Frauenchor klanglich verlebendigt. ›Saul, Saul! Was verfolgst du mich? Ich bin Jesus von Nazareth, den du verfolgst!‹ Eingebettet in lichte, flimmernde fis-Moll-Akkorde der Holzbläser scheint dieser Ruf wie aus mystischer Ferne zu kommen. ›Du sollst dir kein Bildnis machen.‹ Kompromißlos hat Mendelssohn dieses alttestamentarische Gebot beim Wort genommen«[2]

Am Elia-Stoff reizte Mendelssohn-Bartholdy, als er sich im Jahre 1837 zusammen mit seinem Jugendfreund Karl Klingemann mit dem Libretto beschäftigte, zweifellos zuerst das Dramatische. Einem anderen Jugendfreund, Julius Schubring, der von Mendelssohn in die Abfassung des Librettos mit einbezogen wurde, schrieb er 1838: »Ich hatte mir eigentlich beim ›Elias‹ einen rechten durch und durch Propheten gedacht, wie wir ihn etwa heutzutage wieder brauchen könnten, stark, eifrig, auch wohl bös und zornig und finster, im Gegensatz zum Hofgesindel und Volksgesindel, und fast zur ganzen Welt im Gegensatz, und doch getragen wie von Engelsflügeln ... - es ist mir aber darum recht ums Dramatische zu thun, ... epische Erzählung darf darin nicht vorkommen.« Nach mehrjähriger Unterbrechung begab Mendelssohn sich erst viele Jahre später wieder an den Stoff, als nämlich im September 1845 das Komitee des Birmingham Music-Festival ihn aufforderte, ein großes Werk aufzuführen. Das epische Element hielt er tatsächlich in der dann geschaffenen Form des Libretto, das aus einer sehr dichten Zusammenstellung verschiedener Bibelverse besteht, wirklich sehr zurück, in dem er - anders als in seinem ersten Oratorium - ohne Erzähler auskommt. Demgegenüber hält er die Verlagerung auf das Dramatische beim Elia-Stoff nicht in gleicher Konsequenz durch. Das zweigeteilte Oratorium ist in seinem ersten Teil der Auseinandersetzung zwischen Elia und den Baalspriestern auf dem Karmel (1 Kön 18) sowie dem dort berichte-

Titelbild
der Erstausgabe 1847,
Zeichnung von Julius Hübner

ten Ende der Dürrekatastrophe gewidmet. Hier im ersten Teil finden sich diese dramatischen Elemente, die Mendelssohn-Bartholdy wohl bei seinen ersten Plänen im Gedanken an den Propheten vor Augen hatte. Der zweite Teil des Oratoriums hingegen, der sich mit der Gottesbegegnung am Horeb nach 1 Kön 19 beschäftigt und schließlich in die sogenannte Himmelfahrt des Elia (2 Kön 2,11) mündet, läßt das dramatische Element deutlich hinter sich, um der Reflexion mehr Raum zu geben. Auf diesem Hintergrund ist schließlich auch der für die Frage des Alten Testamentes in diesem Oratorium hochinteressante Schluß zu betrachten. Aus dem Briefwechsel Mendelssohns mit Julius Schubring und der Uraufführung vom 26.8.1846 wird das Problem des Oratoriumsende greifbar. Schubring hatte Mendelssohn dazu gedrängt, daß das Oratorium unbedingt eine neutestamentliche (christologische) Deutung als Abschluß enthalten müßte. Mendelssohn hatte dies zuerst abgelehnt, weil es den Rahmen und die innere Einheit seines Werkes sprengen würde. Dennoch war bei der Uraufführung des Werkes der Schluß entsprechend in einem Chor nach Eph 3,20f gestaltet. Mit dem unter Zeitdruck schnell fertiggestellten »Elias« war der Komponist nicht zufrieden und überarbeitete das Ganze 1847 noch einmal. Dabei erhielt das Werk dann seinen nun vorliegenden Schluß, der bewußt und klar im Alten Testament verbleibt, aber dennoch nach der Himmelfahrt des Elia das Wesen des Prophetischen noch ein Stück weiterbringt. Dazu stellt Mendelssohn aus Jes 41,25; 42,1; 11,2; 55,1.3 einen Chor mit anschließendem Quartett zusammen und läßt das Ganze im Schlußchor nach Jes 58,8 und Ps 8,2 ausklingen. Durch diesen Schluß, der geradezu die typisch christlichen Erwartungen des Alten Testamentes aus der großen Prophetengestalt des Elia herauswachsen läßt, macht Mendelssohn seinen christlichen Hörern, die ja mehr oder weniger das ganze Alte Testament aus prophetischer Perspektive lesen, die fundamentale Bedeutung des Alten Testamentes für das christliche Bekenntnis deutlich. Gerade dieser kurze Text des Schlusses zeigt, daß es beim »Elias« nicht um die große Gestalt des Propheten als Grundlage des Oratoriums geht, sondern um das Verstehen des Alten Testaments von der Einzigartigkeit dieser Prophetengestalt her:

»Aber einer erwacht von Mitternacht,
und er kommt vom Aufgang der Sonne.
Der wird des Herrn Namen predigen
und wird über die Gewaltigen gehen;
das ist sein Knecht, sein Auserwählter,
an welchem seine Seele Wohlgefallen hat.
Auf ihm wird ruhen der Geist des Herrn:
Der Geist der Weisheit und des Verstandes,
der Geist des Rats und der Stärke,
der Geist der Erkenntnis, und der Furcht des
Herrn.

Wohlan, alle, die ihr durstig seid,
kommt her zum Wasser, kommt her zu ihm!
Wohlan, alle, die ihr durstig seid, kommt her
zu ihm,
und neigt euer Ohr, so wird eure Seele leben.«
(Nr. 41 Chor und Quartett)

»Alsdann wird euer Licht hervorbrechen
wie die Morgenröte,
und eure Besserung wird schnell wachsen;
und die Herrlichkeit des Herrn
wird euch zu sich nehmen.
Herr, unser Herrscher!
Wie herrlich ist dein Name
in allen Landen,
da man dir danket im Himmel.
Amen.«
(Nr. 42 Schlußchor)

Ein ähnlich breites Spektrum in bezug auf die Rezeption des Alten Testamentes wie bei den Oratorien findet sich auch im Bereich der Oper. Hier wie da vermag das Alte Testament durch seine großen Erzählungen und Gestalten Stofflieferant zu sein, aber man erkennt in ihm ebenso einen tiefen religiösen Anspruch, der zur Auseinandersetzung und Reflexion herausfordert.

Jerusalems Schicksal erobert Italien

Hatte Händel mit seinen biblischen Oratorien einen Durchbruch beim Publikum erreicht, so kommt es für Guiseppe Verdi mit seiner Oper »Nabucco« zu einem Durchbruch, nicht nur beim Publikum, sondern auch für sich selbst, wie er später eingesteht: »Mit dem ›Nabucco‹ begann mein eigentlicher Weg als Opernkomponist ...« Der Vergleich zwischen Händel und Verdi drängt sich auch von daher auf, daß es beiden gelang - Händel vor allen Dingen mit seinem »Judas Makkabäus« und Verdi mit seinem »Nabucco« - von einem biblischen Stoff her ein nationales Gefühl bei einem großen Publikum zu treffen, ja, ein Stück weit die Identität des Volkes zu stärken. Verdi war zu diesem Stoff eher zufällig gelangt und hatte sich trotz seiner Absicht, keine Oper mehr zu komponieren, an die Arbeit gemacht, nachdem Bartolomeo Merelli, der Intendant der Mailänder Skala, ihm das Libretto zum »Nabucco« aus der Feder von Temistocle Solera geradezu aufgedrängt hatte. Solera hatte das Manuskript eigentlich für den deutschen Komponisten Otto Nicolai geschrieben, der allerdings zum Thema keinen Zugang fand. Verdi fand eher zufällig einen Zugang zu dem Stoff, wie er in seinen autobiographischen Notizen bemerkt: Er sei bei dem zuerst ungeliebten Manuskript, dem er ablehnend gegenüberstand, auf die Verse des Gefangenenchors gestoßen. Diese Verse haben ihn tief beeindruckt, vor allem, weil er sie als Bibelverse erkannte und immer wieder gerne in der Bibel las. Geradezu magisch wird er über den Gefangenenchor in das ganze Libretto gezogen, was man vielleicht schon als eine Vorwegnahme der späteren Wirkung des »Nabucco« ansehen kann.
An sich geht das Libretto und damit auch Verdis Oper von historischen Fakten aus und umkreist biblische Themen, nicht nur durch die Übernahme von biblischen Versen, aber es ist gleichzeitig mit reicher Fantasie so ausgestaltet, daß vieles weder historisch noch biblisch zu nennen ist. Hintergrund und Ausgangspunkt des Stoffes ist

die Belagerung Jerusalems durch die Babylonier im Jahre 587 v.Chr. In vier Akten wird eine dramatische Handlung zwischen dem babylonischen König Nebukadnezzar (in der italienischen Kurzform »Nabucco«) und dem jüdischen Volk umschrieben. Vom Handlungsfaden sind Anfang und Ende dem Alten Testament entnommen, nämlich die Eroberung und Zerstörung Jerusalems und die Wegführung des Volkes in das sogenannte babylonische Exil sowie die später ermöglichte Rückkehr der Juden. Um der Einheit der Handlung und der Personen willen, muß die Oper gerade bei diesem Handlungsfaden den biblischen Stoff und die historischen Zusammenhänge aber übergehen. Für sie ist es derselbe Nabucco, der Jerusalem erobert und später die Rückkehr ermöglicht, während letzteres eigentlich dem Perserkönig Kyros zuzuschreiben ist. Die beiden mittleren Akte sind den Auseinandersetzungen am Hof zwischen den Protagonisten und zuletzt auch ihren Göttern gewidmet, ohne daß sie im einzelnen auf eine biblische Vorlage zurückblicken könnten. Und dennoch hat Verdi die Oper insgesamt wohl als biblische betrachtet, denn Mottoverse aus dem Propheten Jeremia stehen in der Originalpartitur über jedem Akt. Folgende vier Überschriften sind dort zu finden

1. »Darum spricht der Herr: Ich gebe diese Stadt in die Hand des Königs von Babel, auf daß er sie erobere und niederbrenne!«
2. »Siehe! ein Sturm geht vom Herrn aus, ein Wirbelsturm, über den Kopf der Frevler geht er dahin.«
3. »Die Wüstentiere werden nach Babylon kommen und mit dem Uhu zusammensein, auch die Eulen werden sich dort aufhalten.«
4. »Bel ist zuschande, seine Idole zerschmettert!«

Gleichwohl ist es nicht der biblische Hintergrund, der den Erfolg der Mailänder Uraufführung vom 9. März 1842 bestimmte, sondern es ist der Chor der hebräischen Sklaven (von dem sich auch Verdi im Libretto zuerst angesprochen und angezogen fühlte), der sowohl in seinen Versen, als auch in Verdis Melodie ins Herz des Publikums traf.

Verdi traf mit seiner Oper Nabucco die patriotischen Sehnsüchte vieler Italiener, deren »Viva Verdi« einem unter Victor Emanuel geeinten Italien galt

Coro:	Chor:
Va, pensiero, sull'ali dorate;	Zieht, Gedanken, auf goldenen Flügeln,
Va, ti posa sui clivi sui colli,	Zieht, Gedanken, ihr dürft nicht verweilen!
Ove olezzano tepide e molli	Laßt euch nieder auf sonnigen Hügeln,
L'aure dolci del suolo natal!	Dort, wo Zions Hügel blicken ins Tal!
Del Giordano le rive saluta,	Um die Ufer des Jordans zu grüßen,
Di Sionne le torri atterrate ...	Zu den tueren Gestaden zu eilen,
Oh mia patria sì bella e perduta	Zur verlorenen Heimat, der süßen,
Oh membranza sì cara e fatal!	Zieht Gedanken, lindert der Knechtschaft Qual!
Arpa d'or dei fatidici vati,	Warum hängst du so stumm an der Weide,
Perchè muta dal salice pendi?	Goldne Harfe der göttlichen Seher?
Le memorie nel petto raccendi,	Spende Trost, süßen Trost uns im Leide
Ci favella del tempo che fu!	Und erzähle von glorreicher Zeit.
O simile di Solima ai fati	Singe, Harfe, in Tönen der Klage
Traggi un suono di crudo lamento,	Von dem Schicksal geschlag'ner Hebräer.
O t'ispiri il Signore un concento	Als Verkünd'rin des Ew'gen uns sage:
Che ne infonda al patire virtù!	Bald wird Juda vom Joch des Tyrannen befreit!

»Diese Melodie drückte, wohl ohne daß ihr Komponist es geahnt hätte, die Sehnsüchte seines eigenen Volkes aus, hier waren insgeheim die Wünsche der jungen Italiener nach einem einheitlichen, geeinten, brüderlichen, großen Vaterland Italien ausgedrückt. Man sang von Zion und dachte an Italien, man sang vom ›Heimatland, das so schön und verloren' war, und man sehnte sich danach, das ›verlorene‹, in zahlreiche Kleinstaaten zerrissene Italien zusammenzufügen zur großen Heimat. Die Melodie war so eingängig, daß sie auch ohne Begleitung auf den Straßen gesungen werden konnte. Und wer konnte das verbieten? Tatenlos mußten die Besatzungsmächte zuhören, wenn irgendwo aus italienischen Kehlen das ›Va, pensiero‹ zum Himmel stieg. Tatenlos auch zusehen, wenn eine Patriotenhand an leere Hauswände schrieb: ›Viva Verdi!‹, denn warum sollte man einen jungen einheimischen Komponisten nicht hochleben lassen? Und doch wußte jedes Kind, daß diese Huldigung wohl erst in zweiter Linie dem Komponisten des ›Nabucco‹ galt, in erster aber bedeutete: Viva V(ittorio), E(manuéle), R(e), D'I(talia) - der Wunschtraum aller Italiener, Victor Emanuel (der König von Sardinien) als König eines geeinten Italien ...«[3] Wenn Verdi auch seiner dritten Oper, dem »Nabucco«, weit über 20 andere hinfügte, so blieb der »Nabucco« doch bis heute einer der großen Erfolge Verdis; zusammen mit »Aida« ist »Nabucco« der Klassiker der spektakulären Inszenierungen in der gigantischen Kulisse der Arena von Verona.

»Reinige dein Denken« - Schönbergs Programm

Eine ganz andere Art der Auseinandersetzung mit dem Alten Testament findet sich in Arnold Schönbergs Oper »Moses und Aron«, denn Schönberg hatte nicht ein Libretto mit biblischem Thema vorliegen, das er für eine Oper vertonte; er schrieb vielmehr selbst das Libretto und rang mit der Thematik so sehr, daß er eine Zeitlang nicht sicher war, ob er es nicht als Oratorium realisieren müsse, weil es als Oper gar nicht aufführbar sei. Im Mittelpunkt der auf drei Akte angelegten Oper steht thematisch das Bilderverbot. In wahrsten Sinne des Wortes kreist das Ganze dieser Oper um den sogenannten »Tanz ums goldene Kalb«, der im zweiten Akt dargestellt ist. Im Alten Testament selbst stellt diese Geschichte vom goldenen Kalb (Ex 32) die wichtigste Beispielerzählung zum sogenannten Bilderverbot dar, das zusammen mit dem Fremdgötterverbot nicht nur die Zehn Gebote eröffnet, sondern das Wichtigstes des biblischen Gottesglaubens festhält. Will man vor allen Dingen Schönbergs Umgang mit dem biblischen Stoff in seiner Oper betrachten, so muß man (was eigentlich auch für das Gesamtverständnis der Oper anzusetzen ist) von drei Akten ausgehen, obgleich Schönberg den dritten Akt nicht mehr komponierte. Er hat aber eine Reihe von Kompositionsanfängen dazu vorgelegt und letztendlich sein ganzes Leben lang diese Vollendung vor Augen gehabt. Daß Schönberg selbst von dieser Einheit in den drei Akten ausging, läßt sich auch aus einem Brief von 27. 11. 1950 an F. Siciliani entnehmen, in dem er erwägt, daß bei einer möglichen Aufführung der Text des dritten Aktes gesprochen werden müsse.

Vom biblischen Stoff her bezieht sich der erste Akt auf Ex 3f, die sogenannte Berufung des Mose, in der dieser das Programm des Exodus aus Ägypten mitgeteilt bekommt und zur Führung des Volkes beauftragt wird. Schönberg faßt am Ende des ersten Aktes das für ihn Wichtige dieses Stoffes, nachdem Moses und Aron sich dem Volk vorgestellt haben, in einem Chor zusammen:

»Er hat uns auserwählt vor allen Völkern,
das Volk des einz'gen Gottes zu sein;
ihm allein zu dienen,
keines anderen Knecht:
Wir werden frei sein
von Fron und Plage!
Das gelobt er uns:
Er wird uns führen in das Land,
wo Milch und Honig fließt;
und wir soll'n genießen,
was er unseren Vätern verheißen.
Allmächt'ger, du bist stärker
als Ägyptens Götter,
Pharao und seine Knechte schlägst du nieder.
Von der Fron befrein uns Moses und Aron.
Ewiger Gott, wir dienen dir;
weihn dir unsere Opfer
und unsere Liebe:
Du hast uns auserwählt,
führst uns in gelobte Land.
Wir werden frei sein!«

Daran, über einen kleinen Chor als Zwischenspiel vermittelt, schließt der zweite Akt an, der vom biblischen Stoff her die Geschichte vom goldenen Kalb (Ex 32) enthält. In bezug auf den Glauben des Volkes, den der Chor am Ende des ersten Aktes ausdrückt, führt der zweite Akt geradezu in die Gegenrichtung, und zwar insofern, als er das Scheitern der Vermittlung des Gottesgedankens des Moses an das Volk vor Augen führt und dabei dann die vorher zusammengehörigen Hauptpersonen Moses und Aron auseinandergehen und die unterschiedlichen Gottesvorstellungen der beiden erkennen läßt. Als Abschluß des zweiten Aktes hält Moses diese Differenz fest:

»Unvorstellbarer Gott!
Unaussprechlicher, vieldeutiger Gedanke!
Läßt du diese Auslegung zu?
Darf Aron, mein Mund, dieses Bild
machen?
So hab ich mir ein Bild gemacht,
falsch,
wie ein Bild nur sein kann!
So bin ich geschlagen!
So war alles Wahnsinn, was ich
gedacht habe,
und kann und darf nicht gesagt
werden!
O Wort, du Wort, das mir fehlt!«

Der daran anschließende dritte Akt greift biblisch weiter aus. Er geht im Kern zurück auf Num 20 und den Tod des Aron. Hier läßt Schönberg die Fäden zusammenlaufen und konfrontiert die schier unvermittelbaren Gottesvorstellungen von Moses und Aron mit dem Erwählungsgedanken.

Insgesamt bleibt das, was in den zugrunde liegenden biblischen Texten zentral ist, unausgesprochen. Im ersten Akt findet man bei der Berufung des Moses ebensowenig die Offenbarung des Gottesnamens (Ex 3,14) wie man im zweiten Akt die der Geschichte von Ex 32 vorausgehende Mitteilung der Zehn Gebote findet. Doch dies ist nicht übergangen. Wenn man sich die Moses-Passagen genauer anschaut, stellt man fest, daß all dies in der Gottesvorstellung, für die Moses in der Oper steht, schon enthalten ist, ja, im wahrsten Sinn des Wortes *vorausgesetzt* wird. Dieser gedanklichen Nähe zum biblischen Stoff steht die Freiheit gegenüber, mit der Schönberg diese Gedanken von der Bibel her entwickelt. So ist die im Zentrum der Oper stehende Konfrontation zwischen Moses und Aron und die damit verbundene völlig verschiedene Gottesvorstellung beider dem biblischen Text fremd, auch wenn die Bibel vom einen oder anderen Konflikt zwischen den beiden zu berichten weiß.

Schönberg ist wohl bewußt, daß er nicht die biblische Handlung nacherzählt und vertont. Er hat ein Anliegen, das er von diesem biblischen Stoff her entwickelt. In einem Brief wies er auf seine Auswahlkriterien aus dem gewaltigen Stoff selbst hin und hob drei Aspekte als die ihm wichtigen hervor: der unvorstellbare Gott, das auserwählte Volk und der Volksführer. Diese Grundgedanken finden sich, geht man am Libretto entlang, im Gesamt der Oper spiegelbildlich wieder, der Grundstruktur der in Zwölftontechnik komponierten Musik der Oper entsprechend. So läßt Schönberg die Stimme aus dem Dornbusch, die er hochsensibel für die theologische Problematik des Sprechens Gottes in 3-6 parallel laufenden Solostimmen gestaltet, als Ziel am Ende der ersten Szene des ersten Aktes angeben:

»Ich will euch dorthin führen,
wo ihr mit dem Ewigen einig
und allen Völkern ein Vorbild werdet.«

Die Vereinigung mit Gott nimmt Moses am Ende des dritten Aktes schließlich wieder auf:

»Aber in der Wüste seid ihr unüberwindlich
und werdet das Ziel erreichen:
Vereinigt mit Gott.«

Auf dem Höhepunkt der Oper, im zweiten Akt, wird dieses Verhältnis des Volkes zu seinem Gott in den Mittelpunkt gerückt. Im Alten Testament ist die zugrunde gelegte Geschichte vom goldenen Kalb die entscheidende Sünde des Volkes, insofern sich das Volk hier bewußt von *dem* Gott abwendet, der sich ihm gerade - in der Offenbarung am Sinai - zugewandt hat. Die Aufnahme eben dieses Stückes ins Zentrum der Oper darf bei Schönberg nicht völlig von seiner eigenen Biographie gelöst werden; denn der Jude Schönberg war zum Christentum konvertiert, bevor er sich als Freigeist theosophisch-universalen Erlösungsgedanken zuwendete, dann aber - nach ersten antisemitischen Erfahrungen schon 1922 - eine bewußte Rückkehr ins Judentum vollzog. (1923 beginnt er sich mit dem »Moses und Aron« zu beschäftigen!) Schon am Ende der zweiten Szene des ersten Aktes deutet sich dieser Konflikt des zweiten Aktes an, wenn dort Moses und Aron mit folgenden Worten gegeneinander stehen:

Moses	*Aron*
Unerbitterliches Denkgesetz zwingt zur Erfüllung.	Allmächtiger! Sei der Gott dieses Volkes! befreit es aus Pharaos Knechtschaft!

Dieses Gegenüber läßt sich nur verstehen als Anfrage an das Volk Israel, wie es selbst vor Gott stehe. Die vorausgesetzte bewußte Rück- und Umkehr wird von Schönberg in der letzten Passage vor diesem Schluß hervorgehoben, wenn Moses dort sagt: »Reinige dein Denken, lös es von Wertlosem, weih es Wahrem«, und dieser Satz in der ganzen Oper der einzige gesungene in der Sprechrolle des Moses ist. Dem gemachten Gottesbild, den eigenen Vorstellungen, versinnbildlicht durch das goldene Kalb, steht die von Moses verkündete Wahrheit der reinen Gottesvorstellung gegenüber. Nicht die Opposition Geist-Materie oder Wort-Bild stehen im Vordergrund der Oper, und an einem Psychodrama, ist Schönberg wohl auch nicht gelegen, stattdessen konzentriert er sich auf das Verhältnis Israel-Gott, und zwar vom Gedanken der Erwählung Israels her. Dies bedeutet für Schönberg ganz und gar im biblischen und jüdischen Sinne nicht Privileg, sondern Auftrag, was schon in der ersten Szene des ersten Aktes deutlich zum Ausdruck kommt, wenn es dort heißt: »Und allen Völkern ein Vorbild werdet«. Die Berufung und Erwählung Israels zielt folglich darauf ab, der Welt den Gottesgedanken zu verkünden. An der Person des Moses macht Schönberg unzweideutig deutlich, wie schwierig dies aber auch ist. Was Schönberg in seinem »Moses und Aron« vorlegt, ist eigentlich - wie es vom Zentrum der Geschichte des goldenen Kalbes es sich auch nahelegt - eine Auslegung des biblischen Bilderverbotes. Denn es geht es darum, das Gott-Sein Gottes, seine Unverfügbarkeit, gegen alle menschlichen Projektionen zu wahren, es ist letztlich der »Wächter der Theo-Logie«, was Schönberg Moses in der ersten Szene des dritten Aktes in Abgrenzung zu Aron auch ausdrücken läßt:

»Und der Gott, den du zeigst,
ist ein Bildnis der Ohnmacht,
ist abhängig von einem Gesetz über
sich; muß erfüllen, was er ver-
sprochen hat; muß tun, um was er
gebeten wird,
ist gebunden an sein Wort.
Wie die Menschen handeln - gut
oder böse - so muß er:
Strafen ihr Böses, belohnen ihr Gutes.
Aber der Mensch ist unabhängig und tut,
was ihm beliebt aus freiem Willen.
Hier beherrschen die Bilder bereits
den Gedanken, statt ihn auszudrücken.
Ein Allmächtiger - was
immer er auch halte - ist zu nichts
verpflichtet.«

Schönberg legt mit seinem »Moses und Aron« die Bibel Israels, das Alte Testament, vom Zentrum, dem Charakteristikum des JHWH-Glaubens her für sich und seine Zeit aus. Diese Auslegung ist eine im eigentlichen Wortsinn, keine Erklärung der Ursprungssituation, sondern eine Aktualisierung und Anwendung in eine neue Situation hinein. Das Bilderverbot war schon innerhalb der biblischen Überlieferung zum markantesten Punkt des Gottesglaubens geworden, vor allen Dingen nachdem das monotheistische Bekenntnis sich durchgesetzt hatte und das sogenannte Fremdgötterverbot obsolet geworden war. Insofern kann man sagen, daß Schönbergs Oper mit Gott und Israel zu tun hat, und gerade deshalb auch mit der Bilderfrage und schließlich auch mit Antisemitismus.

Was an Möglichkeiten und Schwierigkeiten hierin steckt, das spiegelt sich in den Inszenierungen dieser Oper wider. Die Uraufführung hat Schönberg selbst nicht mehr erlebt. Als Schönberg im Juli 1951 in Los Angeles starb, wurde in Darmstadt erstmals als Teilaufführung die Szene »Das goldene Kalb und der Altar« aufgeführt. Es folgten 1954 in Hamburg eine konzertante Aufführung und erst 1957 die erste szenische in Zürich. In den letzten Jahren ist »Moses und Aron« wieder häufiger auf verschiedensten Bühnen aufgeführt worden. Zwei markante Inszenierungen spiegeln bei vielen äußerlichen Ähnlichkeiten doch die vom Stück möglichen Schwerpunkte deutlich wider. Ganz als Adaptation an heutige Fragen, und somit als konsequente Aktualisierung, stellt sich die Inszenierung der Kölner Oper unter Hans Neugebauer aus dem Jahre 1978 und in Neueinstudierung 1986 dar. Die überaus starke Visualisierung unserer gesamten Kultur hat zu einer Medienkritik geführt, die mit Namen wie Neil Postman (»Wir amüsieren uns zu Tode«) aufs engste verbunden sind. Hier finden sich dann auch immer wieder Rückgriffe auf das biblische Bilderverbot. Die Aktualität dieses sich vom alttestamentlichen Bilderverbot aufdrängenden Gedankens der Konfrontation von Sichtbarem und Unsichtbarem, von

Bild und Wort, läßt die Kölner Inszenierung zum zeitkritischen Dokument einer mediensensibilisierten Gesellschaft werden. Die Handlungen der uniform gekleideten Akteure in dem in unangenehmes sandfarbenes Neonlicht getauchten »Bühnenkasten«, der zum Publikum hin durch einen Gazevorhang abgeschlossen ist, wird zur wirklichkeitsfernen Projektion, die den Zuschauer auf seine Rolle festlegt: das Zu-Sehen. Die Oper wird erlebt als Blick in den »Kasten«, der in vielen Details die Fernseh-Gewohnheiten des heutigen Menschen provokativ angreift.

Demgegenüber setzt die Leipziger Inszenierung aus dem Jahre 1994 des Juden George Tabori ganz und gar auf das »Volk« und auf das Problem des Antisemitismus. Tabori sieht in Mose den wahren Juden, der mit seinem Gottesgedanken vor den Menschen gescheitert ist. »O Wort, du Wort, das mir fehlt« sagt deshalb Moses am Ende. In seiner Inszenierung streicht Tabori dieses Element durch ein über Schönbergs Oper hinausgehendes Vorspiel, an dessen Ende Moses zusammengeschlagen am Boden liegt, heraus. Bewußt möchte er zudem seine Inszenierung zwischen Oper und Oratorium ansiedeln, um so Schönbergs eigenes Schwanken bei der Realisierung des Stoffes aufzunehmen.

Szenenbild aus Schönbergs Oper »Moses und Aron« (Kölner Inszenierung unter Hans Neugebauer)

5. Das Alte Testament in der Kunst und Literatur des 20. Jahrhunderts

Erich Zenger

Inspirative Kraft »jenseits des Weihrauchs« (Max Frisch)

»Unsere Kultur ist aus zwei verschiedenen Quellen entstanden: der griechischen und der hebräischen. Athen und Jerusalem, als Symbole des Heidentums und des biblischen Glaubens, sind die beiden Pole, zwischen denen die geistige Tradition Europas sich fortwährend bewegt. Das Christentum hat beide Pole in sich aufgenommen, und deren innige Verflechtung hat die westliche Kultur grundlegend geprägt. Die von der deutschen Reformation veranlaßte Rückwendung zum Text der Bibel hat die Rolle der Heiligen Schrift - also auch des Alten Testaments - als bevorzugte Eingebungsquelle für Künstler und Dichter noch bekräftigt. Mit dem von der Aufklärung eingeleiteten Prozeß der Säkularisierung der religiösen Überlieferung wurde auch die Bibel als ›älteste Urkunde des Menschengeschlechts‹, wie Herder es ausdrückte, zu einer dichterischen Bezugsquelle, zu einer Fundgrube von Motiven, die in der Literatur wieder aufgenommen und zugleich umgedeutet wurden.«[1] Mit diesen Worten deutet der jüdische Literaturwissenschaftler Stéphane Mosès die Paradoxie der Wirkungsgeschichte des Alten Testaments in der Moderne an: Nachdem die Bibel für die Moderne ihren theologischen Offenbarungscharakter eingebüßt hatte, entfaltete sie ihre inspirative Kraft in der Kunst und vor allem in der Literatur. Befreit von dogmatischen oder moralisierenden Deutungszwängen wurde die Bibel zu einer poetologischen Offenbarungsquelle ersten Ranges. Max Frisch hat dies provozierend so zusammengefaßt: »Jenseits des Weihrauchs, wo es klar wird und heiter und durchsichtig, beginnen die Offenbarungen«.[2]

Es geht dabei freilich nicht mehr um Auslegung des Alten Testaments, sondern um Selbst-, Zeit- und Weltdeutung durch Literatur und Kunst in kreativer Aufnahme von alttestamentlichen Stoffen, Figuren, Motiven und Sprachformen - und im produktiven Widerspruch zu ihnen. Die Schriftsteller und Künstler unserer Zeit suchen im Alten Testament (und in der Bibel überhaupt) nicht die »Heilige Schrift«, sondern den Spiegel der großen, offenen Fragen um Leben und Tod, Schuld und Leid, Gewalt und Krieg, Gottesfinsternis und Gotteszweifel. Ist auch das Alte Testament für sie weder Erbauungs- noch Trostbuch, so lesen und rezipieren sie es als Erkenntnisbuch, das den Schleier der Verdrängung und der Banalität, der sich nur allzugern über das Leben legt, zerreißt, um in die Tiefen und Untiefen der Menschen (und Gottes) schauen zu lassen. Franz Kafka hat dies 1916 in seinem Tagebuch festgehalten: »Nur das Alte Testament sieht«.[3]

Also verwundert es nicht, daß die Schriftsteller und Dichter des 20. Jahrhunderts sich vor allem von Themen und Figuren des Alten Testaments inspirieren lassen, die in der kirchlichen Verkündigung eher am Rande stehen oder überhaupt nicht vorkommen.

Was die Kunst angeht, ist noch eine andere Einschränkung zu machen. Da die moderne Malerei kaum noch »thematisch« oder »figürlich« malt, tritt die Rezeption biblischer Themen stark zurück. Verstärkt wurde dieser »Abschied von der Bibel« durch die künstlerische Fragwürdigkeit dessen, was sich »religiöse Malerei« nannte, und insbesondere durch die Ablehnung aller Art von »Bibelillustrationen«, wie sie besonders im 19. Jahrhundert entstanden waren (Gustav Doré und Julius Schnorr von Carolsfeld). Wo bedeutende Maler des Expressionismus wie Emil Nolde, Alfred Kubin, Max Beckmann, Oskar Kokoschka, Christian Rohlfs, Franz Marc, Paul Klee und Wassily Kandinsky, zeitgenössische Künstler wie Alfred Hrdlicka, Rudolf Hausner oder Salvador Dali, aber auch Marc Chagall als »neue« Bibelillustratoren sich vom Alten Testament inspirieren ließen, zeigt sich die unerschöpfliche Kraft dieses Buchs. Unsere weingen Abbildungen können nur ein Hinweis auf diese quantitativ kleine, aber qualitativ große Wirkungsgeschichte des Alten Testaments in der Kunst des 20. Jahrhunderts sein.[4]

Paul Klee, Zeichnung zu Adam und Evchen, 1921

Klee hat die biblische Erzählung kritisch weitergestaltet: Seine Eva bleibt, nachdem sie aus Adams Rippe hervorgegangen ist, gleich dort. Zudem bleibt sie ein Kind. Evchen sieht wie ein Schulmädchen mit Zöpfen aus. Adam ist ein erwachsener Mann mit breitem Gesicht, Ohrringen und einem Schnurrbart. Indem die Figuren vor einen Hintergrund mit Vorhang gestellt werden, scheint Klee das ungleiche Paar in ein Puppentheater zu versetzen.

Auch was die Präsenz des Alten Testaments in der Literatur des 20. Jahrhunderts angeht, könnten und müßten wir breit ausholen.[5] Wir müßten die großartige Rezeption der Erzählungen des Pentateuch in Thomas Manns Roman-Tetralogie »Joseph und seine Brüder« und in der Erzählung »Das Gesetz« vorstellen. Wir müßten, wenn wir uns auf den Bereich der deutschsprachigen Literatur beschränkten, den vielfältigen Einfluß der Alten Testaments / der Jüdischen Bibel vor allem auf das Werk von Max Brod, Franz Kafka, Stefan Zweig, Franz Werfel, aber auch von Gottfried Benn und Bert Brecht oder von Else Lasker-Schüler, Hilde Domin, Karl Wolfskehl, Yvan Goll, Paul Celan und Nelly Sachs beschreiben. Es wäre sehr instruktiv, wenn wir der Frage breiter nachgehen könnten, welche Rolle die explizite bzw. implizite Aufnahme der biblischen Schöpfungs- und Sintflutgeschichte in der Tragödie »Die letzten Tage der Menschheit« von Karl Kraus (1926), in der Romantrilogie »Die Sintflut« von Stefan Andres (1949.1951.1959), in der Erzählung »Der Mensch erscheint im Holozän« von Max Frisch (1979) oder im Roman »Die Rättin« von Günter Grass (1986) spielt und was darin über die bleibende Aktualität des Alten Testaments offenbar wird. Es wäre spannend, die unterschiedliche Benutzung der biblischen Daviderzählungen durch Stefan Heym (1972: Der König David Bericht) und Grete Weil (1988: Der Brautpreis), aber auch durch den Schweden Torgny Lindgren (1984: Bat Seba; 1987 deutsche Ausgabe: Bathseba) miteinander und mit der Bibel zu konfrontieren. All dies ist hier nicht möglich. Stattdessen sollen an Beispielen der Rezeption des Ijob/Hiob-Buches einige Linien nachgezeichnet werden, an denen der für die Moderne charakteristische Umgang mit dem Alten Testament sichtbar werden kann.

Richard Seewald, Hiob
Abbildung nach einer Original-Zeichnung der Seewald-Ausstellung im Verlagshaus Herder, Freiburg 1956, Graph. III.

Ein Beispiel: Die Rezeption des Buches Ijob/Hiob

Das Hiobbuch hat unter den Büchern des Alten Testaments in der Literatur des 20. Jahrhunderts die vielgestaltigste Rezeption erhalten. Es gehört schon selbst zu den größten Werken der Weltliteratur. Während in der kirchlichen Tradition über die Jahrhunderte hinweg nur der fromme und deshalb als Vorbild verehrte und gepredigte Dulder Hiob der Rahmenerzählung (der sog. Hioblegende) weiterwirkte, hat die (säkulare) Moderne wieder den Gottesrebell entdeckt, der im Hauptteil des Hiobbuchs (in der sog. Hiobdichtung) im Zentrum steht. Es ist der Hiob, der gegen den pastoralen Schmalz und die doktrinär-repressive Leidenstheologie der traditionellen Weisheitslehre (verkörpert in den drei »Theologenfreunden« Hiobs Elifas, Bildad und Zofar) protestiert und der insbesondere gegen einen Gott rebelliert, der die Leidenden mitleidlos oder ohnmächtig leiden läßt und der so als personifizierter Schrei nach Gerechtigkeit inmitten von Unrecht und nach Rettung in der Nacht schrecklicher Leiden zu lesen bzw. zu hören ist. Daß dieses Buch wie kein anderes Buch der Bibel in der Auseinandersetzung mit den Katastrophen und Kriegen des 20. Jahrhunderts sowie insbesondere im Angesicht der Schoa (Holocaust) die Schriftsteller und Dichter angeregt hat, ist nicht verwunderlich. Und daß *so* die Gottesfrage, wenn auch meist im impliziten oder expliziten Widerspruch lebendig blieb, bisweilen im auffallenden Kontrast zur Blässe der zeitgenössischen Theologie, bestätigt abermals die poetologische (und theologische) Offenbarungskraft des Alten Testaments. Aus der Fülle der literarischen Werke, in denen die biblische Hiobgestalt rezipiert wurde, können nur einige Beispiele kurz vorgestellt werden; im übrigen kann hier auf die gründliche und gute Studie »Hiob unser Zeitgenosse. Die literarische Hiob-Rezeption im 20. Jahrhundert als theologische Herausforderung« von Georg Langenhorst verwiesen werden.[6]

In der Gattung der epischen Hiobrezeptionen ragen zwei Romane heraus, in denen die biblische Hiobfigur bzw. das im Hiobbuch diskutierte Rätsel der von Leid zutiefst erschütterten menschlichen Existenz die Hintergrundfolie des erzählten Geschehens bilden. Es handelt sich um den 1929 erschienenen Roman »Berlin Alexanderplatz. Die Geschichte von Franz Biberkopf« des Expressionisten Alfred Döblin (1878-1957) und um den 1930 veröffentlichten Roman »Hiob. Roman eines einfachen Mannes« des 1894 in Galizien als Sohn jüdischer Eltern geborenen Moses Josef Roth. Während sich Döblin mit dem Schicksal der proletarischen Existenz in der modernen Großstadt auseinandersetzt, ist Roths Roman der Versuch, das Geheimnis jüdischer Existenz im 20. Jahrhundert in der Spannung zwischen Treue zur Tradition und Anpassung an die Moderne darzustellen und mitzuteilen.

Joseph Roth: Hiob. Roman eines einfachen Mannes

Joseph Roths Hiobroman beginnt in der einfachen Welt des Ostjudentums, aus der Roth selbst stammt. Und theologisch bleibt die Geschichte in dieser Welt, auch wenn ihre Hauptfigur in das »moderne« Amerika auswandert, wo sie ihre tiefste Gottes- und Identitätskrise erlebt. Schon die ersten Zeilen des Romans mischen das biblische Hiobmilieu mit dem des galizischen Judentums im zaristischen Vorkriegs-Rußland:

»Vor vielen Jahren lebte in Zuchnow ein Mann namens Mendel Singer. Er war fromm, gottesfürchtig und gewöhnlich, ein ganz alltäglicher Jude. Er übte den schlichte Beruf eines Lehrers aus. In seinem Haus, das nur aus einer geräumigen Küche bestand, vermittelte er Kindern die Kenntnis der Bibel. Er lehrte mit ehrlichem Eifer und ohne aufsehenerregenden Erfolg. Hunderttausende vor ihm hatten wie er gelebt und unterrichtet ...«[7]

Doch Schlag um Schlag wird das bescheidene Glück dieses Gerechten zerstört. Sein viertes Kind (Menuchim) kommt als Krüppel zur Welt, unfähig zu sprechen und zu gehen, und wird schließlich in ein Kinderheim abgegeben. Der Älteste (Jonas) muß zum russischen Militärdienst und geht dem Judentum verloren. Der Zweite (Schemarjah) wandert nach Amerika aus, nennt sich »Sam« und entfernt sich ebenfalls vom Judentum. Seine Tochter Mirjam verkauft sich an die Kosaken. Der Versuch, in Amerika eine neue Existenz zu beginnen, bringt nur neues Leid: Sein Sohn Sam fällt als Soldat in amerikanischen Diensten, seine Frau Deborah bricht ob dieses Unglücks tot zusammen und seine Tochter Mirjam wird wahnsinnig.

Nun ist er allein. Alle Lebensbeziehungen sind tot. Nur noch *eine* gibt es - die zu seinem Gott. Diese will und muß er nun selbst aufkündigen, nachdem ihm Gott die anderen Beziehungen zerstört hat. Es ist eine dramatische Szene, die Roth so erzählt:

»Er ging in die Küche, raffte Zeitungspapier und Kienspäne zusammen und machte ein Feuer auf der offenen Herdplatte. Als das Feuer eine ansehnliche Höhe und Weite erreichte, ging Mendel mit starken Schritten zum Schrank und entnahm ihm das rotsamtene Säckchen, in dem seine Gebetsriemen lagen, seinen Gebetsmantel und seine Gebetbücher. Er stellte sich vor, wie diese Gegenstände brennen würden ... Ein schreckliches Lied ruft er ihnen nach. ›Aus, aus, aus ist es mit Mendel Singer‹, ruft er, und mit den Stiefeln stampft er den Takt dazu, daß die Dielenbretter dröhnen und die Töpfe an der Wand zu klappern beginnen. ›Er hat keinen Sohn, er hat keine Tochter, er hat kein Weib, er hat keine Heimat, er hat kein Geld. Gott sagt: ich habe Mendel Singer gestraft; wofür straft er, Gott? Warum nicht Lemmel, den Fleischer? Warum straft er nicht Skowronnek? Warum straft er nicht Menkes? Nur Mendel straft er! Mendel hat den Tod, Mendel hat den Wahnsinn, Mendel hat den Hunger, alle Gaben Gottes hat Mendel. Aus, aus, aus ist es mit Mendel Singer.‹...

Da die Nachbarn Mendel also schreien und poltern hörten und da sie den graublauen Rauch durch die Ritzen und Spalten seiner Tür in den Treppenflur dringen sahen, klopften sie bei Singer an und riefen, daß er ihnen öffne. Er aber hörte sie nicht. Seine Augen erfüllte der Dunst des Feuers, und in seinen Ohren dröhnte sein großer schmerzlicher Jubel. Schon waren die Nachbarn bereit, die Polizei zu holen, als einer von ihnen sagte: ›Rufen wir doch seine Freunde! Sie sitzen bei Skowronnek. Vielleicht bringen sie den Armen wieder zur Vernunft.‹

Als die Freunde kamen, beruhigte sich Mendel wirklich. Er schob den Riegel zurück und ließ sie eintreten, der Reihe nach, wie sie immer gewohnt waren, in Mendels Stube zu treten, Menkes, Skowronnek, Rottenberg und Groschel. Sie zwangen Mendel, sich aufs Bett zu setzen, setzten sich selbst neben ihn und vor ihn hin, und Menkes sagte: ›Was ist mit dir, Mendel? Warum machst du Feuer, warum willst du das Haus anzünden?‹

›Ich will mehr verbrennen als nur ein Haus und mehr als einen Menschen. Ihr werdet staunen, wenn ich euch sage, was ich wirklich zu verbrennen im Sinn hatte. Ihr werdet staunen und sagen: auch Mendel ist verrückt, wie seine Tochter. Aber ich versichere euch: ich bin nicht verrückt. Mehr als sechzig Jahre war ich verrückt, heute bin ich es nicht.‹

›Also sag uns, was du verbrennen willst!‹

›Gott will ich verbrennen.‹«[8]

Für manche Literaturkritiker »kitschig«[9] und für die Leser gewiß überraschend schließt der Roman dann doch mit einem happy end: Beim Sedermahl in der Pesachnacht, zu dem Mendel Singer von einer Familie eingeladen ist, klopft es an die Türe - und ein Fremder tritt ein und gibt sich schließlich als der geheilte Sohn Menuchim zu erkennen, der als Musiker mit seinem Orchester in Amerika auf Konzertreise ist. Nur wer die von Roth kunstvoll eingestreuten Anspielungen an die biblische Josefsgeschichte (der verkaufte Josef wird zum Retter seiner Familie) und an die Pesach-Haggada mit ihrem Festhalten an dem Gott, der Wunder wirken kann, übersieht, wird hier von Kitsch sprechen: Auch das biblische Hiobbuch hat einen »wunderbaren« Schluß, der auf märchenhafte Weise die uralte Erlösungsbotschaft Israels beschwört. Damit werden nicht die unerklärlichen Schläge und Leiden im Leben des Mendel Singer zurückgenommen, aber in spannungsreicher Dialektik fällt mitten in das Leid das messianische Licht der Utopie, daß das Leid und der Tod nicht das letzte Wort haben dürfen. Nimmt man hinzu, daß Roth diesen Roman *gegen* sein eigenes Familienschicksal (seine Frau war in Schizophrenie gefallen), *gegen* die zeitgeschichtlichen Erschütterungen und *gegen* die Naivität seiner ostjüdischen Tradition geschrieben hat, kann man diesen Hiobroman als Aktualisierung der Lebenskraft lesen, die das Hiobbuch wecken will, indem es zum Streiten *mit* Gott auffordert - auch *gegen* Gott.

Alfred Döblin: Berlin Alexanderplatz. Die Geschichte von Franz Biberkopf

Auch Alfred Döblins Großstadtroman »Berlin Alexanderplatz« sucht das Leben im Streit gegen Gott - aber in der Absage an ihn. Der Roman zeichnet einerseits in seiner Technik der Montage unterschiedlichster literarischer Formen (Erzählung, Dialog, innerer Monolog, Zeitungsausschnitte, Radiosendungen, Schlagertexte, Reklameschilder, Werbesprüche u.a.) die chaotisch-unüberschaubare Welt der modernen Großstadt nach. Den wirkungsvollen Kontrast dazu bildet die Montage biblischer Zitate und Erzählmotive aus der Genesis, aus Jeremia, Kohelet, Ester - und vor allem Hiob. Die biblische Hiobfigur ist die entscheidende Interpretationskategorie dieses (in der Literaturwissenschaft interpretatorisch umstrittenen) Romans.

Im Anschluß an Georg Langenhorst läßt sich der den komplexen Roman durchziehende Handlungsfaden folgendermaßen nachzeichnen: »Franz Biberkopf, ein einfacher Berliner Transportarbeiter, hat wegen der Ermordung seiner Geliebten vier Jahre im Gefängnis gesessen. Er verläßt es mit dem festen Entschluß, von nun an ›anständig‹ zu bleiben, denn dann würde es das Leben auch gut mit ihm meinen. Dieser Versuch erweist sich aber als schwer durchführbar. Zwar gelingt es ihm anfänglich, sich als Straßenverkäufer und Hausierer mehr schlecht als recht durchzuschlagen, schließlich aber - ausgelöst durch ein Abenteuer mit einer Witwe, die ihm ein Freund ausspannt - bricht sein Plan zusammen. Er beginnt zu trinken, schimpft auf die Schlechtigkeit der Welt und läßt sich auf halbseidene Geschäfte ein. Bei einem Einbruch verliert er einen Arm, er nimmt diesen Schlag aber als gerechte Strafe für seinen zweifelhaften Lebenswandel ohne größeres Murren hin. Er hat jedoch jeden inneren Halt verloren und wird als Chef einer Einbrecherkolonne vollends zum Verbrecher. Im Straßenmädchen Mieze findet er eine Frau, die ihn wirklich liebt, doch er mißtraut ihr und mißhandelt sie. Mieze wird ermordet, und Biberkopf, in Wahrheit an ihrem Tode unschuldig, wird der Tat verdächtigt. Als er dennoch seine indirekte Verantwortung für ihren Tod erkennt, führt er in selbstmörderischer Absicht seine Verhaftung herbei. Er wird in eine Irrenanstalt eingeliefert, weil man ihn für verrückt hält, dort bricht er völlig zusammen, schwebt lange zwischen Leben und Tod und beginnt schließlich unter dem Motto ›wach sein, wach sein‹ sein Leben als neuer Mensch noch einmal von vorn.«[10]

In der Komposition des Romans wird an drei Passagen die biblische Hiobfigur breiter eingespielt, um Franz Biberkopf als Jedermann-Hiob jener Epoche in seiner schuldlos-schuldhaften Verstrickung und als »Opfer« der Verhältnisse, denen man realistisch und kämpferisch zugleich ins Auge sehen müsse, zu zeichnen. Wie Joseph Roths Hiobroman ist auch Döblins Roman eine Aufforderung, das Leben anzunehmen - nicht im Vertrauen auf ein Wunder, das ein geschichtsmächtiger Gott zufallen läßt, sondern in dem Willen zum Leben. »Wer kann dir helfen, wo du selbst nicht willst!«, ist die rettende Einsicht, zu der Hiob-Franz Biberkopf gebracht werden muß, wie der unter der Überschrift »*Gespräch mit Hiob, es liegt an dir, Hiob, du willst nicht*« stehende Dialog zwischen einer »Stimme« und Biberkopf eindrucksvoll entfaltet:

» - Franz, zwei Wochen hockst du jetzt auf deiner elenden Kammer. Deine Wirtin wird dich bald raussetzen. Du kannst ihr nicht zahlen, die Frau vermietet nicht zum Spaß. Wenn du dich nicht bald zusammennimmst, wirst du ins Asyl gehen müssen. Und was dann, ja was dann. Deine Bude lüftest du nicht, du gehst nicht zum Barbier, ein brauner Vollbart wächst dir, die 15 Pfennig wirst du schon aufbringen.

Gespräch mit Hiob, es liegt an dir, Hiob, du willst nicht

Als Hiob alles verloren hatte, alles, was Menschen verlieren können, nicht mehr und nicht weniger, da lag er im Kohlgarten ...

›Das ist es, Hiob, woran du am meisten leidest. Du möchtest nicht schwach sein, du möchtest widerstreben können, oder lieber ganz durchlöchert sein, dein Gehirn weg, die Gedanken weg, dann schon ganz Vieh. Wünsche dir etwas.‹

›Du hast mich schon soviel gefragt, Stimme, jetzt glaube ich, daß du mich fragen darfst. Heile mich! Wenn du es kannst. Ob du Satan oder Gott oder Engel oder Mensch bist, heile mich.‹

›Von jedem wirst du Heilung annehmen?‹

›Heile mich.‹

›Hiob, überleg dir gut, du kannst mich nicht sehen. Wenn du die Augen aufmachst, erschrickst du vielleicht vor mir. Vielleicht laß ich mich hoch und schrecklich bezahlen.‹

›Wir werden alles sehen, du sprichst wie jemand, der es ernst nimmt.‹

›Wenn ich aber Satan oder der Böse bin?‹

›Heile mich.‹

›Ich bin Satan.‹

›Heile mich.‹

Da wich die Stimme zurück, wurde schwach und schwächer. Der Hund bellte. Hiob lauschte angstvoll: Er ist weg, ich muß geheilt werden, oder ich muß in den Tod. Er kreischte. Eine grausige Nacht kam. Die Stimme kam noch einmal:

›Und wenn ich der Satan bin, wie wirst du mit mir fertig werden?‹

Hiob schrie: ›Du willst mich nicht heilen. Keiner will mir helfen, nicht Gott, nicht Satan, kein Engel, kein Mensch.‹

›Und du selbst?‹

›Was ist mit mir?‹

›Du willst ja nicht!‹

›Was.‹

›Wer kann dir helfen, wo du selber nicht willst!‹

›Nein, nein‹, lallte Hiob.

Die Stimme ihm gegenüber: ›Gott und der Satan, Engel und Menschen, alle wollen dir helfen, aber du willst nicht - Gott aus Liebe, der Satan, um dich später zu fassen, die Engel und die Menschen, weil sie Gehilfen Gottes und des Satans sind, aber du willst nicht.‹

›Nein, nein‹, lallte, brüllte Hiob und warf sich.

Er schrie die ganze Nacht. Die Stimme rief ununterbrochen: ›Gott und Satan, die Engel und die Menschen wollen dir helfen, du willst nicht.‹ Hiob ununterbrochen: ›Nein, nein.‹ Er suchte die Stimme zu ersticken, sie steigerte sich, steigerte sich immer mehr, sie war ihm immer um einen Grad voraus. Die ganze Nacht. Gegen Morgen fiel Hiob auf das Gesicht.

Stumm lag Hiob.

An diesem Tag heilten seine ersten Geschwüre.«[11]

Nelly Sachs: Hiob-Gedichte

Vor allem in der Lyrik von Nelly Sachs, Karl Wolfskehl, Yvan Goll und Paul Celan sind das Alte Testament und insbesondere (freilich nicht von Celan) die Hiobfigur aufgenommen worden, wenn sie sich angesichts der ab 1930 ausbrechenden Judenfeindschaft mit ihrer jüdischen Existenz und schließlich mit der Judenvernichtung durch die Nazis auseinandersetzten. Was der 1869 in Darmstadt geborene Karl Wolfskehl, der 1933 ins Exil in die Schweiz geht und 1938 nach Neuseeland auswandert, 1946 im Rückblick schreibt, gilt von vielen seiner jüdischen Zeitgenossen:

»Vom Tag ab, als das Schiff vom Hafen Europas abstieß, hab ich's gewußt, gelebt, ausgesprochen, ausgeschluchzt, ausgesungen das Zeichen, unter dem mein Leben, die letzte Phase dieses Erdengangs seitdem steht. Dieses Zeichen, mehr als ein Bild, es ist der ewige Fug des Judenschicksals. Und ich, zuckend und fast widerstrebend gehorsam, fühl ich, der Mitwalter, der Mithüter des deutschen Geistes, ich mich dazu bestimmt, das lebendige, ja das schaffende Symbol dieses Schicksals darzustellen. Seit jenem Augenblick steht alles, was ich bin, was ich füge, unter dem ewigen Namen Hiob, seitdem bin ich, leb ich, erfahr ich Hiob. Alles, was seitdem entstand, führt diesen Namen, oder, auch wo es abseits gewachsen scheint, ist es von ihm durchweht.«[12]

Insbesondere Nelly Sachs hat in immer neuen lyrischen Variationen das nicht Verstehbare buchstabiert - und einen deutenden Hoffnungsstrahl mitten im Dunkel der Verzweiflung gesucht.[13] Aus den acht Gedichten, in denen Nelly Sachs Hiob als Deutefigur aufgreift, kann hier nur eines kurz erläutert werden. An ihm sollen paradigmatisch die Lebendigkeit und die Lebenskraft sichtbar werden, deretwegen Nelly Sachs sprachlich und motivlich zur Bibel ihres Volkes zurückging, wie sie selbst 1966 im Entwurf für ein Rundfunkinterview feststellte: »In den ersten Gedichtsammlungen ›Wohnungen des Todes‹, ›Sternverdunkelung‹ und dem Drama ›Eli‹ haben biblische Texte stärkend und ermutigend eingewirkt, daß ich überhaupt versuchte, das Unsägliche auszusprechen. Vor allem waren es Jesaja, Hiob, die Ekstase der Propheten.«

In dem 1949 veröffentlichten Zyklus »Die Muschel saust« findet sich ein Gedicht, das schon mit seinem Titel »Hiob« die spannungsreiche Dialektik der biblischen Hiobgestalt als Verdichtung unbegreiflichen Leidens und unsagbarer Hoffnung andeutet.

HIOB

O DU WINDROSE der Qualen!
Von Urzeitstürmen
in immer andere Richtungen der Unwetter gerissen;
noch dein Süden heißt Einsamkeit.
Wo du stehst, ist der Nabel der Schmerzen.

Deine Augen sind tief in deinen Schädel gesunken
wie Höhlentauben in der Nacht
die der Jäger blind herausholt.
Deine Stimme ist stumm geworden,
denn sie hat zuviel Warum *gefragt.*

Zu den Würmern und Fischen ist deine Stimme
eingegangen.
Hiob, du hast alle Nachtwachen durchweint
aber einmal wird das Sternbild deines Blutes
alle aufgehenden Sonnen erbleichen lassen.

In diesem Gedicht, das mit der Klage-Anrede »O du« einsetzt, verdichten sich in der Hiobgestalt kollektives und individuelles Leiden.

Der erste Abschnitt beschreibt Hiob als Inbegriff geradezu kosmischen Leidens (Windrose als Schnittpunkt der vier Wind- bzw. Himmelsrichtungen). Umhergetrieben wie eine Kompaßnadel von den die chaotische Sintflut aktualisierenden »Urzeitstürmen« ist Hiob zum Ort der Verlassenheit und der Schmerzen geworden. Hiob ist umgeben von einer Landschaft, die umherjagt, quält und vernichtet.

Gerhard Marcks, Hiob. Frankfurt/Main, Hauptfriedhof

Der zweite Abschnitt zeichnet Hiob als Gestalt des Leidens. Den Augen und dem Mund, die beiden Tore des Lebens in der Welt, ist ihre Funktion genommen worden. Blind ist Hiob das wehrlose Opfer seiner Jäger geworden. Und seine Stimme redet nicht mehr, weil sie auf die quälende Warum-Frage nach Grund und Sinn dieses Leids keine Antwort erhalten hat.

Der dritte Abschnitt beginnt mit der Schilderung des schrecklichen »Eingehens«: Hiob ist sprachunfähig geworden wie Wurm und Fisch; das Durchweinen der ruhelosen Nächte hat ihn zerstört. Doch die letzten beiden Zeilen dieses Abschnitts halten sich an Hiob als einer Hoffnungsgestalt fest. Unbestimmt und nicht emphatisch wird das Gegenbild mit »aber einmal« eröffnet. Das Sternbild des leidenden, sterbenden Hiob wird - das ist der *sehnsuchtsvolle* Schluß des Gedichtes - eine neue Zukunft eröffnen. Worin sie besteht, läßt das Gedicht offen. Aber es muß der Aufgang einer neuen Zeit sein, deren Lebensglanz sogar die Sonnen bleich werden läßt.

Die utopische Kraft dieses Hiobgedichts lebt von seinem Bezug zum biblischen Hiobbuch - und zwar gerade in seiner Differenz. Dieser Hiob, in dem sich Leiden und Vernichtung von Auschwitz verdichten, hat nicht mehr die Kraft des biblischen Gottesrebellen. Und er hat nicht mehr das Wissen der Tradition um Gott. Aber gleichwohl bleibt ihm die Anbindung seines Leidens an den biblischen Hiob - und die damit gegebene Hoffnung, daß das Leiden und der Tod nicht das letzte Wort haben dürfen.

An den Hiob-Gedichten von Nelly Sachs wird beispielhaft die Lebenskraft des Alten Testaments in der Moderne sichtbar. Angesichts der katastrophischen Erfahrungen unseres Jahrhunderts bieten seine Worte, Bilder und Geschichten nicht nur

Inspiration, sondern einen archaischen Lichtstrahl mitten in der Finsternis katastrophischer Ängste und unvorstellbarer Leiden.

Auf der Suche nach einer neuen Sprache der Lyrik: Die Psalmen

In den 1951 veröffentlichten Essays »Kulturkritik und Gesellschaft« von Theodor W. Adorno steht der seither viel zitierte Satz »... nach Auschwitz ein Gedicht zu schreiben, ist barbarisch ...«.[14] Wie immer dieser Satz gemeint war, er faßt provozierend zusammen, daß die Barbarei der Schoa auch der Sprache, der Literatur und der Kunst eine tiefe Wunde geschlagen hat. Daß gerade die Lyrik auf der Suche nach einer neuen Sprache »nach Auschwitz« auf biblische Sprachmuster und -formen zurückgegriffen hat und es bis heute tut, offenbart die (im kirchlichen Raum teilweise immer noch verkannte) poetologische *und* theologische Sprach- und Lebenskraft des Alten Testaments und insbesondere der alttestamentlichen Psalmen. Wenn Paul Celan und Ingeborg Bachmann Gedichte mit dem Titel »Psalm« schreiben, wenn Peter Huchel einen »Winterpsalm« und Hans Magnus Enzensberger einen Psalm »schöne bö« dichten, wenn Thomas Bernhard einen Zyklus »Neun Psalmen« verfaßt oder wenn Rose Ausländer mit dem Gedicht »Ich vergesse dich nicht, König David« die Lebensmächtigkeit der biblischen Psalmen beschwört, ist ihnen allen gemeinsam, daß sie eine neue Poetik suchen - im Rückgriff auf die elementare, archaische Sprache und Formenwelt der biblischen Psalmen.[15]

Gewiß, die Naivität des Gottes-Bezugs der biblischen Zeit ist nach Auschwitz nicht mehr möglich. Aber es bleibt die Sehnsucht nach einem Du, das die neuen Worte schenkt, wie dies Ingeborg Bachmann[16] im 4. Teil ihres »Psalm« überschriebenen Gedichtes zum Ausdruck bringt:

In die Mulde meiner Stummheit
leg ein Wort
und zieh Wälder groß zu beiden Seiten,
daß mein Mund
ganz im Schatten liegt.

In den Katastrophen des 20. Jahrhunderts und insbesondere in der Schoa sind die »schöne« Kunst und die Literatur als »Kunstgenuß« zu Ende gekommen. Kunst und Literatur nach Auschwitz müssen die ganze Widersprüchlichkeit des Menschenlebens, der Geschichte und der Schöpfung darstellen - und zugleich die Utopie des Lebenkönnens offenhalten.

Für diese Aufgabe können Kunst und Literatur im Alten Testament viel lernen. Und auch die, die sich mit Kunst und Literatur beschäftigen.

Zweiter Teil

Die Lebenswelt der Bibel Israels

1. Das Land der Bibel

Christian Frevel

Die wechselvolle Geschichte Israels ist unlösbar mit dem »Heiligen Land« verknüpft. Viele der biblischen Geschichten kann man nur verstehen, wenn man die geographische Kleinräumigkeit Palästinas einerseits und die Eingebundenheit in die Konstellationen der Großreiche des Vorderen Orients andererseits vor Augen hat. Das Alte Testament erzählt von Städten und Dörfern, von Straßen und Wegen, von Bergen und Tälern, von Wäldern, Wasserstellen und Weidegründen, von Grenzen, Handelsfahrten und Reisen, und oft beschreibt es sehr genau, an welchen Orten was geschieht. Viele Angaben der Bibel kann man nur richtig verstehen, wenn man mit dem Land etwas anzufangen weiß und die Landschaften kennt, denn die Bibel »spielt« in einem konkreten Raum (und einer konkreten Zeit). So erschließt sich etwa der Spruch JHWHs zu Hosea: »An jenem Tag werde ich den Bogen Israels in der Ebene Jesreel zerbrechen« (Hos 1,5) besser, wenn man weiß, daß dieser Ort die einzige größere Ebene mit wichtigen strategischen Verkehrsverbindungen und daher das klassische Schlachtfeld Palästinas gewesen ist. Auch eine Verheißung wie Jer 50,19: »Israel aber bringe ich zurück auf seinen Weideplatz; es soll auf dem Karmel und im Baschan weiden, sich im Bergland Efraim und in Gilead sättigen« ist viel besser zu verstehen, wenn man weiß, daß hier die bewaldeten Höhenzüge Palästinas und sehr fruchtbare Landstriche aufgezählt sind, die sich für die Klein- und Großviehzucht besonders eigneten. Wenn die notablen Frauen Samarias wegen ihrer Genußsucht und der Ausbeutung der Schwächsten der Gesellschaft von Amos mit Baschanskühen verglichen werden (Am 4,1), kann man damit ebenfalls nur auf dem Hintergrund der üppigen Weidegründe im Ostjordanland etwas anfangen. Nur wenn man um den imposanten Eindruck des einzigen sich kegelförmig aus der Ebene erhebenden Tabor (588 m) und um den die *via maris* als Querriegel blockierenden Höhenzug des Karmel weiß, läßt sich verstehen, warum JHWH, wenn er als der wahre König mit dem sich Göttlichkeit anmaßenden Pharao Ägyptens ins Gericht geht, sich mit Tabor und Karmel vergleicht (Jer 46,18). Viele Bilder des Alten Testamentes, ja die gesamte Lebens- und Glaubenswelt erschließen sich besser, wenn man mit den Augen die Landschaft aufgesogen, mit der Nase ihren Duft aufgenommen und den Staub des Landes unter den Füßen gespürt hat. Das wußten die frühen Pilger, die das Land bereisten, um im Glauben die biblischen Geschichten nachzuspüren. Wenn sie an einen Platz kamen, der ihnen biblisches Flair vermittelte, so berichteten sie voller Enthusiasmus: »Das ist der Ort, von dem geschrieben steht ...«. Zwar ist der Eindruck, den heute der Libanon, Jordanien, Israel und Ägypten auf Besucher und Besucherinnen machen, selbstverständlich nicht mehr derjenige der biblischen Landschaften vor dreitausend Jahren. Das verhindern nicht zuletzt Autobahnen an ehemaligen schmalen Steigen und Pässen oder Städte in Gebieten, wo einst noch in Sümpfen Krokodile hausten. Trotzdem, den Flair des Heiligen Landes kann eine noch so gut gemachte Diashow ebensowenig ersetzen wie ein bebildertes Sachbuch zum Alten Testament. Vielleicht kann aber eine Beschreibung der Grenzen des Landes und eine grobe Skizzierung der Landschaften einen ersten

Eindruck vermitteln, Verständnishilfen geben und die Lust auf das »Land der Bibel«, sei es über die biblischen Texte oder durch eine Reise in den Nahen Osten, steigern.

Von Dan bis Beerscheba – Die Grenzen des Landes

Obwohl man annehmen möchte, daß gerade das »Heilige Land« schon aufgrund seiner besonderen Bedeutung immer klar in seinen Grenzen umrissen war, ist das Gegenteil der Fall. Die Vorstellungen von der Ausdehnung des Gelobten Landes divergieren erheblich, teils handelt es sich nur um das westjordanische Kernland, mal gehört das Ostjordanland in Grenzbeschreibungen hinzu, mal auch noch große Teile des heutigen Libanon bzw. Syriens. Eine Angabe von Grenzen ist also gar nicht so leicht, und viele alttestamentliche Stellen gehen einfach davon aus, daß es klar ist, welcher Umfang des Landes gemeint ist. So etwa in der häufigen Kurzform »von Dan bis Beerscheba« (Ri 20,1; 1 Sam 3,20; 2 Sam 24,2) oder »Beerscheba bis Dan« (1 Chr 21,2; 2 Chr 30,5), die die etwa 240 km lange Ausdehnung zwischen der nördlichsten und südlichsten Stadt des Landes als Ausdruck für das ganze besiedelte Land beschreibt. Häufig geben sich Texte des Alten Testamentes mit der Angabe einer nördlichen und südlichen Begrenzung des Landes zufrieden. Das liegt daran, daß die beiden anderen Randpunkte relativ festliegen. Die unverrückbare Westgrenze ist immer das Mittelmeer und die klare Ostgrenze der fließende Übergang in die arabische Wüste. Eine weitere natürliche Ostbegrenzung ist der in Nord-Süd-Richtung verlaufende Grabenbruch, der eine tiefe Scheide zwischen Libanon und Antilibanon formt, in seinem Mittelteil vom Jordan durchflossen wird und auch in seinem südlichen Verlauf einen deutlichen Graben als natürliche Grenze bildet. Die größte Nord-Süd-Ausdehnung des verheißenen Landes findet sich in Gen 15,18; Dtn 1,7; 11,24; Jos 1,4, ähnlich in Ex 23,31, wo als Nordgrenze der Eufrat genannt wird und als Südgrenze entweder die versteppte unbewohnbare Südspitze des Negeb, das Schilfmeer (hier am ehesten das Rote Meer) oder als konkret faßbare geographische Angabe der Bach Ägyptens, das *Wādī el-'Ariš*. Der Eufrat - seit alters her die politische Demarkationslinie, an der die Machtansprüche der mesopotamischen und des ägyptischen Großreiches aufeinandertrafen,- wird auch für das davidisch-salomonische Großreich mehrfach als Nordgrenze reklamiert (2 Sam 8,3; 1 Kön 8,65; 1 Chr 18,3; Ps 72,8). Hier wird eine idealisierte oder sogar schon ideologische Ausdehnung der Landesgrenzen vorgenommen, die wohl niemals historischer Wirklichkeit entsprach. Zwar haben Salomo und seine Nachfolger, vielleicht auch schon David, wegen des einzigen sicheren Zugangs zu einem Handelshafen, nämlich Ezion-Geber am Roten Meer, immer großen Wert auf die Zugehörigkeit des Negeb zu ihrem Machtbereich gelegt, doch die bis zu 3000 m hohen bewaldeten Gebirgszüge des Libanon und des Antilibanon waren weder Siedlungsgebiet der Israeliten noch unter der politischen Kontrolle Davids und Salomos. Warum hätte Salomo sonst das Holz aus dem Libanon dem König von Tyrus abkaufen sollen (1 Kön 5,20ff)? Martin Luther konstatiert bezüglich der Maximalausdehnung bis an den großen Fluß im Nordosten lakonisch: »Euphrates non est in terra sancta«.

Realistischer ist da schon der Blick des Mose vom Nebo auf das Gelobte Land. Zwar sind auch bei bester Fernsicht nicht alle dort angegebenen Teile des Landes zu sehen, doch kommt die Beschreibung des Gelobten Landes schon näher an die tatsächlichen Grenzen Israels und Judas heran. Der Blick des Mose wandert gegen den Uhrzeiger-

»Mose stieg aus den Steppen von Moab hinauf auf den Nebo, den Gipfel des Pisga gegenüber Jericho, und der Herr zeigte ihm das ganze Land. Er zeigte ihm Gilead bis nach Dan hin, ganz Naftali, das Gebiet von Efraim und Manasse, ganz Juda bis zum Mittelmeer, den Negeb und die Jordangegend, den Talgraben von Jericho, der Palmenstadt, bis Zoar. Der Herr sagte zu ihm: Das ist das Land, das ich Abraham, Isaak und Jakob versprochen habe mit dem Schwur: Deinen Nachkommen werde ich es geben. Ich habe es dich mit deinen Augen schauen lassen. Hinüberziehen wirst du nicht«. (Dtn 34,1-4)

sinn durch das Land. Er beginnt im Ostjordanland, das Siedlungsgebiet der Ammoniter aussparend, in Gilead und durchwandert das Gebiet vom Jabbok *(Nahr ez-Zerqā)* bis nach Baschan von Süden nach Norden und schwenkt dann über den Golan nach Westen bis zum nördlichsten Punkt nach Dan. Danach wendet er den Blick südlich und schaut das Gebiet der Nordstämme Naftali in Galiläa, Manasse und Efraim im samarischen Bergland. Anschließend blickt er nach Westen und Südwesten und sieht über das Tote Meer hinweg das Gebiet Judas bis zum Mittelmeer. Der Süden wird etwas undeutlicher abgeschritten: Der Blick kehrt vom Mittelmeer halbkreisförmig bis zur Südspitze des Toten Meeres zurück. Wohl auch hier ist als Südgrenze der Bach Ägyptens gemeint, entweder das *Wādī el-'Ariš* oder das nördlicher gelegene *Wādī Ġazze*, das etwas südlich von Gaza liegt. Von da aus schweift der Blick durch den Negeb nach Osten, die Araba, d.i. den verlängerten Jordangraben hinauf, zurück über die Südspitze des Salzmeeres bis nach Jericho, womit eine ostwestlich verlaufende, gedachte Ausgangslinie wieder erreicht ist. Daß danach der Blick noch einmal an die Südostspitze des Toten Meeres wandert, um nach Zoar zu schauen, ist wohl durch eine spätere Hereinnahme Moabs in die Landbeschreibung zu erklären, weil das bisherige Schema des Textes durchbrochen wird.

Alle Fürsten haben sich niedergeworfen und sagen »Schalom«,
kein einziger von den Neunbogen erhebt mehr sein Haupt.
Verwüstet ist das Libyerland, und Ḫatti ist befriedet,
geplündert ist Kanaan mit allem Übel,
Aschkelon ist fortgeholt und Geser gepackt,
Janoam ist zunichte gemacht.
Israel liegt wüst und hat keinen Samen,
und Syrien ist zur Witwe für Ägypten geworden.

Aus der Israel-Stele des Merenptah (1213-1203 v. Chr.)

Purpur, Phönizien und Kanaan - Die Namen des Landes

Das in den oben benannten Grenzen umrissene Land hat viele Namen und Bezeichnungen, biblische, theologische, geographische und politische, die zum Teil heute wieder für Staaten oder Gebiete verwendet werden. Biblisch ist etwa die seltenere Bezeichnung »Land JHWHs« (Jes 14,2; Hos 9,3), die zum Ausdruck bringt, daß der Gott Israels der eigentliche Eigner des Landes ist (Lev 25,23) und daher eine besondere Beziehung zu dem Land hat. Die besondere Qualität des Landes als Schauplatz der Bibel und als Offenbarungsstätte bringt die überwiegend christlich verwendete Bezeichnung »Heiliges Land« zum Ausdruck, die sachlich zwar an vielen Stellen im AT vorgebildet ist, jedoch nur in Sach 2,16 aufscheint. Eher an der natürlichen Grenze des Jordanlaufes orientiert sind die Bezeichnungen West- und Ostjordanland oder Cis- und Transjordanien. Geographisch-politisch sind hingegen Bezeichnungen wie Land Israel oder das nicht biblische Palästina. In der Bibel dominieren die Namen »Land Israel« bzw. »Land Israels« und »Land Kanaan«. Letzterer ist

Nach dem Tod Ramses II. (1279-1213 v. Chr.) kam es offenbar zu Unruhen in der ägyptischen Provinz, die das »Joch des ägyptischen Friedens« abschütteln wollten. Der Thronfolger Merenptah konnte das aus politischen Gründen natürlich nicht hinnehmen und führte eine Strafexpedition durch, die die aufrührerischen Städte und Bevölkerungsteile zur Ruhe brachte. Diesen Sieg rühmt die Israelstele, die 1896 gefunden wurde und sich heute im ägyptischen Museum in Kairo befindet. Neben den Städten Kanaans wird eine Bevölkerungsgruppe namens »Israel« erwähnt, die vielleicht zu den *ḫapiru*, den stadtflüchtigen Outlaws der Spätbronzezeit, zu rechnen ist.

»Ich bin Mescha, Sohn des Kemoschjat, der König von Moab, der Diboniter. Mein Vater war 30 Jahre König über Moab; ich aber wurde König nach meinem Vater. Ich schuf diese Kulthöhe für Kemosch in Qericho (als Dank) für eine Wen[dung zum H]eil. Denn er errettete mich vor allen Aufständischen und, fürwahr, ließ mich herabsehen auf alle, die mich hassen.
Omri war König von Israel. Er unterdrückte Moab lange Zeit; denn Kemosch zürnte seinem Land. Sein Sohn folgte ihm auf dem Thron. Auch er dachte: Ich will Moab unterdrücken. In meinen Tagen dachte er so ... Ich aber konnte auf ihn und sein Haus herabsehen. Israel ist für immer wirklich zugrunde gegangen.
Omri hatte das ga[nze La]nd (um) Madeba eingenommen. Er war dort in seiner Zeit und in der Hälfte der Zeit seiner Söhne, 40 Jahre lang, geblieben. In meiner Zeit aber wohnte Kemosch darin. Ich baute Baal-Meon und schuf dort das Becken und bau[te] Qirjathon.
Die Gaditer hatten von jeher im Lande um Ataroth gewohnt; da hatte der König von Israel ihnen Ataroth gebaut. Ich bekämpfte die Stadt, nahm sie ein und tötete die ganze Bevölkerung [aus] der Stadt als Schauspiel für Kemosch und für Moab. Und ich holte von dort den Altarherd ihres (Gottes) Dod und schleppte ihn hin vor Kemosch nach Qerijot. Ich siedelte bei ihnen Leute von Saron und Leute von *Mḫrt* an.
Kemosch sprach zu mir: Geh, nimm Nebo von den Israeliten ein. Da ging ich (los) in der Nacht und bekämpfte es vom Anbruch der Morgenröte bis zum Mittag. Ich nahm es ein und tötete sie alle, 7000 Mann, Beisassen, Frauen, Beisassinnen und Sklavinnen, denn an Aschtar-Kemosch hatte ich sie geweiht. Und ich nahm von dort d[ie Ge]räte JHWHs und schleppte sie vor Kemosch.
Der König von Israel hatte Jahaz gebaut; so blieb er darin, während er mich bekämpfte. Kemosch aber vertrieb ihn vor mir, [und] ich nahm aus Moab 200 Mann, seine ganze Anführerschaft, brachte sie nach Jahaz und nahm es ein, um (es) Dibon anzugliedern.

Aus der Inschrift des Königs Mescha, ca. 840 v. Chr. (Übersetzung TUAT)

der älteste Name des Landes, der als *kinaʿan/knʿn* oder *kinaḫḫu* in Keilschrifttexten ab dem 15. Jh. v. Chr. auftaucht. Noch früher, etwa in einem Brief aus Mari (18. Jh. v. Chr.), ist unter gleichem Namen eine wenig geachtete Bevölkerungsgruppe belegt. Die ägyptische Provinz namens Kanaan, die in der Amarna-Korrespondenz aus der Mitte des 15. Jhs. v. Chr. zuerst belegt ist und bis 1150 v. Chr. Bestand hatte, besaß in etwa die Ausdehnung der Idealgrenzen des verheißenen Landes. Die Nordgrenze verlief etwas nördlich von Byblos und schloß in späterer Zeit auch den Großraum Damaskus, also Libanon und Antilibanon, mit ein. Die Bedeutung des alten Namens, der zuerst als Selbstbezeichnung einer Bevölkerungsgruppe gebraucht worden zu sein scheint, ist nicht völlig geklärt. Am wahrscheinlichsten ist ein Zusammenhang mit dem semitischen Verb *knʿ* »niederbeugen«, was als geographischer Terminus auf die »Niederlande« des Nahen Ostens hinauslaufen würde und eine Parallele in dem akkadischen Terminus Amurru »Westland« als Land der untergehenden Sonne hätte. Zwar klingt der »Okzident« für unseren »Orient« ungewöhnlich, doch die beliebte Alternative zu dieser Deutung muß aus sprachgeschichtlichen Gründen abgelehnt werden. Längere Zeit hat man nämlich den Begriff von einem akkadischen Wort *kinaḫḫu* ableiten wollen, das »roter Purpur« bedeutet. Der natürliche rote bzw. violette Farbstoff der Purpurschnecke war tatsächlich ein Spezial- und Exportprodukt des nördlichen Teils des Küstenstreifens, wie das AT für Tyrus bezeugt (vgl. Jer 10,9; Ez 27,7.16.24; 2 Chr 2,6; 3,14). Damit hätte man eine direkte Linie zu der griechischen Bezeichnung für das Land, *Phoinīkē,* unser »Phönizien«, was nichts anderes als »Purpur-Land« heißt. Doch das *kinaḫḫu* in den Archiven von Nuzi muß als *qinaḫḫu* gelesen werden und damit fällt ein Zusammenhang mit Purpur sprachgeschichtlich wohl aus.

Die andere wichtige, aber seltenere biblische Bezeichnung des Landes »Israel« oder »Land Israel« ist sicher nicht so alt wie Kanaan. Erstmalig ist »Israel« als Bevölkerungsgruppe auf dem Gebiet Kanaans auf der sog. Israel-Stele, einer Siegesstele des Pharao Merenptah im ausgehenden 13. Jh. v. Chr. bezeugt. Neben den genannten kanaanäischen Städten würde man zwar vermuten, daß hinter dem Israel ein Landschaftsname steckt, doch schließen das die Determinative, die auf eine Bevölkerungsgruppe hinweisen, aus. Die Erwähnung der kanaanäischen Namen schreitet von Süden nach Norden fort, so daß vielleicht sogar das »Israel« der Stele geographisch im efraimitischen Bergland in Samaria anzusetzen ist, in dem das spätere Israel seinen Anfang nahm. Die »Israeliten« der Merenptah-Stele scheinen stadtflüchtige, in Sippenverbänden zusammengeschlossene *ḥapiru* (Hebräer) gewesen zu sein. Ob diese Bevölkerungsgruppe direkt etwas mit der sog. Mose-Schar zu tun hat, die vielleicht unter Ramses II. (1279-1213 v. Chr.) zum Bau seiner neuen Residenz herangezogen wurden und schließlich als Exodusgruppe auszogen oder vertrieben wurden, ist sehr umstritten. Auszuschließen ist dies ebenso wenig wie die Möglichkeit, daß »Israel« durch Merenptah tatsächlich vernichtet oder zu Teilen in Kriegsgefangenschaft nach Ägypten verschleppt wurde und der Exodus erst im 12. Jh. unter Pharao Sethnacht (1186-1184 v. Chr.) stattfand, was zu der zeitgleichen Entstehung der neuen Dorfkultur im Bergland (s. dazu u.) gut passen würde. Die Bedeutung des Namens Israel, der schon in eblaitischen (ca. 2500 v. Chr.) und ugaritischen (ca. 1300 v. Chr.) Texten als Personenname auftaucht, ist nicht gänzlich geklärt: Sicher ist, daß als theophores Element El in dem Namen steckt, sei es als Ausdruck für »Gott« überhaupt oder - was weit wahrscheinlicher ist - als Name des Gottes El. Das zweite Element ist wohl entweder entsprechend der volksetymologischen Erklärung in Gen 32,29 als »kämpfen, streiten« zu deuten oder von *śrr/sr'* »herrschen« abzuleiten, so daß Israel als Satzname »El kämpft« oder »El herrscht« bedeuten würde. Unabhängig davon, welche der beiden Bedeutungen nun sprachgeschichtlich richtig ist (beide und vielleicht noch andere wurden sicher in dem Namen mitgehört), ist es wichtig festzuhalten, daß als Gott El und nicht JHWH in dem Namen auftaucht, denn JHWH ist ein Fremdling im Land.

Außer in der Merenptah-Stele ist der Name »Israel« noch dreimal außerhalb des AT belegt, allerdings gut dreieinhalb Jahrhunderte später, nämlich in der sog. Monolith-Inschrift Salmanassars III. (853 v. Chr.), in der Mescha-Stele aus Moab (ca. 840 v. Chr.) und in einer erst 1993 gefundenen aramäischen Steleninschrift aus Dan. In allen Fällen ist mit »Israel« das Nordreich gemeint, zweimal das der Omridendynastie unter Ahab und einmal wahrscheinlich der Staat unter Joram (852-841 v. Chr.).

Salmanassar berichtet von einer Schlacht bei Qarqar, in der er sich gegen eine syrische Staatenkoalition durchzusetzen hatte. »Ahab der Israelit« stellt dabei das größte Streitwagenkontingent, nämlich 2000 Streitwagen. In der Mescha-Stele rühmt sich der König von Moab, die Unabhängigkeit von Israel unter König Ahab wiedererlangt zu haben. Die altaramäische Steleninschrift von Dan erwähnt neben dem König von Israel sogar einmal ein *bjtdwd*, was eher als »Haus Davids« denn als »Haus des Gottes Dod« (vgl. die Mescha-Inschrift) zu lesen ist und somit auf das Südreich verweist. Im späten 9. Jh. war damit das dynastische Königtum in Jerusalem unter dem Namen »Haus Davids« bekannt, während der Name Israel für das Nordreich verwandt wurde.

Die sogenannte Mescha-Inschrift wurde bereits 1868 gefunden. Da Beduinen im Innern des 1,1m hohen Basaltblocks einen Schatz vermuteten, wurde die Inschrift zerstört und erst später anhand eines Abklatsches im Museum rekonstruiert. Die Inschrift, von der oben nur ein Teil wiedergegeben ist, ist als Votivgabe für ein Heiligtum des Nationalgottes Kemosch gestiftet und aus mehreren Annalennotizen über Kriege und Baumaßnahmen des moabitischen Königs zusammengesetzt.

Das kann auch für einen Großteil der über 2000 Belege von Israel aus dem Alten Testament gesagt werden: Israel, vor allem »Haus Israel«, ist staatspolitische Bezeichnung des Nordreiches. Israel ist allerdings in den biblischen Texten ein vielfach schillernder Begriff. Land Israel (1 Sam 13,19; 2 Kön 5,2.4; 6,23; Ez 27,17; 40,2; 47,18; 1 Chr 13,2; 22,2; 2 Chr 2,16; 30,25; 34,7) ist ebenso wie Grenzen Israels, Berge Israels u.ä. als geographische Bezeichnung eher in späteren Texten (vor allem bei dem Propheten Ezechiel) zu finden und insgesamt gegenüber der Verwendung von Kanaan als Landesbezeichnung relativ selten. »Ganz Israel« oder »in Israel« kann sowohl für die Nordstämme als auch die beiden Reiche zusammen stehen und nach dem politischen Untergang des Nordreiches 722 v. Chr. auch für den verblie-

1993 wurde bei Grabungen im Torbereich in Dan ein 32x22 cm großes Fragment einer Basaltinschrift gefunden. Zwei weitere Fragmente wurden im Sommer 1994 entdeckt. Der Text der Inschrift ist stark fragmentarisch und die Diskussion um ihre Bedeutung ist noch nicht abgeschlossen. Für große Aufregung sorgte vor allem das ohne Worttrenner geschriebene *bjtdwd* »Haus Davids«, da es die erste inschriftliche Bezeugung einer davidischen Dynastie zu sein scheint. Folgender lückenhafter Text ist zu entziffern:
... mein Vater ...
und mein Vater legte sich hin, er ging nach ...[Is]rael bevor im Land meines Vaters ...
... ich. Und Hadad ging vor mir ...
... mein König und ich tötete ...
[Wa]gen und zweitausend Reiter
... König von Israel. [Ich] tötete ...
... Haus Davids und ich stellte/legte ... [Ha]us(?) ihres Landes ...
ein anderer und er ...[Kö]nig über Is[rael]... einen Belagerungswall gegen ...

Die beiden zusätzlichen Fragmente (links oben) erwähnen noch einmal einen König von Israel, vielleicht Fragmente der Königsnamen Joram, dem Sohn Ahabs von Israel, und Ahasja, dem Sohn Jorams von Juda, sowie den aramäischen Gott Hadad. An welcher Stelle die beiden Fragmente in der Inschrift zu plazieren sind, ist derzeit umstritten. Sicher scheint lediglich, daß es um die Eroberung Dans durch einen Aramäerkönig, vielleicht den Putschisten Hasaël von Damaskus geht (vgl. 2 Kön 8, 7-15; 12, 18f). Die Inschrift datiert damit wahrscheinlich aus dem ausgehenden 9. oder frühen 8. Jh.

Detail von einer Stele: der israelitische König Jehu leistet dem assyrischen König Salmanassar III. Tribut (9. Jh. v. Chr.)

benen Rumpfstaat Juda. Nicht außer acht gelassen werden kann erst recht der Name »Israel« als Ehrentitel für das Erwählungskollektiv und seinen Stammvater Jakob/Israel (Gen 32,29; 35,10). Der Begriff Israel wird schon früh und im Laufe der Geschichte Israels immer mehr theologisch aufgeladen und oft von geographischen Realitäten völlig losgelöst benutzt. Das bedeutet aber nicht, daß die Größe Israel vom Land selbst gelöst vorgestellt werden könnte. Das Land ist ein Heilsgut (z.B. Gen 12,7; 15,18; Ps 25,13; Ps 37 u.ö.), das einen territorialen Rahmen sprengt und doch nicht von einem Territorium völlig gelöst werden kann.

Zum Schluß dieser unvollständigen Namensschau für das Land der Bibel muß noch auf einen wichtigen nichtbiblischen Begriff eingegangen werden, der auch in diesem Sachbuch mehrfach verwandt wird, weil er (bisher) relativ neutral verwendet werden konnte, da er keine politischen Grenzen impliziert: es ist der Name Palästina, der natürlich in der jüngsten Geschichte wieder zunehmend politische Bedeutung erlangt hat. Schon die griechischen Seefahrer bezeichneten seit dem 5. Jh. v. Chr. ihre Handelspartner im Süden Phöniziens als *Syria tôn Palaistinôn*, das Syrien der Philister. Offizieller Name für das Land wurde Syria Palaestina allerdings erst im Jahr 135 n. Chr. durch die römische Verwaltung, als die »neue« Provinzbezeichnung das alte *Judaea* ersetzte. Mit der Doppelbezeichnung Syrien/Palästina wird der *Kulturraum* des Nahen Ostens bezeichnet, in dem Kanaanäer, Phönizier, Aramäer, Ammoniter, Moabiter, Edomiter, Israeliten, Judäer und Philister ihr Auskommen hatten.

»Dieses Land ist überaus schön« (Num 14,7) - Eine gegliederte Beschreibung des Landes

Daß das Land für Israel etwas Besonderes ist und daß Israel ohne das Land gar nicht denkbar ist, auch wenn es im babylonischen Exil vom Land getrennt wird, ist bereits deutlich geworden. Die Liebe zum Land spricht aus vielen Stellen des Ersten Testaments (Dtn 8,7-16). Manchmal glüht die Leidenschaft für das Land sogar so stark, daß die Beschreibungen übertreiben und mit den klimatischen und geologischen Realitäten nicht mehr zu vereinbaren sind. Es ist ein Land, das überaus fruchtbar ist, wo »Milch und Honig fließen« (Ex 3,8.17; Num 13,27; 16,13 u.ö.) und wo Weinstöcke wachsen, deren Reben man zu zweit tragen muß (Num 13,23). Überall quillt Wasser hervor, so daß man Felder nicht künstlich bewässern muß (Dtn 8,7; 11,10f), und es gibt reichlich Bodenschätze (Dtn 8,9; Sach 9,16f).

Einer der größten Reichtümer des Landes ist hingegen seine Vielgestaltigkeit, die biblisch nicht so stark reflektiert wird, aber in der damit verbundenen Kleinräumigkeit an vielen Stellen durchschlägt. Es gab (und gibt zum großen Teil bis heute) sowohl wüste und trockene Gebiete wie bewaldete Hügel, fruchtbare Ebenen und zerklüftete Gebirgsregionen, tief eingeschnittene Täler und flache Küsten, weißen Kalkstein, roten Sandstein und schwarzen Basalt, ein Salzmeer und einen fischreichen See, Sümpfe und versalzene Steppen, aber auch ausgetrocknete Riesenkrater, Wasserfälle und heiße Quellen. Und das alles auf relativ kleinem Raum, so daß unmerklich ständig das Landschaftsbild wechselt und bei einer Fahrt durch das Land von einem Extrem zum anderen springt. Charakteristisch ist vor allem das Relief des eigentlich schmalen Landes, wenn man die Ost-West-Linie betrachtet. Von der Küstenebene steigt die Landschaft nur gering an, erhebt sich dann zu Höhen bis auf 900 m, fällt dann im Jordangraben wieder bis auf knapp 400 m unter den Meeresspiegel ab (das Tote Meer als der tiefste Punkt der Erdoberfläche!), steigt dann steil im Ostjordanland auf ca. 900 m an und bildet eine sich leicht zur arabischen Halbwüste absenkende Hochebene. Durch den tiefen Grabenbruch, der den diesseits und jenseits gelegenen Sippen, Völkern, Staaten und Provinzen seit je her als natürliche Grenze galt, zerfällt das Land grob in zwei Teile. Der westliche Teil wiederum gliedert sich - ebenfalls durch das Relief vorgegeben - in Küstenstreifen und Bergland. Damit ergeben sich vier natürliche Zonen: Küstenebene, Westjordanland, Jordangraben, Ostjordanland, die jeweils von Nord nach Süd ihr Gesicht vielfach verändern:

Der ebene Küstenstreifen

Am besten beginnt man eine Beschreibung des Küstenstreifens an dem felsigen kleinen Vorsprung der sog. »Tyrischen Treppe« bei Rosh HaNiqra bzw. *Rās en-Nāqūra*, ca. 20 km südlich von Tyrus, wo heute die Staatsgrenze zwischen Israel und Libanon verläuft. Dort ist der Küstenstreifen nur etwa 7 km breit, weitet sich dann aber relativ schnell bis Akko auf über 10 km. Zwischen der alten Hafen- und Handelsstadt Akko und dem nordwestlich gelegenen Sporn des Karmelgebirges bildet der Küstenverlauf die einzige natürliche Bucht Israels, die Bucht von Akko oder - heute nach der Großstadt an den Karmelhängen - Bucht von Haifa benannt. Die Bucht geht zum Landesinneren in eine halbrunde fruchtbare Ebene über, die vom Schwemmland des *Nahr el-Muqaṭṭaʿ*, dem biblischen Kischon gebildet ist, der die Ebene Jesreel und das Karmelgebirge entwässert. Der bis zu 550 m hohe Karmel, der mit seinen flacheren Ausläufern tief in südöstlicher Richtung in das Land hineinragt, schiebt sich als natürlicher Riegel zwischen die an der Küste entlanglaufende Nord-Süd-Verbindung der Via maris. Unterhalb des Karmel verengt sich der Küstenstreifen geradezu extrem auf weniger als 1 km, weitet sich wiederum recht schnell und bildet ein quellenreiches Gebiet, in dem der Steigungsregen, der vor dem Karmel abgeregnet wird, kaum zum Meer hin abläuft. Dieses Gebiet war lange versumpft und der heutige Name des Flüßchens *N*[e]*har*

Palästina in Quer- (1-3) und Längsschnitten (4-5) (nach H. Weippert)

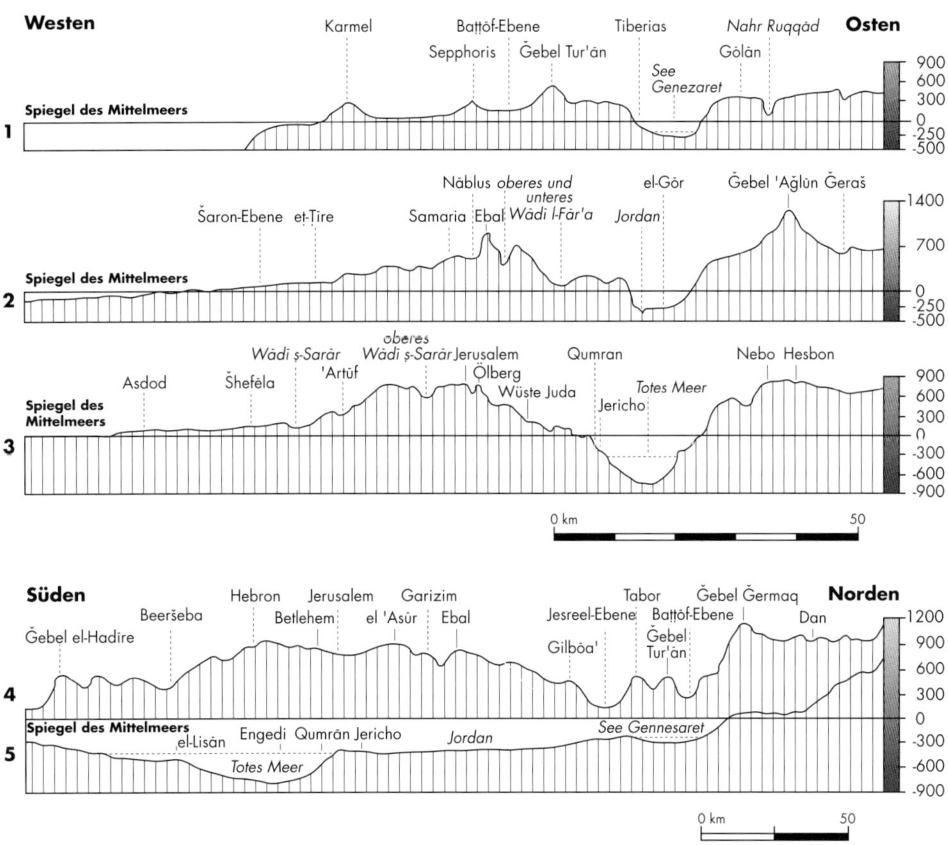

hättanīnīm deutet noch an, daß es hier bis ins späte 19. Jh. Krokodile gab. Lediglich die phönizische Stadt Dor und später dann Caesarea maritima konnten sich in diesem Bereich des Küstenstreifens etwas dauerhafter etablieren. Im südlichen Anschluß an den Krokodilsfluß schließt sich bis südlich von Jaffo, dem heutigen Tel Aviv, die 15-20 km breite Scharon-Ebene an, die schon biblisch als Wald-, Wiesen- und Weidegrund *par excellence* galt (Jes 35,2; 65,10; Hld 2,1). Entwässert wird die fruchtbare Ebene durch den Jarkon, der bei der alten Stadt Afek, dem späteren Antipatris, entspringt und am Nordende des heutigen Tel Aviv bei dem antiken *Tell el-Qasīle* in das Mittelmeer mündet. Durch die letztgenannte Stadt, die noch nicht ganz philistäisch geprägt ist, deutet sich an, daß nun der philistäische Küstenstreifen folgt, der sich bis nach Gaza hinunter erstreckt, wo der Küstenstreifen seine breiteste Ausdehnung von 40 km hat. Dort liegen in der Ebene die Philisterstädte Ekron und Gat und an der Küste Aschdod, Aschkelon und schließlich als südlichste Stadt Gaza. Dort endet auch das bis in den Nordrand des Negeb ragende, flache und weitverzweigte *Nachal Besor* oder *Wādī Ġazze*, das zusammen mit seinen Nebenarmen auch das Gebiet um Beerscheba entwässert. Allerdings gibt es dort nicht mehr so viel zu entwässern, denn das Küstengebiet geht unterhalb von Gaza in langsamem Übergang in die südliche Wüstenregion des Negeb und des Sinai über, wo die Niederschläge rar werden.

Das Bergland westlich des Jordan

Beginnt man wieder im Norden steigt das Gelände vom schmalen Küstenstreifen aus schnell bis auf 800-1000 m Höhe auf die Ausläufer des Libanongebirges an. Das Meron-Massiv, in dem sich mehrere Tausender um den höchsten Berg des Westjordanlandes (*Har Meron/Ǧebel Ǧermaq*, 1208 m) scharen, und die übrigen zum Jordantal steil abfallenden Berge mit 500-1000 m Höhe bilden ein zerklüftetes Bergland. Nach Süden hin ist Obergaliläa relativ klar von Untergaliläa abgegrenzt, denn die im Altertum wie der Libanon dicht bewaldeten obergaliläischen Berge bilden nach Süden hin zum einen eine recht steil abfallende Kante, zum anderen sind in Untergaliläa die Berge nicht nur etwa 500 m niedriger, sondern ragen geradezu vereinzelt aus den vielen Ebenen des untergaliläischen Hügellandes heraus. Das gilt etwa für den Berg More (515 m) westlich von Afula als Westbegrenzung der Jesreelebene, aber noch mehr für den südöstlich von Nazaret gelegenen Berg Tabor (588 m), der sich von weitem sichtbar kegelförmig aus seiner Umgebung imposant abhebt. An das untergaliläische Gebirge schließt sich im Süden die weite Jesreel-Ebene an. Diese war mit ihrem fruchtbaren Boden nicht nur Kornkammer Israels, weshalb sie »El sät« heißt, sondern bis in die Offenbarung des Johannes hinein (Harmaggedon in Offb 16,16) auch ein klassisches Schlachtfeld, da sie ringsherum von Bergen und Hügeln eingeschlossen wird und nur wenige schmale Ausgänge bietet. Im Südwesten wird sie von den Ausläufern des Karmel begrenzt, die im Süden in das samarische Bergland münden. Südöstlich wird der Ausgang durch die Ausläufer des samarischen Berglandes, die bis zu 500 m hohen Berge Gilboas, begrenzt. Im Norden wird die Ebene von den Bergen um Nazaret abgeschlossen und im Westen durch Tabor und More begrenzt. Südlich und nördlich des More verbleiben relativ schmale Ausgänge, in denen die wichtigen Ost-West-Verbindungen verlaufen: zum einen in der Fortsetzung der Jesreelsenke bis nach Bet-Schean, das am Rande des Jordangrabens liegt, und zum anderen durch Untergaliläa nach Hazor und von dort aus weiter bis nach Damaskus.

An die Jesreel-Ebene schließt sich im Süden das samarische Bergland an, das bis auf 1000 m ansteigt. Durch eine leichte in nordsüdlicher Richtung verlaufende Vertiefung, in der bis heute die Straßenverbindung verläuft, teilt sich das samarische Bergland in zwei Hälften. Während die westliche eher flach zur Küstenebene hin abfällt, bricht die östliche zum Jordangraben hin, je weiter man nach Süden kommt, umso steiler ab. Nur ein breiterer Tal-Einschnitt, das Nachal Tirza bzw. arabisch *Wādī el-Fār'a* verläuft in südöstlicher Richtung zum Jordangraben hin. Der Einschnitt beginnt nordöstlich der beiden markanten Bergrücken Ebal (940 m) und Garizim (881m), zwischen denen Sichem, heute Nablus, liegt.

An das samarische Bergland schließt sich in fließendem Übergang das etwas tiefer gelegene Hochland von Benjamin und dann das judäische Bergland an, das östlich von Jerusalem in der Ölbergkette etwa 800 m hoch ist, dann weiter ansteigt und zwischen Betlehem und Hebron die 1000 m Marke wieder erreicht. Südlich von Hebron fällt das judäische Bergland, in den Negeb auslaufend, wieder leicht ab. Die Zweiteilung des Berglandes durch eine leichte Vertiefung setzt sich auch im judäischen Gebirge fort. Noch krasser fällt hier der Unterschied zwischen West- und Osthälfte aus. Nach Westen hin senkt sich das Bergland in Stufen zur Küstenebene ab. Auf etwa 300-400 m Höhe bildet der Übergang zwischen Küste und Bergland die hügelige Schefela, die sehr fruchtbar war und ist. Besonders Maulbeerfeigenbäume (vgl. 1 Kön 10,27) und Ölbäume (vgl. 1 Chr 27,28) scheinen die Schefela ausgezeichnet zu haben. Wichtige Städte und Dörfer, etwa Geser, Timna und Lachisch, lagen am Rande der Schefela, die als Grenzgebiet zu den Philistern, die natürlich die Vorzüge des Hügellandes ebenso zu nutzen suchten, ein Unruheherd war. Ganz anders der östliche Teil des judäischen Berglandes, der östlich der Linie Jerusalem-Bethlehem-Hebron weitestgehend unbesiedelt blieb, da die Niederschlagsmenge zu gering ist. Der Übergang zur Wüste Juda verläuft, je weiter man nach Süden kommt, weiter westlich. Zum Jordangraben hin fallen die durch tief eingeschnittene Wadis zerklüfteten Hügel der Wüste Juda stark ab, jedoch bleibt trotzdem die Abbruchkante zum Toten Meer hin schroff. Wie eine Wand stehen z.T. die ersten Hügel vom Salzmeer aus gesehen, obwohl ihre Kuppe deutlich unter der Höhe des Meeresspiegels liegt.

Der Übergang des judäischen Berglandes in die aride Halbwüste des Negeb im Süden ist fließend. Südlich von Beerscheba, das in einem leidlich fruchtbaren Becken liegt, ist nur noch mit künstlicher Bewässerung die Wüste zum Blühen zu bringen. Der Negeb selbst ist durch mehrere von Nordosten nach Südwesten verlaufende Bergkämme und in gleicher Ausrichtung gelegene großflächige Depressionen, die sog. Mörser oder Makteschim, charakterisiert.

Der Jordangraben

Der syrische Grabenbruch, zu dem die Jordansenke gehört, reicht von Syrien bis hinunter nach Ostafrika. Seinen tiefsten Punkt erreicht er im Toten Meer. Im Norden führt er die *Beqā'* fort, das tief eingeschnittene Tal zwischen Libanon und Antilibanon. Die Ausläufer des Libanongebirges bilden das Quellgebiet des Jordan, der sich aus drei Quellflüssen speist. Der nördlichste und größte, der *Nahr Ḥaṣbānī,* kommt aus der *Beqā'*, die beiden anderen, *Nachal Dan* und *Nachal Hermon,* aus den Ausläufern des Hermonmassivs. Südlich der alten Stadt Dan fließen sie auf 43 m über NN zusammen. Ehe sich der Jordan etwa 35 km weiter südlich in den See Genezaret oder See von Tiberias ergießt, hat er schon 250 Höhenmeter hinter sich gelassen. Das Gefälle liegt jedoch nahezu ausschließlich auf den letzten 16 km, denn unmittelbar südlich des Quellgebietes liegt zunächst die *Ḥūle-Senke.* Bis zur Mitte dieses Jahrhunderts floß das Wasser wegen einer natürlichen Basaltsperre im Süden nicht ungehindert aus dieser Senke ab, sondern bildete hier einen kleinen See und ein malariaverseuchtes Sumpfgebiet, weshalb die Israelis den Flußlauf des Jordan kanalisierten und das Gebiet nach 1948 trockenlegten.

Das von Bergen eingekesselte, etwa 160 km^2 große galiläische Meer, das einzige größere Süßwasser-Binnengewässer Palästinas, war und ist bis heute sehr fischreich. Heute dient der stellenweise über 40 m tiefe Jam Kinneret vor allem der Bewässerung der in der Nähe liegenden Plantagen. Da zudem die Zuflußmenge ebenfalls durch landwirtschaftliche Projekte stark abgenommen hat, ist sein Wasserspiegel in den letzten Jahrzehnten bedrohlich gesunken. An der Südspitze des 21 km langen Sees ergießt sich der Jordan in die schmale Niederung *el-Ġōr*, die er in unzähligen engen Windungen bis zum Toten Meer durchfließt. In der Nordhälfte ist diese Niederung äußerst fruchtbar (vgl. Gen 13,10), da nicht nur das Flußbett des Jordan noch auf der Talsohle liegt, sondern noch Zuflüsse die Wassermenge vergrößern: aus dem Osten der Jarmuk, der den Golan und die Nordspitze Gileads entwässert, und aus dem Westen das *Nachal Harod / Nahr Ǧālūd*, das das Wasser aus der Jesreel-Ebene abführt und beim Einfluß in den Jordan die weite Bucht von Bet-Schean bildet. Je weiter man nach Süden kommt, desto tiefer schneidet sich der Flußlauf in die Talsohle ein, die entsprechend weniger bewässert wird. Im unteren Teil des Jordan weitet sich die Niederung zu einem kreisförmigen, aber sehr buckeligen Plateau, durch das sich der Fluß tief eingeschnitten hindurchquält. Nur der schmale Uferstreifen ist dicht bewachsen, zu biblischen Zeiten ein Tummelplatz für wilde Tiere. Die Madabakarte aus dem 6.Jh. n. Chr. zeigt hier zutreffend Löwen und nach Norden hin umkehrende Fische, denn das von den Lehmterassen gelb gefärbte Wasser des Jordan wird hier zunehmend salziger. Wenige Oasen gibt es in der kargen und salzigen Niederung, wovon die »älteste Stadt der Welt«, die Palmenstadt Jericho, die bedeutendste ist. Am Nordrand des Toten Meeres hat die Erdoberfläche die 400 m Marke unter dem Meeresspiegel überschritten. Das Meer selbst ist bis zu 400 m tief und bildet damit den tiefsten Punkt der Erdoberfläche überhaupt. Da es am Südende keinen Ausfluß hat, ver-

Die Madabakarte, früheste Darstellung des Landes Israel und der Stadt Jerusalem aus dem 6. Jh. n. Chr. (Fußbodenmosaik in einer Kirche byzantinischen Stils in Madaba).

dunsten sämtliche Zuflüsse und - weil die Zuflußmenge stark abgenommen hat und die Verdunstung künstlich gefördert wird - auch noch weit mehr, so daß der Wasserspiegel bedrohlich gesunken ist. Inzwischen hat man Projekte entwickelt, Meerwasser durch die Araba in das Tote Meer zu leiten, um das Salzmeer, dessen Salzgehalt über 30% liegt, vor dem Austrocknen im nächsten Jahrtausend zu bewahren. Denn nach den Salzsümpfen am Südende des Toten Meeres, steigt der Grabenbruch in der Araba bis auf 230 m über NN langsam an und senkt sich dann ebenso langsam wieder bis zum Golf von Akaba auf das Niveau des Meeresspiegels. Würde man die Strecke von 80 km und die 230 Höhenmeter bis zur Wasserscheide überwinden, könnte man dem Toten Meer vom Süden aus durch den salzigen Graben frisches Meerwasser zuleiten.

Das Ostjordanland

Die Landschaft östlich des Jordan ist weniger stark gegliedert als die des Westjordanlandes. Sie besteht hauptsächlich aus einem im Durchschnitt 800m hohen Plateau, das zur Jordanseite steil abfällt und sich zur Arabischen Wüste seicht absenkt. Unterteilt wird sie durch die von Osten nach Westen verlaufenden, tief eingeschnittenen Täler. Der nördlichste Abschnitt, das Plateau von Baschan, wird vom Jarmuk im Süden und dem Hermonmassiv im Norden begrenzt. Südlich des Hermongebirges liegen die 1000-1200 m hohen Golanhöhen, während das Plateau sich nach Westen hin in Stufen bis zum Jordangraben absenkt. Der gesamte Baschan ist äußerst fruchtbar, hat sehr gute Ackerbauflächen und war in biblischer Zeit mit Eichen dicht bewaldet (Jes 2,13; 33,9; Ez 27,6 u.ö.). Zwischen dem Jarmuk im Norden und dem Jabbok (*Nahr ez-Zerqā*) im Süden schließt sich an die Höhen von Baschan das Hochland des *'Ağlūn* an, das den Nordteil Gileads bildet. Der Südteil erstreckt sich über das Hügelland am Unterlauf des Jabbok (*Arḍ el-'Arḍe*) in die Hochebene der *Beqā*, die bis zum nächsten tief eingeschnittenen Wadi, dem Arnon oder *Sēl el Mōğīb* reicht. Der südliche Teil dieser Ebene wird Mischor genannt und bildet mit schwerem, fruchtbarem Boden die Kornkammer des Ostjordanlandes. Südlich des Jabbok beginnt zugleich das politische Einflußgebiet der drei kleinen Nachbarstaaten Ammon, Moab und Edom. Beim Quellgebiet des Jabbok, der zunächst 30 km in nördlicher Richtung fließt, liegt Rabat-Ammon, das heutige Amman als ehemalige Hauptstadt der Ammoniter. Dibon, die Hauptstadt der Moabiter liegt etwa 10 km nördlich des Arnon an der Königsstraße, der wichtigsten Nord-Süd-Verbindung des Ostjordanlandes. Das Siedlungsgebiet der Moabiter wird im Süden durch den tiefen Einschnitt des Sered/*Wādī el-Ḥesā* begrenzt. Südlich davon, in der Landschaft Seïrs dominiert der rote nubische Sandstein, weshalb der dort im ersten Jahrtausend sich bildende Staat Edom »der Rote« genannt wurde. Das stark zerklüftete edomitische Bergland, das sich entlang des Arabagrabens erstreckt, erreicht Höhen bis zu 1700 m. Nach Westen hin fließt das edomitische Bergland in einem anfänglich 1200 m hohen Plateau stufenförmig in die Arabische Wüste über.

Zum Klima im Land der Bibel

Entsprechend der starken Gliederung des Landes ist auch das Klima nicht einheitlich, es hat die Facetten vom mediterranen Klima an der Küstenebene und in der Schefela bis hin zum Wüstenklima im Süden, in der judäischen Wüste und im Übergang zur arabischen Wüste. Die durchschnittlichen Niederschlagsmengen differieren erheblich, sie nehmen von West nach Ost und von Nord nach Süd ab. Vom Meer her kommender Steigungsregen fällt vor allem im Westen im Karmelgebiet und in Galiläa, in der Schefela und im samarischen und judäischen Bergland. Jerusalem hat etwa 500 mm Niederschlag im Jahr, der nördliche Küstenstreifen und Galiläa sogar

Du sorgst für das Land und tränkst es, du überschüttest es mit Reichtum. Der Bach Gottes ist reichlich gefüllt, du schaffst ihn im Korn; so ordnest du alles. Du tränkst die Furchen, ebnest die Schollen, machst sie weich durch Regen, segnest ihre Gewächse. Du krönst das Jahr mit deiner Güte, deinen Spuren folgt Überfluß. In der Steppe prangen die Auen, die Höhen umgürten sich mit Jubel. Die Weiden schmücken sich mit Herden, die Täler hüllen sich in Korn. Sie jauchzen und singen. (Psalm 65, 10-14)

700 mm und auch mehr, die Wüste Juda und der Negeb jedoch nur noch unter 200 mm. Im Ostjordanland schwankt die Niederschlagsmenge zwischen 300 mm im Süden und 700 mm im nördlichen Gilead. Trotz dieser scheinbar eindeutigen Verteilung in Regenzonen sind die Angaben nur Durchschnittswerte. Die Regenmenge schwankt regional und saisonal erheblich, was zu unberechenbaren relativ kleinräumigen Ernteausfällen führen kann. Die Regenzeit beginnt im Oktober/November mit dem eher spärlichen Frühregen. Hauptregenzeit mit heftigen Platzregen sind die Wintermonate, bis dann im März und April der Spätregen die aufgegangene Saat noch einmal tränkt. Danach sind die Pflanzen auf den reichlich fallenden Tau angewiesen. Den Regenzeiten entsprechend gibt es in Palästina nur zwei Jahreszeiten: Winter und Sommer. Die trockene Jahreszeit wird meist durch eine Periode heißen Wüstenwindes eingeleitet und auch im Herbst beendigt. Dieser Wind heißt *Chamsim* (»Fünfzig«, weil er mit Vorliebe in den 50 Tagen zwischen Ostern und Pfingsten auftritt) oder *eš-šerqīye* (»der Östliche«, daher Schirocco) oder wie im AT *rûaḥ qādîm* »Ostwind«. Dieser glühende Wind ist von brennender Hitze begleitet, die mehrere Tage anhält. An solchen Tagen steigt auch im Bergland die Temperatur sprunghaft an (vgl. Jona 4,8), was zu verheerenden Schäden an der Vegetation führen kann (vgl. Jes 40,7; Ez 17,10; Gen 41,6.23). In den Wadis und auf den Hügeln, wo der Winterregen vielfältiges Grün in kürzester Zeit hatte sprießen lassen, finden sich jetzt nur noch verdorrte Halme. Trotz der großen Hitze im Sommer mit Tagesdurchschnittstemperaturen von 21-25 °C bleibt das Klima durch den mediterranen Einfluß gut verträglich. Auch in den Hitzemonaten kommt meist gegen Abend Wind auf und verschafft etwas Erleichterung.

Das vielgestaltige kleinräumige Gebiet Palästinas hat nur wenig Bodenschätze. Im Gegensatz zu der übertreibenden Beschreibung in Dtn 8,9 sind seine Steine und Berge nicht aus Erz, sondern die meisten Metalle sind Importprodukte aus Kleinasien, Zypern und Ägypten (vgl. 1 Sam 13,19f, wo die Philister diesen Import kontrollieren). Lediglich westlich und östlich des südlichen Jordangrabens, wie etwa in den Gebieten um *Fēnān* (Punon) und im *Wādī Menēʿāye* (Timna), gibt es Kupfervorkommen und auch begrenzte Eisenvorkommen, die in der Nähe der Lagerstätten auch in biblischer Zeit verhüttet wurden (vgl. auch 1 Kön 7,46).

Gegenüber der Armut an Bodenschätzen tritt der Reichtum an agrikulturellen Produkten. Palästina gehört zu dem großen Kulturlandstreifen des Nahen Ostens, dem fruchtbaren Halbmond, der sich vom persischen Golf über das Schwemmland von Eufrat und Tigris über die syrisch-palästinische Küste bis zum Nildelta zieht. Es ist in seinen Vegetationszonen reich an Oliven-, Granatapfel-, Feigen- und anderen Obstbäumen (vor allem in der Schefela und in Galiläa), an Weinstöcken (vor allem im judäischen Bergland), läßt sich landwirtschaftlich in großen Teilen mit Getreide bestellen und eignet sich hervorragend zur Kleintierzucht. Trotz der Widrigkeiten der Wüste und der vielen Übergänge zwischen Kulturland und unbewohnbarem Land ist es ein relativ wasserreiches, fruchtbares und vor allem reizvolles Land. »Es ist ein Land, um das der Herr, dein Gott, sich kümmert. Stets ruhen auf ihm die Augen des Herrn, deines Gottes, vom Anfang des Jahres bis zum Ende des Jahres« (Dtn 11,12).

2. Die Entstehung Israels und die neuartige Dorfkultur zu Beginn der Eisenzeit

Christian Frevel

Das Volk Israel und das Land - »Die Bibel hat doch recht«

Oft und auf vielfältige Weise wird im Ersten Testament erzählt, wie und warum Israel in dem Land seßhaft geworden ist, das man Kanaan oder Palästina nennt. Alle Berichte und Bezugnahmen auf dieses Geschehen sind sich - wie der zitierte Psalm auch - in zwei Punkten einig: Israel war nicht immer im Land und Israel hätte es nie aus eigener Kraft geschafft, in diesem Land seßhaft zu werden. Die Landnahme oder Landgabe ist in biblischer Sicht ein Geschehen, das nicht von der Erwählung des Volkes Israel durch seinen Gott JHWH zu trennen ist. Die Grundkonstanten des variierten Geschehens sind bekannt: die Erwählung des Stammvaters Abraham mit der festen Zusage, ihn zu einem großen Volk zu machen und ihm das Land Kanaan zu geben; der Aufenthalt der Nachkommen Jakobs in Ägypten und die Volkwerdung unter der harten Fron der Ägypter; die Befreiung durch JHWH unter der Führung des Mose im Exodus; der lange und beschwerliche Aufenthalt in der Wüste und schließlich der Einzug in das Land mit der Einlösung der Verheißung an den Stammvater Abraham. Von dem grundlegenden Ausgangspunkt der Zusage Gottes an sein Volk ist alles über die Besiedlung des Landes Erzählte bestimmt und durchwirkt. Daher kann und sollte man in der Bibel keine objektive und historisch orientierte Sicht der Dinge erwarten. Natürlich erweckt die Schrift oft selbst den Eindruck, daß sie Historisches zum Zwecke des Historischen berichten will. Man denke nur an die Beteuerungen zur Auferstehung im Johannesevangelium: »Und der, der es gesehen hat, hat es bezeugt, und sein Zeugnis ist wahr. Und er weiß, daß er Wahres berichtet ...« (Joh 19,35). Doch um das Historische ging es den biblischen Autoren nicht, sondern vielmehr um das Zeugnis der Erwählung, um die Treue Gottes zu seinem Volk, um die Konstanz seiner Verheißungen und um die gläubige und vertrauende Antwort Israels auf diesen An- und Zuspruch seines Gottes, und schließlich im Neuen Testament um das Zeugnis der endgültig bekräftigten Zusage seines Heilswillens an die Welt in und durch seinen Sohn Jesus Christus. Daß dem so ist, zeigt nur zu deutlich die Fortsetzung des Zitates aus dem Johannesevangelium, an dessen Schluß es heißt: »... damit auch ihr glaubt«. Die oft bemühte Frage, ob die Bibel recht hat, die immer darauf hinausläuft, ob sich das in der Bibel Erzählte mit dem von den Geschichtswissenschaften als historisch Eingeschätzten deckt, ist von vornherein falsch gestellt. Die Bibel hat immer recht und fordert ihr Recht ein: als *Glaubenszeugnis* will sie ganz und gar ernstgenommen werden, sie will eingehen in die *Herzen* ihrer Leser und Leserinnen, nicht in ihre Geschichtsbücher. Dennoch ist die Frage, ob sich

»Gott, wir hörten es mit eigenen Ohren, unsere Väter erzählten uns von dem Werk, das du in ihren Tagen vollbracht hast, in den Tagen der Vorzeit. Mit eigener Hand hast du Völker vertrieben,
sie aber eingepflanzt.
Du hast Nationen zerschlagen,
sie aber ausgesät.
Denn sie gewannen das Land nicht mit ihrem Schwert, noch verschaffte ihr Arm ihnen den Sieg; nein, deine Rechte war es, dein Arm und dein leuchtendes Angesicht; denn du hattest an ihnen Gefallen« (Ps 44,2-4).

das biblisch Erzählte mit dem historisch (wahrscheinlich) Geschehenen deckt, berechtigt und muß gestellt werden.

Was geschah in der Zeit zwischen Josua und Otniel?

Daß Israel das ganze Land erfüllt hat, ist nur eine, aber nicht die einzige biblische Sicht der Dinge. In den Landnahmeerzählungen des Josuabuches erhält man den Eindruck, Israel sei als Ganzes mit militärischer Macht vom Ostjordanland aus in das Land eingefallen und habe es Stück für Stück erobert, die Vorbevölkerung aus ihren Städten vertrieben und die Städte eingenommen. Die »Kanaanäerstädte« Jericho, Ai und Hazor sind die bekanntesten Orte, die von den Israeliten nach den Erzählungen des Josuabuches eingenommen wurden, aber in Jos 12 ist eine ganze Liste von Gebieten und Königen überliefert, die »von den Israeliten geschlagen wurden« (Jos 12,1). Das ganze Land wurde militärisch erobert (s. die Zitate links). Eine andere Sicht der Dinge zeigt sich im Richterbuch. Dort agieren die Stämme nicht gemeinsam, sondern jeder Stamm für sich. Es werden eine ganze Reihe von Orten erwähnt, die nicht eingenommen werden konnten. Eine andere Liste mit Angaben zum unereroberten Land findet sich in Jos 13 (s. die Zitate S. 83). Dort herrscht also die Vorstellung vor, daß nicht das ganze Land von den Israeliten in Besitz genommen worden ist. Auch kommen an anderen Stellen die Israeliten von Süden, nämlich von Kadesch-Barnea aus in das Land und nicht über das Ostjordanland. Aber nicht nur bei dem Umfang des eroberten Landes gibt es unterschiedliche Vorstellungen, sondern auch bezogen auf die Vorbewohner. Einmal sollen die Israeliten alle Vorbewohner des Landes vernichtet haben, das andere Mal werden sie gewarnt, mit den Vorbewohnern ein Bündnis einzugehen. In wieder anderen Belegen hat JHWH selbst die Völker vor der Ankunft der Israeliten vertrieben, so daß der Eindruck entsteht, sie seien in ein unberührtes Land gekommen. Zwar ist es nicht unmöglich, die verschiedenen Vorstellungen von der Landnahme oder Landgabe überein zu bringen, doch ist es wahrscheinlicher, daß in verschiedenen Kreisen die Vorstellungen über die Eroberung und Besiedlung des Landes gewachsen sind und die Berichte von verschiedenen Autoren stammen. So scheint es auch fraglich, ob der Versuch, die Unterschiede mit allen Schwierigkeiten harmonisieren zu wollen, der richtige Ansatz ist. Vielmehr haben alle Traditionen ihr eigenes Aussageprofil, wie die jeweiligen Schlußzitate zeigen.

»Da befahl Josua den Listenführern im Volk: Geht durch das Lager, und befehlt den Leuten: Versorgt euch mit Lebensmitteln; denn in drei Tagen werdet ihr den Jordan hier überschreiten, um in das Land hineinzuziehen und es in Besitz zu nehmen« (Jos 1,10f).

»Alle Könige der Amoriter jenseits des Jordan im Westen und alle Könige der Kanaaniter am Meer hörten, daß der Herr das Wasser des Jordan vor den Augen der Israeliten austrocknen ließ, bis sie hinübergezogen waren; da zerschmolz ihr Herz, und jedem stockte der Atem wegen der Israeliten« (Jos 5,1).

»Dann sagte der Herr zu Josua: Fürchte dich nicht, und hab keine Angst! Nimm alle kriegstüchtigen Männer, brich auf, und zieh nach Ai! Siehe, ich habe den König von Ai und sein Volk, seine Stadt und sein Land in deine Gewalt gegeben. Du sollst es mit Ai ebenso machen, wie du es mit Jericho und seinem König gemacht hast« (Jos 8,1f).

»Der Herr sagte zu Josua: Fürchte dich nicht vor ihnen, denn ich gebe sie in deine Gewalt. Keiner von ihnen kann dir standhalten ... Der Herr versetzte sie beim Anblick der Israeliten in Verwirrung, so daß Josua ihnen bei Gibeon eine schwere Niederlage beibringen konnte« (Jos 10,8.10).

»So nahm Josua dieses ganze Land ein, das Gebirge und den ganzen Negeb, das ganze Land Goschen und die Schefela, die Araba und das Gebirge Israels mit seiner Schefela: das ganze Land von den kahlen Bergen, die nach Seïr hin ansteigen bis nach Baal-Gad in der Libanonsenke am Fuß des Hermongebirges« (Jos 11,16f).

»So gab der Herr Israel das ganze Land, das er ihren Vätern mit einem Eid zugesichert hatte. Sie nahmen es in Besitz und wohnten darin. Und der Herr verschaffte ihnen Ruhe ringsum, genauso wie er es ihren Vätern mit einem Eid zugesichert hatte. Keiner von all ihren Feinden konnte ihnen Widerstand leisten; alle ihre Feinde gab der Herr in ihre Gewalt. Keine von all den Zusagen, die der Herr dem Haus Israel gegeben hatte, war ausgeblieben; jede war in Erfüllung gegangen« (Jos 21,43-45).

»Nach dem Tod Josuas befragten die Israeliten den Herrn: Wer von uns soll zuerst gegen die Kanaaniter in den Kampf ziehen? Der Herr antwortete: Juda soll zuerst hinaufziehen; ich gebe das Land in seine Gewalt« (Ri 1,1f).

»Auch die Nachkommen Josefs zogen hinauf, und zwar nach Bet-El« (Ri 1,22).

»Manasse konnte die Einwohner von Bet-Schean und seinen Tochterstädten sowie von Taanach und seinen Tochterstädten, die Einwohner von Dor und seinen Tochterstädten und die Einwohner von Jibleam und seinen Tochterstädten und die Einwohner von Megiddo und seinen Tochterstädten nicht vertreiben. So gelang es den Kanaanitern, in dieser Gegend zu verbleiben. Als die Israeliten stark geworden waren, zwangen sie die Kanaaniter zur Fron, aber vertreiben konnten sie sie nicht« (Ri 1,27f).

»Als Josua alt und hoch betagt war, sagte der Herr zu ihm: Du bist alt und hoch betagt, aber vom Land bleibt noch sehr viel in Besitz zu nehmen. Das ist das Land, das noch übrig ist: alle Bezirke der Philister und das ganze Gebiet der Geschuriter vom Schihor-Fluß östlich von Ägypten bis zum Gebiet von Ekron im Norden - es wird den Kanaanitern zugerechnet -, die fünf Philisterfürsten von Gaza, Aschdod, Aschkelon, Gat und Ekron sowie die Awiter im Süden, das ganze Land der Kanaaniter und Meara, das zu Sidon gehört bis nach Afek und bis zum Gebiet der Amoriter, ferner das Land der Gibliter und der ganze Libanon im Osten von Baal-Gad am Fuß des Hermongebirges bis nach Lebo-Hamat« (Jos 13,1-5).

»Weil dieses Volk meinen Bund übertreten hat, zu dem ich ihre Väter verpflichtet habe, und weil es nicht auf meine Stimme hört, werde auch ich kein einziges der Völker mehr vor ihren Augen vertreiben, die Josua bei seinem Tod übriggelassen hat. Israel soll durch sie auf die Probe gestellt werden, ob es daran festhält, den Weg des Herrn zu gehen, wie es seine Väter taten, oder nicht. Darum ließ der Herr diese Völker im Land und vertrieb sie vorerst nicht« (Ri 2,20-23).

Inzwischen dürfte sich herumgesprochen haben, daß die vor allem im Josuabuch »mit Pauken und Trompeten« gezeichnete Eroberungswelle des Landes aus historischer Sicht so nicht stattgefunden hat. Als die Israeliten in Jericho und Ai ankamen, waren diese Städte ebenso wie Hazor im Norden schon zerstört, und die neuen bescheidenen Siedlungen wurden auf den verlassenen Ruinenhügeln errichtet. Ob es überhaupt im Übergang von der späten Bronzezeit in die Eisenzeit, also im Zeitraum der Entstehung Israels zwischen 1250 und 1000 v. Chr., militärische Auseinandersetzungen im größeren Stil zwischen Israeliten und Kanaanäern gegeben hat, ist historisch fraglich. Damit stellt sich die Frage nach dem Charakter des Wechsels zwischen der Spätbronze- und der frühen Eisenzeit.

Der besondere Reiz der Anfänge Israels - bewegte Zeiten

Die Spätbronzezeit (1550-1150 v. Chr.) war für Syrien und Palästina eine Blütezeit, die langsam, aber unaufhaltsam ihrem Ende zuging. Im Küstenstreifen, aber auch im Landesinneren gab es große Städte mit massiven Stadtmauern, Palästen und Palastarchiven und Tempeln. Die größeren Städte bildeten Stadtstaaten, denen das jeweilige Umland politisch und wirtschaftlich angegliedert war. Der über den traditionsreichen Handelsstützpunkt Zypern abgewickelte Handel mit der griechischen Welt florierte, und man importierte und exportierte sowohl Luxusgüter wie Massenware und Wirtschaftsgüter wie Wein, Öl, Kräuter und Harze »in alle Welt«. Daß Palästina an diesem für damalige Vorstellungen weltweiten Handel teilhatte, war Folge der politischen Verhältnisse. Es stand unter ägyptischer Vorherrschaft: Die Pharaonen in Ägypten gewährten dem Land Frieden, natürlich nicht zuletzt um sich

Der Einfluß Ägyptens auf Palästina war in der Spätbronzezeit groß. Kanaan, in den Texten Retschenu genannt, war ägyptische Provinz. Amenophis I. (1427-1401 v. Chr.), der sich mit Unruhen und Aufständen in Palästina auseinanderzusetzen hatte, ließ sich gerne als Bogenschütze darstellen.

In der Spätbronzezeit gab es in jeder größeren Stadt einen oder mehrere Tempel. Hier die bildlich gestaltete mittlere Stele im Allerheiligsten des sogenannten Stelenheiligtums der größten Stadt Hazor (13. Jh. v. Chr.) In dem Heiligtum wurde anscheinend ein Mondgott verehrt, wie die Scheibe und die liegende Mondsichel zeigen.

Zahlreich sind die Darstellungen von Göttinnen in der Spätbronzezeit, hier diejenige einer Göttin auf einem goldenen Anhänger vom *Tell el-'Ağūl*. Durch die Nacktheit, die hervorgehobene Scham und den Zweig, der aus dem Nabel herauswächst, werden Lebenskraft und Fruchtbarkeit symbolisiert. Gleiches leisten die Lotusblüten mit den langen Stengeln auf dem feinen Gold-Anhänger aus Ugarit.

Häufig finden sich in den großen Zentren der Spätbronzezeit Götterdarstellungen in Bronze. Dabei lassen sich zwei Grundtypen unterscheiden: Der kriegerische, schlagende Gott, der eine Keule oder einen Speer in der einen und einen Schild in der anderen Hand hält (hier ein Beispiel aus Megiddo) und der thronende Gott (hier ein Exemplar aus dem Jordantal), der in einer Hand ein Zepter hält und die andere Hand »segnend« erhebt.

selbst nach Norden hin abzupuffern. Dafür mußten die Kanaanäer an die Großmacht Tribut zahlen, zum Teil mit Sklavenarbeit, zum Teil durch Versorgung der ägyptischen Beamten in Palästina mit den Wirtschaftsgütern des Landes. Palästina war immer abhängig von der politischen Großwetterlage des Vorderen Orients. Gegen Ende der Spätbronzezeit veränderten sich nun auch die politischen Großkonstellationen, was für Palästina einschneidende Folgen hatte. Als der Handel mit der griechisch-mykenischen Welt zusammenbrach, verlor Kanaan einen seiner wichtigsten Handelspartner. Die Seevölker, deren Herkunft und ethnische Zusammensetzung man bis heute nicht genau bestimmen kann, bedrohten das mächtige Ägypten und seine Provinzen. Dadurch geriet das Kräfteverhältnis im gesamten Großraum des vorderen Orients aus den Fugen: Die Hethiter, das Großreich im Norden, konnte dem neuen Druck ebensowenig standhalten wie Zypern oder die kanaanäischen Städte. Um 1200 v. Chr. wurden Hazor, Megiddo, Bet-Schean, Bethel, Geser, Bet-Schemesch und Aschdod und viele andere Städte zerstört. Auch in den folgenden Jahrzehnten setzte sich der Untergang der Stadtkultur fort: Lachisch im Süden wurde etwa um 1150 v. Chr. zerstört und lag anschließend 100 Jahre in Ruinen. Wer diese Städte zerstört hat, läßt sich bis heute nicht sicher sagen. Nirgendwo sind Schutt und Asche von den Zerstörern signiert worden, doch daß es einwandernde Israeliten gewesen sind, ist sehr unwahrscheinlich. Wahrscheinlicher ist der größte Teil von den Seevölkern niedergewalzt worden. Möglicherweise haben aber auch einige Stadtstaaten die Schwäche Ägyptens dazu nutzen wollen, sich von den Tributzahlungen loszusagen, und sind anschließend von dem vielleicht unterschätzten ägyptischen Heer bitter bestraft worden. Die Ägypter konnten nämlich dem Ansturm der Seevölker zunächst standhalten und haben auch nach Abwehr der Gefahr unter Ramses III. (1184-1153 v. Chr.) einige der Residenzen wie etwa in Bet-Schean kurzfristig wieder aufgebaut. Auch einige kanaanäische Städte wie etwa Megiddo konnten sich noch einmal für kurze Zeit erholen, doch das Ende der Ära war nicht mehr abzuwenden.

In Palästina entstand für kurze Zeit mehr und mehr ein Machtvakuum, in dem sich Neues entwickeln konnte und aus dem schließlich zu Beginn des 1. Jahrtausends die Kleinstaaten Israel, Juda, Edom, Moab, Ammon und Edom hervorgingen.

Die neue Dorfkultur im Bergland

Zwar wurden einige der zerstörten Städte von der kanaanäischen Bevölkerung wieder aufgebaut, doch das Neue entstand nicht in den küstennahen und zentralen Gebieten, die zuvor von der kanaanäischen Stadtkultur bestimmt waren. Im eher unzugänglichen mittelpalästinischen Bergland zwischen Jerusalem im Süden und der Jesreelebene im Norden, sowie auf der gegenüberliegenden schmalen Hochebene im Ostjordanland, tief im Süden im Negeb und im hohen Norden in Galiläa entstanden in der beginnenden Eisenzeit nach 1150 v. Chr. eine Vielzahl neuer kleiner Dörfer und Gehöfte. Während in den zuvor städtisch geprägten Gebieten die Bevölkerung deutlich abnahm, nahm sie hier in den vorher nur dünn besiedelten Landesteilen erheblich zu. Zwar unterscheiden sich die neugegründeten Dörfer im einzelnen erheblich voneinander, doch haben sie alle ein Charakteristikum, das sie grundlegend von der kanaanäischen Stadtkultur abhebt: In den Dörfern fehlen die in der Spätbronzezeit überall zu findenden Großbauten, seien es Tempel, Paläste oder öffentliche Verwaltungsgebäude. Den Dörfern und Gehöften fehlen jegliche Verteidigungsanlagen. In vielen Fällen geschah der Dorfaufbau nicht planmäßig, daß etwa ein System von geraden, gleich breiten Straßen die Siedlung in verschiedene Viertel teilte oder daß es eine Durchgangsstraße gab. Eher scheint die Verteilung der Häuser planlos, wie die zweite Phase der neugegründeten Siedlung in

'Izbet Ṣarṭa oder die auf den Ruinen der viel älteren Stadt erbaute Siedlung in Ai zeigen. Andere Dörfer hingegen sind nach einem kreisförmigen Prinzip angeordnet worden, wie etwa die Reste der ersten Phase der Besiedlung in *'Izbet Ṣarṭa* zeigen. Doch auch diese ringförmige Anlage diente nicht in erster Linie dem Schutz und der Verteidigung, sondern verweist vielmehr auf den bäuerlichen Charakter der Siedlungen. Der eingeschlossene unbebaute Raum wurde sehr wahrscheinlich als Pferch für die Kleinviehherden genutzt. Den bäuerlichen Charakter unterstreicht auch eine weitere Besonderheit der neuen Siedlungen: die vielfach in den Boden eingelassenen Silos oder Vorratsgruben, die der Getreidespeicherung dienten. Entweder wurde ein großer Vorratskrug aus Ton in die Erde eingelassen oder eine Grube mit 1-2 m Durchmesser ausgehoben und mit Bruchsteinen ausgekleidet. In Gebieten mit weichem Kalkstein als vorherrschendem Untergrund wurden diese Vorratsgruben auch aus dem Fels ausgehauen. Neben der Anlage der Siedlungen und dem Fehlen von Großbauten ist dies ein weiterer Hinweis auf die einfachen Organisationsformen der dörflichen Gesellschaft: Es gab keine Zentralinstanz, die die Vorratshaltung organisierte.

Mit Schwertern bewaffnete Gesetzlose oder friedliche Bauern mit ihren Ziegenherden – Wer waren die neuen Siedler?

In einigen Dörfern, etwa auf der *Ḫirbet el-Mšaš* oder auf dem *Tell es-Seba'*, hat man in den ersten Besiedlungsphasen nur geringe Spuren der Besiedlung in Wohnhöhlen, kleinen Mauerresten oder Öfen gefunden, was auf die Besiedlung durch eine nicht dauerhaft seßhafte Bevölkerung schließen lassen könnte. Die ringförmige Anlage einiger Siedlungen erinnert zudem an die Ordnung beim Aufstellen von Nomadenzelten. Auf den ersten Blick liegt es nahe, die aus der Wüste einwandernden Israeliten mit den neuen Bewohnern in den Dörfern in Verbindung zu bringen. Es scheint alles zu passen: die nur wenig gestaltete Organisationsform, der bäuerliche Charakter und die halbnomadischen Anfänge. Doch diese einfache Gleichsetzung der neuen Bevölkerungselemente mit den Israeliten der Landnahme hat einen schwerwiegenden Haken: Die materielle Kultur der Dörfer steht in deutlicher Kontinuität zur Spätbronzezeit, und man kann die Bevölkerung, die einige der spätbronzezeitlichen Städte spärlich wieder aufgebaut hat und die »neuen« Elemente *ethnisch* nicht voneinander unterscheiden. Zwischen den Kanaanäern und den neu zugewanderten Israeliten muß man allerdings aufgrund des biblischen Befundes einen größeren Unterschied voraussetzen.

Um nun die Kultur des frühen eisenzeitlichen Israel von der kanaanäischen Kultur auch ethnisch abzugrenzen, wurde in der Forschung häufig auf zwei weitere Charakteristika der Dorfkultur verwiesen: die neue Form des Hausbaus und ein neuer Typ von Vorratskrügen.

Das Drei- und Vierraumhaus als neue Errungenschaft der eingewanderten Israeliten?

Das Haus in den kanaanäischen Städten war funktional auf die Bedürfnisse der Städter (Handwerker und Händler) ausgerichtet. Um einen kleinen zentralen Hof herum, der für die Beleuchtung und Belüftung der Räume notwendig war, gruppierten sich zu allen Seiten stark untergliederte Räume. In den neu entstehenden Siedlungen entwickelt sich nun ein neuer Haustyp. Zunächst entstehen sehr einfache Breitraumhäuser: Diese haben einen rechteckigen Grundriß, wobei der Eingang an der längeren Seite liegt. Der so entstehende »Breitraum« wird durch Pfeiler in Längsrichtung einmal unterteilt, so daß zwei »Räume« entstehen, wovon der eine an der Eingangsseite den Hof bildet. Die Häuser eignen sich gut zur Reihenbildung. Für die charakteristischen Drei- und Vierraumhäuser wird der vorhandene Breitraum noch einmal oder zweimal unterteilt. Als wichtigstes verlagert sich der

Eingang von der Breit- auf die Schmalseite, und auf der dem Eingang gegenüberliegenden Seite wird ein schmaler Raum abgetrennt. Dadurch verliert das Haus seinen Breitraumcharakter und hat - den Hof immer mitgezählt - drei Räume. Beim Vierraumhaus wird der Hof in Längsrichtung nicht nur durch eine, sondern durch zwei Pfeilerreihen unterteilt, wobei die Pfeilerreihen entweder halbhoch oder auch ganz zu einer Trennmauer geschlossen sein können.

Zwei unterschiedliche Bauweisen lassen sich erkennen: Zum Teil sind Häuser ganz aus Stein gebaut, zum Teil bestehen nur die Grundmauern aus unbehauenen Steinen, die Mauern selbst aber aus Lehmziegeln. Die Bauweise hängt von den vorhandenen Baumaterialien in der jeweiligen Region ab. Waren genügend Steine da, so wurden die Häuser massiv gebaut, fand sich hingegen mehr lehmiger Boden, so wurden Lehmziegel verwandt. Dazu wurde ein Loch in die Erde gegraben und mit Wasser aufgefüllt. Der angenässte Lehm wurde anschließend mit Füllmaterialien (Häcksel, Tonscherben, kleine Steine u.ä.) vermischt und dann in eine auf dem Boden stehende Holzform gegeben. Danach wurde die Form abgezogen und der Lehmziegel an der Sonne getrocknet. Die Steine wurden anschließend sehr hart, hatten eine einheitliche Größe und konnten gut in den 60-80 cm breiten Mauern vermauert werden.

Aus Lehm wurde auch das Dach der Häuser hergestellt: Zunächst deckte man den zu überdachenden Raum mit querliegenden, an den Seiten überstehenden Holzbalken ab, dann wurden Äste und Zweige eingewoben und schließlich eine dicke Schicht feuchter Lehm aufgetragen, die anschließend mit einer schweren Steinrolle festgewalzt wurde. Das Lehmdach war dem Regen mehr oder weniger schutzlos ausgesetzt und wurde oft undicht (vgl. Spr 19,13; 27,15). Zudem wuchsen auf dem Dach natürlich Gras und Unkraut (vgl. 2 Kön 19,26; Jes 37,27; Ps 129,6), so daß eine regelmäßige Pflege notwendig war. Das Dach war in der Regel über eine Leiter zugänglich und wurde z.B. zum Trocknen von Flachsstengeln (vgl. Jos 2,6) oder als Schlafplatz im Sommer genutzt. In der Regel waren die Häuser in der Eisenzeit eingeschossig. Ein Obergeschoß gab es nur in wohlhabenderen Häusern meist in der Stadt (vgl. Ri 3,20-25; 2 Sam 19,1; 1 Kön 17,19.23; 2 Kön 4,10f; 2 Kön 1,2).

Der Hof, dessen Boden entweder gepflastert war oder aus festgestampftem Lehm bestand, war meist etwa zur Hälfte überdacht. Er nahm größtenteils mehr als die Hälfte der Gesamtfläche des Hauses ein. Der Hof war der meistgenutzte Raum

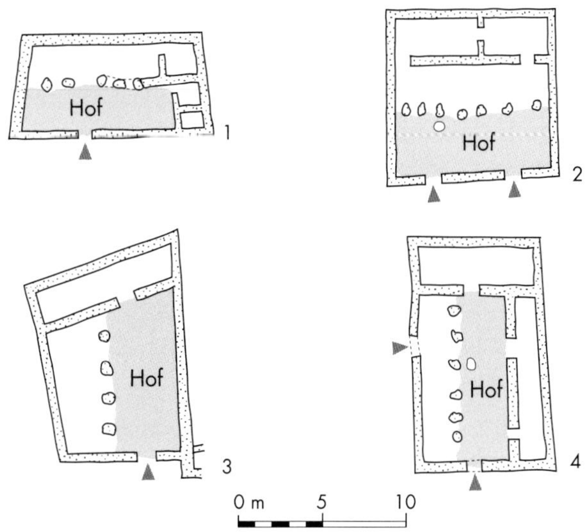

Typische Hausformen der frühen Eisenzeit. Nr. 1 stammt vom Tell Isdār, die übrigen von der Ḫirbet el-Mšāš. Nr. 1 u. 2 sind Breitraumhäuser, Nr. 3 ein Dreiraum- und Nr. 4 ein Vierraumhaus.

des frühen Dorfhauses: Dort befanden sich Kochstelle und Backofen, und die landwirtschaftlichen Produkte wurden darin verarbeitet. Zugleich diente der Hof als Pferch für das Kleinvieh und als Unterstand für die landwirtschaftlichen Arbeitstiere und -geräte. Wenn die Bauern nicht auf dem Feld waren, spielte sich im Hof das tägliche Leben ab. Die Einrichtung der dörflichen Häuser war ausgesprochen spärlich. Wenn es überhaupt Möbel gab, so beschränkten sich diese auf Tisch, Stuhl und Bett. Daneben gab es nur Gebrauchskeramik (Kochtöpfe, Krüge, Schalen, Lampen), Schläuche zur Aufbewahrung von Flüssigkeiten, Mörser, Handmühlen und Reibsteine und wahrscheinlich wenige Kultgegenstände für den Hauskult.

Das Vierraumhaus, das bis zum Ende der Eisenzeit verbreitet war, ist charakteristisch für viele der neu entstehenden Siedlungen abseits der Städte. Sein erster Verbreitungsbereich deckt sich ungefähr mit dem Siedlungsgebiet, in dem die Dörfer und Gehöfte entstehen. Wie gezeigt, war es völlig auf das bäuerliche Leben zugeschnitten. Früher hat man sogar einmal vermutet, daß sich sein Grundriß aus dem Nomadenzelt ableiten ließ, doch inzwischen ist diese Hypothese wieder aufgegeben worden. Auch wenn man die Vorgeschichte des Hausbaus in der Eisenzeit nicht lückenlos klären kann, hat es sich doch wahrscheinlich wie oben beschrieben aus dem Breitraumhaus mit Hof entwickelt.

Eignet sich nun die Form des Vierraumhauses zur Identifizierung seiner Bewohner als Israeliten? Manchmal entsteht in Darstellungen zur Besiedlung des Landes der Eindruck, die Israeliten wären in das Land gekommen und hätten die vorhandenen Formen des Hausbaus grundlegend revolutioniert. Diese überzeichnete Charakterisierung des bedeutenden Wechsels wird allerdings dem ausgewogenen Verhältnis von Kontinuität und Diskontinuität zwischen Bronze- und Eisenzeit nicht gerecht. Zwar ist das Vierraumhaus wirklich etwas Neues, aber es ist nicht vom Himmel gefallen. Das Neue der Bauweise, nämlich die Unterteilung von Räumen durch Pfeiler, gab es vereinzelt auch schon in der Spätbronzezeit. Daß das Vierraumhaus vermehrt in der bäuerlich geprägten frühen Eisenzeit auftaucht und Verbreitung findet, läßt sich am ehesten mit seiner Funktion als »Bauernhaus« erklären. Zudem bleiben auch in der Eisenzeit die Hausformen außerordentlich vielfältig. Selbst das kanaanäische Hofhaus findet vereinzelt seine Fortsetzung. Das Vierraumhaus selbst sagt nicht viel mehr über die Herkunft seiner Bewohner, als daß sie nicht direkt aus den Städten kamen. Daß seine Bewohner von außen in das Land eindrangen, läßt sich am Hausbau nicht ablesen.

Rekonstruktion des Hofes eines eisenzeitlichen Hauses. In der Ölpresse (a) werden die in (b) zerquetschten Oliven in geflochtene Körbe oder Säcke eingefüllt und durch eine Hebelvorrichtung ausgepreßt. (c) zeigt einen Steinmörser zum Zerstoßen von Getreide oder Hülsenfrüchten, (d) einen sehr großen Backofen.

Die Vorratskrüge von Debora, Kaleb, Achsa und Simeon - oder noch einmal: Wer besiedelte das Land?

Damit bleibt über das zweite Charakteristikum zu handeln, die neuartige Form der Vorratskrüge, die vor allem im zentralen Bergland zu Beginn der Eisenzeit auftaucht. Man nennt sie meist nach ihrem englischen Namen »collared rim jars«, was übersetzt etwa Kragenrandkrüge oder Rollkragenkrüge heißt und eines ihrer vorstechenden Merkmale bezeichnet. Der Hals ist am oberen Rand zu einer nach außen abgeknickten Wulst geformt, was an Rollkragenpullover erinnert. Ein zweites Merkmal der zweihenkligen großen Krüge ist eine Wulst zwischen Schulter und dem sehr kurzen Hals, die von der Entstehung in zwei Herstellungsphasen herrührt.

Wenn überhaupt, sind die Krüge nur einfach dekoriert: entweder durch Eindrücken eines einfach gestalteten Stempels in den noch feuchten Ton oder mit bildhaften Siegelabdrücken am verdickten Rand oder auf den Henkeln. Die dabei verwendeten Motive (Skorpion, Löwin, Gazelle u.ä.) beziehen sich auf das Gedeihen der Tiere und Pflanzen, was insgesamt ein für die frühe Eisenzeit wichtiges Thema auf Siegeldarstellungen ist. Durch die Siegelabdrücke werden die Krüge wahrscheinlich als Besitz einer bestimmten Familie markiert. Die etwa einen Meter hohen Krüge dienten überwiegend der Lagerung von Wein, Getreide und Öl, d.h. der häuslichen Vorratshaltung. Selten werden sie auch zum Transport der Güter genutzt worden sein, aber dafür sind sie gefüllt eigentlich zu schwer.

Auch die neuartigen Krüge sind also auf die gewandelte Orientierung der Gesellschaft von der Stadt- zur bäuerlichen Dorfkultur ausgerichtet. Wie die Vierraumhäuser sind sie zwar neu, aber nicht vom Himmel gefallen oder besser »aus der Wüste erschienen«. Die großen Vorratskrüge finden sich zwar nicht in der Spätbronzezeit, dafür aber in einer verwandten Form im palästinischen Bergland in der Mittelbronzezeit. Andere Vorratskrugformen der frühen Eisenzeit, die etwa im Norden in Galiläa auftauchen, haben ihre Vorläufer auch in der Spätbronzezeit. Wie der neue Haustyp lassen auch sie sich nicht unmittelbar mit einem ethnisch neuen Element, den von außen zugewanderten Israeliten, in Verbindung bringen, sondern müssen funktional als für das bäuerliche Leben geeignete Krugform erklärt werden.

Damit stellt sich noch einmal die Frage, wer denn die neuen Siedler gewesen sind. Zur Beantwortung dieser für die Anfänge Israels so wichtigen Frage sollen abschließend einige Grundzüge zusammengestellt werden, die zum Teil das zuvor Gesagte noch einmal zusammenfassen:

(1) Es gibt einen deutlichen Bruch zwischen der Spätbronzezeit und der Eisenzeit, der durch die Zerstörung der spätbronzezeitlichen Städte zwischen 1200 und 1150 v. Chr. markiert wird. Wenige der Städte wurden wieder aufgebaut, in anderen entstanden bescheidene dörfliche Nachfolgesiedlungen, wieder andere blieben in Ruinen liegen und wurden erst später oder überhaupt nicht

Typische eisenzeitliche Vorratskrüge, wegen der charakteristischen Halsform »collared-rimjars« genannt. Hier ein Beispiel aus Ekron / Tēl Miqnē.

mehr besiedelt. Es spricht insgesamt wenig dafür, daß die Städte von Israeliten zerstört wurden.
(2) Vor allem im mittelpalästinischen Bergland, im Negeb und in Galiläa entsteht eine Vielzahl neuer bäuerlicher Siedlungen, die Ackerbau und Viehzucht betreiben. Es gibt wenige Anzeichen dafür, daß unter den neuen Bewohnern auch nicht dauerhaft seßhafte Bevölkerungselemente, also Halbnomaden waren. Die mit den Siedlungen verbundenen Neuerungen, das Vierraumhaus und die besonderen Formen der Vorratskrüge sind nicht als Zeichen einer neuen, von außen zugewanderten Bevölkerung zu interpretieren. Dagegen sprechen nicht zuletzt die Kontinuitäten zwischen Spätbronze- und Eisenzeit, die sich etwa in der Keramik der frühen Eisenzeit manifestieren. Helga Weippert hat im Zusammenhang mit der Feststellung, daß politische und kulturelle Entwicklung nicht unbedingt gleichzügig verlaufen, den Satz geprägt: »Könige kommen, Könige gehen, aber die Kochtöpfe bleiben«. Die Keramik ist ein wichtiger Indikator für einen inneren Zusammenhang zwischen der Kultur der Spätbronze- und der Eisenzeit.
(3) In den frühen Siedlungen sind keine Anzeichen einer zentralen Verwaltung oder einer Zentralinstanz wie König oder lokal übergreifender Stammesführer erkennbar. Auch scheinen die Dorfbewohner keinen weitreichenden Handel getrieben zu haben, sondern die Dorfgemeinschaften entstanden aus für sich stehenden einzelnen Famlien. Diese in den Siedlungen erkennbare geringe Organisationsform ist mit dem Zusammenbruch der kanaanäischen Stadtstaatenkultur in Verbindung zu bringen und mit der einfachen bäuerlichen Ausrichtung der neuen Gesellschaft zu erklären. Obwohl es wichtig ist festzustellen, daß die Gesellschaft des frühen Israel eine Gesellschaft von weitestgehend Gleichberechtigten, eine sogenannte segmentäre Stämmegesellschaft gewesen ist, darf dieses Faktum weder mit einer ethnisch gleichförmigen und sich klar absetzenden Gruppe (Israeliten *versus* Kanaanäer) verbunden, noch dahingehend ausgewertet werden, daß diese segmentäre Gesellschaftsform von außen in das Land kam.
(4) In der Spätbronzezeit gab es in Kanaan nicht nur Städter, sondern auch z.T. nicht seßhafte Bevölkerungselemente, die Ackerbau und Viehzucht trieben und die Städte mit den Grundnahrungsmitteln versorgten. Diese bäuerlichen Gruppen, die in den Städten meist wenig geachtet waren, lebten in einer Art Symbiose mit den Städtern. Mit dem Zusammenbruch der Stadtkultur zerbrach auch diese enge Verbundenheit der nichtstädtischen Bevölkerung mit den Städtern. Zudem ist das Ende der Spätbronzezeit im gesamten Raum des vorderen Orients eine Umbruchzeit. Durch den Einbruch der Seevölker und die damit verbundene Schwächung des ägyptischen Machtbereiches sowie durch die Zerstörung vieler Städte im Norden Palästinas entstand vielerorts eine Not, alte Lebensformen aufzugeben und neue Existenzen zu gründen. Wahrscheinlich hat es auch eine größere Zahl von Flüchtlingen gegeben, die von den neuen Dörfern aufgenommen worden sind. Schließlich haben sich im Prozeß des Niedergangs der Stadtkultur benachteiligte Bevölkerungsgruppen von den Städten losgesagt, die zuvor nicht immer im Einklang mit der kanaanäischen Politik und Wirtschaftsweise standen. Für eine übergreifende Revolution dieser Bevölkerungsschichten gibt es allerdings keine Anzeichen.
(5) Last, but not least muß auch noch die Exodusgruppe als neues Bevölkerungselement bei der Entstehung der neuen Dorfkultur genannt werden. Sicher darf man sich diese Gruppe nicht zu groß vorstellen. Die in der Bibel angegebenen Zahlen (600.000 Mann mit Familie) sind ideale Zahlen und mit Sicherheit zu hoch gegriffen. Wie groß oder besser klein diese Gruppe tatsächlich gewesen ist, läßt sich bis heute nicht sagen. Sicher ist nur der bedeutende Einfluß und die enorme Wirkungsgeschichte dieser Gruppe, die den Gott Jahwe als ihren Befreiergott in das Land Kanaan mitbrachte.

Als Ergebnis dieser vielen Faktoren, die ein komplexes Geschehen bezeichnen, das ökonomische, soziologische, archäologische und historische Aspekte hat, läßt sich festhalten: Die neue Größe Israel, die die kanaanäische Stadtkultur um die Wende zum ersten Jahrtausend abgelöst hat, ist zu großen Teilen in Kanaan selbst entstanden. Begleitet von kriegerischen Auseinandersetzungen in einer unruhigen Zeit des Umbruchs war die Enstehung der neuen Dorfkultur im Inland ein friedlicher Prozeß. Diese Sicht der Anfänge Israels ist für unsere von der Bibel verwöhnten Augen ungewohnt, denn das derzeit von der Archäologie und Exegese gezeichnete Bild entspricht nur in wenigem dem, was die Bibel aus der Zeit der Landnahme und der Richterzeit erzählt. Aber diese Erzählungen wollen gar nicht - und damit kehren wir zum Ausgangspunkt zurück - als Geschichtsbuch gelesen und verstanden werden. *Die Bibel hat fraglos recht* - nur nicht als Geschichtsbuch, aber das will sie auch nicht sein, vielmehr als Lebens- und Glaubensbuch.

Die Gretchenfrage - Zu Religion und Kult der neuen Dorfkultur

Über Kult und Religion der frühen Eisenzeit wissen wir nicht besonders viel. Aus der Perspektive der Ausgrabungen und der darin zu Tage getretenen Bildkunst lassen sich nur Grundzüge erkennen. Wie der Kult tatsächlich aussah, läßt sich nicht mehr sagen. Sicher ist zunächst, daß die spätbronzezeitliche Tempeltheologie nicht weitergeführt worden ist. In den neu entstandenen Dörfern finden sich *keine* Tempelbauten und auch nur selten Kultplätze mit Altären oder anderen Kultinstallationen. Heiligtümer unter freiem Himmel lassen sich allerdings auch nur sehr schwer archäologisch nachweisen. Wahrscheinlich gab es Heiligtümer, die auch außerhalb der kleinen Dörfer lagen und die als Regionalheiligtum von mehreren Dörfern zusammen genutzt wurden. Ein Beispiel eines solchen Heiligtums hat man vielleicht 10 km östlich von *Tell Dōṯān* im samarischen Bergland gefunden. Dort fand sich ein durch Steinsetzungen abgegrenztes halbkreisförmiges Gelände, in dem neben anderen Kleinfunden eine Massebe, ein in kultischer Funktion aufgerichteter Stein, entdeckt wurde. In diesem möglicherweise als heiligen Bezirk zu interpretierenden Gelände fand sich eine etwa 17 cm lange und 12 cm hohe Stierfigurine aus Bronze, deren aus kostbarem Material eingelegte Augen leider nicht erhalten geblieben sind. Der Stier steht für Stärke, Vitalität und Fruchtbarkeit, eine Symbolik die gut zu dem bäuerlichen Milieu der Region und zum eisenzeitlichen Repertoire der Siegeldarstellungen paßt. Andere Exemplare von Stierdarstellungen in Ton wurden auf dem Ebal und in Schilo gefunden. Für welchen Gott der Stier als Symboltier oder Trägertier angesehen wurde, läßt sich nur ahnen. Am wahrscheinlichsten kommt ein Wettergott-Typ wie der kanaanäische Gott Baal oder der neu ins Land gekommene Jahwe in Frage. Neben dem Kult in offenen Heiligtümern gewinnt der Hauskult in der frühen Eisenzeit an Bedeutung. Das paßt gut zu der oben gemachten Feststellung, daß die einzelnen Großfamilien eine zwar in Sippe und Dorfgemeinschaft integrierte, aber doch wirtschaftlich und sozial mehr oder weniger für sich stehende Gemeinschaft bildeten. In Hazor fand man z.B. in einem Wohn-

Früheisenzeitliche Stierstatuette, Höhe 12 cm, aus der Gegend von Dōṯān.

1

2

3

4

Kultständer aus Palästina, die im Hauskult der Eisenzeit verwandt worden sind. Nr. 1 stammt aus Taanach, Nr. 2 aus Bet-Schean, Nr. 3 aus Megiddo und Nr. 4 aus Aschdod. Zum Teil stellen die Ständer – wie der aus Taanach oder der aus Bet-Schean – ein miniaturisiertes Heiligtum dar. Die verwandten Motive (Schlangen, Vögel oder Ziegen am Lebensbaum) der Kultständer, auf denen wahrscheinlich Opfergaben dargebracht wurden, verkörpern Lebenskraft und -freude und den Wunsch nach lebensfördernden Kräften. Viele der eisenzeitlichen Kultständer lassen über ihre Symbolik auf einen Göttinnenkult in Palästina schließen.

haus eine kleine bronzene Götterfigurine, die ebenfalls die spätbronzezeitlichen Götterdarstellungen fortsetzt und wohl demselben Göttertyp zuzuordnen ist wie die Stierstatuetten. Ein Charakteristikum der Hauskulte, die sich auch in der Königszeit durchhalten, sind die zum Teil aufwendig gestalteten Kultständer aus Ton, die in vielen Häusern vor allem des 10. Jh. gefunden worden sind. In der Symbolik dieser Ständer, die z.T. kleine Heiligtumsmodelle oder Schreinfassaden darstellen wollen, geht es vornehmlich um Fruchtbarkeit, Vitalität und den erwünschten lebenspendenden Segen der Gottheiten. Im dörflichen Kult der Eisenzeit sind offenbar nicht nur Götter wie Jahwe, Baal und El verehrt worden, sondern auch weibliche Gottheiten wie Anat oder Aschera. Wahrscheinlich kennen wir aber weder alle Namen der verehrten Gottheiten, noch können wir sagen, in welchem Umfang der eine oder die andere tatsächlich verehrt worden sind. Daß sich in der frühen Eisenzeit auch Einflüsse von außen Geltung verschaffen konnten oder weiterwirkten, zeigt die in Form eines Stuhls mit Lehne dargestellte Göttin aus Asdod, die von griechischen Darstellungen beeinflußt war und schon in der Bronzezeit in Palästina verbreitet war.

Mykenisch beeinflußte Sitzfigur aus Aschdod aus dem 12./11. Jh. Das philistäische Möbel repräsentiert wahrscheinlich eine Göttin.

3. Die Stadtkultur in Israel und Juda in der Königszeit

Christian Frevel

Als Israel gegen Ende des zweiten Jahrtausends in Palästina entstand, war die oben geschilderte Dorfkultur der entscheidende Faktor. Die kanaanäischen Städte waren entweder zerstört und wurden verlassen oder sie existierten in der frühen Eisenzeit zum Teil verändert wiederaufgebaut weiter. Einige der israelitischen Siedlungen entstanden, teils nach einer Siedlungspause, als bescheidene Dörfer auf den Ruinen der kanaanäischen Städte. Es blieb allerdings nicht bei der Dorfkultur im Bergland, vielmehr setzte ab dem 10. Jh. eine erneute Urbanisation, eine Verstädterung ein, die ihren Höhepunkt im 8. Jh. v. Chr. erreichen sollte. Neben den unmittelbar nach der Zerstörungswelle um 1150 v. Chr. wiederaufgebauten Städten wie Megiddo, Geser, Bet-Schemesch und *Tell Bēt Mirsim* entwickelten sich zwei Gruppen: Die erste entstand an Orten, an denen bereits spätbronzezeitliche Städte gestanden hatten, etwa in Dan, Hazor und Tirza/*Tell el-Fār'a* im Norden oder Lachisch im Süden. Die zweite Gruppe bilden Städte, die aus eisenzeitlich neugegründeten Dörfern erwachsen sind wie etwa Kinneret, Mizpa oder die Stadt auf dem *Tell es-Seba'*. Daß es zu einem Auf-, Aus- und Neubau von Städten ab dem 10. Jh. kam, läßt sich nicht mit einem einzigen Faktor beantworten. Zum einen ist ein gewisser Bevölkerungszuwachs nach dem kulturellen Umbruch zu verzeichnen, der nicht zuletzt auf das Konto eines wirtschaftlichen Überschußertrages der sippenbäuerlichen Dorfkultur zurückzuführen ist. Motor der Entwicklung war sicher die in der Errichtung einer Zentralgewalt im Königtum neu gewonnene Organisationsform der Landesbevölkerung unterschiedlichster Couleur. Diese hat sich mit einem Vorlauf unter Saul in Gibea unter David in Hebron und Jerusalem langsam herausgebildet, unter Salomo endgültig etabliert und erste Früchte getragen. Zwar hat die Vereinigung der Nord- und Südstämme nur bis zum Ende der Salomozeit mehr schlecht als recht funktioniert, doch die königliche Organisation des Reiches unter Salomo führte zu einem deutlichen wirtschaftlichen und politischen Aufschwung. Die Subsistenzwirtschaft der Anfänge Israels, wo nur das produziert wurde, was man zum Leben brauchte, wurde zunehmend durch eine Überschußproduktion abgelöst. Es entwickelte sich ein Markt für landwirtschaftliche und handwerkliche Güter. Das Königtum erhob Steuern und Abgaben, errichtete ein Beamtentum und schuf so die Voraussetzungen für einen Wiedereinstieg Palästinas in den internationalen Handelsverkehr der Levante. Dies bedeutete zugleich eine Internationalisierung der Politik, die sich etwa in den außenpolitisch motivierten Heiraten Salomos (1 Kön 11,1), dem legendären Besuch der Königin von Saba (1 Kön 10,1) oder den Handelsbeziehungen mit dem phönizischen Küstengebiet (1 Kön 7,13; 9,11-13) in den biblischen Berichten über Salomo niedergeschlagen hat. Von dem biblischen Glanz des salomonischen Königtums muß man aus historischer Perspektive wohl ein gutes Stück abziehen und darf sich das salomonische »Großreich« nicht als den wirklich Großen Ägypten, Assur oder Babylon vergleichbar vorstellen. Die staatliche Zentralgewalt hat sich nur langsam entwickelt und im Nordreich unter Omri (885-874), im Südreich etwa ein Jahrhundert später unter Asarja (767-739) vollständig als Staat im eigentlichen Sinne etabliert. Der im 10. Jh. erreichte politische »Selbststand« Palästinas zwischen den Großmächten führte jedoch zu einem wirtschaftlichen Aufschwung, der die Entstehung einer neuen Stadtkultur in Palästina sicher gefördert hat. Ein anderer Grund für diesen Prozeß war die notwendig gewordene Stabilisierung des sich etablierenden Königtums gegenüber anderen Mächten. Die Philister, ein Teil der Seevölker, die im 12. Jh. im südlichen Teil des Küstenstreifens und in der Schefela siedelten und die Herrschaft in den sog. fünf Philisterstädten Ekron, Aschdod, Aschkelon, Gat und Gaza übernahmen und ausbauten, wurden nach Auseinandersetzungen mit den südpalästinischen Stämmen auch zur Gefahr für den gerade auf der Bühne der Weltgeschichte aufgetretenen »Staat«. Aber auch Ägypten, das in der Mitte des 12. Jh. die Herrschaft über ganz Palästina aufgeben mußte, blieb weiterhin eine nicht nur potentielle Gefahr, wie der Feldzug des Pharao Schischak 924 v. Chr. eindrucksvoll unter Beweis stellte. Schließlich entstand im Umbruch von der Spätbronze- zur Eisenzeit nicht nur der Kleinstaat Israel/Juda, sondern Kleinstaaten um Israel herum erblickten zwischen dem 11. und 9. Jh. v. Chr. das Licht der levantinischen Welt. In dieser Konstellation war es mehr als ratsam, aus unbefestigten Großdörfern ummauerte Städte zu machen und auch neue Städte zur Verteidigung des neuen Staates anzulegen. Die im 10. Jh. vor allem im Suden entstehenden Festungsanlagen zeigen, daß die Notwendigkeit zur Landesverteidigung zu den Faktoren für den Urbanisationsprozeß zu rechnen ist.

Kopf eines besiegten Philisters mit charakteristischer Haartracht vom Totentempel Ramses III. in Medinet-Habu.

Das Entstehen der neuen Stadtkultur hat also vielschichtige Gründe. Zu den wichtigsten gehören die genannten ökonomischen, politischen und militärischen Aspekte.

Was macht eine Stadt zur Stadt?

Damit ein Großdorf als Stadt bezeichnet werden kann, gehört zumindest in der Eisenzeit eine Stadtmauer mit Toranlage dazu. Bei den Stadtmauern, deren durchschnittliche Breite ca. 5 m betrug, die aber auch bis zu 11 m breit angelegt sein konnten, gibt es im wesentlichen zwei nebeneinander stehende Bauweisen. Entweder wird die Stadtmauer als Kasemattenmauer angelegt, wobei zwei parallel laufende Mauern durch quer verlaufende Zwischenmauern in Kammern, sog. Kasematten, aufgeteilt werden, oder die Stadtmauer wird als massive Mauer gebaut, d.h. zwei aus Bruchsteinen oder aus behauenen Quadern parallel gebaute Mauern werden mit Füllmaterial aufgefüllt. Bei beiden Mauersystemen konnte die Stadtmauer mit Vor- und Rücksprüngen oder auch mit vorstehenden Türmen ausgestattet sein. Die besonders befestigten Toranlagen waren meist als Zangentore in das Stadtinnere hinein gebaut. Man unterscheidet je nach Anzahl der durch die Zangen gebildeten Kammern sog. Zwei-, Vier- und Sechskammertore. Teilweise waren den Stadttoren wie etwa in Megiddo Türme und im rechten Winkel versetzte Vortore vorgelagert. Der meist gepflasterte Durchgang wurde am äußeren Zangenpaar durch schwere Hartholztüren verschlossen. Vielfach dient der Torbereich auch zur Schmutz- und Regenwasserentsorgung, da das Stadttor am tiefsten Punkt der Stadt lag. Unter dem Straßenpflaster verliefen dann abgedeckte Kanäle, die die Abwässer aus der Stadt leiteten. Wozu die durch die Zangen gebildeten offenen Kammern, die zum Teil wie in Geser mit Bänken ausgestattet waren, genau dienten, ist unbekannt.

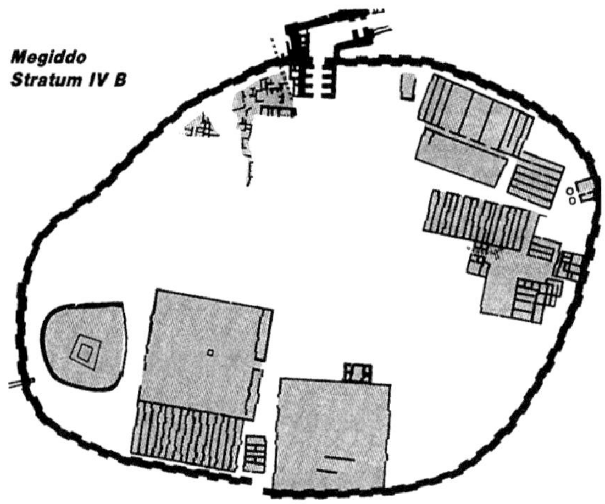

Megiddo im ausgehenden 10. und 9. Jh. Das Verwaltungszentrum wird dominiert von öffentlichen Gebäuden, langen Hallenbauten und dem großen Schacht zur Wasserversorgung. Wohnbebauung ist außer im Torbereich kaum nachgewiesen.

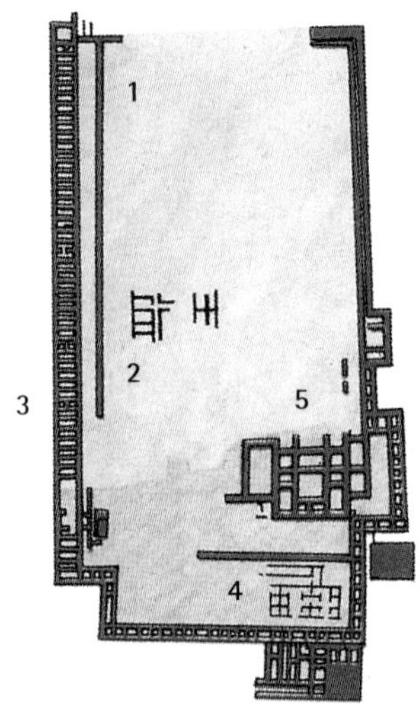

Die von Omri erbaute Stadt Samaria blieb die Hauptstadt Israels, bis sie 721 v. Chr. von den Assyrern zerstört wurde. Das altisraelitische Palastareal: 1 Die »Innere Mauer«, Reste der ersten Stadtmauer, 1,5m dick, von Omri erbaut mit Hilfe phönizischer Handwerker. Sie umschließt einen Bereich von 177,6 auf 88,6m, also 1,5 ha. 2 Das Gebäude, in dem man Elfenbeinschnitzereien in phönizischem Stil gefunden hat (vgl. 1 Kön 22,39). 3 Kasemattenmauern, 10 und 5m dick, erbaut von Ahab; sie umfassen ein vergrößertes Palastareal. 4 Ein Vorratshaus (18m zu 25m), Fundort von Ostraka (beschriebenen Tonscherben), die als »Lieferscheine« von Abgaben dienten. 5 Der Palast der Könige Israels, 24m zu 27m groß. Die Räume sind um einen Hof in der Mitte gruppiert.

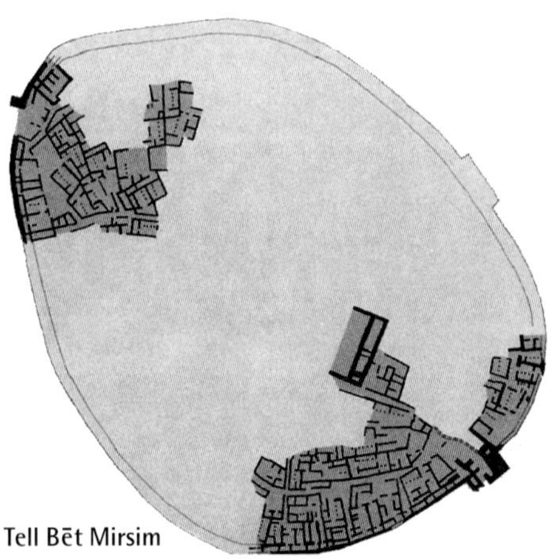

Tell Bēt Mirsim

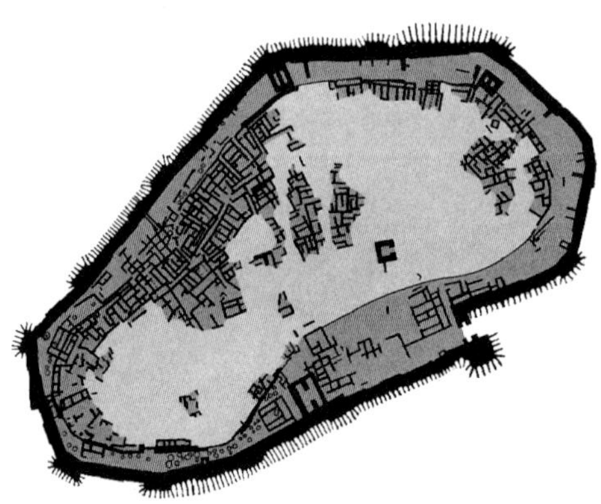

Tell en-Naṣbe

Die eisenzeitlichen Wohnstädte auf dem Tell Bēt Mirsim und dem Tell en-Naṣbe (Mizpa), einmal mit Kasemattenmauer, das andere mal mit massiver Stadtmauer. In Tell Bēt Mirsim bilden die Rückwände der dicht aneinander gebauten Wohnhäuser die innere Kasemattenmauer. Dies war auch in Mizpa im 10. Jh. der Fall, bevor die Stadt im 9./8. Jh von einem massiven Mauerring umgeben wurde. Die dicht gedrängte Wohnbebauung im Innern der Stadt zeigt keine planvolle Anlage, die Straßenbreiten variieren beträchtlich. Das Stadtbild wird geprägt durch die verschachtelten und ineinander gebauten Wohnanlagen, die Handwerkern und Händlern als Wohn- und Arbeitsstätte dienten.

Wahrscheinlich wurden sie als Aufenthaltsräume für die Wachen benutzt, vielleicht aber zugleich auch als städtische Treffpunkte, Handelsplätze oder Verhandlungsräume. Denn im Stadttor und auf dem im Stadtinneren gelegenen gepflasterten Torplatz pulsierte das Leben der Stadt. Hier versammelten sich die Stadtbewohner, hier wurde gehandelt, debattiert, lamentiert oder Klatsch und Tratsch weitergegeben. Im Schatten des Tores saßen tagsüber die älteren Stadtbewohner, beobachteten den regen Ein- und Ausgangsverkehr, diskutierten und erteilten gute Ratschläge. Das Tor war auch Ort des Stadtgerichtes, in dem die Verhandlungen öffentlich geführt werden konnten. Da es in der Regel keinen anderen öffentlichen Platz in der Stadt gab, war der Torbereich das Zentrum des öffentlichen Lebens altisraelitischer Städte. Sofern es sich nicht um reine Wohnstädte handelt, lagen um den Torbereich herum auch die ersten öffentlichen Gebäude, Hallen zur Vorratshaltung, Kasernen oder Verwaltungsgebäude. Die Zugangsstraße, die meist den Hügel hinauf parallel zur Stadtmauer verlief und dann rechtwinklig in den 2-4 m breiten Tordurchgang abknickte, führte über den Vorplatz in das Zentrum der Stadt, wo die Verwaltungsgebäude des Stadtverwalters und seiner Beamten lagen.

Nach Anzahl und Ausdehnung der öffentlichen Bebauung lassen sich unterschiedliche Stadttypen in der Königszeit unterscheiden. So nehmen etwa in Lachisch oder in Megiddo die öffentlichen Gebäude im 9./8. Jh. weit über die Hälfte der bebauten Stadtfläche ein. Die Wohnbebauung tritt hinter den Vorratshallen, Magazinen, Palästen und Kasernen stark zurück. Schon daraus wird ersichtlich, daß es sich um regionale Verwaltungszentren gehandelt haben muß. Die starke Befestigung dieser Zentren weist auf ihre hohe strategische und militärische Bedeutung zur Landesverteidigung hin. Ebenfalls mit der Zentralgewalt eng verbunden sind die Hauptstädte und Residenzen der Könige des Nord- und Südreiches. Saul residierte noch in seinem Heimatort Gibea und David zunächst im judäischen Bergland in Hebron. Erst mit der Eroberung Jerusalems wechselte er in die »Stadt Davids«, die von Salomo durch Tempel und Palast entscheidend ausgebaut und danach den Königen im Südreich bis zum Untergang Judas als Regierungssitz diente. Jerobeam, der erste König des Nordreiches residierte zunächst in Sichem, verlegte dann aber seinen Sitz nach Tirza/*Tell el-Fārʿa* Nord. Da sein königlicher Vorgänger, der Usurpator Simri, sich und den Palast in Tirza nach einer Woche Regierungsfreuden kurzerhand anzündete (1 Kön 16,15-18) und der zum König erhobene Feldherr Omri zu Beginn seiner Regierungszeit noch nicht den besten Stand hatte, zog er nach sechs Jahren nach Samaria um und erbaute dort einen repräsentativen Palast, den sein Sohn Ahab dank des wirtschaftlichen Aufschwungs noch erheblich erweitern konnte. Neben Samaria ist in der Bibel noch Jesreel als Residenz erwähnt, doch haben die Ausgrabungen auf dem *Tell Zerʿīn* bisher lediglich eine größere militärisch genutzte Anlage, jedoch keinen Palast freigelegt. Anders hingegen im Südreich, wo 6 km südlich von Jerusalem noch eine ummauerte königliche Palastanlage aus dem 7. Jh. gefunden wurde, die wiederum in der Bibel nicht erwähnt wird. Als eigentliche Hauptstädte können allerdings nur Jerusalem und Samaria gelten, wobei in beiden Fällen das Verhältnis von Wohnbebauung und öffentlichen und repräsentativen Gebäuden nicht eindeutig zu bestimmen ist. Andere befestigte Städte der Eisenzeit, etwa die Stadt auf dem *Tell es Sebaʿ* dienen als kleinere Regionalzentren, in denen es nur wenig öffentliche Bebauung gibt, die aber dennoch einen geordneten Stadtaufbau erkennen lassen. Schließlich gibt es nahezu reine Wohnstädte wie Mizpa/*Tell en-Naṣbe* oder *Tell Bēt Mirsim*, die durch ihre verwinkelten Straßen und Gassen sowie die ungeordnete dicht gedrängte Wohnbebauung charakterisiert sind.

Die Häuser in den eisenzeitlichen Städten unterschieden sich nicht wesentlich von den Häusern in den Dörfern und Gehöften: es waren in beiden die oben beschriebenen Drei- oder Vierraumhäuser. Auch hier ist der teils überdachte Hof der Hauptaufenthaltsraum, in dem sich das tägliche Leben abspielt. Mehrräumige Hausanlagen waren natürlich nicht wie in den Dörfern auf die Lebensweise von Kleinvieh- und Ackerbauern, sondern entsprechend auf die Bedürfnisse von Handwerkern und Händlern zugeschnitten. Die Wohnhäuser waren häufig zu Hausgruppen oder kleinen Wohninseln aneinandergebaut und selten gab es im 8. Jh. sogar Reihenhäuser. Man versuchte also, mit möglichst wenig Baumaterial möglichst viel Wohnraum zu umbauen. Die Fläche dieser Häuser variiert je nach Baugrund und Ausführung zwischen sehr kleinen Wohnhäusern mit ca. 50 m^2 bis hin zu größeren Häusern von Gewerbetreibenden mit über 100 m^2. Neben den Wohnhäusern der »einfachen Leute« gab es in den Städten natürlich auch aufwendiger gebaute Häuser. Diese sozialgeschichtlich nicht ganz passend als Patrizierhäuser oder Paläste bezeichneten mehrräumigen Wohnanlagen, die einen gewissen Wohlstand spiegeln, hatten meist stärkere Mauern und waren großzügiger angelegt. Betrachtet man die Entwicklung des Hausbaus in den Städten einmal in der Gesamtentwicklung vom 10. Jh. bis zum Ende des Staates Juda im 6. Jh. so läßt sich vorsichtig eine Aussage zur sozialen Entwicklung formulieren. Die soziale Schichtung in wohlhabendere und ärmere Bevölkerungsschichten nimmt ab dem 8. Jh. zu. Spiegelt die Stadtbebauung in den Wohnvierteln zu Beginn der Stadtentwicklung noch eine wenig ausdifferenzierte Gesellschaft, indem einfache, etwa gleich ausgestattete Häuser das Stadtbild prägen, so zeigen sich im 9./8. Jh. in einigen Städten deutliche Unterschiede. Jetzt gibt es zum Teil sehr ärmliche kleine Häuser neben großzügig und stabil gebauten Häusern von Wohlhabenderen.

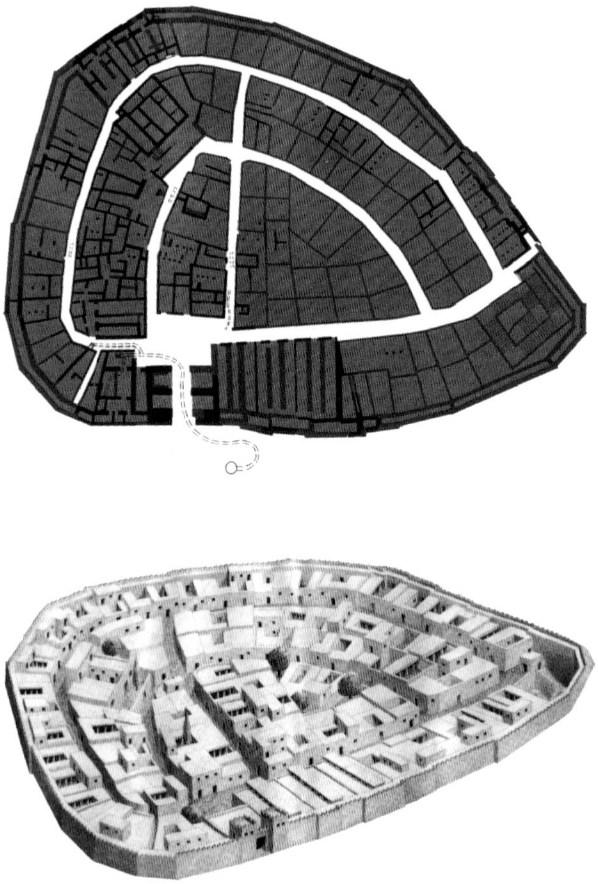

Die Stadt auf Tell es-Sebaʿ, 5 km östlich der heutigen Stadt Beerscheba. Die Identifikation der Stadt auf dem Ruinenhügel mit dem biblischen Beerscheba ist umstritten, als Alternative wird die Stadt Ziklag vorgeschlagen. Der Plan der Stadt des 8. Jh. v. Chr. und die moderne Rekonstruktionszeichnung zeigen einen geordneten Aufbau der ringförmig angelegten Stadt. Gut erkennbar sind Teile der Kasemattenbefestigung, der Torbereich mit dem offenen Vorplatz, von dem aus die »Hauptstraßen« abzweigen, und die großen Hallenbauten rechts vom Vierkammertor. In der Mitte des regionalen Zentrums finden sich noch wenige mehrräumige vielleicht öffentliche Gebäude.

Die stärkere Ausdifferenzierung der Gesellschaft in Arme und Reiche ist eine Folge der wirtschaftlichen Entwicklung. Vor der Errichtung des Königtums wurde in den Dörfern überwiegend für den Eigenbedarf produziert und im Tauschhandel, obwohl Geld durchaus im Umlauf war, mit Naturalien bezahlt. Nachdem die Etablierung einer staatlichen Zentralgewalt in der Errichtung des Königtums zunächst zu einem wirtschaftlichen Aufschwung in Palästina führte, der sich letztlich in einem zunehmenden Ausbau der Städte niederschlug, kam es im 9./8. Jh. mehr und

ge Grund für die stärker werdenden Unterschiede im Hausbau. Die Veränderung der politischen Großwetterlage war ein anderer Faktor, der zeitweise zur Verarmung von Bevölkerungsteilen führte. So waren etwa die Flüchtlinge, die nach dem Untergang des Nordreiches 722 v. Chr. in den Süden strömten, nicht in der Lage, sich gut ausgestattete Häuser zu bauen, sondern bildeten ärmlichere Wohnviertel in den Städten im Süden.

Betrachtet man die Stadtentwicklung in der Königszeit insgesamt, läßt sich ein Nord-Süd-Gefälle ausmachen. Das Nordreich, das unter den Omriden im 9. Jh. den entscheidenden Aufschwung erlebte, war in der wirtschaftlichen Entwicklung ... mehr zur Ausbildung einer Zweiklassengesellschaft. Der enorme Geldbedarf der Krone konnte nur noch mit Mühe durch Überschußproduktion, die in Steuern und Abgaben an die zentrale Verwaltung floß, gedeckt werden. Dienstleistungsbetriebe konnten diese Steuern anscheinend eher aufbringen und wie die Beamten, die von dem Abgabewesen profitierten, ihren Grund- und Kapitalbesitz vergrößern. Verlierer waren die Kleinbauern, die vom Sog ihrer Verschuldung zunehmend in Armut oder sogar Schuldsklaverei gezogen wurden. Es kommt zu krassen Ungerechtigkeiten und sozialer Kälte, die von den prophetischen Sozialkritikern des 8. Jh. in scharfer Form angegriffen wird. Diese wirtschaftliche Entwicklung war sicher ein wichtiger, aber nicht der einzi-

Die Ausbildung der Zweiklassengesellschaft führte im 8. Jh. zu einer Verrohung der Sitten, die die Reichen immer reicher und die Armen immer ärmer machte. Rechtsbeugung, Bestechung und Korruption sind an der Tagesordnung, wenige Großgrundbesitzer scheinen aus Habgier selbst über Leichen zu gehen. Der auffallende Luxus der Oberschicht ist durch Betrug und Unterdrückung der Kleinbauern erkauft. Die sozialkritischen Propheten, vor allem Amos, Jesaja und Micha klagen diese korrumpierte Oberschicht an, die religiös vorgeprägten Grundlagen der Gesellschaftsordnung über Bord geworfen zu haben:

»So spricht der Herr: Wegen der drei Verbrechen, die Israel beging, wegen der vier nehme ich es nicht zurück: Weil sie den Unschuldigen für Geld verkaufen und den Armen für ein Paar Sandalen, weil sie die Kleinen in den Staub treten und das Recht der Schwachen beugen.« (Am 2,6f)

»Weh denen, die das Recht in bitteren Wermut verwandeln und die Gerechtigkeit zu Boden schlagen. Bei Gericht hassen sie den, der zur Gerechtigkeit mahnt, und wer Wahres redet, den verabscheuen sie. Weil ihr von den Hilflosen Pachtgeld annehmt und ihr Getreide mit Steuern belegt, darum baut ihr Häuser aus behauenen Steinen - und wohnt nicht darin, legt ihr euch prächtige Weinberge an - und werdet den Wein nicht trinken.« (Am 5,7.10-11)

»Sie wollen Felder haben und reißen sie an sich, sie wollen Häuser haben und bringen sie in ihren Besitz. Sie wenden Gewalt an gegen den Mann und sein Haus, gegen den Besitzer und sein Eigentum.« (Mi 2,2)

»Weh euch, die ihr Haus an Haus reiht und Feld an Feld fügt, bis kein Platz mehr da ist und ihr allein im Land ansässig seid. Meine Ohren hören das Wort des Herrn der Heere: Wahrhaftig, alle eure Häuser sollen veröden. So groß und schön sie auch sind: Sie sollen unbewohnt sein.« (Jes 5,8f)

Als Ausdruck des zunehmenden Luxus der Oberschicht im 8. Jh. gelten die Elfenbeinarbeiten, die bei den Ausgrabungen des Palastes in Samaria gefunden worden sind. Hier die Darstellung einer Kampfszene zwischen Löwe und Kuh und zwei liegende Löwen. Die kunstvoll ausgeführten Elfenbeine wurden an Möbelstücken befestigt. Solche Möbel sind wohl gemeint, wenn der Prophet Amos den Luxus der Oberschicht anprangert: »Ihr liegt auf Betten aus Elfenbein und faulenzt auf euren Polstern. Zum Essen holt ihr euch Lämmer aus der Herde und Mastkälber aus dem Stall. Ihr grölt zum Klang der Harfe, ihr wollt Lieder erfinden wie David. Ihr trinkt Wein aus großen Humpen, ihr salbt euch mit dem feinsten Öl und sorgt euch nicht über den Untergang Josefs« (Am 6,4-6). Neben den Elfenbeinen an den Möbelstücken gab es andere, etwa die Darstellung einer Frau mit Diadem und Perlenkette aus Elfenbein, die in der Nähe von Hebron gefunden wurde.

wicklung dem »unterentwickelten« oder besser später entwickelten Süden immer etwas voraus. Dieser Entwicklungsvorsprung lag sicher nicht nur am politischen Geschick der Omriden, sondern auch an der geographischen Lage und besseren Infrastruktur des Nordreichgebietes. Schließlich scheint der zunehmende außenpolitische Druck der Aramäer und Assyrer zunächst stärker auf das Nordreich gewirkt zu haben, was den Ausbau von Städten zu Festungen nötig machte. Mit dem Ende der politischen Selbständigkeit des Nordreiches und der Eingliederung in das assyrische Großreich im ausgehenden 8. Jh. kehrt sich das Gefälle naturgemäß wieder um.

Im folgenden soll die Stadtentwicklung der Eisenzeit an drei Beispielen ausführlicher dargestellt werden. Herausgegriffen wurden je eine Stadt auf dem Gebiet des Nordreiches Israel und dem Südreich Juda und - wie könnte es anders sein - natürlich Jerusalem als Hauptstadt. Mit Lachisch und Megiddo werden zwei Verwaltungszentren von hoher militärischer Bedeutung vorgestellt, die jeweils eine sehr bewegte Geschichte in der Königszeit erlebt haben. Der Übergang von der spätbronzezeitlichen Stadtkultur in die erneute eisenzeitliche Stadtentwicklung gestaltet sich bei beiden Städten völlig unterschiedlich, so daß auch der oben in der Entwicklung der Dorfkultur geschilderte Prozeß des Übergangs zwischen der Bronze- und Eisenzeit noch einmal in einem anderen Licht erscheint. Die Stadtbiographie von Jerusalem zeigt die Wurzeln der Bedeutung dieser Stadt als heiligem Ort für drei Weltreligionen auf und macht deutlich, wie stark die Beschreibung der Hauptstadt des geeinten Reiches unter David und Salomo abhängig von den biblischen Informationen ist.

Lachisch - Verwaltungszentrum und Militärposten im Süden

In der Schefela, dem südlich von Jerusalem gelegenen Hügelland zwischen Küstenstreifen und judäischem Gebirge, liegt die Stadt Lachisch, verkehrstechnisch günstig etwa auf der Mitte der ost-westlich verlaufenden Verbindungsstraße zwischen der Küstenstadt Aschkelon an der *via maris* und dem verkehrstechnischen Knotenpunkt Hebron im judäischen Gebirge. Lachisch war im 2. Jahrtausend die größte Stadt im Süden und neben Hazor im Norden die bedeutendste spätbronzezeitliche Stadt Palästinas. Schon seit der Frühbronzezeit in Höhlen und einfachen Häusern besiedelt, wurde der *Tell ed-Dūwēr*, wie der arabische Name des heutigen Ruinenhügels lautet, in der Mittelbronzezeit im 18.-16. Jh. mit einem Erdwall und einem vorgelagerten Graben befestigt und zur Stadt ausgebaut. Auf den Ruinen dieser Stadt entstand die *unbefestigte* spätbronzezeitliche Stadt, die um 1150 v. Chr. zusammen mit anderen Städten wahrscheinlich durch die Seevölker zerstört wurde (s.o.), wenn auch die Bibel die Eroberung der Stadt den Israeliten zuschreibt. Danach blieb der Ruinenhügel mehr als 100 Jahre unbesiedelt, bis um die Jahrtausendwende wieder eine bescheidene dörfliche Siedlung neu entstand. Aber auch diese fiel wieder dem Lauf der Geschichte zum Opfer. Der mächtige ägyptische Pharao Schischak I. zog 924 v. Chr. nach Palästina (1 Kön 14,25) und machte viele Städte dem Erdboden gleich. Wahrscheinlich zerstörte er auch Lachisch, das danach von dem Nachfolger Salomos, Rehabeam (931-914 v. Chr.), zu einer befestigten Stadt ausgebaut wurde. Damit beginnt die

»Dann zog Josua mit ganz Israel von Libna weiter nach Lachisch, belagerte die Stadt und griff sie an. Und der Herr gab auch Lachisch in die Gewalt Israels. Josua nahm die Stadt am zweiten Tag ein. Er erschlug alles, was in ihr lebte, mit scharfem Schwert, genau so, wie er es mit Libna gemacht hatte.« (Jos 10,31-32)

»Rehabeam baute Städte in Juda zu Festungen aus. Er baute aus: Betlehem, Etam, Tekoa, Bet-Zur, Socho, Adullam, Gat, Marescha, Sif, Adorajim, Lachisch, Aseka, Zora, Ajalon und Hebron, die alle in Juda und Benjamin lagen, lauter Festungen. Er machte die Festungen stark, setzte Befehlshaber über sie ein und legte Vorräte an Nahrungsmitteln, Öl und Wein in ihnen an. In jede einzelne Stadt brachte er Schilde und Lanzen. So machte er sie sehr stark.« (2 Chr 11,5-12)

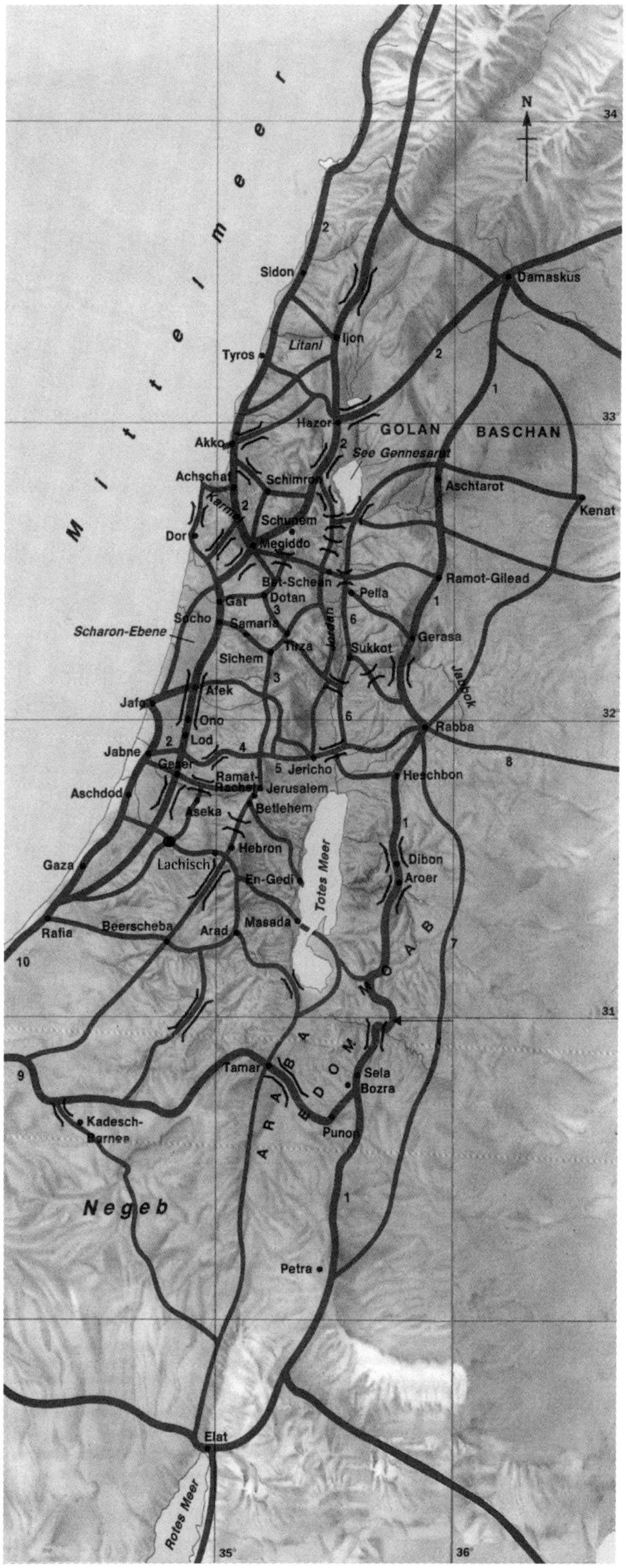

zweite Blütezeit der judäischen Stadt, die sich neben Jerusalem zum bedeutendsten Zentrum des Staates Juda in der Königszeit entwickeln sollte. Die gesamte Akropolis wurde mit einer starken Doppelmauer umgeben: Die erste untere Mauer mit Vor- und Rücksprüngen sowie kleineren Stützmauern verlief am Hang entlang und fungierte als Vormauer. Sie stützte ein Glacis, das als obere Hangbefestigung zwischen den beiden Mauern angelegt war. Die 6 m dicke Hauptmauer verlief an der Kante des großen künstlichen Hügels. Über massiven Steinfundamenten war sie aus Lehmziegeln gebaut und wahrscheinlich zumindest an den Ecken sowie im Torbereich durch Türme verstärkt. Der gepflasterte Aufweg zur Stadt lag an der Westseite und verlief zunächst am Abhang entlang. Bevor er zum Tor hin abknickte, versperrte eine Anlage mit zwei Türmen den Angreifern den direkten Weg zum Torbereich. Das Tor selbst war ein massives in die

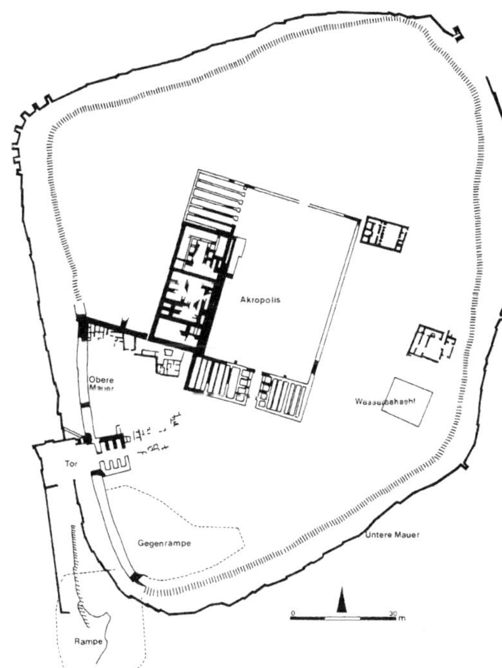

Stadtplan von Lachisch
(Tell ed-Duwēr), Stratum IV

Stadt hineingebautes Sechskammertor mit 25 x 25m Ausdehnung (das größte in Israel), dessen vier Eingänge durch schwere Türflügel aus hartem Akazienholz verschlossen werden konnten. Keine andere Stadt in Juda war so stark befestigt wie Lachisch: ein Schutzschild in der Schefela gegen Angreifer aus dem Süden. Nicht noch einmal sollte ein machthungriger Pharao mit seinen ägyptischen Truppen den Ort überrollen können. Daß es letztlich nicht Angreifer aus dem Süden, sondern die assyrische Großmacht war, die dieses Bollwerk am Ende des 8. Jh. zu Fall brachte, ahnten Rehabeam und seine Nachfolger nicht, als sie Lachisch zum Verwaltungs- und Militärzentrum des Südens ausbauten: In der Mitte des Tells errichteten sie in mehreren Bauphasen eine große ummauerte Palastfestung, die aus vier Teilen bestand: Palastanlage, Vorratsgebäude, Eingangsgebäude und großer Hof. Das Prunkstück war das zweigeteilte 75x30 m große Palastgebäude, das auf einem gemauerten Podium erbaut wurde. Das wahrscheinlich als Sitz des Provinzgouverneurs genutzte Wohngebäude war umschlossen von bis zu 3 m starken Mauern. Die vielen kleineren und größeren Räume, über deren genaue Nutzung sich keine Angaben mehr machen lassen, waren um einen bzw. zwei Höfe herum gruppiert. Der Palast war von der Ostseite von dem fußballfeldgroßen, gepflasterten Hof durch einen Treppenaufgang zugänglich. Im Norden schlossen sich sechs langgestreckte Hallen an, die, wie vergleichbare Gebäude in Hazor, Megiddo, Samaria, Arad, *Tell es-Seba*ʿ und anderen Städten, als Magazine zur Vorratshaltung genutzt wurden. An der Südseite befand sich der Eingang zu dem Palastkomplex. Hier bildete ein eigenes Sechskammertor das Zentrum, zu dessen beiden Seiten sich jeweils acht, durch schmale Mauern voneinander getrennte, langgezogene Räume fanden. Diese Räume dienten wahrscheinlich als Wohnräume für Soldaten und Bedienstete oder vielleicht auch als Ställe für die Pferde. Eine Kavallerie wird nämlich in Mi 1,13 für Lachisch vorausgesetzt und ist - nicht zuletzt aufgrund des großen Hofes - auch nicht unwahrscheinlich. Umgeben wurde die ganze Anlage durch eine starke Umfassungsmauer, die zugleich die Außenwand der Vorrats- und Wohngebäude bildete. Durch die zusätzlich zu der massiven Stadtmauer errichteten Außenmauer und den erhöhten Stand des Palastes war die Palastanlage wie eine Zitadelle bewährt und gut geschützt, wie der Fluchtversuch des Königs Amazja (796-767 v. Chr.) zeigt, wenn er auch letzten Endes ohne Erfolg blieb.

»Gegen ihn (den König Amazja) zettelte man in Jerusalem eine Verschwörung an. Er floh nach Lachisch; aber man sandte Verfolger hinter ihm her nach Lachisch, die ihn dort erschlugen« (2 Kön 14,19).

»Spannt die Pferde vor die Wagen,
ihr Einwohner von Lachisch!«
(Mi 1,13a)

Einziger Schwachpunkt der Festungsstadt war die Wasserversorgung, die nicht gänzlich innerhalb der Stadt lag, sondern durch einen 44 m tiefen Brunnen am nordöstlichen Ende des Tells zwischen der niedrigeren Außenmauer und der massiven Hauptmauer gewährleistet wurde. Im Falle einer Belagerung konnte der Stadt so relativ leicht »das Wasser abgedreht werden«. Möglicherweise hat man diesen Mangel im 8. Jh. zu beseitigen gesucht, indem man einen riesigen Schaft (25x22 m) in dem südöstlichen Viertel der Stadt auszuheben begann. Fertiggestellt wurde dieses Wassersystem, das - sofern der Schacht nicht doch anders gedeutet werden muß - mit anderen monumentalen Sicherungen der Wasserversorgung der Eisen II-Zeit in Megiddo, Hazor und Jerusalem vergleichbar ist, allerdings nicht.

Durch die Vorratshaltung in den langgestreckten Hallen wurde die Versorgung der Garnison bzw. die Versorgung der Stadt im Belagerungsfall gesichert. Die Güter stammten aus der königlichen Verwaltung, wie die großen Mengen an Königsstempeln aus dem 8. Jh. zeigen. Diese Stempel, die sich in vielen Ausgrabungen in Juda, vor allem in königlichen Verwaltungs- und Militärzentren gefunden haben, sind in den noch feuchten Ton der etwa 50 l fassenden vierhenkligen Vorratskrüge vor dem Brennen eingedrückt. Sie bestehen aus einem Bildsymbol, entweder einem vierflügligen Skarabäus (ein Käfer, der in Ägypten ein Sonnensymbol war) oder einer geflügelten Sonnenscheibe, der Aufschrift *lmlk*, was soviel wie »dem König gehörend« bedeutet und der Angabe eines von vier Orten, wahrscheinlich des Herkunftortes der Güter. Von den vier Städten Hebron, Sif, Socho und *mmšt*, in denen vielleicht königliche Weingüter lagen, ist der letztgenannte Ort bisher noch nicht identifiziert. Die übrigen liegen relativ nahe beieinander im südlichen judäischen Bergland. In Lachisch hat man über 400 dieser Königsstempel aus dem 8. Jh. ausgegraben, von denen etwa 3/4 als Herkunftsort Hebron nennen, das Lachisch auch von den vier Orten am nächsten liegt.

Wohnbebauung hat man bisher nicht in größerem Ausmaß in Lachisch freigelegt. Es ist allerdings anzunehmen, daß die Stadt auch außerhalb der zentralen Palastanlage mit Häusern bebaut war. Der Anteil der öffentlichen Gebäude überwiegt jedoch eindeutig: Lachisch war neben Jerusalem das bedeutendste staatliche Zentrum in Juda. Dies wird auch durch den weiteren Verlauf der Geschichte bestätigt. Nachdem ab 743 schon die assyrischen Großkönige Tiglat-Pileser III. und Salmanassar V. ihre Palästinapolitik militärisch forciert hatten, was letztlich 722 v. Chr. für das Nordreich und seine Hauptstadt Samaria das Aus bedeutete, kam es 701 v. Chr. zur Belagerung und Eroberung Lachischs. Hiskija, der König von Juda, hatte in einer scheinbaren Schwächephase des Regierungswechsels von Sargon II. auf Sanherib 705 v. Chr. dem assyrischen Großreich den Tribut verwehrt und sich um eine antiassyrische Koalition mit den philistäischen und phönizischen Küstenstädten bemüht. Zunächst scheint die Sache gut zu gehen, doch 701 v. Chr. beginnt Sanherib mit einer Strafexpedition, der die Küstenstädte keinen Widerstand leisten können. Andere umliegende Kleinstaaten ziehen es gleich vor, dem Assyrerkönig mit Tributgeschenken entgegenzugehen. Da sich Hiskija in Jerusalem weigert, dem Großkönig allzu

Ein typischer vierhenkliger Vorratskrug mit Schöpfgefäßen aus Timna/Tell Bataš. Der gestempelte Henkel stammt ebenfalls aus Timna und zeigt einen Königsstempel mit zweiflügeliger Sonnenscheibe. Unter dem Emblem steht deutlich zu lesen *mmšt*, das obere *lmlk* »für den König« ist nur in Ansätzen zu erkennen.

Auf diesem sechsseitigen Tonprisma rühmt sich der assyrische König Sanherib seiner Erfolge gegen Hiskija und Juda (vgl. auch 2 Kön 18,14-16:
»Hiskija von Juda jedoch, der sich nicht unter mein Joch gebeugt hatte, 46 mächtige ummauerte Städte sowie die zahllosen kleinen Städte ihrer Umgebung belagerte ich und eroberte ich durch das Anlegen von Belagerungsdämmen, Einsatz von Sturmwiddern, Infanteriekampf, Untergrabungen, Breschen und Sturmleitern. 200150 Leute, groß und klein, männlich und weiblich, Pferde, Maultiere, Esel, Kamele, Rinder und Kleinvieh ohne Zahl holte ich aus ihnen heraus und zählte sie als Beute. Ihn selbst schloß ich als gleich einem Käfigvogel in Jerusalem, seiner Residenz, ein. Schanzen warf ich gegen ihn auf, und das Hinausgehen aus seinem Stadttor verleidete ich ihm. Seine Städte, die ich geplündert hatte, trennte ich von seinem Lande ab und gab sie Mitini, dem König von Aschdod, Padi, dem König von Ekron, und Silbel, dem König von Gaza, und verkleinerte so sein Land. Zum früheren Tribut, ihrer jährlichen Gabe, fügte ich eine Abgabe als Geschenk für meine Herrschaft hinzu und legte ihnen diese auf. Jenen Hiskija warf die Furcht vor dem Schreckensglanz nieder.«

Darstellungen der Eroberung Lachischs auf den Reliefs im Palast Sanheribs in Ninive: Mauerbrecher (oben), Turmverteidiger (unten)

schnell klein bei zu geben, belagert dieser persönlich Lachisch. Er läßt eine 70 m breite Belagerungsrampe an der südwestlichen Ecke am Aufgang zum Tor anlegen, die bis an die äußere Mauer heranreicht. Die Bewohner von Lachisch versuchen mit einer 120 m langen Gegenrampe, die die innere Mauer um 3 m überragt und noch durch eine aufgesetzte Mauer die Stadtbefestigung zu stärken sucht, den Belagerungsmaschinen der Assyrer standzuhalten. Dies bleibt jedoch ohne Erfolg, wie die idealisierten Darstellungen der Eroberung Lachischs (als einzige Stadt Palästinas) auf den Palastreliefs in Ninive zeigen. Der Verteidigungswall bricht durch die Schleudersteine und Rammböcke und die Stadt wird niedergebrannt.

Eroberung Lachischs auf den Reliefs im Palast Sanheribs in Ninive: assyrische Kämpfer

Erst in der Regierungszeit Joschijas (641-609 v. Chr.) kam Lachisch wieder unter die Regierungsgewalt Judas, wurde in bescheidenerem Rahmen aufgebaut und befestigt. Dem Druck der Neubabylonier unter Nebukadnezzar sollte jedoch auch diese Stadt nicht standhalten: Sie fiel wie die Hauptstadt Jerusalem in den Jahren 587/86. In der Krisenzeit unmittelbar vor dem Untergang war Lachisch in ein Verteidigungssystem von Städten und Festungen in der Schefela eingebunden und stand anscheinend auch über eine Postenkette in direktem Kontakt mit Jerusalem. Davon zeugen die sog. Lachisch-Ostraka, beidseitig mit Tinte beschriebene Tonscherben, die bei Ausgrabungen in einem Wachraum im äußeren Tor gefunden wurden. Diese Briefe von außerhalb von Lachisch stationierten Posten an den Oberkommandierenden in Lachisch schildern die angespannte Situation kurz vor der Eroberung und Belagerung durch die Neubabylonier. Die Briefe wurden wohl von Boten regelmäßig überbracht, wie die Verweise auf »gestern abend« oder »morgen früh« zeigen.

Lachisch-Ostrakon Nr. 3

Der Außenposten handelt anscheinend nicht ganz im Sinne seines Vorgesetzten in Lachisch, der ihm darum vorgeworfen hat, nicht lesen zu können. In welcher Angelegenheit der Briefschreiber kritisiert wird, ist aus dem Brief nicht ersichtlich. Jedenfalls beteuert der Untergebene seine Kompetenz im Nachrichtenwesen. Anschließend gibt er eine Nachricht weiter, die vielleicht im Kontext eines Hilfegesuchs an Ägypten zu verstehen ist. Der General Konjahu wünscht für seine Mission eine Eskorte durch Hodujahu und die ihm unterstellten Männer. Abschließend gibt er den Inhalt eines Briefes wieder, der von einem Beamten des Königs durch einen nicht näher benannten Propheten überbracht worden ist. In diesem Schreiben wird Vorsicht angemahnt, vielleicht in außenpolitischen Angelegenheiten. Der Text des Briefes lautet:

Dein Diener Joschajahu sendet hiermit, meinem Herrn Ja'usch mitzuteilen: Möge JHWH hören lassen meinen Herrn eine Nachricht des Friedens und eine Mitteilung des Guten. Und jetzt: Möge doch das Auge deines Dieners für das Schreiben geöffnet werden, das du deinem Diener gestern abend gesandt hast. Denn das Herz deines Dieners ist krank seit du (diesen Brief) an deinen Diener gesandt hast. Und wenn mein Herr gesprochen hat: ›Du kannst keinen Brief lesen‹. So wahr JHWH lebt, niemals hat jemand versucht, mir einen Brief vorzulesen. Jeden Brief, der zu mir kommt, kann ich bis ins Detail wiederholen. Und: Deinem Diener wurde mitgeteilt: ›Der General Konjahu, Sohn des Elnatan, ist hinabgestiegen, um nach Ägypten hineinzugehen und nach Hodujahu, dem Sohn des Abijahu, und seinen Männer hat er geschickt, um (sie) von hier zu holen.‹ Und: Den Brief des Tobijahu, des Dieners des Königs, der zu Schallum, dem Sohn des Jaddu, durch den Propheten kam mit dem Inhalt: ›Sei vorsichtig‹, den sendet dein Diener hiermit an meinen Herrn.

Lachisch-Ostrakon Nr. 4

Der Schreiber dieses Briefes, wahrscheinlich ein anderer als der von Brief Nr.3, beteuert am Beginn des Schreibens, daß er ordentlich Buch führt, anscheinend über die Tagesbefehle und ähnliches. Danach verweist er darauf, daß ein anderer Posten, Bet Harrapid, an den er vielleicht eine Nachricht senden sollte oder auf dessen Signale er achten sollte, derzeit unbesetzt ist. In den gleichen Zusammenhang gehört wohl die Nachricht am Schluß des Briefes. Der Posten sieht zwar die Signale von Lachisch, nicht aber die von Aseka. Wahr-

Lachisch-Brief
Nr. 4
Vorderseite

Lachisch-Brief
Nr. 4
Rückseite

scheinlich handelt es sich um eine Postenkette, die Nachrichten über den Aufmarsch der Babylonier oder andere bedeutende Ereignisse innerhalb kürzester Zeit nach Jerusalem übermitteln konnte. Die genaue Postenkette ist leider nicht mehr exakt rekonstruierbar: Vielleicht liegt Bet Harrapid zwischen Aseka und dem Standort des Postens, möglicherweise ist es *Mārešal/Tell Sandaḥanna,* 6 km nordöstlich von Lachisch. Die Signale aus Lachisch wären sichtbar, die aus Aseka aber, wegen des unbesetzten Postens in Bet Harrapid, nicht:

Es möge JHWH meinen Herrn jetzt heute eine Nachricht des Guten hören lassen.
Und nun: Gemäß allem, was mein Herr gesandt hat, so hat dein Knecht getan: Ich habe auf das Blatt (aus Papyrus) geschrieben, entsprechend allem, was du mir gesandt hast.
Und wenn mein Herr gesandt hat wegen Bet Harrapid:
Dort ist niemand.
Und was Schemakjahu betrifft, Schemajahu hat ihn genommen und in die Stadt (Jerusalem) gebracht.
Und was deinen Knecht angeht: Ich kann den Zeugen heute nicht dorthin schicken, sondern erst morgen früh. Und er (mein Herr) soll wissen, daß wir auf die Signale von Lachisch achten entsprechend allen Zeichen, die mein Herr gibt. Denn wir können Aseka nicht sehen.

Megiddo - Stadt an der Kornkammer Israels

Die wie Lachisch schon »uralte« Stadt im Norden Israels liegt ebenfalls verkehrstechnisch sehr günstig. Die *via maris*, die wie ihr Name schon sagt, an der Meeresküste entlangläuft und die wichtigste Verbindung von Ägypten nach Syrien und Kleinasien bildet, stößt im Verlauf Richtung Norden am Ende der Scharon-Ebene auf ein natürliches Hindernis: den sich nach Südosten in das Land hineinschiebenden Gebirgszug des Karmel. Daher knickt die Hauptverkehrsader dort ins Landesinnere ab, überquert auf der Höhe von Megiddo die Ausläufer des Karmel und teilt sich dann in zwei Stränge: einen, der Richtung See Gennesaret nach Hazor verläuft, und den anderen, der an der Nordseite des Karmel entlangläuft und bei Akko die Küste wieder erreicht. Die beiden Straßen verbinden so wichtige Handelsmetropolen wie Damaskus, Sidon und Tyrus mit dem Süden. Ob Reisender, Händler, Handwerker oder König: Wer aus dem Norden über Phönizien nach Ägypten

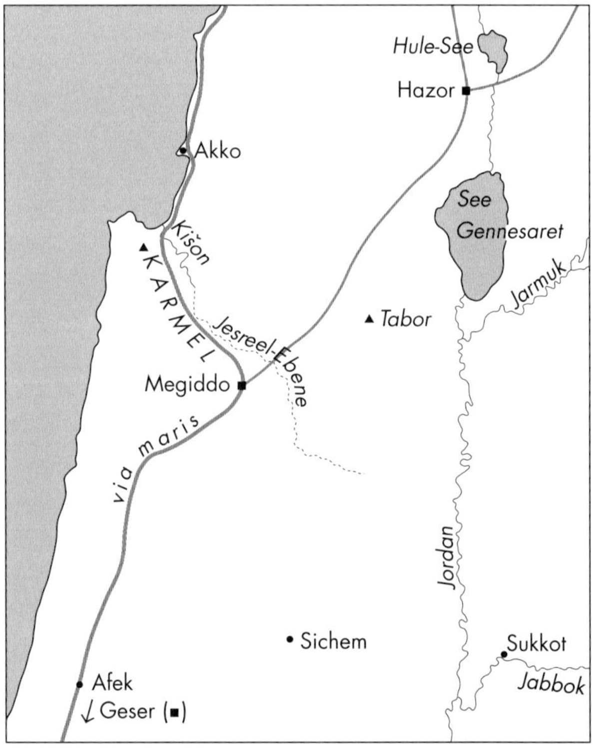

will, kommt an Megiddo vorbei. Die strategische Bedeutung der Stadt an diesem Kontrollpunkt ist entsprechend hoch, was das dauerhafte Interesse der Großmächte Ägyptens und Mesopotamiens an dieser Stadt erklärt. Hinzu kommt natürlich, daß sie zudem an einem klassischen Schlachtfeld Syrien/Palästinas, der Ebene Jesreel, liegt, wo der einflußreiche »Asienkenner« der 18. ägyptischen Dynastie, Pharao Thutmosis III. 1458 v. Chr. die Koalition der Kanaanäerkönige besiegte und auch König Joschija 609 v. Chr. den Tod in der Schlacht gegen Pharao Necho II. fand. Die Konnotation Megiddos mit großen Schlachten schwingt auch noch in der Apokalypse mit, wenn der große endzeitliche Kampf in Harmageddon (Berg Megiddo) stattfindet.

Die Zeiten der Machtwechsel in Großreichen sind immer bewegte Zeiten. Als Thutmosis III. in Ägypten seine Tante Hatschepsut 1458 v. Chr. als Pharao beerbte, glaubte eine Koalition syrischer Stadtstaaten unter Führung des Königs von Kadesch sich aus den Fesseln der ägyptischen Vorherrschaft lösen zu können. Thutmosis ließ nicht lange auf sich warten und brach zu einer Strafexpedition auf, über die ausführlich in einer Inschrift am Amun-Tempel im ägyptischen Karnak berichtet wird. Die Koalitionspartner versammelten sich in Megiddo und versuchten die Taktik des jungen Pharao zu erraten. Sie glaubten, er würde nicht den engen und damit gefährlichen Hauptweg nach Megiddo wählen, sondern eine von zwei Nebenstraßen, die sie folglich mit ihren Streitkräften blockierten. Thutmosis allerdings schlug die Vorschläge seiner Berater in den Wind und nahm den scheinbar unsicheren, aber letztlich überraschend erfolgreichen direkten Weg nach Megiddo. Zwar versuchten die Koalitionäre noch den Weg nach Megiddo zu blockieren, unterlagen jedoch rasch in der Schlacht am folgenden Morgen und suchten anschließend zum Teil Zuflucht in Megiddo, zum Teil aber auch das Weite. Thutmosis ermuntert daraufhin seine Streitmacht zur Belagerung mit den Worten: »Die Einnahme von Megiddo bedeutet eine Einnahme von tausend Städten. Nehmt euch fest zusammen!« Diesem Siegeswillen kann die Stadt zwar einige Monate, aber nicht dauerhaft standhalten. Sie kapituliert schließlich, und die ägyptischen Truppen transportieren alle tragbaren Werte ab. Die Beuteliste für Megiddo erwähnt besonders: »3409 Gefangene, 83 Hände, 2041 Pferde, 191 Fohlen, 6 Hengste ... 1 Streitwagen jenes Feindes mit Goldbelag, 1 schöner goldbelegter Streitwagen des Fürsten ... 892 Wagen seiner elenden Armee, 1 schöne Bronzerüstung des Feindes, 1 schöne Bronzerüstung des Fürsten von Megiddo, 200 Lederrüstungen seiner elenden Armee, 502 Bogen, 7 Pfosten Meru-Holz, silberbeschlagen aus dem Zelt jenes Feindes.«

Die vom Karmel im Südwesten, von den Ausläufern des untergaliläischen Gebirges im Norden und von den nördlichen Ausläufern des samarischen Berglandes, den Hügeln Gilboas, im Südosten eingeschlossene Ebene ist aber nicht nur Schlachtfeld, sondern vor allem die Kornkammer des Nordens. Daß sich unter dem noch heute bis zu 60 m aufragenden imposanten Schutthügel des *Tell el-Mutesellim* die Reste einer schon in der Bronzezeit prosperierenden Stadt verbergen, ist angesichts der genannten Rahmenbedingungen gut verständlich. In der ausgehenden Spätbronzezeit profitierte die Stadt von der *pax aegyptiaca*, dem in der Vorherrschaft der Ägypter gewährten Frieden. Durch die vielfältigen Außenkontakte florierte der Handel, man stand in politischem und wirtschaftlichem Kontakt mit den Nachbarstaaten. Vielleicht gab es sogar eine Schreiberschule für ein Tempel- und Stadtarchiv in Megiddo. Gegen Ende des 13. Jh. fiel die Stadt einer Zerstörung zum Opfer, wurde aber zunächst mit Palast und Tempel, wenn auch etwas bescheidener als vorher, wieder aufgebaut. Ramses III. versuchte, seine Macht in Palästina vor allem im Norden, etwa in *Tell Abū Hawām* am Karmel, in Bet-Schean am Jordan oder auch in Megiddo zu halten und unterstützte den Wiederaufbau. Doch um 1150 v. Chr. fiel auch Megiddo wie Lachisch und andere Städte einer zweiten Zerstörungswelle zum Opfer, die die Stadt dem Erdboden gleichmachte. Danach blieb Megiddo aber nicht wie Lachisch unbesiedelt, und es gab auch keine Neubesiedlung mit dörflichem Charakter wie in *Tell Bēt Mirsim* oder *Bethel*, sondern es wurde als Wohnstadt wieder aufgebaut. Palast und Tempel wurden nicht erneuert, und die Stadt blieb

»In seinen Tagen unternahm der Pharao Necho, der König von Ägypten, einen Kriegszug gegen den König von Assur an den Eufrat. König Joschija stellte sich ihm entgegen. Doch der Pharao tötete ihn bei Megiddo, sobald er ihn sah. Die Diener Joschijas hoben den Toten auf einen Wagen, brachten ihn von Megiddo weg nach Jerusalem und begruben ihn in seinem Grab.« (2 Kön 23,29f).

Der siegreiche Thutmosis III. in der traditionellen Darstellung als Triumphator über die Fremdländer, die er im Bündel bei den Haaren hält. Relief am Amun-Tempel in Karnak

unbefestigt. Einfache dünnwandige, geradezu ärmliche Häuser charakterisieren die Stadt. Da aber die Keramik wie auch die anderen Kleinfunde immer noch deutlich in kanaanäischer Tradition stehen, zudem eine bedeutende Menge sog. Philisterkeramik und schließlich auch ein oder mehrere Vierraumhäuser und die für die Dorfkultur charakteristischen Vorratsgruben gefunden wurden, kann man nicht einfach die Israeliten als Bewohner annehmen. Vielmehr handelt es sich um eine Mischbevölkerung aus alten Bewohnern von Megiddo, Einwanderern aus dem Westen und Bevölkerungselementen, die denjenigen in der gleichzeitigen Dorfkultur entsprechen. Nach kurzer Zeit, etwa 1100 v. Chr., nachdem die Wohnstadt zerstört worden war, erlebt sogar die alte kanaanäische Stadt eine Renaissance. Öffentliche Gebäude und ein Zweikammertor erinnern an die vergangene Stadt und auch die Kleinfunde lassen die spätbronzezeitliche Tradition, die jetzt mit philistäischen Elementen durchmischt erscheint, wieder aufleben. Erst um 1000 v. Chr. als diese Renaissance-Stadt durch eine sehr bescheidene, einfache und in nichts mehr an die Blütezeit erinnernde Stadt ersetzt wurde, war in Megiddo die Spätbronzezeit so richtig zu Ende. Der Übergang zwischen den beiden Epochen ist, was die unterschiedliche Entwicklung der beiden Städte Lachisch und Megiddo zeigt, kein totaler Bruch, der an ein absolutes Datum geknüpft wäre, sondern ein fließender Übergang. In Megiddo konnte die Stadtkultur teils schlecht, teils recht bis um die Jahrtausendwende überdauern.

Mit der eher als Dorf zu bezeichnenden bescheidenen Stadt im 10. Jh. beginnt die israelitische Geschichte Megiddos, die bis dahin, wie Jos 17,11f u. Ri 1,27 historisch wohl zutreffend berichten, nicht von dem Stamm Manasse in Besitz genommen werden konnten. Unter David war die königliche Zentralgewalt jedoch offensichtlich für einen strategischen Ausbau noch zu schwach. Erst unter Salomo und unter dem ersten Nordreichkönig Jerobeam wurde Megiddo zu einer befestigten Stadt ausgebaut. Welcher der beiden Könige das massive Sechskammertor errichtete, ist in der archäologischen Forschung nach wie vor umstritten. Viele Mauerstrukturen, die zu einer sicheren Deutung notwendig wären, sind durch die Flächengrabung der ersten Ausgrabungen auf dem Tell für immer verschwunden. Für die einen ist die biblische Nachricht leitend, daß Salomo sogar Fronarbeiter verdingte, um seine königlichen Baumaßnahmen in den drei Städten Hazor, Megiddo und Geser durchzuführen (1 Kön 9,15). Wenn es nun einerseits viele Parallelen zwischen den biblisch erwähnten Städten Hazor, Geser und Megiddo gibt und die Stadttore in Hazor und Geser nach wie vor für salomonisch gehalten werden, ist es doch wahrscheinlich, auch das Sechskammertor in Megiddo auf Salomos Bautätigkeit zurückzuführen. Andere hingegen plädieren dafür, sich vom biblischen Text zu lösen und rein archäologisch zu argumentieren: Der Palast des 10. Jh. und das Sechskammertor gehörten nicht in ein Stratum, in eine archäologische Schicht. Die Toranlage und mit ihr der entscheidende Ausbau der Stadt habe erst nach dem Feldzug des Pharaos Schischak 924 v. Chr. unter Jerobeam (931-910 v. Chr.) stattgefunden. An der Kontroverse zeigt sich, daß auch die Archäologie nicht nur *hard facts* bietet, mit dem ersten Spatenstich schon der sichere Händedruck mit der Vergangenheit beginnt, und die Welt der Bibel vor den Augen der Ausgräber Stück für Stück neu ersteht. Auch die Archäologie hat sich inzwischen zu einer hochspezialisierten Wissenschaft entwickelt, deren Daten unter Annahme bestimmter Hypothesen *interpretiert* werden müssen. Vielleicht wird der Streit um die Einordnung der Schichten durch die 1994 neu aufgenommenen Grabungen in Megiddo entschieden werden können. Ausgehend von der mehrheitlich unter Archäologen geteilten »biblischen« Lösung, läßt sich die salomonische Stadt beschreiben (zum Plan s.S.96 oben): Sie ist wie das Dorf des 10. Jh. zunächst einmal durch die Wohnbebauung charakterisiert. Die ringförmige Anlage der Häuser wurde beibehalten, so daß schon die rückwärtigen Außenmauern einen ersten Schutz boten. Zumindest im Bereich des nordwestlichen großen öffentlichen Gebäudes

	Außenmaße			Mauerstärke		Torkammern		Vorplatz	
	Breite	Tiefe	Breite des Torwegs	Außenmauer	Quermauer	Breite	Länge	Breite	Länge
Geser	16,96m	16,96m	4,08m	1.57m	1,57m	2,69m	4,46m	5,00m	3,00m
Hazor	18,18m	20,05m	4,16m	1.57m	1,57m	3,00m	4,46m	6,09m	4,46m
Megiddo	17,05m	20,01m	4,23m	1,46m	2,07m	2,74m	4,77m	6,05m	3,47m
Lachisch	24,48m	25,00m	5,18m	2,74m	2,18m	2,74m*	5,96m	5,96m	6,05m*
Aschdod	18,38m	20,78m	4,87m	1.67m	1,92m	3,29m*	5,00m	10,00m	3,67m

*Durchschnittsmaß

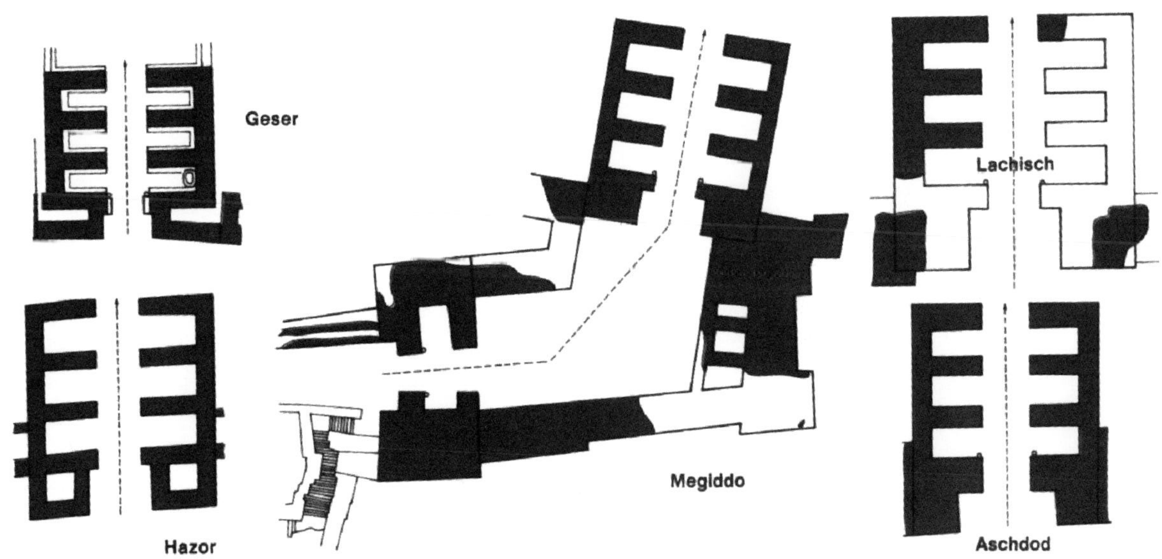

Die Stadttore von Geser, Hazor, Megiddo, Lachisch und Aschdod

Anschaulicher Ausdruck für die Blüte und die verschiedenen Einflüsse im spätbronzezeitlichen Megiddo sind die Elfenbeinarbeiten, die in einem Hortfund mit nahezu 400 Stücken bei den Ausgrabungen gefunden wurden.

Darstellung eines menschlichen Gesichts. Die Augen waren mit noch kostbarerem Material eingelegt

Ein als Entenkopf gestalteter Schalengriff

Elfenbeintafel. Diese von der phönizischen und ägyptischen Motivik beeinflußte szenische Darstellung zeigt einen Fürsten auf einem Kerubenthron in einer Siegesfeier. In der rechten Bildhälfte kehrt der Fürst siegreich vom Kampf zurück. Zwei gefesselte nackte Schasu-Nomaden gehen vor dem Wagen her.

scheint es aber auch eine Kasemattenmauer gegeben zu haben. Sie besteht aus zwei parallel laufenden Mauern, die durch Quermauern in Einzelräume, die sog. Kasematten eingeteilt wird. Da die spätere massive und tief fundamentierte Mauer dort zu stehen kommt, wo jetzt die Fortsetzung der Kasemattenmauer angenommen wird, bleibt die Rekonstruktion dieser Befestigungsmauer für die gesamte Stadt sehr hypothetisch. Der Charakter der Wohnstadt wird durch die der Toranlage gegenüber liegenden öffentlichen Gebäude durchbrochen. Das Stadtbild wurde durch den großen, nahezu quadratischen Palast geprägt, der aus behauenen Steinen errichtet war. Dem mehrräumigen Gebäude, das vielleicht als Sitz eines Statthalters und seiner Beamten genutzt wurde, ist ein ummauerter Hof vorgelagert. Der Eingang zu dieser Palastanlage erfolgte durch ein eigenes Vierkammertor am nördlichen Ende des Hofes. Trotz dieser öffentlichen Gebäude bleibt Megiddo in salomonischer Zeit eine Wohnstadt. Dieser Charakter wird durch den kontinuierlichen Ausbau von Jerobeam bis in die Omridenzeit nachhaltig verändert. Die Stadt wird mit einer massiven, vor- und rückspringenden Stadtmauer umgeben und das Stadttor durch ein abgeknickt vorgelagertes Zweikammertor verstärkt. Die Zahl der großen öffentlichen Gebäude nimmt enorm zu und dominiert die Stadt. Charakteristikum sind die südlichen und nordöstlichen Hallenbauten, die man gern als »Ställe Salomos« bezeichnet hat. Diese bestehen aus mehreren aneinandergebauten, dreischiffigen langen Hallen, die durch halbhohe Pfeilerreihen unterteilt werden. Besonders eindrucksvoll ist der südliche Bau, der in geometrischer Präzision entworfen ist. Der Gebäudekomplex mit fünf dreischiffigen Hallen ist genau halb so groß wie der ummauerte, quadratische, 55 x 55 m große Hof, dessen Mitte durch ein 2,3 x 2,3 m messendes, durch Lehmziegelmauern eingefaßtes Becken markiert wird. Über die Nutzung dieser Hallenbauten, die auch in Hazor, Samaria und Lachisch gefunden wurden, besteht nach wie vor keine Klarheit. Die Vorschläge reichen von Pferdeställen über Kasernen und Basarstraßen bis hin zu Vorratsmagazinen. Die traditionelle Bezeichnung als »Ställe Salomos« stützt sich auf die Bibel und auf einige Eigenarten der Hallen selbst. Zwischen den Pfeilern fanden sich z.T. trogartig vertiefte Steine, die vielleicht als Tränken dienten. Einige der Pfeiler waren zudem durchlöchert, so daß dort Tiere

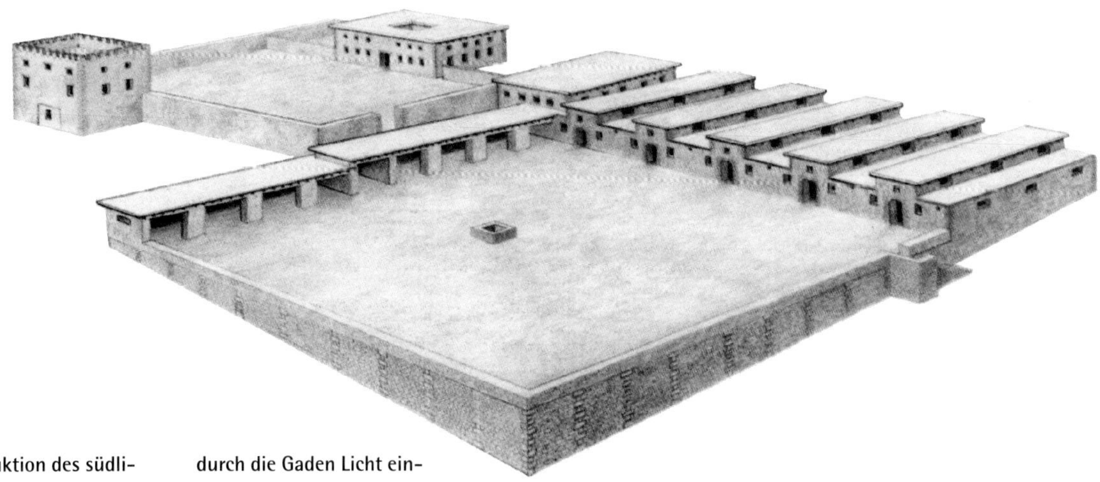

Rekonstruktion des südlichen Hallenkomplexes aus der Zeit der Omriden. Daß die Mittelschiffe erhöht und überdacht waren, damit durch die Gaden Licht einfallen konnte, ist hypothetisch. Genausogut denkbar ist, daß die Mittelschiffe nicht überdacht waren.

angebunden werden konnten. Das Becken in der Mitte des Südkomplexes in Megiddo diente nach dieser Ansicht als Tränke im Hof. Nach anderer Ansicht schließen die Keramikfunde die Tierhaltung aus. Zudem dürfe man die Kavallerie der israelischen Armee nicht zu groß einschätzen. Die biblischen Angaben zu Salomo (s. rechte Seite) seien nicht historisch, da die Gebäude erst im 9./8. Jh. errichtet wurden, und die Angabe in der sog. Monolith-Inschrift Salmanassars III. (858-824 v. Chr.), die von der Schlacht bei dem syrischen Qarqar berichtet und unter anderem den Sieg über den König Ahab angibt und diesem 2000 Streitwagen zuschreibt, sei in der typischen Großmeierei Assurs wohl übertrieben, denn die Schlacht habe Salmanassar ausnahmsweise - trotz seiner gegenteiligen Beteuerungen - nun einmal verloren. Die Hallen hätten daher nicht der Pferdehaltung gedient, sondern seien als Kasernen oder Basare genutzt worden. Die langgestreckte Form und auch die Eigenart, daß jeweils die Mittelschiffe nur mit gestampftem Lehmboden ausgestattet waren, spreche am ehesten für die Nutzung als Vorratsmagazine. Durch die Mitte seien die Güter mit Lasttieren an- und abtransportiert worden. Für Megiddo weise die Nähe zur fruchtbaren Jesreel-Ebene darauf hin, daß die benötigte Speicherkapazität enorm gewesen sei. Für die Vorratshaltung in den Hallen spräche nicht zuletzt, daß in den Bauten in Samaria Tontäfelchen mit Notizen zur Lagerhaltung gefunden worden seien. Keiner der Vorschläge ist so überzeugend, daß die anderen völlig unwahrscheinlich werden. Vielleicht darf man auch trotz der einheitlichen Bauweise nicht davon ausgehen, daß die Gebäude alle gleich genutzt wurden. Möglicherweise waren sie an einem Ort Ställe, an einem anderen Magazine.

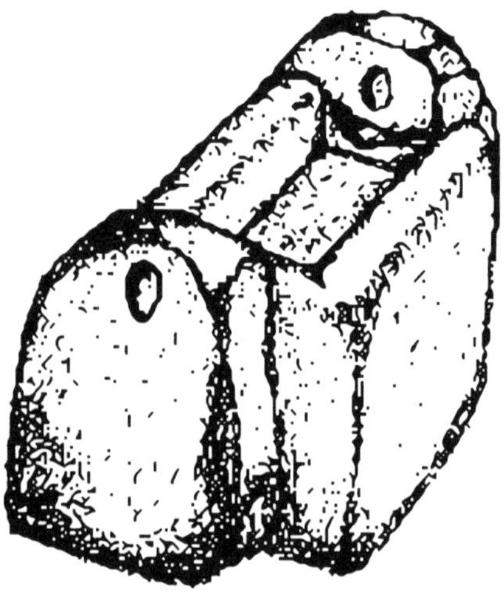

Einer der Trogsteine, die vereinzelt zwischen den Pfeilern in Megiddo gefunden wurden. An den Löchern, so eine These, seien die Pferde angebunden gewesen.

In der Nähe des südlichen Hallenkomplexes fand man den 11 m tiefen zylindrischen Schacht von 7 m Durchmesser, der mit Bruchsteinen an den Rändern ausgekleidet, aber wohl nicht verputzt war. An der Seite sieht man die Treppen, die den Zugang zur Sohle ermöglichten. Der Schacht, der vielleicht einmal durch ein Holzdach abgedeckt war, ist als Silo genutzt worden. Dazu hat man die verderbliche Lagerware in Vorratsbehälter gefüllt und mit Hilfe von hölzernen Zwischenböden gestapelt. Die Datierung dieses Silos hängt meist von der vertretenen These zu den Hallenbauten ab. Hält man die langgestreckten Pfeilerhäuser für Pferdeställe, so wird der Schacht gleichzeitig datiert und diente der Futterversorgung der Kavallerie. Versteht man die Hallen als Vorratsmagazine, so hat das Silo, dessen Parallelen eher in das 7. Jh. weisen, die Vorratshaltung in den Hallenbauten des 9./8. Jh. abgelöst.

»Salomo hatte viertausend Stallplätze für seine Wagenpferde und zwölftausend Mann als Besatzung für die Wagen. Jene Statthalter, jeder in seinem Monat, versorgten den König Salomo und alle, die zu seinem Tisch Zutritt hatten. Sie ließen es an nichts fehlen. Die Gerste und das Stroh für die Pferde und Zugtiere brachten sie jeweils an den Ort, für den jeder zuständig war« (1 Kön 5,6-8).

»Salomo beschaffte sich Wagen und Besatzung dazu. Er hatte vierzehnhundert Wagen und zwölftausend Mann als Besatzung und brachte sie in die Wagenstädte sowie in die Umgebung des Königs nach Jerusalem. Der König machte das Silber in Jerusalem so häufig wie die Steine und die Zedern so zahlreich wie die Maulbeerfeigenbäume in der Schefela. Man bezog die Pferde für Salomo aus Ägypten und Koë; die Händler des Königs kauften sie in Koë. Ein Wagen, der aus Ägypten kam, kostete sechshundert und ein Pferd hundertfünfzig Silberschekel. Ebenso trieb man Handel mit allen hetitischen und aramäischen Königen« (1 Kön 10,26-29).

Wassertunnel in Megiddo aus der Zeit König Ahabs (871-852 v. Chr.)

Daran, daß Megiddo im 9./8. Jh. eine bedeutende Stadt mit öffentlichem und damit königlichem Interesse gewesen ist, kann angesichts der Hallenbauten, des kleinen »Palastes« und vor allem der massiven Befestigung durch Stadtmauer und Tor kein Zweifel bestehen. Wie in Lachisch, Gibeon, Hazor und anderen Städten hat man den Schwachpunkt der Verteidigung, die außerstädtische Wasserversorgung an einer Quelle, durch einen in der Stadt gelegenen Zugang behoben. Schon in der Stadt des ausgehenden 10. Jh. hatte man eine unter der Stadtmauer verlaufende Galerie im Südwesten geschaffen, die am Abhang herab bis zur Wasserquelle führte. Dieser angreifbare Zugang wurde durch einen in der Stadt liegenden großen Schacht samt Tunnelsystem im 9.Jh. ersetzt und der ehemalige Zugang zur Quelle blockiert.

Bis in die zweite Hälfte des 8. Jh. bestand die Stadt Megiddo ohne große Veränderungen. Ihr letztes Stadtbild erhielt sie als assyrische Provinzhauptstadt, nachdem Tiglatpileser III. sie 734 v. Chr. in einem Feldzug vollständig zerstört hatte. Die neue planmäßig errichtete Stadt kehrt zu dem alten Charakter als Wohnstadt zurück. Gerade Straßen durchschneiden den Stadtverlauf und bilden kleine Wohninseln, in denen einfache Wohnkomplexe standen. Die wenigen öffentlichen Verwaltungsgebäude des von Assur eingesetzten

Das wohl bekannteste Siegel Israels, dessen Original aus Jaspis verloren ist. Das Siegel trägt die Aufschrift »Dem Šema', Diener Jerobeams gehörend«. Gemeint ist wahrscheinlich Jerobeam II. (782-747 v. Chr.), dessen Beamter Šema' gewesen ist. Der brüllende Löwe mit erhobenem Schwanz symbolisiert die Macht des Königs.

Statthalters der Provinz Magiddu, die im Bereich des auf zwei Kammern verkleinerten Tores angesiedelt sind, durchbrechen den ausschließlichen Wohncharakter der Stadt. Offensichtlich hat die Zerstörung anderer Städte und schließlich der politische Untergang des Nordreiches 722 v. Chr. zu einem Anstieg der Bevölkerungszahl geführt. Flüchtlinge suchten in der Provinzhauptstadt Schutz, die bis zur Schlacht des Königs Joschija gegen Necho II. 609 v. Chr. bestehen konnte und dann verfiel.

Ps 122, ein Preislied auf Jerusalem aus der Zeit des Zweiten Tempels zeigt beispielhaft, wie stark aufgeladen die heilige Stadt war, nicht nur für die Gegenwart der Beter, sondern auch für die ferne Zukunft, wenn in der Endzeit die Stämme (und alle Völker) zum Quellort des Heils pilgern:

Ein Wallfahrtslied Davids

Ich freute mich, als man mir sagte:
»Zum Haus des Herrn wollen wir pilgern.«
Schon stehen wir in deinen Toren,
Jerusalem:
Jerusalem, du starke Stadt,
dicht gebaut und fest gefügt.
Dorthin ziehen die Stämme hinauf,
die Stämme des Herrn,
wie es Israel geboten ist,
den Namen des Herrn zu preisen.
Denn dort stehen Throne bereit für
das Gericht,
die Throne des Hauses David.
Erbittet für Jerusalem Frieden!
Wer dich liebt, sei in dir geborgen.
Friede wohne in deinen Mauern,
in deinen Häusern Geborgenheit.
Wegen meiner Brüder und Freunde
will ich sagen: In dir sei Friede.
Wegen des Hauses des Herrn,
unseres Gottes,
will ich dir Glück erflehen.

Jerusalem – als Nabel der Welt die wohl bedeutendste Kleinstadt Palästinas

Aus historischer, politischer und religiöser Perspektive ist Jerusalem *die* heilige Stadt schlechthin, religiöses Zentrum der drei monotheistischen Weltreligionen und in seiner heutigen Bedeutung im Konflikt zwischen Israelis und Palästinensern als Hauptstadt ihres Landes und Volkes kaum zu unterschätzen. Aber auch aus biblischer Perspektive ist Jerusalem die Stadt, in der Tempel und Palast standen, *die* Königsstadt Israels schlechthin, die prunkvolle und mächtige Stadt, in der die Propheten aufgetreten sind, und auch der Ort, von dem das Heil in der Endzeit ausgehen wird. Der Tempelberg wird, obwohl nur ein bescheidener Hügel, im Jesajabuch zum höchsten aller Berge (Jes 2,2f), die Gihon-Quelle, die am Osthang des Tempelberges entspringt, wird in Ps 46,5 zum mythischen Strom, der die Gottesstadt erquickt. Keine andere Stadt der Bibel hat soviel an Traditionen an sich gebunden wie Jerusalem, das im Ezechielbuch, aber auch in mittelalterlichen Weltkarten, zum »Nabel der Welt« (Ez 38,12) wird. Anders als Lachisch und Megiddo ist Jerusalem eine Stadt, in der noch heute das Leben pulsiert, die Ströme von Pilgern und Unmengen an Touristen anzieht. Die Erwartungen an die Archäologie sind in dieser Stadt so hoch wie an keinem anderen Ort des Heiligen Landes. Natürlich bietet die Stadt ihren Besuchern unendlich viel ihrer fast 5000jährigen Geschichte an: Kirchen, Synagogen und Moscheen, monumentale Mauern, Gräber und Wasseranlagen und vieles andere mehr. Doch die meisten Denkmäler stammen aus der Zeit nach der Zeitenwende. Weder vom Ersten Tempel, der durch die Neubabylonier 587 v. Chr. in Schutt und Asche gelegt wurde, noch von dem Zweiten Tempel, der das Jahr 70 n. Chr. nicht überstanden hat, sind nennenswerte Reste erhalten geblieben, anhand derer man sich eine Vorstellung von Plan und Ausführung dieser Heiligtümer machen könnte. Die Westmauer des Tempelbezirks, die Klagemauer, erinnert nur in einigen Steinen an die massive Pracht der herodianischen Umfassungsmauer des Zweiten Tempels. Von dem im ersten Königsbuch ausführlich geschilderten großartigen Palast Salomos sind ebenfalls keine Spuren mehr zu finden. Über die Residenz der Könige Judas und das sicher bedeutendste Verwaltungszentrum des Landes weiß man nur sehr wenig aus archäologischen Grabungen, das meiste aus den biblischen Berichten. Daß dies so ist, hat mehrere Gründe: Die Stadt ist seit dem 3. Jahrtausend v. Chr. bis heute kontinuierlich besiedelt gewesen, vielfach zerstört und jeweils unter Verwendung der Überreste wieder aufgebaut worden. Dabei sind die ältesten architektonischen Überreste meist unwiederbringlich verlorengegangen. Der Tempelbezirk, auf dem Grabungen Reste des salomonischen Tempels und Palastes zum Vorschein bringen könnten, ist bis heute ein heiliger Bezirk, an dem archäologische Arbeit keinesfalls einfach, meist sogar unmöglich ist. So wur-

Karte von Heinrich Bünting (1545-1606): In dieser Karte des 16. Jh. ist Jerusalem der Mittelpunkt der alten Welt.

den und werden z.B. Erkenntnisse, die durch zum Teil neuangelegte, zum Teil existierende unterirdische Gänge gewonnen wurden, nach wie vor nicht öffentlich gemacht. Zu stark ist die Aura des heiligen Bezirks, als daß man das historische Interesse dem religiösen einfach überordnen könnte. Verständlicherweise hat die archäologische Forschung trotz dieser Schwierigkeiten seit den Anfängen ihr besonderes Augenmerk auf *die Stadt auf dem Berge* gerichtet. Zwar hat ihr Wunsch, die biblischen Orte und Plätze wiedererstehen zu lassen, manchesmal zu vorschnellen Identifizierungen geführt: Nach den biblischen Angaben wurden die Könige bis ins 8. Jh. in der Davidstadt begraben; der französische Ausgräber Raymond Weill suchte kurz vor dem 1. Weltkrieg diese Königsgräber und fand sie in Schachtgräbern, die aber wahrscheinlich erst aus späterer Zeit stammen; noch heute hält sich hartnäckig die Ansicht, daß das Davidsgrab eines dieser Gräber sei, da das traditionelle Grab auf dem Zionsberg mit Sicherheit eine spätere Tradition darstellt. Nichtsdestoweniger haben die Pioniere in der Mitte des 19. Jh., die nach den monumentalen Entdeckungen der Archäologie in Troja und Ägypten ihr Augenmerk auf Jerusalem richteten, zum Teil bis heute gültige Grundlagen geschaffen, da ihnen noch ein kleineres und nicht von Bebauung überzogenes Jerusalem entgegentrat. Aber auch die Grabungen, die mit großen Anstrengungen in Jerusalem bis in jüngste Zeit durchgeführt wurden, haben entscheidende Kenntnisse über die Geschichte der Stadt in der Königszeit gebracht.

Die geographische Lage Jerusalems ist, anders als bei Lachisch und Megiddo, denkbar schlecht. Umgeben von unwegsamen Hügeln und eingeschlossen von Tälern, im Osten das Kidrontal, im Westen das in römischer Zeit aufgeschüttete Zentral- oder Tyropoiontal und im Süden das Hinnomtal, liegt Jerusalem verkehrstechnisch ungünstig weit abseits der beiden Hauptverkehrswege, dem Königsweg im Ostjordanland und der *via maris* im Westen. Lediglich durch die Nord-Süd-Verbindung, die von Sichem über Jerusalem nach Hebron verläuft, ist die Stadt in das überregionale Wegenetz eingebunden. Daß die Bedeutung der Stadt angesichts dieser Lage bis ins 1. Jahrtausend hinein eher bescheiden ist, scheint unmittelbar einsichtig. Seit dem Beginn des 2. Jahrtausends existierte allerdings auf dem stark abschüssigen Südosthügel ein Stadtkönigtum in Jerusalem, das in den ägyptischen Ächtungstexten und in den Amarnabriefen erwähnt wird und in das umliegende Gehöfte und kleinere Dörfer eingegliedert waren. Der Name der Stadt, deren Bewohner Jebusiter genannt wurden, war Uru-Schalim, »Gründung des Gottes Schalim«, dem Gott der Abenddämmerung.

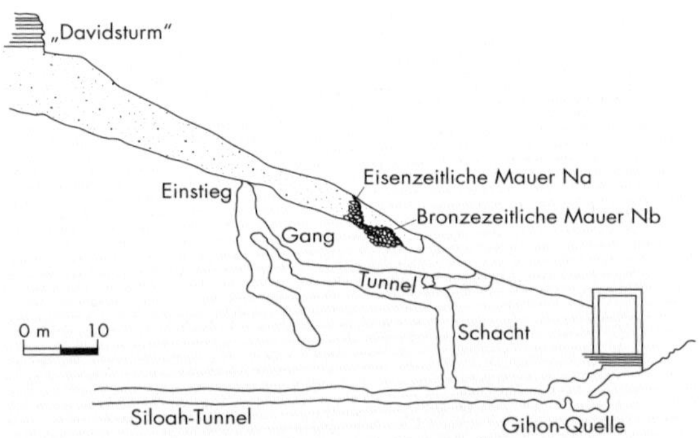

Die Schachtanlage besteht aus einem in hellenistisch-römischer Zeit überbauten Einstieg, einem 14 m steil abfallenden Gang, an den sich ein 29 m langer horizontaler Tunnel anschließt. Am Ende führt ein 13 m tiefer senkrechter Schacht auf die Sohle des Siloah-Tunnels. Die Verlängerung des horizontalen Tunnels, die außerhalb der Mauern ins Freie führte, war verbaut.

Ein alpiner Bergsteiger bei dem Versuch, den senkrechten Teil des Warren-Schachts hinaufzusteigen, was Erfahrenen durchaus auch ohne Hilfsmittel gelingen kann.

Die Eroberung Jerusalems nach dem Bericht in den Chronikbüchern:
»David zog mit ganz Israel nach Jerusalem, das ist Jebus. Dort saßen noch die Jebusiter, die damals im Land wohnten. Die Jebusiter aber sagten zu David: Du wirst nicht in die Stadt hereinkommen. Doch David eroberte die Burg Zion; sie wurde die Stadt Davids. Damals sagte David: Wer als erster die Jebusiter schlägt, soll Hauptmann und Anführer werden. Da stieg Joab, der Sohn der Zeruja, als erster hinauf und wurde Hauptmann. David ließ sich in der Burg nieder, und daher nannte man sie Davidstadt. Er baute an der Stadt ringsum vom Millo an und im Umkreis, während Joab die übrige Stadt wiederherstellte« (1 Chr 11,4-8).

Den biblischen Berichten zur Folge war Jerusalem bis zur Eroberung durch David eine jebusitische Enklave. Die beiden Erzählungen über die Einnahme Jerusalems sind in sich unterschiedlich und die Version aus den Samuelbüchern nahezu unverständlich, so daß man über die Einnahme der Stadt nur spekulieren kann. Seit der englische Leutnant Charles Warren (1840-1926) in der Mitte des 19. Jh. eine Schachtanlage entdeckte, die am Abhang des Südosthügels angelegt ist und bis zu der tiefgelegenen Gihon-Quelle reicht, deutete man das schwierige Wort *ṣinnôr*, was soviel wie »Rinne« heißt, auf diese Schachtanlage. Entweder habe David mit seiner privaten Söldnertruppe Jerusalem an der Verbindung zwischen Quellbecken und Schacht in einer Belagerung das Wasser abgesperrt, was eher dem Samuelbericht entspricht, oder Joab sei, dem Chronikbericht entsprechend, den Schacht hinaufgestiegen und so unbemerkt in die Stadt gelangt. Es erheben sich Bedenken, daß diese Deutungen das Rätsel um die Eroberung Jerusalems lösen können. In der Stadt wird man sich bewußt gewesen sein, daß die Schachtanlage eine Schwachstelle der Befestigung war und entsprechend wird man Wachen am Ende des senkrechten Schachtes aufgestellt haben. Diese hätte David wohl bestechen müssen, um unbemerkt Zugang zur Stadt zu erhalten. Auch bleibt unklar, ob die Schachtanlage schon zu der spätbronzezeitlichen Stadt gehörte, denn alle vergleichbaren Wassersysteme stammen aus dem 1. Jahrtausend, der Warren-Schacht wahrscheinlich als eines der frühesten aus dem 10./9. Jh. Möglicherweise stellt die Schachtanlage aber auch nur eine Erweiterung eines natürlichen Schachtes im Fels dar, der dann von David für einen Überraschungsangriff genutzt werden konnte.

Die Eroberung Jerusalems nach dem zweiten Samuelbuch. Die Übersetzung deutet den unverständlichen, hier in Klammern gesetzten Satz mit dem Wort ṣinnôr auf den Warren-Schaft:
»Der König zog mit seinen Männern nach Jerusalem gegen die Jebusiter, die in dieser Gegend wohnten. Die Jebusiter aber sagten zu David: Du kommst hier nicht herein; die Blinden und Lahmen werden dich vertreiben. Das sollte besagen: David wird hier nicht eindringen. Dennoch eroberte David die Burg Zion; sie wurde die Stadt Davids. David sagte an jenem Tag: [Jeder, der den Schacht erreicht, soll die Jebusiter erschlagen, auch die Lahmen und Blinden, die David in der Seele verhaßt sind.] Daher sagt man: Ein Blinder und ein Lahmer kommt nicht ins Haus. David ließ sich in der Burg nieder und nannte sie die Stadt Davids. Und David begann ringsum zu bauen, und zwar vom Millo an bis zur Burg« (2 Sam 5,6-9).

Daß David die Stadt aber tatsächlich erobert hat oder zumindest deren politische Führung übernommen hat, wird aus der häufigen Bezeichnung Jerusalems als »Stadt Davids« wahrscheinlich. David, der sich ja nur langsam an die Spitze des sich neu bildenden Staatswesens Israels emporgekämpft hatte, konnte durch die Integration der jebusitischen Oberschicht in seine Regierung die Stadt regierbar machen. Für die Nord- und Südstämme des Landes, die in der königlichen Führung Davids vereint werden sollten, war Jerusalem als Regierungssitz wahrscheinlich ein Kompromiß, der nicht auf den Widerstand der Stämme stieß. Daß David größere Baumaßnahmen in Jerusalem durchführte, ist eher unwahrscheinlich. Eher hat er die vorhandenen Gebäude, eine Festung und vielleicht auch einen Tempel umgebaut. Das davidische Jerusalem war relativ klein und weitestgehend auf den Südosthügel beschränkt (vgl. Karte S. 122). Erst unter Salomo begann der Ausbau Jerusalems zum repräsentativen Regierungssitz. Ausführlich berichtet die biblische Überlieferung in 1 Kön 5-7 vom Bau des Palastes und vor allem des Tempels. Zur Bautätigkeit Salomos gehörte auch die Erweiterung der Stadtmauern Jerusalems und der Ausbau des Millo, mit dem der König die Lücke in der Stadt Davids schloß (1 Kön 11,27). Zwar wird der Bau dieser Auffüllung, was Millo übersetzt bedeutet,

Gezeichnete Ansicht Jerusalems in salomonischer Zeit. Viele Details dieser Zeichnung stützen sich auf Ergebnisse der archäologischen Forschung, andere entstammen biblischen Angaben oder den Vorstellungen des Zeichners. (nach Herders großer Bibelatlas, S. 86/87).

schon David zugeschrieben, ist jedoch nach den archäologischen Ausgrabungen am Abhang des Südosthügels wahrscheinlicher für Salomo anzunehmen. Es handelt sich dabei um die Erneuerung der spätbronzezeitlichen Hangbefestigung, die am steilen Abhang als Sicherung gegen ein Abrutschen der Gebäude in das Kidrontal nötig war. Bei den Ausgrabungen am Südosthügel entdeckte man dieses stufenförmig mehr als 17 m den Hang hinablaufende Pflaster. Wahrscheinlich war an dieser Stelle das unterschiedliche Niveau zwischen der Davidstadt und dem nördlichen Ofel aufgrund der Ausdehnung der Stadt nach Norden ausgeglichen worden, so daß die Auffüllung, der Millo, abgestützt werden mußte.

Über Bauart und Standort der beiden großen repräsentativen Gebäude lassen sich nur Angaben aus den biblischen Berichten entnehmen. Für den Tempel liegen drei in Einzelangaben differierende Beschreibungen in 1 Kön 6; 2 Chr 3 und Ez 40-42 vor, was eine Rekonstruktion erschwert. Lediglich einige sichere Konstanten lassen sich nennen: Der Tempel Salomos knüpft in seinem Grundriß an spätbronzezeitliche Langraumtempel an, d.h. sein Eingang befindet sich an der Schmalseite eines rechteckigen Baus. Das Gebäude besteht aus drei Teilen: Einer offenen Vorhalle, der zwei Säulen vorgelagert sind und dann einem von Anbauten flankierten, unterteiltem Hauptraum. Der vordere Teil bildet die Haupthalle, von der das

Allerheiligste durch eine kubusförmige Holzverkleidung abgeteilt war. In diesem Allerheiligsten stand die Lade und darüber zwei übergroße Keruben, deren Flügel nach dem biblischen Text jeweils an den Wänden und in der Mitte aneinander anstießen. Die inneren Flügel bildeten so den leeren Thronsitz des Gottes JHWH. Die Seitenwande des Allerheiligsten waren mit Keruben ausgeschmückt und die holzvertäfelten Wände der Haupthalle mit Blüten- und Blumenschnitzwerk verziert. Auch die beiden bronzenen Säulen, Jachin und Boas, waren mit Blütenkapitellen geschmückt. Regenerative Symbolik - Palmetten, Lotusblüten und Granatäpfeldekorationen - schmückten die gesamte Ausstattung des Tempels. Auf dem Vorplatz vor dem Tempel standen der große Brandopferaltar und weitere Kultinstallationen wie das von Rindern getragene Urmeer oder die Kesselwagen. Der salomonische Tempel bestand bis zur Eroberung durch Nebukadnezzar 587 v. Chr. Beim Fall Jerusalems wurde die noch verbliebene kostbare Ausstattung als Beute abtransportiert, kehrte aber nach Angaben im Buch Esra noch einmal für den Bau des Zweiten Tempels zurück (Esr 5,14f). Von der prunkvollen Ausstattung blieb jedoch nichts erhalten, da auch der Zweite Tempel, dessen Bau nach dem Vorbild des salomonischen Tempels im Jahr 535 v. Chr. begonnen und 515 v. Chr. vollendet wurde, 70 n. Chr. so restlos zerstört wurde, daß bis heute nicht einmal seine genauen Ausmaße sicher zu benennen sind.

Insgesamt zeigt die biblische Beschreibung des salomonischen Tempels und seiner Ausstattung deutlich die Intention dieses Tempelbaus: Das Jerusalemer Heiligtum sollte zum Staatsheiligtum

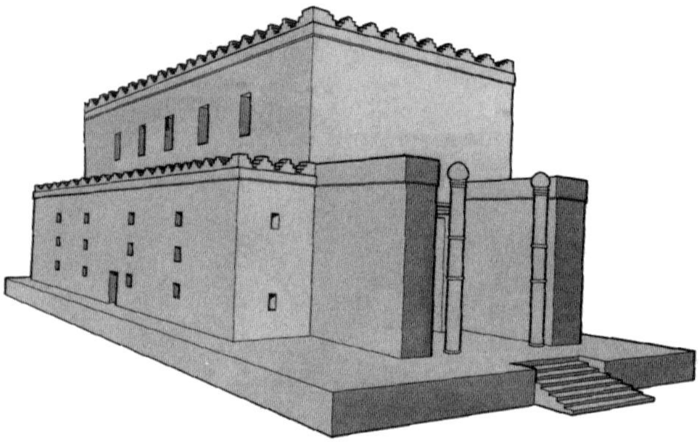

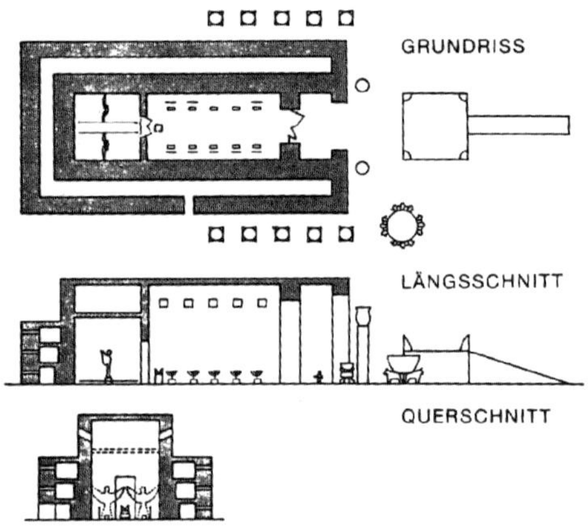

Eine moderne Rekonstruktionszeichnung des Salomotempels mit der Vorhalle und ihren beiden Säulen, dem »Haus«, das im Inneren Heiligtum und Allerheiligstes birgt, und den an das Haus in drei Stockwerken angelehnten Kammern.

mit regem Tempel- und Opferbetrieb avancieren und im Staatskult durch den Landesgott JHWH dem Land Fruchtbarkeit, Sicherheit und Wohlergehen bringen. Durch den Bau von Tempel und Palast wuchs Jerusalem zur repräsentativen Hauptstadt des Landes heran.

Keruben sind Mischwesen mit Menschenkopf, Löwenkörper und Flügeln mit Schutz- und Trägerfunktion. Die hier abgebildete Elfenbeinfigur stammt aus Arslan Tash (Syrien). Kerubendarstellungen gehörten nach Ausweis des biblischen Berichtes zu den wichtigsten Verzierungen der Innenausstattung des Tempels.

Auffallend ist gegenüber den übrigen größeren Städten wie etwa Megiddo, Hazor oder auch den etwas späteren Lachisch und Samaria das Fehlen weiterer öffentlicher Gebäude in Jerusalem, etwa von Verwaltungsgebäuden, Kasernen und größeren Vorratshäusern. Sicher mag das z.T. an der durch die besonderen Umstände schlecht dokumentierten Stadtentwicklung Jerusalems liegen, doch auch wenn man die biblischen Quellen hinzunimmt, wird das Bild nicht wesentlich verändert. Selbst wenn man einige solcher Gebäude noch hypothetisch auf dem Millo oder dem Ofel plaziert, wie es etwa die oben gegebene Rekonstruktionszeichnung tut, bleibt der Charakter Jerusalems als überwiegende Wohnstadt erhalten. Errechnet man hypothetisch anhand der wahrscheinlich bebauten Fläche die Einwohnerzahl, so kommt man auf etwa 1500 Personen. Damit war Jerusalem sicher nicht die bevölkerungsreichste Stadt Palästinas, was sich aber im Laufe der Jahrhunderte ändern sollte. Im Zuge der Reichsteilung nach dem Tode Salomos 926 v. Chr. setzte allerdings zunächst eine Phase der städtebaulichen Stagnation ein. Jerusalem blieb die Hauptstadt des kleineren und in der wirtschaftlichen Entwicklung immer hinter dem Nordreich etwas zurückstehenden Südreiches. Der bauliche Verfall wie die Auseinandersetzungen mit dem Bruderstaat im Norden und den Aramäern erforderten zwar mehrmals Reparaturen an den Mauersystemen und am Tempel, doch zu größeren Veränderungen im Stadtbild kam es dabei nicht. Entscheidend für die Ausdehnung Jerusalems wurde vielmehr die Zeit des zunehmenden assyrischen Drucks auf die syropalästinische Landbrücke im 8. und 7. Jh., der in dem Wunsch nach Sicherheit mehr und mehr zu einer Stadtflucht führte. Die nationale Katastrophe des Nordreiches, die in der Belagerung und Eroberung Samarias 722 v. Chr. ihren Höhepunkt fand, brachte einen Flüchtlingsstrom in das Südreich, der sich vor allem auf Jerusalem konzentrierte. Anzeichen dafür ist die deutliche Zunahme der Wohnbebauung am Südosthügel und die Erweiterung der Stadt nach Westen. So wurden beispielsweise auf dem gestuften Hangbefestigungspflaster am Millo am unteren Teil des Hanges Wohnhäuser errichtet. Durch die Terrassierung bedingt, liegen nicht alle Räume auf dem gleichen Niveau. Der Zugang zur höher gelegenen Stadt erfolgte durch Steintreppen. Die Häuser waren massiv gebaut und möglicherweise sogar mehrgeschossig. Das Schmutzwasser wurde durch abgedeckte Kanäle aus der Stadt ins Kidrontal abgeleitet, und die Häuser waren z.T. mit Toiletten ausgestattet. Der infrastrukturell eher schlechte Standort dieser Häuser am Ostabhang der Stadt einerseits und die gute Ausstattung der Häuser andererseits deuten auf den enormen Bedarf an Bauplätzen im Jerusalem des ausgehenden 8. Jh. hin. Dieser zeigt sich auch in der Ausdehnung der Stadt über das Zentraltal hinweg auf den Westhügel Jerusalems, wo wahrscheinlich überwiegend Flüchtlinge aus dem Norden eine neue Heimat suchten. Diese Erweiterung des Siedlungsgebietes befand sich zunächst außerhalb der Stadtmauern, da das ummauerte Gebiet immer noch der Ausdehnung des salomonischen Jerusalems entsprach. Erst unter Hiskija wurde, teilweise in Überbauung der früheren Wohnarchitektur, das Gebiet des *mišne* (»Zweitstadt«) genannten Geländes ummauert. Hiskija versuchte Jerusalem nicht nur durch die massive Ummauerung des neuen Stadtteils gegen den drohenden Ansturm der Assyrer zu befestigen, sondern erneuerte auch die Wasserversorgung durch einen 553 m langen, in den Felsen geschlagenen Tunnel, der das Wasser von der Gihon-Quelle in ein Becken, den Schiloach-Teich südwestlich der Davidstadt, leitete. Dies machte nicht nur die Wasserversorgung sicherer, sondern ermöglichte auch den Bewohnern der Zweitstadt einen bequemeren Zugang zum Quellwasser. All diese Maßnahmen führte Hiskija wahrscheinlich unmittelbar vor der Belagerung Jerusalems durch Sanherib 701 v. Chr. durch, um die Stadt für die assyrische Gefahr zu wappnen. Daß die Stadt dann tatsächlich der Belagerung standhalten konnte und Sanherib mit seinem Heer wieder abzog, hat das Selbstvertrauen der Jerusalemer enorm gestärkt. Die Stadt, in der JHWH im Tempel Wohnung genommen hatte, schien unter besonderem Schutz dieses Gottes zu stehen, uneinnehmbar für die Feinde und sicherer Wohnort für seine Bewohner

Granatapfel aus Elfenbein (4,3 cm aus dem Jerusalemer Antikenhandel, über die Inschrift ins ausgehende 8. Jh. zu datieren). Die Inschrift auf der Oberseite »Dem Tempel [JHW]hs zugehörig als Heiliges der Priester« läßt annehmen, daß das Stück in einem Tempelkult, vielleicht in Jerusalem verwandt wurde. Damit würde es sich um das einzige Relikt aus dem vorexilischen Tempel handeln. Der Granatapfel ist an der Unterseite durchbohrt. Wahrscheinlich handelt es sich um einen Aufsatz für ein kleines Zepter.

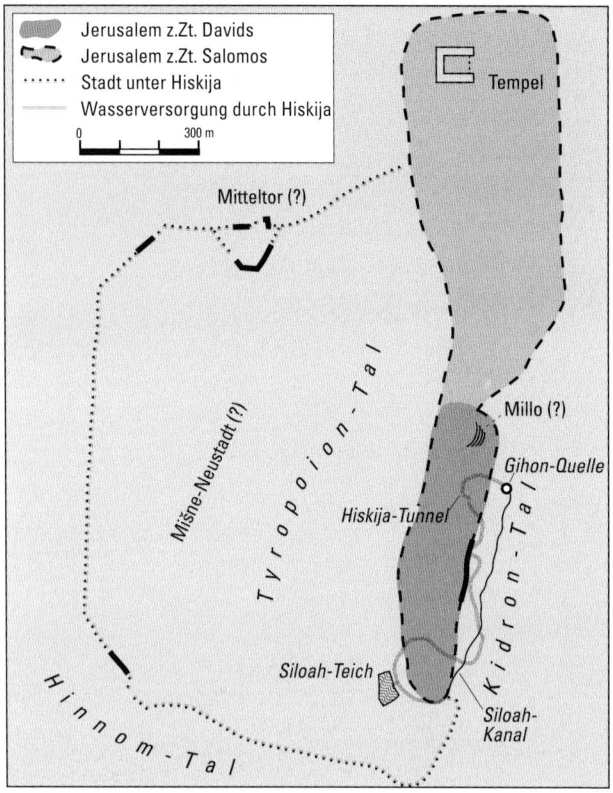

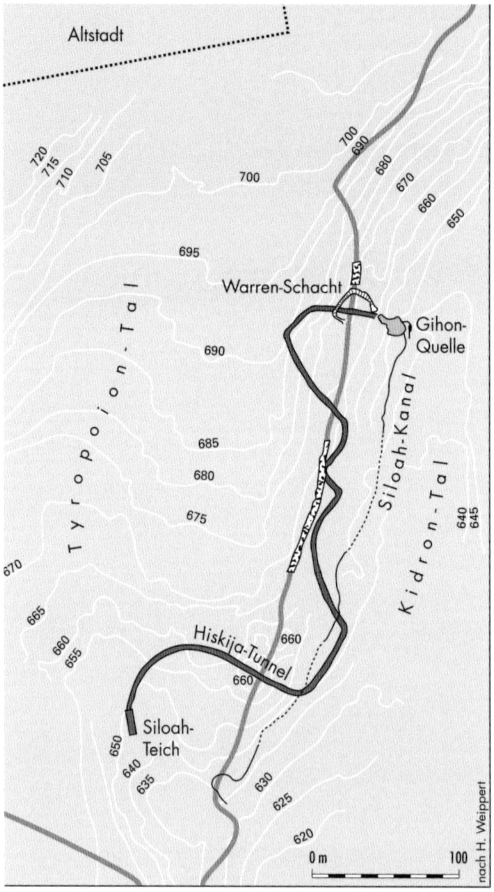

Ausdehnung Jerusalems im 8. Jh. Umstritten ist die Ausdehnung der Stadtgrenzen nach Westen und Süden, da in diesem Bereich archäologische Indizien für den Mauerverlauf fehlen. Die maximalistische Sicht, die heute meist vertreten wird, stützt sich u.a. auf das Argument, daß die mit dem Hiskijatunnel verbundenen Anstrengungen zur sicheren Wasserversorgung Jerusalems nur dann plausibel sind, wenn der Ausgang dieses Tunnels in das Mauersystem integriert wurde (vgl. Jes 22,11). Auch wurde die Ostmauer des salomonischen Jerusalem unter Hiskija verstärkt, was plausibel ist, wenn die südliche Umfassungsmauer abknickte und in die Ostmauer einmündete. Umstritten ist, ob Mauerreste am Südhang des Westhügels am späteren Essener-Tor zu der hiskijanischen Stadtmauer zu rechnen sind, was ebenfalls für die maximalistische Ausdehnung sprechen würde.

Die verschiedenen Systeme der Wasserversorgung Jerusalems sind komplex. Am Anfang stehen der Warren-Schacht (s. S. 116) und der sog. Siloah-Kanal. Dieser wahrscheinlich unter Salomo am Hang des Südosthügels entlang angelegte Kanal diente hauptsächlich zur Bewässerung der terrassierten Hänge und der südlich der Davidstadt gelegenen Königsgärten. Am beeindruckensten ist der 533 m lange Hiskijatunnel, der das Wasser von der Gihon-Quelle bis zu einem Auffangbecken südwestlich der Davidstadt leitete. Dieser Tunnel ermöglichte der nach Westen ausgedehnten Stadt eine leichtere Wasserversorgung. Möglicherweise reichte auch die Versorgung durch den sog. Warren-Schacht nicht mehr für die vergrößerte Stadt aus. Zudem machte der Hiskijatunnel die Wasserversorgung Jerusalems insgesamt sicherer. Der S-förmige Tunnel mit einem Gefälle von 6% stellt eine technische Meisterleistung dar. Die stark variierenden Höhen des Tunnels und die vielen Biegungen deuten darauf hin, daß natürliche Felsspalten den Verlauf des Tunnels mitbestimmen. Der Tunnel wurde, wie die Siloah-Inschrift (S.123) zeigt, von zwei Seiten aus vorangetrieben. Einige Blindgänge und Korrekturen vor allem in der Nähe des Treffpunkts zeigen, wie schwierig es gewesen ist, anhand von akustischen Signalen den korrekten Verlauf des Tunnels zu bestimmen.

zu sein. Im Buch Jesaja wird diese Zuversicht in einem Bild so ausgedrückt: »Wie ein Vogel mit ausgebreiteten Flügeln wird der Herr der Heere Jerusalem schützen, es beschirmen und befreien, verschonen und retten« (Jes 31,5). Diese Aura führte natürlich noch weitere Flüchtlinge aus dem Süden des Landes nach Jerusalem, obwohl die Stadt nur noch Hauptstadt eines kleinen Rumpfstaates auf dem Gebiet des Stammes Juda war. Aber es gab natürlich auch warnende Stimmen der Propheten, vor allem Jesajas, sich in der Außenpolitik nicht auf die Sicherheit Jerusalems zu verlassen. Letztendlich sollten diese kritischen Kräfte Recht bekommen, denn dem Ansturm Nebukadnezzars war Jerusalem 587 v. Chr. nicht mehr gewachsen. Tempel und Palast wurden niedergebrannt und die Stadtmauern geschleift, die Bewohner entweder deportiert, in die Flucht geschlagen oder umgebracht. Die Tempelzerstörung und das Ende des Staates Juda war eine nationale Katastrophe unvorstellbaren Ausmaßes, die sich in vielen Klagen im Ersten Testament niedergeschlagen hat. Um so bedeutender war der Wiederaufbau Jerusalems unter Esra und Nehemia, bei dem Jerusalem erneut etwa in den Grenzen des salomonischen Jerusalems befestigt und der Tempel wieder errichtet wurde.

Zurück aus dem Stadtarchiv von Lachisch, Megiddo und Jerusalem

Der Durchgang durch die Stadt-Biographien hat gezeigt, wie verschieden die Entwicklung der einzelnen Städte tatsächlich verlaufen ist und wie unterschiedlich diese Entwicklungen dokumentiert sind. Jeweils kommen wieder andere Quellen stärker zum Tragen, sei es nun die archäologisch dokumentierte Baugeschichte, die Ikonographie, die Inschriftenzeugnisse oder die Angaben in der Bibel. Würde man sich in der Rekonstruktion einer Entwicklungsgeschichte der Städte in der Eisenzeit nur auf eine der Quellen aus dem »Stadtarchiv« beschränken, würde man nicht weit kommen und wahrscheinlich wohl oft falsch liegen. Eine Kulturgeschichte Israels läßt sich nur im Zusammenspiel aller Quellen beschreiben und selbst dann sind die Unsicherheiten und Wissenslücken groß. Auch wenn sich Gemeinsamkeiten und Grundzüge der Stadtgeschichte in der Eisenzeit benennen lassen und auch Phasen der Entwicklung und Stagnation beschreiben lassen, hat doch jede Stadt ihr eigenes Gepräge und ihre eigene Geschichte. Auch darin schlägt die geographisch-politische Kleinräumigkeit und Vielgestaltigkeit des Landes durch: »Hinter jedem Berg liegt potentiell eine andere Welt« (E.A. Knauf). Es wäre daher gewiß spannend, die Biographien der Städte etwa für Dan, Hazor, Samaria, Tirza, Mizpa und Beerscheba oder auch die fünf Philisterstädte (Aschdod, Aschkelon, Gaza, Ekron und Gat) in der Küstenebene oder für die Hauptstädte der ostjordanischen Nachbarn Israels (Rabbat-Ammon für Ammon, Dibon für Moab und Bozra für Edom) weiterzuführen, denn immer wieder würden neue gleiche Entwicklungen, aber auch neue Aspekte der Stadtentwicklung aufscheinen. Vielleicht aber können die drei hier vorgestellten Städte zu weiteren Besuchen in anderen »Stadtarchiven« einladen.

Diese Inschrift wurde 1880 von einem Schüler 6 m vor dem Ausgang des Hiskijatunnels gefunden. Der Text der Siloah-Inschrift lautet:
»Das war der Tunneldurchbruch und dies waren die Umstände des Tunneldurchbruchs: Als die Steinhauer noch die Hacke schwangen, ein jeder seinem Kollegen entgegen und als noch drei Ellen zu durchschlagen waren, da wurde die Stimme eines jeden, der zu seinem Kollegen rief, gehört, denn es war ein Spalt im Fels von Süden nach Norden. Und am Tag des Tunneldurchbruchs schlugen die Steinhauer, ein jeder seinem Kollegen entgegen, Hacke gegen Hacke, und dann flossen die Wasser von der Quelle zum Teich auf eine Länge von 1200 Ellen. Und 100 Ellen war die Höhe des Felsens über dem Kopf der Steinhauer.«

Dritter Teil

Das Alte Testament - ein Lebens- und Lesebuch

1. Entstehung und Aufbau des Alten Testaments

Erich Zenger

Eine tausendjährige Entstehungsgeschichte

Das Alte Testament ist der erste Teil der christlichen Bibel. In der Tradition der reformatorischen Kirchen ist das Alte Testament, was die Anzahl der Bücher betrifft, identisch mit der Jüdischen Bibel; freilich ist die Anordnung anders. In der katholischen und orthodoxen Kirche ist das Alte Testament umfangreicher und hat noch sieben weitere Bücher, die im Judentum nicht zur Bibel gehören. Die Entstehungsgeschichte der Bücher, die in der Jüdischen Bibel bzw. im christlichen (katholischen) Alten Testament zusammengestellt sind, umspannt gut ein Jahrtausend.[1]

Das jüngste Buch des (christlichen) Alten Testaments, das Buch der Weisheit Salomos, ist um 30 v. Chr. entstanden. Die jüngsten Bücher der Jüdischen Bibel (Danielbuch, Chronikbücher) wurden um 150 v. Chr. vollendet. Die Festlegung von Umfang und Aufbau der *Jüdischen Bibel* war im wesentlichen ebenfalls um 150 v. Chr. abgeschlossen. Es gab danach noch Dis-

Nach der biblischen Überlieferung beendete das zweifach festgehaltene Kyrus-Edikt (Esr 1,2–3 = 2 Chr 36,23) die Epoche des Babylonischen Exils. Der Text bildet den programmatischen Schluß der Jüdischen Bibel: »Im ersten Jahr des Kyrus, des Königs von Persien, sollte sich das Wort JHWHs, das er durch den Mund des Propheten Jeremia geredet hatte, erfüllen. JHWH erweckte den Geist des Kyrus, des Königs von Persien, und Kyrus ließ in seinem ganzen Königreich mündlich und schriftlich verkünden: So hat gesprochen Kyrus, der König von Persien: Alle Reiche der Erde hat mir gegeben JHWH, der Gott des Himmels. Und er hat mich beauftragt, ihm in Jerusalem ein Haus [= einen Tempel] zu bauen. Wer unter euch zu seinem Volk gehört, JHWH, sein Gott, wird mit ihm sein, und er ziehe hinauf.« Unsere Abb. aus der Gumpertsbibel (um 1200, benannt nach dem Gumpertuskloster in Ansbach) zeigt links Kyrus auf seinem Thron bei der Verkündung seines Edikts und rechts den Beginn des Wiederaufbaus der Mauern Jerusalems, der nach Neh 4 von feindlichen Nachbarn (gentes=Völker) gestört wurde

kussionen über die Zugehörigkeit einzelner Bücher zum Kanon. Aber auch diese Diskussion ist um 100 n. Chr. praktisch beendet.[2] Die Festlegung des Umfangs des *christlichen Alten Testaments* dauerte länger; einerseits behielt die junge Kirche den jüdischen Kanon bei, andererseits nahm sie in ihr Altes Testament noch andere jüdische Bücher auf, die vom Judentum nicht kanonisiert worden waren.

Die Anfänge der Überlieferungsbildung liegen für uns im Dunkel. Sie werden als mündliche Überlieferung (Stammes-, Helden-, Heiligtums- und Ortssagen bzw. Sprüche und Sätze des Sippenethos) mit den Anfängen des biblischen Israel um 1200 v. Chr. begonnen haben. Erste literarische Fixierungen, die eine gewisse Schriftkultur voraussetzen, sind mit der Entstehung des davidisch-salomonischen Königreichs (ab 1000 v. Chr.) durchaus vorstellbar, wenngleich wir darüber kaum wissenschaftliche Aussagen machen können.

Um 400 v. Chr. ist die Entstehung der Tora/des Pentateuch im wesentlichen abgeschlossen: Die Promulgation der Tora in Jerusalem und ihre Anerkennung durch die persische Reichsregierung ist mit dem Rechtsgelehrten Esra verbunden: »Esra war ein Schriftgelehrter, kundig im Gesetz des Mose, das JHWH, der Gott Israels, gegeben hatte. Weil die Hand JHWHs, seines Gottes, mit ihm war, gewährte der König [von Persien] ihm alles, was er wünschte ... Esra war von ganzen Herzen darauf aus, das Gesetz JHWHs zu erforschen ... und es als Satzung und Recht in Israel zu lehren« (Esr 7,6.10). Unsere Abb. aus dem Codex Amiatinus (Anfang des 8. Jh.) präsentiert Esra als Tora-Forscher vor einer gut ausgestatteten Bibliothek.

Im übrigen ist die Entstehung der Jüdischen Bibel/des Alten Testaments sehr eng mit der politischen Geschichte Israels verbunden.[3] Es sind vor allem fünf Zeiträume, in denen Israel in literarisch-theologischer Hinsicht besonders produktiv war. Diese fünf Phasen lassen sich jeweils durch besondere Ereignisse kennzeichnen:

(1) Die Zeit zwischen 750 und 700 ist in politischer Hinsicht durch den großen militärischen Druck des assyrischen Weltreichs, aber auch durch eine Verschärfung der gesellschaftlichen Probleme bestimmt; im Jahre 722 v. Chr. wird einer der beiden Teilstaaten, das Nordreich Israel, von den Assyrern erobert und dem assyrischen Weltreich eingegliedert. Diese schwierige außen- und innenpolitische Situation schlägt sich im Auftreten der Propheten Amos, Hosea, Jesaja und Micha nieder, deren Worte ab 700 v. Chr. erstmals in »Prophetenbüchern« gesammelt werden. Um diese Zeit entsteht, als Reflex auf den Untergang des Nordreichs, auch das erste große Geschichtswerk über die Anfänge Israels (Erzelternerzählungen, Exodus-, Sinai- und Wüstenwanderungsgeschichten). Auch die Rechtsüberlieferungen werden damals in größerem Ausmaß redigiert.

(2) Zwischen 625 und 600 entsteht eine starke Reformbewegung, die in dem jungen König Joschija ihren politischen Kopf fand, unter dessen Patronat im Jahre 622 eine Vorform des späteren Buches Deuteronomium promulgiert wurde.

(3) Die Eroberung Jerusalems, die Zerstörung des Tempels und die Deportation der Oberschicht durch die (Neu-)Babylonier im Jahre 586, womit das sogenannte »Babylonische Exil« begann, war eine theologische Herausforderung par excellence,

auf die Israel mit seiner literarisch vielleicht produktivsten Epoche antwortete: Nun werden die verschiedenen Überlieferungen gesichtet und zu größeren Werken zusammengestellt (es entsteht z.B. das sogenannte »Deuteronomistische Geschichtswerk« Dtn - 2 Kön); ferner die Sammlungen der Propheten Jeremia und Ezechiel, aber auch Fortschreibungen des Jesajabuchs (sogenannter »Deutero-Jesaja«).

(4) Mit der Errichtung des persischen Weltreichs, in dem das kleine Juda mit Jerusalem als Zentrum eine (Unter-)Provinz bildete, brach eine relativ friedliche Zeit an. 538 v. Chr. erlaubte der Perserkönig Kyrus die Rückkehr der Deportierten und den Wiederaufbau des Tempels von Jerusalem, der 515 abgeschlossen wurde. In dieser Epoche entsteht nicht nur die sogenannte »Priesterschrift« (um 520), sondern um 400 v. Chr. auch die Endgestalt des Pentateuch/der Tora.

(5) Der Zusammenbruch des Alexanderreichs und die damit verbundenen (welt-)politischen Erschütterungen sowie die Entstehung der hellenistischen Kultur stellten auch Israel ab 300 v. Chr. vor die Herausforderung einer theologischen »Gratwanderung« zwischen Tradition und Moderne, die schließlich im 2. Jh.v. Chr. im makkabäischen Befreiungskampf kulminierte. In dieser Epoche werden nicht nur viele der bisher gesammelten Überlieferungen neu bearbeitet (z.B. das Zwölfprophetenbuch, die Psalmen, die Sprichwörter, Ijob), nun entstehen auch noch weitere wichtige Bücher (Kohelet, Esra, Nehemia, die Chronikbücher, Daniel).

Der Kanon als normative Auswahl

Von seiner jahrhundertelangen Entstehungsgeschichte her und in literarischer Hinsicht ist das Alte Testament eine Vielheit von Büchern. Die Bezeichnung »Bibel« hält dies auch ausdrücklich fest. Das ihr zugrundeliegende mittellateinische Wort *biblia* wurde seit dem (9.?) 12. Jh. als femininer Singular mißverstanden, so daß es zur Redeweise »*die* Bibel« kommen konnte. Ursprünglich ist das griechische *ta biblia* eine Pluralbildung, mit der schon in dem um 100 v. Chr. entstandenen 1. Makkabäerbuch die damals als Heilige Schriften des Judentums geltenden Bücher (1 Makk 12,9: *ta biblia ta hagia*) bezeichnet wurden. Als Bibel ist das Alte Testament also eigentlich eine Büchersammlung, eine Bibliothek oder eine Bücherei. Diese »Bücherei« ist als gezielte Auswahl aus der insgesamt viel reicheren jüdischen Literatur entstanden. Gerade die Textfunde von Qumran haben uns diese Tatsache erneut und eindrucksvoll ins Gedächtnis gerufen.[4] Dort wurden Schriftrollen und Textfragmente gefunden, die noch in biblischer Zeit selbst entstanden *und* abgeschrieben wurden, die von ihrem Inhalt und von ihrer Sprachgestalt her durchaus in die Bibel hätten aufgenommen werden können, aber (aus verschiedenen Gründen) eben doch nicht kanonisiert wurden. Das gleiche gilt von anderen jüdischen Schriften (z.B. »Testament der 12 Patriarchen«), die wir heute Apokryphen oder Pseudepigraphen nennen. Gewiß sind die meisten von ihnen zu spät entstanden, als daß sie noch hätten kanonisch werden können; dennoch sind auch sie ein Hinweis darauf, daß die kanonisch gewordenen Schriften eine gezielte Auswahl sind.

Die antike jüdische Tradition hat die Anzahl der in der Jüdischen Bibel zusammengefaßten Bücher (nach heutiger Zählung: 39) mit den Symbolzahlen 22 (Josephus Flavius) oder 24 (4. Esrabuch) angegeben. Beide Zahlen betonen die Idee der Vollständigkeit und der Vollkommenheit (22 ist die Anzahl der Buchstaben des hebräischen Alphabets; 24 ist zweimal die Anzahl der 12 Monate oder der 12 Stämme Israels).

Die Idee einer in ihrem Wortlaut und in ihrem Umfang vollständigen »ein für allemal« abgeschlossenen und künftighin für jüdische Identität normativen Büchersammlung ist im biblischen Israel schon früher entstanden. Sie ist spätestens mit der Endredaktion der fünf Bücher des Mose als »Tora« um 400 v. Chr. unter Esra gegeben. Die für diesen Vorgang bzw. das Ergebnis gebrauchten Begriffe »Kanonisierung« bzw.

»Kanon« stammen zwar erst aus christlicher Zeit (*kanon* ist griechisches Lehnwort nach dem semitischen/hebräischen *qanæh* »Schilfrohr«; es bezeichnet ursprünglich den »Meßstab/Maßstab« in der Baukunst, dann die Idee des Ideals/der Norm in Kunst, Literatur, Ethik oder Politik und schließlich die Liste/den Katalog »verbindlicher Bücher« für unterschiedliche Bereiche des öffentlichen Lebens und der Kultur; das Konzil von Laodikea in Kleinasien um 360 n. Chr. verwendet die Bezeichnung dann für die biblischen Bücher), doch tritt das »Kanonprinzip« erstmals bereits mit der im Jahre 622 unter König Joschija erfolgten Promulgation des Grundbestands des späteren Buches Deuteronomium (= 5. Buch Mose) auf und löst die biblische Kanonbildung insgesamt aus, die mehrere Aspekte umfaßt: »Kanonische« Texte sind normativ, insofern sie eine verbindliche Auswahl darstellen (und damit implizit eine »Zensur« ausüben), in ihrem Wortlaut als festgeschrieben gelten (vgl. die sogenannte »Kanonformel« Dtn 4,2; 13,1: »Ihr sollt dem Wortlaut nichts hinzufügen und nichts davon wegnehmen«) und hinfort weitere kommentierende und aktualisierende Texte auslösen, die Sinn und Geist des kanonischen Buchstabens lebendig halten.[5]

Bibel Karls des Kahlen, Israels Weg durch die Wüste (Ex-Num): Rettung vor den Ägyptern, Offenbarungszelt mit Bundeslade, Bileam auf der Eselin. (Reims, ca. 870 n. Chr.), Rom, S. Paolo fuori le mura.

Der Prozeß der Kanonisierung vollzog sich in drei Etappen, die im Aufbau der Jüdischen Bibel ablesbar sind, die sich selbst durch entsprechende redaktionelle Querverweise und insbesondere vom Inhalt her in die drei Teile Tora (»Gesetz«), Nebiim (»Propheten«) und Ketubim (»Schriften«) gliedern läßt. Diesen dreiteiligen Aufbau hält die Bezeichnung TaNaK (T = Tora, N = Nebiim, K = Ketubim, meist Tanach ausgesprochen) fest (vgl. die folgende Tabelle). Die »Bücherei« der Jüdischen Bibel ist also kein planloses Archiv, in das die in unterschiedlicher Zeit entstandenen Bücher einfach abgestellt wurden, sondern sie ist eine planvoll gegliederte Anlage und *insofern* eine »Einheit«.

Der Tanach

Tora »Gesetz«	Genesis	*b^{e}re'šit*	»im Anfang«
	Exodus	*š^{e}mot*	»Namen«
	Levitikus	*wajjiqra'*	»er rief«
	Numeri	*b^{e}midbar*	»in der Wüste«
Epilog: Dtn 34,10-12	Deuteronomium	*d^{e}barim*	»Worte«
Nebiim »Propheten«	Josua	Unterteilung »vordere Propheten« (Jos - 2Kön) und »hintere Propheten« (Jes - Mal) seit dem 8. Jh. n. Chr. bezeugt	
	Richter		
	1 Samuel		
	2 Samuel		
	1 Könige		
	2 Könige		
	Jesaja	die drei »Großen« Propheten (Analogie: die drei Stammväter Israels: Abraham, Isaak, Jakob)	
	Jeremia		
	Ezechiel		
	Hosea	die zwölf »Kleinen« Propheten (das Zwölfprophetenbuch »Dodekapropheton«) (Analogie: die zwölf Söhne Jakobs)	
	Joel		
	Amos		
	Obadja		
	Jona		
	Micha		
	Nahum		
	Habakuk		
	Zefanja		
	Haggai		
	Sacharja		
Epilog: Mal 3,20-24	Maleachi		
Ketubim »Schriften«	Psalmen	im Kanonverzeichnis des babylonischen Talmud steht Rut an erster Stelle, vor den Psalmen (Genealogie des Psalmendichters David)	
	Ijob		
	Sprichwörter		
	Rut	5 Bücher als »Festrollen« (*m^{e}gillot*) seit dem 6. Jh. n. Chr. bezeugt: Rut = Wochenfest, Hld = Pesach, Koh = Laubhüttenfest, Klgl = Gedenktag der Tempelzerstörung, Est = Purimfest	
	Hoheslied		
	Kohelet		
	Klagelieder		
	Ester		
	Daniel	in einem Kanonverzeichnis des 11. Jh. n. Chr. steht Chronik an der Spitze der Ketubim, um diesen Teil in Entsprechung zur Tora mit Adam (vgl. 1 Chr 1,1) beginnen zu lassen	
	Esra		
	Nehemia		
	1 Chronik		
Epilog: 2 Chr 36,22-23	2 Chronik		

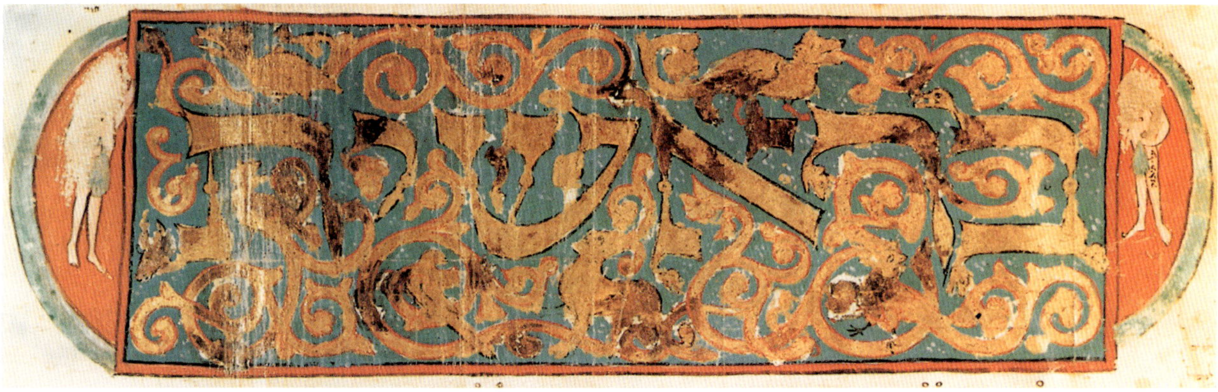

Initiale des Anfangs der Hebräischen Bibel mit den ersten Worten des Buches Genesis *(bere'šit - im Anfang).* Breslau, Universitätsbibliothek, Ms. M 1106, fol. 1v.

Der erste Teil: die Tora/der Pentateuch

Von der Gesamtanlage her ist *der erste Teil*, der auch am frühesten kanonisiert wurde, das Fundament und der hermeneutische Bezugspunkt des Ganzen. Dieser Teil erscheint beim oberflächlichen Lesen als ein außerordentlich komplexes und bisweilen verwirrendes Gebilde. Diese literarische Komplexität hängt mit der mehrhundertjährigen Entstehungsgeschichte der Tora zusammen, worüber die kritische Bibelwissenschaft mehrere Hypothesen (»Quellenhypothese«; »Erzählkranzhypothese«) entwickelt hat. Doch ist die Tora nicht einfach das zufällige Ergebnis eines Sammlungsvorgangs, sondern läßt in ihrer Endgestalt eine Komposition erkennen, die als theologisches Programm gelesen werden will. Während das Judentum mit den Bezeichnungen »die Tora« bzw. »Buch der Tora des Mose« sowohl die Ganzheit als auch den Inhalt betont, rückt die aus dem Griechischen kommende Bezeichnung »Pentateuch« (das fünfteilige Buch) stärker die formale Gliederung in fünf Teile (= 5 Bücher Mose) in den Blick.

Von seinem Umfang her war der Pentateuch für eine einzige Buchrolle der Antike zu lang. Seine Aufteilung in fünf Rollen geschah allerdings nicht nach buchtechnischen, sondern nach inhaltlichen Gesichtspunkten. Während die jüdische Tradition die fünf Bücher nach ihren hebräischen Anfangsworten benennt, haben sich im Christentum die in der griechischen/lateinischen Bibelübersetzung verwendeten Überschriften, die den jeweiligen Inhalt angeben, durchgesetzt (neben den Bezeichnungen 1.-5. Buch Mose):

b^{e}*re'šit* »im Anfang«	*š*^{e}*mot* »Namen«	*wajjiqra'* »er rief«	*b*^{e}*midbar* »in der Wüste«	*d*^{e}*barim* »Worte«
Γένεσις Genesis »Ursprung«	Ἔξοδος Exodus »Auszug«	Λευιτικόν Levitikus »das levitische/ priesterliche Gesetzbuch«	Ἀριθμοί Numeri »Zahlen/Zählungen«	Δευτερονόμιον Deuteronomium »das zweite Gesetz/die zweite Ausgabe des Gesetzes«
1. Mose	2. Mose	3. Mose	4. Mose	5. Mose

Jedes dieser fünf Bücher, deren Anfang und Abschluß jeweils literarisch deutlich markiert sind, hat sein eigenes geschehensmäßiges und theologisches Profil.

Das Buch *Genesis* erzählt die Ursprünge Israels in zweifacher Weise: 1-9 erzählt als Urgeschichte die Schöpfung der Welt in zwei Akten (Schöpfung und Flut); der in Kap. 9 vom Schöpfergott mit »allem Lebendigen« geschlossene Bund integriert zugleich die sogenannten »Noachidischen Gebote« als grundlegende Tora für alle Völker. 10-50 entfaltet in den drei Erzählbögen 10,1-25,11; 25,12-36, 43; 37-50 die drei Generationen umfassende *Familien*geschichte der Erzeltern Israels Abraham und Sara, Isaak und Rebekka, Jakob und Lea/Rachel im Lande der Verheißung; die 12 Söhne Jakobs werden im weiteren Verlauf der Pentateuch-Erzählung zu den Gründungsfiguren der 12 Stämme Israels. Der Erzählbogen endet mit dem Tod Jakobs und seines Sohnes Josef nicht mehr im Lande der Verheißung, sondern in Ägypten.

Das Buch *Exodus* erzählt den Anfang der *Volks*geschichte Israels als Herausführung (Befreiung) der zu einem großen Volk gewordenen Nachkommen der 12 Söhne des Jakob. Der erste Erzählbogen 1,1-15,21 entfaltet die Unterdrückung Israels durch den Pharao und die Verheißung der Rettung an/durch Mose (1-6), das Ringen JHWHs mit dem Pharao um die Freilassung Israels (Ex 7-11: die sogenannten »Plagengeschichten«) und schließlich die wunderbare Rettung Israels am Meer (12-15). Dann folgt Israels Weg durch die Wüste (15,22-18,27) hin zum Berg Sinai, wo JHWH sich offenbart, die Zehn Gebote

Titelblatt zum Buch Genesis mit dessen Anfangswort: br'šjt – »im Anfang (schuf Gott Himmel und Erde)«

Titelblatt zum Exodus mit dessen Anfangswort: w'llh – »und dies (sind die Namen der Söhne Israels)«.

verkündet und mit Israel durch Vermittlung von Mose den (Sinai-)Bund schließt (19,1-24,11). Im Erzählbogen 24,12-40,38 erhält Mose auf dem Berg Sinai zunächst den Auftrag für Israel zur Errichtung des Zeltheiligtums (»Stiftshütte«) und zur Einsetzung des priesterlichen Dienstes (24,12-31,18), während das Volk unten am Berg unter Führung des Aaron durch die Verehrung des Goldenen Kalbs den Bund übertritt, worauf JHWH schließlich (unter Einsatz des Mose) den Bund erneuert und seine Vergebungsbereitschaft (Erneuerung des Bundes) verkündet (Ex 32-34). Nun erst folgt die Ausführung des dem Mose auf dem Berg gegebenen Auftrags (35-40): als das Heiligtum errichtet ist, zieht die über dem Berg Sinai als Zeichen der Gegenwart JHWHs ruhende Wolke hinunter über das Zeltheiligtum (Offenbarungszelt), das nun zum »mitgehenden« Sinai werden kann.

Titelblatt zum Buch Levitikus mit dessen Anfangswort: wjqr' - »und es rief (und es redete JHWH zu Mose)«.

Das Buch *Levitikus* entwirft die von JHWH »mitten aus dem Offenbarungszelt« (1,1) verkündete levitische/priesterliche Grundordnung Israels als »heiliges Volk« gemäß der programmatisch am Anfang der Sinai-Erzählung von JHWH formulierten Berufung des im Exodus geschaffenen Israel: »Zwar gehört mir die ganze Erde, doch sollt ihr mir ein Reich von Priestern und ein heiliges Volk sein« (Ex 19,5f). Die Systematik dieser Verfassung Israels durchschreitet in konzentrischen Kreisen die Lebensbereiche in einem spannungsreichen Ineinander von kultischen und ethischen Regelungen: 1-7 Opfervorschriften, 8-10 priesterlicher Dienst (narrativ eingebunden: Einsetzung der Priester durch Mose), 11-15 Reinheitsvorschriften für den Alltag, 16-17 Heiligung des ganzen Volkes durch »Entsündigungsliturgie« (Versöhnungsfest/Jom Kippur sowie Blutriten), 18-20 Ethos für den Alltag (Mitte: Lev 19: Gebot der Feindes- und Fremdenliebe), 21-22 priesterlicher Dienst, 23-25 Opfer und Feste, 26 Abschluß der Sinaioffenbarung (Segen-Fluch, bleibende Bundesverheißung), 27 ist ein (später) Nachtrag bzw. Anhang zur »priesterlichen« Verfassung Israels.

Das Buch *Numeri* erzählt Israels Aufbruch vom Sinai, wieder durch die Wüste, bis an die Grenze des Verheißenen Landes, in drei Teilen: 1,1-10,10 formiert sich Israel als »heilige« Lagergemeinschaft für den Aufbruch (1-4: Gliederung des Lagers nach Stämmen geordnet, um das Zeltheiligtum herum; 5,1-10,10: »innere« Ordnung des Lagers); 10,11-20,13 (markierter Neueinsatz 10,11f: Zeitangabe, Signal der Wolke, Aufbruchsnotiz) erzählt den konfliktreichen Weg durch die Wüste, unter Führung durch »die Wolke«; ab 20,14 (Neueinsatz 20,14-17: Ankündigung des Weiterzugs von Kadesch aus, zugleich Rückblick auf den Exodus) zieht Israel wieder durch bewohntes Land und kommt zunächst in den Gefilden von Moab zur Ruhe (20,14-25,18: Auseinandersetzung mit feindlichen Königen; 26-31:

Titelblatt zum Buch Numeri
mit dessen Anfangswort:
wjdbr - »und es redete (JHWH
zu Mose in der Wüste Sinai)«

Titelblatt zum Deuteronomium
mit dessen Anfangswort:
'llh - »dies (sind die Worte, die
Moses geredet hat)«.

Neuordnung des Lagers; 32-36: Landzuweisung an einige Stämme im Ostjordangebiet).

Das Buch *Deuteronomium* spielt szenisch in den Gefilden von Moab und präsentiert narrativ die Ereignisse am Todestag des Mose, 40 Jahre (!) nach dem Auszug aus Ägypten (1,3; 32,48); das Buch schließt mit dem Tod des Mose und mit 34,10-12 als Kolophon des ganzen Pentateuch. Der erzählerische Rahmen bietet, gegliedert durch entsprechende Überschriften, vier Redeblöcke (1-4.5-28.29-32.33). Es ist gewissermaßen das »Testament« des Mose. Als Erzählung des einen Deuteronomium-Tages und als viergliedrige Redenkomposition mit dem Akzent auf der Tora/dem Gesetz des Mose (5-28) ist das Buch eine in sich geschlossene Einheit. Durch seine Inszenierung als »zweites Gesetz« bzw. als (nach der Bundschließung am Sinai/Horeb weitere) Bundschließung in Moab verweist es auf die vorangehenden Bücher des Pentateuch, insbesondere auf Ex - Num.

Der zweite Teil: die Propheten (Nebiim)

Der *zweite Teil* der Jüdischen Bibel umfaßt die Bücher der *Propheten (Nebiim)*. In literarischer Hinsicht sind hier zwei unterschiedliche Buchgruppen zusammengefaßt, die auch von der jüdischen Tradition unterschiedlich benannt werden:

(1) Die *»vorderen Propheten«* sind eigentlich »Geschichtsbücher«. Sie gelten in der jüdischen Tradition als »Prophetenbücher«, weil man sie prophetischen Verfassern zuschreibt (der Prophet

Samuel gilt als Verfasser der Bücher Josua, Richter und Samuel) oder weil in ihnen Propheten eine wichtige Rolle spielen (in den Büchern der Könige: Elija, Elischa, Jesaja u.a.). Diese Bücher (Jos - 2 Kön) stellen die Geschichte Israels von der Landnahme unter Josua bis zum Exil dar.

(2) Die *»hinteren Propheten«* sind die im engeren Sinn prophetischen Bücher. Sie haben die auf die sogenannten »Großen« (Jesaja, Jeremia, Ezechiel) und »Kleinen Propheten« und ihren Schülerkreis zurückgehenden Worte und Auftritte gesammelt und fortgeschrieben.

In den Büchern der *»hinteren Propheten«* hat das biblische Israel einen ihm offensichtlich besonders wichtigen Strom seiner insgesamt vielgestaltigen Prophetie aufbewahrt. Zwar verbirgt sich die konkrete Biographie dieser Propheten in den Büchern, die nach ihnen benannt sind. Auch wird heute mehr und mehr bezweifelt, daß es möglich ist, aus und in diesen Büchern »authentische« Worte der Propheten zu rekonstruieren. Dennoch haben die einzelnen Bücher jeweils ein derart spezifisches sprachliches und theologisches Profil, daß man mindestens ansatzweise die jeweilige prophetische »Gestalt« erahnen kann. Sie kommen aus unterschiedlichem soziologischen Milieu (Amos und Micha: Bauern; Jesaja: Weisheitslehrer an der Jerusalemer Akademie; Jeremia und Ezechiel: Söhne angesehener Jerusalemer Priesterfamilien mit der Aussicht auf eine gute priesterliche Karriere), aus dem sie durch ihre spezielle Berufungserfahrung, die allein ihre Legitimation ist, herausgerissen werden.

Nach dem heutigen Stand der Prophetenforschung geht kein einziges »Prophetenbuch« auf den Propheten zurück, dessen Namen es trägt. Welche Kreise die mündlich vorgetragenen Prophetenworte, die in der Regel kurze Einzelsprüche waren, sammelten und zu übergreifenden Kompositionen zusammenstellten, ist schwer auszumachen. Einerseits gründeten die »Schriftpropheten« keine »Prophetenkonvente« (wie der Prophet Elischa), und sie bildeten keinen Jüngerkreis (wie z.B. Jesus von Nazareth). Andererseits ist nicht zu übersehen, daß die einzelnen Prophetenbücher planvolle Kompositionen sind und teilweise wie z.B. das Jesajabuch eine jahrhundertelange Fortschreibung erfahren haben, die bestrebt war, die originalen, okkasionellen Prophetenworte als auch für spätere Generationen weiterhin lebendige und gültige »Worte Gottes« zu überliefern und zu aktualisieren; dies setzt Sammler und Redaktoren voraus, die man als »literarische Propheten« bezeichnen kann.

Die »kanonisierten« Propheten Israels sind Kritiker *und* Visionäre. Als Kritiker decken sie auf, wo und warum Israel sich von seiner Sendung entfernt hat. Als Visionäre verkünden sie (bzw. die nach ihnen benannten Bücher in ihrer heilseschatologisch ausgezogenen Endgestalt) eine zukünftige, die bisherige Realität überholende neue Welt. Beide Male stellen sie den *status quo* in Frage. Als Kritiker konfrontieren sie meist die Gegenwart mit der Geschichte, insbesondere mit der Anfangsgeschichte und ihren hohen Idealen. Sie demaskieren die Gegenwart als Abkehr von dieser Anfangsgeschichte und als Verweigerung der mit dieser gesetzten Möglichkeiten. Als Visionäre bekämpfen sie den Irrglauben, alles müsse so bleiben, wie es ist. Als Visionäre entwerfen die Prophetenbücher jene Gottesträume von einer Zukunft, die allem Augenschein zum Trotz die Geschichte vollenden wird. Damit relativieren sie die Macht der Mächtigen und die Ohnmacht der Ohnmächtigen. Die Propheten sind mit ihrem Charisma der Gottunmittelbarkeit das unkalkulierbare Einfallstor der Transzendenz Gottes. Sie waren und sind die notwendige Provokation Gottes in allen Bereichen des gesellschaftlichen und religiösen Lebens.

Der dritte Teil: die Schriften (Ketubim)

Der *dritte Teil* der Jüdischen Bibel, »die Schriften« (Ketubim), bietet im Vergleich mit den vorangehenden zwei Teilen eher eine bunte Mischung. In entstehungsgeschichtlicher Hinsicht sind hier die am spätesten entstandenen oder vollendeten Bücher versammelt; der Teil ist auch am spätesten kanonisiert worden (2. Jh.v.Chr.). In literarischer Hinsicht stellt dieser Teil eine Anthologie unterschiedlicher literarischer Gattungen dar, die zur Zeit ihrer Zusammenstellung wahrscheinlich als 12 Bücher verstanden wurden. Möglicherweise sollten vier grundlegende Gattungen jeweils durch drei Schriften repräsentiert sein: die Historiographie durch die Bücher Chronik, Esra, Nehemia, die Poesie durch Psalmen, Klagelieder, Hoheslied, die novellistische/biographische Erzählung durch Rut, Ester, Daniel und die Weisheitsliteraur durch Sprichwörter (Proverbien), Ijob, Kohelet.

In der jüdischen Überlieferung haben fünf der »Schriften« im Festkalender eine besondere Bedeutung erhalten und werden deshalb »Festrollen« (hebr. *megillót*) genannt. Es sind nach der Anordnung in der Bibel: Rut = Wochenfest (Zeit der Getreideernte; Gabe der Tora am Sinai; im Christentum: Pfingstfest); Hoheslied = Pesach (Lieder über die Liebe Gottes zu seinem Volk, die sich in der Befreiung aus Ägypten erweist; im Christentum: Ostern; diese liturgische Verwendung liest Hld allegorisch; vom ursprünglichen Wortsinn her wird die Lebensmächtigkeit der erotischen/sexuellen Liebe zwischen Mann und Frau besungen); Kohelet = Laubhüttenfest (Zeit der Weinlese; Erinnerung an die Führung Israels in der Wüste durch Gott); Klagelieder = Gedenktag der Tempelzerstörung; Ester = Purimfest (Erinnerung an die Rettung vor dem durch Haman geplanten Judenpogrom im Perserreich).

Der andere Aufbau und Umfang des (christlichen) Alten Testaments

Das Urchristentum hat keinen anderen alttestamentlichen Kanon besessen als das Judentum, aus dem es hervorging. Erst um 400 ist der gegenüber dem Tanach umfangreichere »Septuagintakanon« von der westlichen Kirche als »Heilige Schrift« anerkannt worden; die östliche Kirche hat sich dem im 7. Jh. angeschlossen. Die Reformatoren schieden alle nicht in hebräischer Textfassung vorliegenden Bücher und Buchteile aus dem Kanon aus. Demgegenüber stellte das Konzil von Trient 1546 fest, daß die in griechischer Sprache vorliegenden Bücher Tobit, Judit, die Weisheit Salomos, Jesus Sirach, Baruch, die Bücher 1/2 Makkabäer als kanonisch gelten sollten, während das Gebet des Manasse und die Bücher 3/4 Esra nicht (mehr) kanonisch sein sollten. Die östliche Kirche entschied sich 1672 für Tobit, Judit, Jesus Sirach und die Weisheit Salomos. Diese Kanonabgrenzung ist bis heute unter den christlichen Kirchen uneinheitlich und wird auch theologisch unterschiedlich beurteilt.

Warum die frühe Kirche über den jüdischen Kanon hinaus einige Bücher kanonisierte (übrigens nicht ohne Widerstand: Hieronymus, der die lateinische Übersetzung aus dem hebräischen Urtext revidierte, war *gegen* diese Erweiterung des Kanons; anders freilich Augustinus), läßt sich durch folgende Erwägungen plausibel machen:

(1) Da die frühchristlichen Theologen gegenüber den Juden mit Vorliebe die griechische Übersetzung des Alten Testaments gerade dann verwendeten, wenn sie damit eine spezifisch christologische Argumentation verbinden konnten, erhielt der griechische Text mehr und mehr Bedeutung, zumal ja ohnehin das Neue Testament Texte *auch* in der Septuagintafassung zitierte. Mit der Aufnahme der urjüdischen Bücher, die nicht im Tanach waren (wohl weil sie nicht in hebräischer Sprache entstanden oder nicht mehr im hebräischen Original vorlagen), wollte sich die junge Kirche vielleicht als »das wahre Israel« profilieren. Dies dürfte auch dazu geführt haben, daß die Kirche die umfangreichere griechische Textfassung der Bücher Daniel und Ester kanonisiert hat.

(2) Mit der Kanonisierung dieser spät entstandenen Bücher betonte die Kirche die heilsgeschichtliche Kontinuität zu den neutestamentlichen Schriften.

(3) Letztlich entscheidend dürften ihr ansprechender literarischer Charakter und/oder ihr hoher katechetisch-pädagogischer Wert als religiöse Erbauungsliteratur gewesen sein. Möglicherweise waren Tobit, Sirach und die Weisheit Salomos schon in jüdischen Gemeinden beim Proselytenunterricht verwendet worden. Gerade weil und insofern sie an Einzelgestalten Lebensparadigmen entfalteten oder insofern sie eine Art Kompendium der Tradition darstellten, waren sie offensichtlich sehr beliebt – und kamen deshalb in den christlichen Kanon.

Auch wenn die Kirchen der Reformation *im Umfang* zum jüdischen Bibelkanon zurückgekehrt sind (im Hintergrund stand bei den Reformatoren die Idee von der *veritas hebraica* als »Originaltext«), haben sie die altkirchliche Systematik im Aufbau des Ersten Testaments beibehalten. Zwar hatte in der alten Kirche und in der orthodoxen und römischen Kirche die griechische bzw. die lateinische Textfassung vor allem in der Liturgie quasi-kanonische Geltung; heute gilt faktisch überall die jeweilige Originalfassung als kanonischer Text der christlichen Bibel.

Die Veränderungen, die im umfangreicheren Alten Testament gegenüber der Jüdischen Bibel (dem Tanach) vorliegen, lassen sich in unserer unten stehenden Tabelle leicht erkennen. Vor allem ist festzustellen, daß das Erste Testament die gattungsmäßig verwandten Bücher zusammenordnet und deshalb einzelne Bücher teilweise neu einreiht. Dadurch entsteht insgesamt eine *vierteilige, geschichtstheologische Struktur*:

(1) Der Teil Ketubim wird weitgehend aufgelöst. Ein Teil der »Schriften«, nämlich die Bücher Rut, 1/2 Chr, Esra und Neh wandern nach vorne und werden historisch richtig eingeordnet. Das Buch Rut steht nun zwischen Ri und Sam (entsprechend der Erzähleröffnung Rut 1,1 »Zu der Zeit, als die Richter regierten ...« und dem Schluß des Buches Rut, wonach der Sohn der Noomi der Großvater Davids ist). Die Bücher 1/2 Chr und

Aufbau und Umfang des Alten Testaments

Die jüdische Bibel (TaNaK)	**Das Erste Testament der christlichen Bibel**
Tora / Gesetz	**Die fünf Bücher Mose / Der Pentateuch**
Genesis, Exodus, Levitikus, Numeri, Deuteronomium	Genesis, Exodus, Leviticus, Numeri, Deuteronomium
Nebiim / Propheten	**Die Bücher der Geschichte**
die vorderen Propheten Josua, Richter, 1 und 2 Samuel, 1 und 2 Könige	Josua, Richter, Rut, 1 und 2 Samuel, 1 und 2 Könige, 1 und 2 Chronik, Esra, Nehemia, *Tobit, Judit,* Ester, *1 und 2 Makkabäer*
	Die Bücher der Weisheit
die hinteren Propheten Jesaja, Jeremia, Ezechiel und das Zwölfprophetenbuch (Hosea, Joel, Amos, Obadja, Jona, Micha, Nahum, Habakuk, Zefanja, Haggai, Sacharja, Maleachi)	Ijob, Psalmen, Sprichwörter, Kohelet, Hohelied, *Weisheit, Jesus Sirach*
Ketubim / Schriften	**Die Bücher der Prophetie**
Psalmen, Ijob, Sprichwörter, Rut, Hohelied, Kohelet, Klagelieder, Ester, Daniel, Esra, Nehemia, 1 und 2 Chronik	Jesaja, Jeremia, Klagelieder, Baruch, Ezechiel, Daniel und das Zwölfprophetenbuch (Hosea, Joel, Amos, Obadja, Jona, Micha, Nahum, Habakuk, Zefanja, Haggai, Sacharja, Maleachi)

Esra/Neh werden ebenfalls in die historisch stimmigere Reihenfolge gebracht und führen 1/2 Kön weiter. Ihnen werden die »neuen« Bücher Tob, Jdt und 1/2 Makk in der entsprechenden Reihenfolge ihrer vorausgesetzten historischen Szenerie angefügt. Das im Tanach ebenfalls zu den »Schriften« gehörende Buch Est wird zwischen Jdt und Makk eingeschoben – im Sinn der Gesamtidee dieses neuen Blocks, der nun von Jos - 2 Makk reicht: Es entsteht eine zusammenhängende Geschichte des Volkes Israel im Lande Israel. Die beiden Rahmenbücher Jos und 1/2 Makk erzählen vom Kampf Israels um das verheißene Land (Jos) sowie vom Kampf um die Tora (1 Makk) und um den Tempel als Ort der Gegenwart JHWHs (2 Makk).

(2) Hinter diesen Teil der »Geschichte Israels im Lande« wird nun ein Teil der »Schriften« gestellt, wobei zwei neue »Schriften« hinzukommen: die Weisheit Salomos und das Buch Jesus Sirach. Außerdem wird die im Tanach gegebene Reihenfolge Ps - Ijob umgedreht: Der neue Block »Lebensweisheit« wird nun mit Ijob eröffnet. Dafür könnten zwei Gesichtspunkte maßgebend gewesen sein. Zum einen hielt man das Buch Ijob für älter als die Psalmen; nicht nur sein »Patriarchenmilieu«, das an Gen erinnert, sondern auch die Tradition, daß Ijob von Mose verfaßt sei, werden zur Vorordnung Ijobs vor das (davidische) Psalmenbuch angeregt haben. Zum anderen dürfte ein theologisches Argument mitgewirkt haben: Schon im Psalmenbuch ist eine theologische Dynamik erkennbar, die von der Klage zum Lob Gottes hinführt; das Psalmenbuch beginnt mit dem breiten Block von Klagepsalmen und wandelt sich zunehmend gegen sein Ende hin in eine Zusammenstellung von Hymnen auf die Gottesherrschaft. Dieser theologischen Dynamik »von der Klage zum Lob« entspricht es, daß das Buch Ijob *vor* das Psalmenbuch gestellt wird.

(3) Die »hinteren/späteren« Propheten des Tanach werden ans Ende gestellt, wobei auch hier wieder die aus den »Schriften« des Tanach zu den »Propheten« gehörenden Bücher zeitgeschichtlich entsprechend eingeordnet werden: Die »Klagelieder« werden als Klagelieder des Jeremia gedeutet und dementsprechend eingeordnet; ebenso das dem Baruch, dem »Sekretär« des Jeremia, zugeschriebene »neue« Buch. Auch das Buch Daniel wird nun in den Block »Propheten« aufgenommen und *vor* die zwölf »kleinen« Propheten gestellt – als viertes »großes« Prophetenbuch, aber auch von seiner vorausgesetzten zeitgeschichtlichen Szenerie her (Nebukadnezzar und Kyrus) stimmig nach Ezechiel.

(4) *Alle* diese Veränderungen *zusammen* lassen die Grundidee erkennen, die bei der Neuordnung der einzelnen Bücher leitend war: Am Anfang steht, wie im Tanach, die Tora, d.h. die Erzählung über die »Ur-Offenbarung« Gottes vor Israel am Sinai. Danach folgen die drei Blöcke »Geschichte Israels im Lande« – »Lebensweisheit« – »Prophetie« nach dem geschichtstheologischen Schema von Vergangenheit – Gegenwart – Zukunft:

I	Gen - Dtn	Ur-Offenbarung am Sinai	Tora als Zuspruch und Anspruch
II	Jos - 2 Makk	Geschichte Israels im Lande	Vergangenheit
III	Ijob - Sir	Lebensweisheit	Gegenwart
IV	Jes - Mal	Prophetie	Zukunft

Dieses Schema ist so zu lesen:

Die Bücher Gen - Dtn aus Teil I halten fest, daß die am Sinai geoffenbarte Tora mit ihren beiden Brennpunkten »Gebot der Gottesliebe« – »Gebot der Nächstenliebe« (vgl. Mk 12,28-34 par) die in der Schöpfung grundgelegte und über Israel zu allen Völkern kommende Ur-Offenbarung Gottes ist. Daß die Zehn Gebote als Verkündigung von

Gottesrecht und Menschenrecht gemäß der in Gen - Dtn gestalteten »Geschichte« in der Wüste Sinai und vor der Landnahme gegeben wurden, deutet die jüdische Überlieferung selbst so, daß sie nicht nur für Israel, sondern für *alle* Völker das Lebensgesetz sein sollen – gerade für die Christen, die in der Nachfolge Jesu die Tora »erfüllen« sollen (vgl. Mt 22,34-39 im Horizont von Mt 5,17-20).

Zum Leben mit der Sinai-Tora wollen die sich dann anschließenden Teile II-IV hinführen: Teil II (Jos - 2 Makk) zeigt am Vorbild Israel, wie es einer Gemeinschaft ergeht, die mit dieser Tora lebt, daß und wie dies gelingt, aber auch mißlingt. Dies sollen christliche Bibelleser in innerer Anteilnahme mit- und nacherleben – als Geschichte ihrer jüdischen Schwestern und Brüder (nicht als ihre eigene Geschichte!) und als Geschichte ihres gemeinsamen Gottes.

Teil III (Ijob - Sir) lädt den einzelnen ein, mit diesen Weisheitsschriften die wahre, Leben rettende Weisheit zu suchen, nämlich im betenden und meditierenden Hören auf die Tora, die sich in der Schöpfung und in den Weisungen Israels *allen* mitteilt, die sich ihr öffnen.

Teil IV (Jes - Mal) entwirft die Vision von einer Vollendung der Welt und der Geschichte, wenn die Völker zum Zion wallfahren, um dort die große Friedens-Tora JHWHs zu lernen (Jes 2,1-5: kanonischer Programmtext am Anfang von Teil IV) und um so an jener fundamentalen Erneuerung bzw. Wiederherstellung von allem teilzuhaben, die in den Prophetenbüchern der ganzen Erde verheißen ist – freilich nicht an Israel vorbei, sondern durch und mit Israel. Von der Prophetie her, die nun wie in mehreren Strömungen zur Zeit Jesu als eschatologische Verheißung, d.h. als Entwurf eines in sich zusammenhängenden Endzeitdramas gelesen wurde, erhält einerseits sogar die Tora (Teil I) eine prophetisch-eschatologische Dynamik unter dem Blick der Naherwartung, andererseits kann das im Neuen Testament bezeugte Handeln JHWHs in und durch Jesus (insbesondere durch das Ostergeschehen) als der entscheidende Akt in dem prophetisch angekündigten Endzeitdrama verstanden werden. So öffnet sich in der christlichen Bibel die Prophetie auf das sich anschließende Neue Testament hin.

Mal 3,22-24 als Schlußtext des Ersten Testaments bildet die Überleitung zum Neuen Testament. Der Text wird im Neuen Testament mehrfach zitiert (vgl. Mt 17,10-13; Mk 9,11f; Lk 1,17), um Johannes den Täufer als den in Mal 3,23 für die Endzeit verheißenen Elija zu deuten. Durch Johannes als Elija von Mal 3,23 (wie immer dies im einzelnen zu interpretieren ist) werden das Neue Testament und seine Botschaft vom Messias Jesus Christus, der das eschatologische Kommen der Gottesherrschaft bewirkt, eng mit dem Ersten Testament verzahnt. Zum einen wird damit das Neue Testament kanonisch legitimiert. Zum anderen erhält so das Erste Testament die Aufgabe, die neue Heilsinitiative des Gottes Israels in seinem Sohn Jesus in den Horizont der dramatischen Bundesgeschichte zu stellen, die er mit seiner Zuwendung zu Israel eröffnet und durch Jesus den Christus mit neuer göttlicher Lebenskraft »erfüllt« hat.

Ein faszinierendes Gesamtwerk

Die Jüdische Bibel / das christliche Alte Testament will nicht als historisches Buch über die Geschichte Israels bzw. über die Vorgeschichte der Kirche gelesen werden, sondern als theologisches Buch. Darauf weist schon der erste Satz hin: »Im Anfang hat Gott Himmel und Erde erschaffen«. Diese primär theologische Intention des Alten Testaments hat G. von Rad, einer der bedeutendsten Alttestamentler unseres Jahrhunderts, folgendermaßen zusammengefaßt: »Das Alte Testament ist ein Geschichtsbuch. Es stellt eine von Gottes Wort gewirkte Geschichte dar, von der Weltschöpfung bis zum Kommen des Menschensohns. Es mag nicht überflüssig sein, zu bemerken, daß auch die prophetischen Bücher ›Geschichtsbücher‹ sind, insofern sie ja nicht Lehren, Wahrheiten o.ä. vermitteln wollen, sondern eschatologische Geschehnisse vorausdarstellen.

Wir sehen, wie die Väter Israels durch ein Gotteswort berufen werden und sich in Befolgung immer neuer Gottesworte umherwandern; wir sehen die Verheißung großer Nachkommenschaft in Erfüllung gehen und Israel zum Volke werden. Wir sehen nun dieses Volk den Weisungen Gottes gemäß wandern, wir sehen durch Gottes begründendes Wort in ihm Institutionen und Ämter entstehen. M.a.W.: Wir sehen dieses Volk fortgesetzt getrieben, bewegt, gestaltet, umgestaltet, vernichtet und wiederauferstehend durch immer neu ergehendes Gotteswort.«[8]

Über die »theologische« Lektüre in Judentum und Christentum hinaus kann das »Alte Testament« selbstverständlich auch als Geschichtsquelle und als Kulturzeugnis Israels gelesen werden, als Dokument des Selbstverständnisses Israels jener Zeiten, in denen die einzelnen Bücher entstanden sind, und schließlich jener Epoche, in der die Jüdische Bibel kanonisiert wurde.
Über die unterschiedlichen Leseweisen, die die Tradition praktiziert hat oder die heute in der Bibelwissenschaft üblich sind, informiert der nächste Abschnitt unseres Buchs.

Die Begegnung zwischen Gott und Mensch ist das große Thema, das die biblischen Erzählungen auf vielfältige Weise bezeugen. Eine auch wirkungsgeschichtlich herausragende Ausgestaltung ist die Erzählung Gen 18 von der Gottesbegegnung in Mamre, wo der eine Gott in der Gestalt von drei Männern dem Erzelternpaar Abraham und Sara »erscheint« und von diesen bewirtet wird. Der biblische Text oszilliert und läßt gezielt unbestimmt, ob JHWH als drei Gestalten erscheint, ob es JHWH in Begleitung von zwei Boten (Engeln) ist oder ob es drei Boten (Engel) JHWHs sind. Theologisch bedeutsam ist: Abraham, der die drei ihm unbekannten Fremden großzügig bewirtet, wird von den Fremden selbst mit der Verheißung der Geburt eines Sohnes beschenkt. – Die in zwei Szenen (Gotteserscheinung und Bewirtung) gegliederte Bildseite stammt aus dem sog. Ingeborg-Psalter (um 1195; benannt nach Ingeborg von Dänemark, der Besitzerin der mit biblischen Szenen ausgeschmückten Psalter-Handschrift).

2. Eine Bibel – viele Zugänge und Leseweisen

Georg Steins

Orientierung angesichts der Vielfalt

So alt wie die Bibel ist auch das Nachdenken über den angemessenen Umgang mit ihr: Wie muß ich mich der Bibel nähern, um ihre Botschaft zu hören? Wie kann die Bibel ihre schöpferische und lebensprägende Kraft auch heute freisetzen? Wer diese Frage heute stellt, wird sich schnell auf einem Markt der Möglichkeiten wiederfinden. Von allen Seiten werden zahlreiche und recht unterschiedliche Arten des Umgangs mit der Bibel empfohlen. Gängige Übersichten verzeichnen oft über ein Dutzend verbreitete Zugänge: historisch-kritische Bibelauslegung, feministische Interpretation, befreiungstheologische Bibellektüre, jüdische Auslegung, psychologisch-psychoanalytische Exegese, um nur einige zur Zeit stark beachtete Methoden zu nennen. Bei genauerem Hinsehen wird das Angebot noch unübersichtlicher, denn es ist nicht nur die Rede von »Zugängen zur Bibel«, sondern danbeben auch von »Methoden der Bibellektüre und Bibelarbeit« oder von einzelnen »Methodenschritten«, von »Leseweisen«, »hermeneutischen Ansätzen« und auch von verschiedenen »Verfahren der Applikation« u.a.m. Nach einem ersten Blick auf das Angebot zeigt sich schnell, daß Orientierung nottut.

Das Bild vom Markt läßt sich noch weiter ausgestalten. Auf dem Markt der Auslegungsmöglichkeiten geht es manchmal sehr turbulent zu. Die Marktbeschicker stehen nicht nur friedlich nebeneinander und bieten jeder für sich ihre Ware feil, sondern preisen diese oft recht lautstark an, nicht selten unter Hinweis auf die Qualitätsmängel der Konkurrenzangebote. Die Bibel steht im Mittelpunkt eines Streites der Interpretationen. Auch dieser Streit ist so alt wie die Bibel.

Die vielen Arten, die Bibel zu lesen, sind zunächst einmal Ausdruck ganz unterschiedlicher Erwartungshaltungen ihrer Leserinnen und Leser. So unterschiedlich wie die Bedürfnisse der Rezipienten, sind auch die Arten, sich mit der Bibel zu beschäftigen. Einfaches Bibellesen und wissenschaftliche Textbehandlung – um einmal zwei extrem unterschiedliche Erwartungen zu nennen – werden sich naturgemäß in der Methode deutlich unterscheiden, weil sie völlig verschiedene Ziele verfolgen. An diesem Beispiel läßt sich ein erster wichtiger Unterschied erkennen: Texte kann man *gebrauchen oder interpretieren*. Wer in der Bibel aus Freude an ihrer bildersatten Sprache und ihrer lebenssatten Welt liest oder ihr Anregungen für sein Gebet entleiht, gebraucht die Bibel; wer als Literaturwissenschaftler oder Theologe nach dem Sinn eines Textes fragt, interpretiert sie.

Von einer anderen Warte aus betrachtet kann die Vielzahl der Zugänge und Leseweisen als Spiegel der Offenheit (nicht Beliebigkeit) und des unausschöpflichen Sinnreichtums der Bibel gelten: Die Bibel spricht mit vielen Stimmen, die auf unterscheidlichen Kanälen (d.s. die Zugänge und Leseweisen) zu ihren Adressaten vordringen.

Eine zweiter Unterschied, der gerade in den zum Teil sehr heftig und medienwirksam geführten Debatten um die Bibelauslegung oft nur wenig beachtet wird, ist die Differenz zwischen grundlegenden Perspektiven oder leitenden Interessen für die Beschäftigung mit der Bibel und den verschiedenen Arten der Textuntersuchung, also der Unterschied von *Hermeneutik* (= Lehre vom Verstehen) und *Methodik* (einzelne Arbeitschritte/ »Handwerkszeug« im Umgang mit dem

Text), bildlich formuliert, der Unterschied zwischen verschiedenen Bauvorhaben und unterschiedlichen Werkzeugen. Wie sich eine Säge für die Herstellung eines Tisches und eines Dachstuhls verwenden läßt, können auch viele Methoden z.B. sowohl für historisch-kritische Rekonstruktionen der Entstehungssituation eines biblischen Buches als auch für eine feministische Lektüre eingesetzt werden.

Im vielfältigen gegenwärtigen Angebot an Zugängen zur Bibel drückt sich auch ein tiefgreifender Wandel in der Bibelwissenschaft der letzten Jahre aus. Galt lange Zeit die historisch-kritische Methode als wichtigste und leistungsfähigste

Die Bibel

als heilige Schrift (Kanon) einer Glaubensgemeinschaft

3 Dimensionen: Literatur (verschriftete Texte),
Geschichte (Überlieferung),
Theologie (Wort Gottes im Menschenwort)

Hermeneutik

Verstehensansätze, d.h. grundlegende Perspektiven/ leitende Interessen im Umgang mit der Schrift

Suche nach der Welt hinter dem Text – Erklären u. Verstehen des Textes aus seiner Welt

– historisch-kritische Forschung
– sozialgeschichtliche Bibelauslegung
– [tiefenpsychologische Exegese]

Verstehen des Textes in der Welt gegenwärtiger Leserinnen und Leser

– befreiungstheologische Bibellektüre
– Schwarze Theologie
– feministische Bibelauslegung
– psychologische Zugänge
– Bibliodrama
– Bibel-Teilen
– Bibel im Gottesdienst

Verstehen des Textes als eigene Welt (»textum«/Struktur)

– Strukturalismus
– narrative Analyse
– rhetorische Analyse
– kanonische Bibelauslegung
– jüdische Auslegung

Methodik

wichtige Differenz: Auslegung/Interpretation eines Textes – Gebrauch eines Textes

wissenschaftliche Methoden der Erschließung von Text und Kontext

– Methoden historisch-kritischer Textuntersuchung: bes. Textkritik, Literar- u. Redaktionskritik, Form- u. Gattungskritik, Traditionskritik,
– Erzählanalyse u. rhetorische Kritik
– Wirkungs- u. Auslegungsgeschichte
– sozial- u. religionsgeschichtliche Untersuchung
– psychologische Analyse

Methoden der Bibelarbeit (in Gruppen)

– textorientiert oder teilnehmerorientiert
– kreativ-künstlerische Aneignung u. Umsetzung
– Bibliodrama
– Vielzahl von Gesprächsformen (Bibel-Teilen, Vesterås-Methode u.a.)

Gebrauch der Bibel in der Liturgie

– Schriftlesung
– Schriftpredigt

Privater Umgang mit der Bibel

– verschiedene Methoden der Betrachtung u. Meditation: geistliche Schriftlesung u.a.
– Bibel als (Welt-)Literatur

Methode der Bibelauslegung, so haben neue Einsichten benachbarter Wissenschaften und Erkenntnisse der Grenzen dieser Methode zu einer Erweiterung des Methodeninstrumentariums geführt.

Verschiedene Perspektiven und Interessen (Hermeneutik)

Die vielfältigen Zugänge zur Schrift lassen sich leicht ordnen, wenn man berücksichtigt, daß sich in ihnen drei verschiedene Antworten auf die Frage ausdrücken, wo Sinn zu finden ist:

1. in der Welt *hinter* dem Text, d.h. der Welt, aus der der Text kommt
2. *angesichts* des Textes, d.h. indem man die gegenwärtige Welt zum Ausgangspunkt für die Beschäftigung mit dem Text nimmt
3. *im* Text, d.h. daß man den Text als eigene Wort-Welt erfaßt, die die Dinge neu sehen lehrt und neue Erfahrungen ermöglicht.

Die Zugänge lassen sich nicht exklusiv oder randscharf einem diesen drei Typen zuordnen, weil zum Verstehen immer alle drei Perspektiven gehören, aber sie unterscheiden sich deutlich in der Wahl des Ausgangs- oder des Schwerpunktes der Interpretation. Vom Ansatzpunkt her lassen sich auch die Leistungen und Grenzen der einzelnen Zugänge beschreiben.

Vom Text zur Welt hinter dem Text

Texte sind gewissermaßen kleine Ausschnitte aus einem großen kulturellen und gesellschaftlichen Zusammenhang, einer Welt. Und zu ihrem Verständnis gehört die Kenntnis dieser Welt. Die Welt der Bibel ist versunken – zu einem Forschungsfeld der Archäologie geworden. Oft bietet nur der Text die Möglichkeit, den verlorenen kulturellen Zusammenhang zu re-konstruieren.

Historisch-kritische Forschung
Die Bibel ist eine Sammlung von Texten der Vergangenheit. Sie stammt aus einer fremden Kultur und ist abgefaßt in den »toten« Sprachen Hebräisch, Aramäisch und Griechisch. Wer die Bibel verstehen will, muß sich methodisch von seiner Kultur und Erfahrungswelt distanzieren und sich gewissermaßen in eine fremde und ferne Welt begeben. Nur dieser Schritt aus der eigenen in die andere Welt der Bibel bietet die Gewähr dafür, daß nicht der Ausleger, sondern die Bibel mit ihrer eigenen Stimme zu Wort kommt: Das ist die Grundeinsicht historisch-kritischer Bibelforschung, wie sie seit ca. 300 Jahren in der westlichen Welt praktiziert wird. Als einer der Gründerväter gilt der niederländische Philosoph, Naturwissenschaftler und Theologe Baruch de Spinoza (1632-1677).

Mit dem historischen Interesse ist von Anfang an ein ausdrücklich kritischer Impetus verbunden. Das biblische Geschichtsbild hält in vielen Punkten der Kritik nicht stand. Wer wissen will, »wie es eigentlich gewesen ist« (Leopold von Ranke), muß zuerst einmal nach dem Quellenwert der biblischen Zeugnisse fragen und wird dabei oft zu einem negativen Ergebnis kommen. Anstößig ist das besonders für den, der die Bibel vornehmlich als ein Geschichtsbuch betrachtet und den biblischen Autoren ein modernes Verständnis von Geschichtsschreibung unterstellt, sie also unkritisch an modernen Maßstäben mißt.

Dieser historisch-kritische Ansatz (Hermeneutik) wird oft gleichgesetzt mit den historisch-kritischen Methoden (Plural!), einem Set von Techniken der Texterschließung, die innerhalb dieses Ansatzes ausgebildet wurden, aber auch im Rahmen anderer Zugänge angewendet werden können. Im Bereich der Universitätstheologie werden diese Methoden nahezu überall angewandt, sind seit langem so etwas wie das kleine Einmaleins wissenschaftlicher Bibelauslegung:

- Die Textkritik vergleicht die ältesten Abschriften des Textes und sichert den ältesten erreichbaren Text, prüft also die materiale Grundlage der weiteren Arbeit.
- In der Literar- und Redaktionskritik wird die oft verwickelte Wachstumsgeschichte des Textes

rekonstruiert. Die biblischen Bücher sind selten in einem Zug entstanden, sondern wie die ganze Bibel das Werk verschiedener Autoren, die oft über einen langen Zeitraum immer wieder an den Texten gearbeitet haben. Wie bei einer mittelalterlichen Kathedrale lassen sich oft Spuren der Entstehungsgeschichte erkennen, die Rückschlüsse auf die verschiedenen Entwicklungsphasen erlauben. Im Unterschied zu moderner Autorenliteratur bezeichnet man diesen Literaturtyp als Fortschreibungsliteratur. Das uns heute vorliegende Jesaja-Buch ist z.B. nicht das Werk eines einzigen Verfassers, sondern das Ergebnis einer Entwicklungsgeschichte, die sich von der Mitte des 8. Jh. bis zum Ende des 3. Jh. v. Chr. erstreckt.

- Form- und Gattungskritik untersuchen das individuelle Gestaltungsprofil eines Textes (Form) und das Sprachmuster (Gattung), dessen ein Autor sich bedient hat. Bei der Literaturproduktion gehen stets der individuelle Gestaltungswille des Autors und die Vorgaben von gesellschaftlichen Sprachkonventionen (von Grußformeln über Redetypen bis zur Anlage von Erzählungen) Hand in Hand. Dieser Methodenschritt erlaubt oft Rückschlüsse auf die Funktion eines Textes in der Gesellschaft des alten Israel.
- Die Traditionskritik ergänzt die Frage nach den Abhängigkeiten des Autors von gesellschaftlichen Vorgaben, indem sie Aussagen und Vorstellungen eines Textes in theologische Strömungen Israels einordnet.

Die historisch-kritischen Methoden zielen darauf ab, einen Text aus dem Leben des alten Israel, seiner Geschichte und Kultur, zu verstehen. Es gilt herauszufinden, was ein Text damals bedeutet hat. Da die Texte oft eine lange Entwicklung widerspiegeln, werden Bedeutungsverschiebungen im Laufe dieser Entwicklungsgeschichte sorgfältig registriert. Die Textinterpretation ist folglich historisch-diachron ausgerichtet. Die Ergebnisse historisch-kritischer Arbeit sind unverzichtbar für ein angemessenes Verständnis, weil jeder Text eine ganze Welt voraussetzt. Der italienische Semiotiker Umberto Eco bezeichnet diese Voraussetzung als »kulturelle Enzyklopädie«, die immer im Hintergrund eines Textes präsent ist, oder in Erinnerung gerufen werden muß, wenn man mit einem Text der Vergangenheit ins Gespräch kommen will. Historisch-kritische Bibelwissenschaft widmet sich der Wiedergewinnung dieser kulturellen Enzyklopädie, der Welt, aus der die Bibel kommt, und leistet deshalb einen unverzichtbaren Beitrag zu deren Verständnis.

Historisch-kritische Arbeit an biblischen Texten ist Ausdruck einer bestimmten Haltung: Der Text selbst soll im Horizont seiner Entstehungssituation verstanden werden; aktuelle Interessen des Forschers haben dahinter zurückzutreten. Dieses Ethos der Wissenschaftlichkeit hat in den letzten zwei bis drei Jahrhunderten zu einer enormen Steigerung des Wissens über die Bibel und zu sehr differenzierten Einsichten in die Geschichte einzelner Bücher und die Vielfalt und Entwicklung ihrer Theologien geführt.

Die gegenwärtige Kritik an der historisch-kritischen Bibelwissenschaft setzt häufig hier an: Zwar wissen wir sehr genau, was ein Text in seiner Zeit bedeutet hat, aber die Frage, was er aktuell bedeutet, wird von der Bibelwissenschaft oft völlig ausgeblendet oder den anderen Fächern der Theologie überlassen. Die Frage, wie sich der historische Sinn des Textes zu seinen vielen Sinnmöglichkeiten verhält, bleibt im Rahmen dieses Ansatzes ungeklärt. Historisch-kritische Arbeit ist nicht objektiv und wertneutral, weicht aber auch dieser Frage oft aus. Textinterpretation ist immer ein dialogisches Geschehen, in das Text und Leser(-in) einbezogen sind. Sinn wird nicht objektiv festgestellt, sondern in einem aktuellen Zusammenhang gewonnen. Diese Erkenntnis wird zum Ansatzpunkt der zwei nachfolgenden Typen von Zugängen. Zuvor sollen aber neueren Ansätze vorgestellt werden, die ebenfalls einen Zugang zum Text über die Welt suchen, aus der ein Text kommt.

Sozialgeschichtliche Bibelauslegung

Auch bei diesem Ansatz dominiert der geschichtliche Aspekt in der Textbehandlung. Leitend ist der

Gesichtspunkt, daß biblische Texte ebenso wie jede andere Literatur in einem engen Wechselverhältnis zur jeweiligen Gesellschaft stehen. Gegen die pauschale und abstrakte Rede von »der Bibel« lenkt die sozialgeschichtliche Auslegung die Aufmerksamkeit auf einzelne Sektoren der israelitischen Gesellschaft und auf historische Prozesse, die ihren Niederschlag in den Texten gefunden haben. Sie zeigt die Dominanz von Recht und Wirtschaft in der Gesellschaft auf und nimmt neben den Königen und Propheten auch den Alltag vor allem der »kleinen Leute« wahr. So kommen zentrale Abschnitte des Alten Testaments, die aus einer bestimmten christlichen Brille an den Rand gedrängt wurden, erneut zum Sprechen: die großen Rechtsbücher im Pentateuch (z.B. Ex 21-23; Lev 17-26; Dtn 12-26) werden in sozialgeschichtlicher (und rechtsgeschichtlicher) Perspektive wahrgenommen als Formen konkreter, gesellschaftsbezogener und gesellschaftsprägender Gottesrede. Die prophetische Verkündigung tritt in ihrer sozialkritischen Dynamik hervor. Die Armenfrömmigkeit vieler Psalmen beschreibt nicht eine blasse Geisteshaltung, sondern nennt Bedingungen gelebter Solidarität. Obwohl historisch ausgerichtet, zeigt sich deutlich die aktuelle Relevanz sozialgeschichtlicher Bibelinterpretation (s.u. befreiungstheologische Bibellektüre). Sozialgeschichtliche Bibelauslegung ist von dem enggefaßten Konzept materialistischer Exegese zu unterscheiden , die die israelitische Gesellschaft mit dem Instrumentarium marxistischer Gesellschaftsanalyse beschreibt.

Tiefenpsychologische Exegese

Die Einordnung dieses Zugangs neben der historisch-kritischen und der sozialgeschichtlichen Auslegung mag überraschen, denn Vertreter der tiefenpsychologischen Exegese üben nicht selten scharfe Kritik an diesen Ansätzen. Historische Fragen spielen denn auch innerhalb dieses Ansatzes keine Rolle. Dennoch gibt es eine erstaunliche strukturelle Parallele zwischen diesen Ansätzen, denn auch die tiefenpsychologische Exegese, die sich v. a. durch Carl Gustav Jungs Spielart der Psychoanalyse inspirieren läßt, sucht den Sinn in der Welt hinter dem Text. Die Welt ist nicht die des konkreten geschichtlichen Lebens, sondern die zu allen Zeiten und für die Menschen aller Zonen identische Welt der Archetypen, die das Handeln letztlich leiten und die grundlegenden religiösen Erfahrungen der Menschen prägen. Dem Ansatz kommt das Verdienst zu, die Symbolsprache der biblischen Texte und die therapeutische Seite des Glaubens wieder stärker bewußt gemacht zu haben.

Einige der kritischen Einwände gegenüber einem einseitig historischen Zugang zur Bibel gelten auch für die tiefenpsychologische Exegese: Sie verläßt den Raum des konkreten Textes zugunsten der ewig-selbigen Welt hinter dem Text. Die Bibel wird nicht eigentlich ausgelegt, sondern als Fenster zur ewigen Welt der Symbole und den Tiefenschichten der Seele benutzt. Der Text wird auf eine einzige »ursprüngliche« Bedeutung festgelegt. Die Bibel als komplex strukturiertes Begleitbuch einer Glaubensgemeinschaft wird zu einer Sammlung beliebig austauschbarer und erweiterbarer Dokumente für die Tiefenschichten der Seele. Die Ergebnisse tiefenpsychologischer Auslegung erwecken oft den Eindruck, daß die pralle Lebensfülle biblischer Texte über einen einzigen Leisten geschlagen wird, wenn an jeder Geschichte die Phasen der Selbstwerdung aufgezeigt werden.

Die Welt der Leserinnen und Leser als Zugang zum Text

Theoretische Entwicklungen in den Sprach- und Literaturwissenschaften, aber auch praktische Defizite vor allem der verbreiteten historisch-kritischen Exegese haben seit dem Ende der 60er Jahre zur Entwicklung zahlreicher neuer Ansätze der Bibelauslegung geführt.

Eine erste wichtige theoretische Einsicht ist die Erkenntnis der Mitarbeit von Leserinnen und Lesern im Sinnfindungsprozeß. Lesen und Auslegen von Texten ist kein passives Ereigniss. Texte sind Sinnpotentiale, die die Mitwirkung von Leserinnen und Lesern brauchen, um ihre Möglichkeiten zu entfalten. Wer den Textsinn gleichsetzt mit der Absicht des Autors, übersieht die Offenheit des Textes. Mit der Abfassung eines Textes wird der Text gewissermaßen aus der Vormundschaft des Autors entlassen und selbständig; die Textwissenschaft redet deshalb zu Recht vom »Tod des Autors« (Roland Barthes). Für die Bibelauslegung bedeutet das: Die Aufmerksamkeit richtet sich nicht mehr in erster Linie auf den Autor und die Entstehungssituation des Textes, sondern auf den Akt des Lesens als den Ort der Sinnproduktion (rezeptionsästhetischer Ansatz). Damit wird Auslegung jedoch nicht der Beliebigkeit der Leserinnen und Leser überlassen. Der Text breitet mit seiner Struktur sozusagen ein begrenztes Spielfeld aus, auf dem sich die Leseaktivität entfalten kann. Aufgabe wissenschaftlicher Auslegung ist es nicht, die einzig richtige Interpretation vorzugeben, sondern die Begrenzungen des Spielfeldes zu markieren. Eine weitere Aufgabe der Bibelwissenschaft ist die Beseitigung von Lesehemmnissen z. B. durch eine Aufklärung über den kulturellen Hintergrund eines Textes.

Für die Neuansätze in der Bibelauslegung war zweitens die Erkenntnis bedeutsam, daß jede Bibelauslegung in einem Zusammenhang mit der konkreten Lebenswelt der Ausleger steht. Ein Obdachloser in den Favelas von Rio de Janeiro liest die Seligpreisungen der Bergpredigt anders als ein Prediger in einer Neubausiedlung einer mitteleuropäischen Großstadt. Bibelauslegung geschieht immer »im Kontext«. Durch beide Einsichten wurde ein verbreitetes Zwei-Schritt-Denken, nach dem die Bibel erst ausgelegt und die Ergebnisse dann angewendet werden, überwunden: Verstehen baut sich auf in einem engen Dialog zwischen Text und Leser/-in, der kulturellen Enzyklopädie des Textes (s.o.) und der gegenwärtigen Welt. Verstehen ist ein offener Prozeß – wie die Geschichte.

Während die historisch-kritische Bibelforschung ihre Sicht der Bibel immer differenzierter gestaltete und die Fülle ihrer Erkenntnisse ständig wuchsen, wurde in der Praxis der Verkündigung der Abstand zwischen der wissenschaftlichen Annahme, was ein Text bedeutet hat, und der Erfahrung, was er bedeutet, immer stärker als Defizit des üblichen Zugangs zur Bibel wahrgenommen. Die neuen Auslegungsansätze und Methoden des Umgangs mit der Bibel wollen teils die historisch-kritische Bibelwissenschaft ergänzen und weiterführen, teils Alternativen anbieten. Im folgende werden exemplarisch einige wichtige neuere Zugänge zur Bibel erläutert.

Befreiungstheologische Bibellektüre

Der in lateinamerikanischen Basisgemeinden entwickelte Ansatz der Bibellektüre stellt die Bibel unmittelbar hinein in den Kontext der Erfahrung struktureller Ungerechtigkeit und Gewalt. »Die gesellschaftlichen Konflikte, in die das arme gläubige Volk verwickelt ist, sind sozusagen der Feuerofen, in dem Glaube und Bibel ihre Wahrheit zu erkennen geben.«[1] Die Armen Lateinamerikas erkennen sich wieder im Befreiungskampf des Volkes Israel, in den Anklagereden der biblischen Propheten, in den Armen der Bibel, in der Passion Jesu. Die Bibel erzählt die Geschichte der Armen. Ihre Situation wird in der Konfrontation mit der Bibel aufgedeckt, die biblische Gottesbotschaft befreit aus der Resignation und Hoffnungslosigkeit.

Die Unmittelbarkeit des Umgangs mit der Bibel läßt sich nicht direkt in andere gesellschaftliche Kontexte übertragen, vor allem wenn die gesellschaftlichen Situationen komplexer sind. Gründliche Textarbeit und kritische Differenzierungen können den Bibeltext vor der Gefahr ideologischer Vereinnahmung schützen. Dennoch stellt die befreiungstheologische Bibellektüre eine ständige Herausforderung für den Umgang mit der Bibel in den reichen Kirchen der westlichen Welt dar. Durch die Konfrontation der Bibel mit gesellschaftlichen Erfahrungen nimmt sie der Bibellektüre jeden Anschein von Harmlosigkeit und Unverbindlichkeit und setzt das Veränderungspotential der Bibel frei. Als besondere Ausgestaltungen befreiungstheologischer Bibelauslegung können die beiden folgenden Ansätze verstanden werden.

Der Ansatz Schwarzer Theologie
Diese Art des Neulesens der Bibel ist im Kontext des Rassimus in den USA und Südafrika entstanden. Auch hier werden Ägypten und das gelobte Land nicht in der Vergangenheit verortet, sondern Ägypten ist das Land der Sklaverei und Kanaan dort, wo es keine Sklaverei (mehr) gibt. Die »Spirituals«, die Gesänge der schwarzen Sklaven im Süden der USA, bezeugen diese Art identifizierender Bibellektüre, besonders der Texte des Alten Testaments. Die Bibel steht im Dienst des Ringens um Selbstbewußsein und Würde der Schwarzen, um den Aufbau einer menschlichen Gemeinschaft nach der Überwindung der Unterdrückung.

Feministische Bibelauslegung
Die Notwendigkeit einer feministischen Lektüre der Bibel ergibt sich aus der Einsicht, daß die Bibel als Instrument zur Unterdrückung von Frauen eingesetzt worden ist (und noch wird) und daß im Zuge dieser patriarchalen Vereinahmung der Bibel spezifisch weibliche Traditionen oder patriachatskritische, die Gleichwertigkeit der Geschlechter betonende Ansätze der Bibel verschleiert worden sind.

Es lassen sich verschiedene Typen feministischer Bibelauslegung unterscheiden: Ein Typ nimmt gewissermaßen die Bibel gegen ihre frauendiskriminierende Auslegungsgeschichte in Schutz und deckt ihr befreiendes Potential auf, während eine andere, extreme Spielart die Bibel als unrettbar patriarchalisch ablehnt und außerhalb der Bibel und ihrer Tradition nach Formen spezifisch weiblicher religiöser Erfahrung sucht. Eine dritte Gruppe feministischer Exegetinnen verortet den Umgang mit der Bibel im Befreiungskampf der Frauen und benennt damit zugleich einen Ort und einen Maßstab der Bibelauslegung, die »Ekklesia der Frauen« (Elisabeth Schüssler Fiorenza). Methodisch ist der feministische Ansatz sehr offen und aufnahmefähig. Vor allem sozial- und religionsgeschichtliche Forschung dient der Entdeckung verschütteter und unterdrückter Traditionen in der Bibel, der Welt, in der sie entstanden ist, und ihrer 2000jährigen Wirkungsgeschichte. Neben diesen eher traditionellen Methoden spielen strukturalistische und leserinnen-orientierte Verfahren der Auslegung und kreative Aktualisierungen (s.u.) eine wichtige Rolle.

Psychologische Zugänge
Psychologische Theorien und Analysemethoden finden über die in letzter Zeit besonders beachtete Tiefenpsychologie (s. o.) hinaus zunehmend Beachtung in der Bibelauslegung. Während die tiefenpsychologische Bibelauslegung den Text schnell hinter sich läßt, um hinter der Textoberfläche die ewigen Wahrheiten der Selbstwerdung zu entdecken, bemühen sich neuere Ansätze um eine Verbindung von intensiver Textarbeit und psychologischer Auslegung. Psychologie wird dabei nicht auf die Texte angewandt, indem sie wie Träume gedeutet werden, sondern die Psychologie dient dem Verständnis von im Text beschriebenen Vorgängen. So kann z.B. die Entwicklungspsychologie helfen, Aussagen des Paulus über seine Bekehrung und seine Selbsterfahrung im Glauben zu verstehen. Mit Hilfe der Theorie kognitiver Dissonanz kann die Verarbeitung des Todes Jesu unter seinen Anhängern oder die Wirkung prophetischer Predigt erhellt werden. Neuere Ansätze setzen die Psychologie ein, um den Prozeß des Lesens biblischer Texte zu klären: Wie baut sich im Lesen Sinn auf? Oder wie wirkt ein konkreter Text auf Leserinnen und Leser verschiedenen Alters und verschiedener Lebenssituationen?

Bibliodrama
Bibliodrama ist als eine spezielle Form des Psychodramas eine Methode ganzheitlichen Erlebens und Erfahrens der Bibel, so etwas wie eine Exegese

im Vollzug. Im spielerischen In-Szene-Setzen biblischer Vorgaben werden die Möglichkeiten der biblischen Erzählung ausgelotet, und zugleich eigene Handlungsmuster beleuchtet, korrigiert und erweitert. Den biblischen Texten wird eine therapeutische, eine befreiende Kraft zugetraut. Im gemeinsamen Spiel kann sich diese Dynamik entfalten; es eröffnet jenseits des rationalen Zugangs Wege der Wahrnehmung des biblischen Textes.

Bibel-Teilen
Das Bibel-Teilen, oder die Sieben-Schritte-Methode ist eine Form der gemeinsamen Beschäftigung mit der Bibel, die in Südafrika entwickelt wurde, um der wiederentdeckten Bedeutung der Laien in der Kirche ein spirituelles Fundament zu geben. Sie stößt inzwischen auch in Europa auf großes Interesse. Das Bibel-Teilen sucht einen Zugang zum Wort der Schrift nicht über Erklärung und Diskussion, sondern über das Hören und meditative Aufnehmen des Schriftwortes und den Austausch über Erfahrungen mit dem Wort. Die Methode erinnert an die in der Mönchstradition beheimatete Form der geistlichen Schriftlesung mit den Schritten »lesen – meditieren – betend antworten«, übertragen auf den Kontext einer kleinen Gemeinschaft.

Die Bibel im Gottesdienst
Der jüdische und der christliche Gottesdienst leben gewissermaßen von der Schrift. Im Zentrum steht nicht nur der Vortrag biblischer Texte, sondern auch Gebete und Gesänge schöpfen aus der Bibel. Für viele ist der Gottesdienst der einzige Ort der Begenung mit der Bibel. Der Gottesdienst vermittelt auch einen Zugang zur Schrift. Er bildet einen Raum, in dem die Schrift als Wort Gottes für das Leben gehört wird. Die Auslegung der biblischen Lesung in der Predigt bringt dies zum Ausdruck. Die Bibel erzählt von einer großen Befreiungsbewegung, die darin gipfelt, daß Gott sich ein Volk schafft, das ihm dient und zum Hoffnungszeichen für alle Menschen wird. Im Gottesdienst werden also Inhalt der Bibel (die Geschichte der Einrichtung des Gottesdienstes) und aktuelles Tun der Gemeinde kongruent: Es wird erlebbar, was die Bibel erzählt und in den Liedern besingt.

Der Text als eigene Welt

Richtet die erste Gruppe der zuvor beschriebenen Zugänge ihr Augenmerk vor allem auf den Autor und die Entstehungssituation des Textes und die zweite Gruppe den Akzent auf die Sinnproduktion durch Leserinnen und Leser, so stellt die dritte Gruppe den Text selbst in den Mittelpunkt des Interesses. Der Text ist nicht nur ein Medium, gleichsam ein Kanal, durch den die Kommunikation hindurchgeht. Texte sind Größen mit einem eigenen Gesicht oder Systeme, die nach eigenen Gesetzen funktionieren. Es ließen sich weitere Bilder finden, die die Texte als eigene Welten beschreiben.

Strukturalistische Bibelauslegung
Auf den Begründer der modernen Linguistik, Ferdinand de Saussure (1857-1913), gehen letztlich alle neueren Ansätze der Textauslegung zurück, die den Text als Gestalteinheit begreifen und ihn als eine sinntragende Struktur beschreiben. Diese Zugänge sind synchron, auf den vorliegenden Text ausgerichtet im Gegensatz zu diachronen, d.h. entstehungsgeschichtlichen Untersuchungen.

Die Erzählforschung hat gezeigt, das sich hinter der Vielfalt der Texte einige stets wiederkehrende unveränderliche Erzählmuster finden lassen. Der Strukturalismus erschließt Texte von diesen Mustern, ihrer Grammatik, her. In der Tendenz, alle biblischen Texte mit einer recht eingeschränkten Grammatik erfassen zu wollen, und der Ausblendung historischer Besonderheiten der Texte, liegt die Grenze dieses Ansatzes.

Elemente des strukturalistischen Ansatzes und verwandter Methoden der Textanalyse werden heute vielfach in der Bibelarbeit außerhalb der Wissenschaft angewandt. Sie helfen auch bibelexegetisch wenig vorgebildeten Leserinnen und Lesern, in der Begegnung mit der Bibel von den eigenen Interessen abzusehen und Texte möglichst genau zu erfassen. Einfache Strukturanalysen (z.B. die Herausarbeitung von Leitwörtern, die Frage nach den Personen eines Textes und ihren Rollen; die Beobachtung von Ortsveränderungen) führen mitten in die Texte hinein und bieten eine gute Basis für eine intensive Auseinandersetzung mit dem Text, die nicht von vorneherein durch die Vorgaben von Fachleuten gesteuert wird.

Die historisch-kritische Bibelwissenschaft hat gerade in den letzten Jahren ihr Instrumentarium um Methoden der genauen Textbeschreibung erweitert und so dem Trend zur Auflösung der Texte in ihre Entstehungsbedingungen gegengesteuert. Sie greift vor allem zurück auf Arbeitsschritte aus dem Bereich des Strukturalismus und der narrativen Analyse, neuerdings auch der rhetorischen Textanalyse, die besonders den Kommunikationsaspekt von Texten untersucht. Grundlage der wissenschaftlichen Bibelauslegung ist heute in der Regel eine möglichst genaue Beschreibung des Textes. Auf Außenstehende wirkt die Arbeit »mit allen Mittel der Kunst« (auch mit dem Einsatz von Computern) oft übertrieben und lebensfern. Man kann darin aber auch einen Ausdruck großen Respekts vor dem Text der Bibel sehen. Mit welchem Buch macht man sich sonst solche Mühe?

Kanonische Bibelauslegung

Daß die Bibel das Ergebnis eines langen Entstehungsprozesses ist, wird kaum jemand bestreiten. Den Leserinnen und Lesern stellt sie sich aber als Einheit und Ganzheit dar, die eine Vielfalt von Büchern, literarischen Formen und Themen einschließt. Außerdem ist die Bibel nicht irgendein Text der Antike. Sie unterscheidet sich gerade darin von den großen Literaturwerken des Alten Orients, daß sie nicht jahrhunderte- oder jahrtausendelang im Schutt verschollen war, sondern immer das heilige Buch lebendiger Glaubensgemeinschaften von Juden und Christen gewesen ist.

Beide Kennzeichen der Bibel – ihre vielfältige Einheit und ihre Bedeutung als Glaubenszeugnis – nimmt eine neue Richtung der Bibelauslegung zum Ansatzpunkt; sie faßt diese Kennzeichen mit den Stichwort »Kanon« zusammen. »Die Kanon-Werdung der biblischen Bücher bedeutet nichts anderes, als daß die Hl. Schrift des Gottesvolkes zu einem eigenen Heilswerk Gottes für sein Volk geworden ist. Sie schwebt nicht einfach als begleitende Kommentierung über den göttlichen Heilstaten – wiewohl sie auch diese Funktion ausübt -, sondern wächst zu einer ›Wort-Welt‹ heran, in welcher die Menschen heimisch und zu dem werden, was man ›gläubig‹ nennt. Dem Menschen als einem spezifischen ›Kultur-Wesen‹ ist im Grunde nicht die materielle Molekül-Welt das Allernächste und ihn Prägende, sondern er wird in der Welt der Sprache und des Wortes zum eigentlichen Menschen. Analog wird das Gottesvolk zu dem, was es ist, durch Hören, Lesen und Verinnerlichen des zur Schrift gewordenen göttlichen Offenbarungswortes.«[2]

Kanonische Bibelauslegung liest die Bibel als *ein* Buch, indem sie einen einzelnen Text im Resonanzraum der gesamten Schrift hört. »Biblische Texte sind als Texte der Bibel zu behandeln, das heißt: einer Einheit, die, wenn auch geworden, aus vielen und vielfältigen, ganzen und fragmentarischen Elementen zusammengewachsen, doch eine echte organische Einheit und nur als solche wahrhaft zu begreifen ist.«[3] Man bezeichnet diese Art der Auslegung auch als holistische oder Endtextexegese, obwohl diese Ausdrücke mißverständlich sind, denn die kanonische Bibelauslegung unterstellt keineswegs, die Bibel sei aus einem Guß. Der Ansatz will vielmehr die Vielgestaltigkeit und Vielstimmigkeit des Redens von Gott zur Geltung bringen; darin bewahrt die Bibel die Größe und Unergründlichkeit Gottes.

Jüdische Auslegung

Was Auslegung der Bibel bedeuten kann, wird am jüdischen Umgang mit der Schrift ablesbar. Die Bibel hat in der gesamten Geschichte des Judentums eine nahezu unfaßbare Kreativität freigesetzt, ganz gleich, ob ihre Geschichten weitererzählt werden, ob in ihr Weisung für die gottgefällige Gestaltung selbst der Details des alltäglichen Lebens gesucht wird, oder ob sie als Werk gelesen wird, in dem Gott Israel die Geheimnisse der Schöpfung mitteilt.

Wollte man zusammenfassen, »was jüdische Hermeneutik besonders auszeichnet, müßte man wohl die Vieldeutigkeit des Textes nennen. Offenbarung läßt sich nicht auf einen einzigen Sinn, auf dogmatisch formulierbare Wahrheiten reduzieren. Der hebräische Text, v.a. in seiner unvokalisierten reinen Konsonantenform, enthält eine Fülle von Möglichkeiten, Bausteine einer Welt, die sich immer wieder neu zusammenfügen lassen und die letzthin alle auf Gott hinweisen ... Der Text ist nicht etwas Fertiges: der Empfänger muß ihn sich zuerst zu eigen machen, durch Auslegung aneignen. Nach einem rätselhaften Gleichnis des Zohar ist die Tora ein schönes Mädchen ohne Augen; der die Bibel studiert, ist dagegen voll von Augen; er ist es, der ihre Schönheit entdeckt und ihr ihre Farben gibt.«[5]

Jüdische Schriftauslegung wird für Christen zu einer dreifachen Herausforderung:

- erstens, die Schrift als Schrift ernstzunehmen und die Sinnmöglichkeiten des Textes mit allen Mitteln auszuloten und viele Zugänge zur Schrift und viele Interpretationen nebeneinander gelten zu lassen. Zwischen einer starren Einlinigkeit (gegen die auch schon ein Blick in die eigene christliche Tradition spricht) und einer unverbindlichen Beliebigkeit erstreckt sich ein weites Feld lebendiger Aufnahme der Schrift in Treue und Freiheit;

- zweitens, die Vielstimmigkeit und auch die Dissonanzen der Schrift wahrzunehmen als Verweis auf die Größe Gottes und die Grenzen menschlicher Erkenntnis. Die christliche Schriftensammlung »Neues Testament« braucht den Resonanzraum der Jüdischen Bibel / des Alten Testaments, das Neue Testament kommt erst im Chor der ganzen Bibel zum Klingen;

- drittens, die den Alltag gestaltende Kraft des biblischen Wortes zu suchen, gegen die christliche Gefahr einer Spiritualisierung der Gottesbotschaft. Wo könnte dies besser gelernt und gelebt werden als in einer Ökumene von Juden und Christen?

Zur fundamentalistischen Auslegung

Besondere Attraktivität besitzt gegenwärtig ein Zugang, der als Fundamentalismus bezeichnet wird. Fundamentalisten beanspruchen, die Bibel ganz wörtlich zu nehmen und so dem Wort Gottes besondere Beachtung zu schenken. Das Hauptproblem dieses Ansatzes ist, daß er den Doppelcharakter der Bibel als Wort Gottes in Menschenwort außer acht läßt und daher zu der Behauptung genötigt wird, alles habe sich so ereignet, wie es in der Bibel berichtet wird. Die vermeidbaren Schwierigkeiten fangen bereits auf der ersten Seite der Bibel an. Fundamentalisten müssen auf Biegen und Brechen daran festhalten, daß die Welt in sechs Tagen entstanden ist, weil sie die Schöpfungsgeschichte als Tatsachenbericht lesen.

Die wissenschaftlich-kritische Bibelforschung der letzten 200 Jahre hat zu der Einsicht geführt, daß die Wahrheit der Bibel nicht auf historische Faktizität reduziert werden kann. D.h. auch wenn etwas nicht so geschehen ist, wie es die Bibel berichtet, wird der biblische Text nicht bedeutungslos. Der Schöpfungstext am Anfang der Bibel entwirft z.B. ein Verständnis der Welt und des Menschen, das uns unsere Welt mit neuen Augen betrachten lehrt: die Welt als ein von Gott geschenktes (nicht selbstproduziertes) Lebenshaus für alles Lebendige, in dem alles sehr gut / lebensförderlich geordnet ist. Der Fundamentalismus verfehlt die theologische Tiefendimension der Bibel, weil er an der Oberfläche der Ereignisgeschichte seine Kräfte mit Scheingefechten vergeudet und ein kritisches Nachdenken über die geschichtliche Bedingtheit allen Sinnverstehens verweigert.

Ein unausschöpfliches, ein göttliches Buch

»Thesen kommen und gehen, die Texte bleiben.«[5] Das auf die biblischen Texte bezogene Wort Martin Bubers kann man noch ergänzen: Biblische Hermeneutiken, Methoden, bibelwissenschaftliche Forschungsergebnisse kommen und gehen, die Bibel bleibt. Aus diesem Wort spricht die Erfahrung eines Bibelgelehrten, dessen Arbeit in der großen Tradition jüdischer Bibelauslegung steht: Im Blick darauf wird die Begrenztheit und Überholbarkeit des eigenen Zugangs deutlich. Wer in seiner eigenen Arbeit offen ist für die Tradition der Bibelauslegung, wird Bereicherung erfahren – die sich letzlich dem ungewöhnlichen, dem göttlichen Buch selbst verdankt.

Die Bibel war und ist eine ständige Provokation zum Lesen als Weg zu sich selbst, zum anderen, zu Gott als dem Geheimnis beider! Nach einem längeren vertrauensvollen Umgang mit ihr, kann auch aufgeklärt-kritischen Zeitgenossen eine »zweite Naivität« (Friedrich Schiller) als Lesehaltung geschenkt werden, ein neuer Sinn für die vielen Wunder, von denen sie erzählt.

Lesen, vor allem das Lesen der Bibel, ist ganz und gar unmodern. Es ist ein stiller Protest gegen eine Konsumhaltung, die kulturelle Angebote exzessiv verbraucht und sich ständig nach neuen Erlebnismöglichkeiten umsehen muß. Mit dem immer neuen Lesen derselben alten Texte sind die Erfahrung und das Eingeständnis verbunden, daß man mit ihnen nie fertig wird, daß sie immer größer bleiben als die Summe der eigenen Erfahrungen. »Nicht das Vielwissen sättigt die Seele, sondern das Verspüren und Verkosten der Dinge von innen her« (Ignatius von Loyola) – eine spirituelle Grundeinsicht, die sich nicht zuletzt im Umgang mit der Bibel immer wieder bestätigt.[6]

3. Schwerpunkte der Theologie

Frank-Lothar Hossfeld

Der eine Gott in der Geschichte (Monotheismus und »Heilsgeschichte«)

»Was Israel auszeichnet, ist, letztlich jedenfalls, der Monotheismus; ebenso kennzeichnend für seine Umgebung ist der Polytheismus.«[1]

Die Opposition Polytheismus - Monotheismus verlangt einen Kommentar. Der Polytheismus der Nachbarn Israels kann unterschiedliche Erfahrungen und Bereiche des Erlebens verarbeiten. Er kennt Familiengötter, die als Patrone für das Überleben ihrer Anhänger sorgen; das können Totengeister und vergöttlichte Ahnen sein. Er kennt persönliche Schutzgötter, die mit ihrem Verehrer zeitlebens eine enge Verbindung eingehen. Er kennt Ressortgötter, die nach lokalem Einsatzgebiet oder gemäß ihrer Funktion in einer ausdifferenzierten Gesellschaft unterschieden werden. Das können einerseits Stadt- bzw. Gebietsgötter bis hin zum Nationalgott sein, andererseits sind es Götter, die für bestimmte Berufsstände Funktionen übernehmen. Soziale und lokale Unterschiede einer Gesellschaft bilden sich in der Götterwelt des Polytheismus ab: die Unterscheidungen von Einheimischen und Ausländern, von Familie und Staat, von Stadt und Land, von verschiedenen Landschaften und umfassenderen Gebieten, von gesellschaftlichen Rängen. Der Polytheist bewegt sich in verschiedenen Räumen der Frömmigkeit, von der privaten Frömmigkeit zur Volksfrömmigkeit bis hin zur offiziellen Religion.

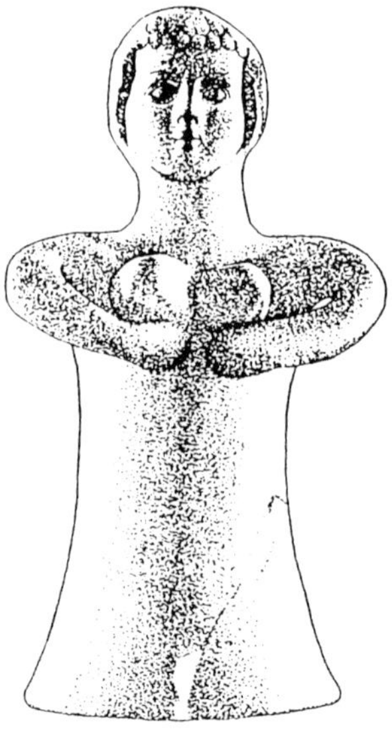

Diese eisenzeitliche Pfeilerfigurine ist ein typisches Beispiel für judäische Darstellungen einer Göttin im Bereich der privaten Frömmigkeit.

Auf diesem komplexen Hintergrund fällt der monotheistische Glaube Israels auf. Die genannten Unterschiede heben sich auf in die Konzentration auf den einen JHWH. Dieser ist ein Einzelgänger unter den Nachbargöttern, der nicht von vornherein in ein Götterpantheon einzuordnen ist, der keine Familie um sich schart oder verwandtschaftliche Beziehungen zu anderen Göttern aufbaut und der keine für ihn typische Ikonographie entwickelt bzw. keine spezifische Bildtradition kennt. Der Polytheismus ist in seinen Entwicklungen sehr flexibel. Er kennt Reduktionen der Vielfalt der Götter auf einen Stadt- oder Staatsgott (vgl. Assur, Marduk von Babylon und Amun in Ägypten), ja sogar monotheistische Episoden wie Aton in der El-Amarna-Epoche oder der Mondgott Sin von Haran zur Zeit Nabonids. Der Monotheismus dagegen strebt nach Kontinuität: In allem Wandel bleibt JHWH derselbe. Und so erzählt das Alte / Erste Testament von Anfang an die Geschichte des einen und einzigen JHWH, des Schöpfers und

Lenkers allen Geschehens. Und doch werden in dieser Geschichte Zäsuren vermerkt, die Entwicklungen andeuten. JHWH wird ab einem bestimmten Zeitpunkt der Frühzeit bei den Kenitern im Südland (Sinai, Edom) kultisch verehrt (Gen 4,26; vgl. Ri 4,11). Abraham, unser Vater im Glauben, kann in Gen 20,13 von der Führung durch Götter reden, die ihn aus dem Vaterhaus ins Ungewisse ziehen ließen. Nach Jos 24,2 haben die Väter Israels jenseits des Eufrat gewohnt und fremden Göttern gedient. Gemäß Ex 3 hat JHWH sich zuerst dem Mose am Dornbusch geoffenbart, und über diesen wird er den Israeliten bekannt. In analoger Weise spricht Ezechiel in einer großen Bildrede von den religiösen Ursprüngen Jerusalems und nennt als Ahnen Fremdvölker, die fremde Götter verehrten, wie die Amoriter und Hetiter (Ez 16,3; vgl. Ex 34,11). Der Monotheismus ist selbst für Israel nicht von Anfang an gegeben. Wie der Name Israel mit dem theophoren Element El anzeigt, haben das erwählte Volk und JHWH erst zusammengefunden. Die Priesterschrift hat daraus ein System der Offenbarungsentwicklung gemacht: In der Urgeschichte offenbart sich Gott als universaler Elohim, in der Patriarchengeschichte tritt er als El Schaddai (der Allmächtige) und ab Mose als JHWH auf (Gen 17,1; Ex 6,2f).

Für die Darstellung der Entwicklung des Eingottglaubens in Israel wird auf die Unterscheidung von Monolatrie (dauerhafte Verehrung eines Gottes, ohne die Existenz anderer Götter zu leugnen) und Monotheismus (Verehrung des einzigen Gottes bei Ablehnung der Wirksamkeit und Existenz anderer Götter) zurückgegriffen. Konsens besteht darin, daß in Bezug auf Israel erst relativ spät, ab dem Exil im 6. Jh., von Monotheismus gesprochen werden kann. Dissens besteht hinsichtlich der Beurteilung der vorexilischen Phasen des Gottesglaubens in vorstaatlicher und staatlicher Zeit. »[Es] kann heute rundweg behauptet werden, das vorexilische Israel sei ›polytheistisch‹ gewesen. Die alttestamentlichen Quellen sind jedenfalls kritisch zu lesen; mit tiefgreifenden Projektionsvorgängen ist zu rechnen.«[2] »Im ersten Stadium ihrer Geschichte ist Israels Religion ebenso polytheistisch und heidnisch wie die Religionen seiner Umwelt: neben dem Nationalgott Jahwe, der etwa im Gott Assur von Assyrien oder in Kemosch von Moab Entsprechungen hat, werden noch viele andere Götter verehrt.«[3] Die Gegenposition: »Die These, daß Israel von seinem Ursprung her und noch während der gesamten Königszeit polytheistisch war, ist mit dem Alten Testament, das in sich eine Vielfalt von Überlieferungen bewahrt, kaum vereinbar«.[4] Der Dissens hängt mit der unterschiedlichen Zusammenschau und Gewichtung einschlägiger Texte und Daten der Archäologie, der Epigraphik sowie der Ikonographie zusammen.

Symptomatisch für den gegenwärtigen Forschungsstand sind die unterschiedlichen Einschätzungen der vorexilischen Monolatrie. Für die einen verweist die Monolatrie aus sich heraus auf den polytheistischen Kontext; in vorexilischer Zeit, also in den Vorstufen zum expliziten Monotheismus, hat es innerhalb eines vorherrschenden Polytheismus nur punktuell monolatrische Tendenzen gegeben. Für die anderen ist Monolatrie der Mainstream, die Hauptlinie des vorexilischen Gottesglaubens Israels. Monolatrie wird dann vornehmlich als die entscheidende Vorstufe zum späteren Monotheismus betrachtet. Beide Deutungsweisen sind derzeit festzuhalten und zusammenzusehen.

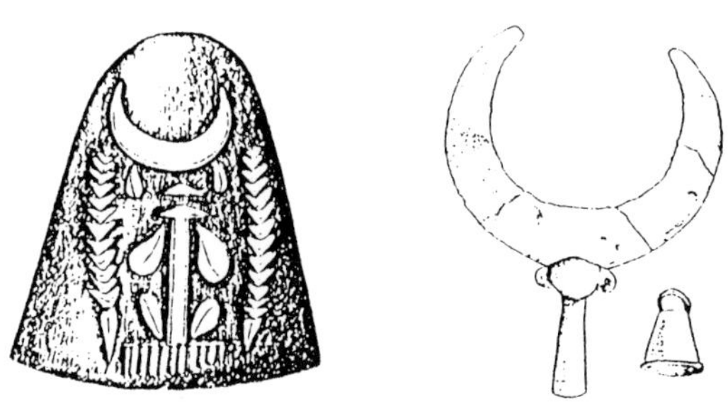

Eisenzeitliche Darstellung des Mondgottes Sin von Haran a) auf dem Mantel eines konischen Siegels und b) in Form einer bronzenen Kultstandarte (Palästina).

Monolatrie als Vorstufe zum Monotheismus
Für die Frühgeschichte des israelitischen Eingottglaubens kann man das folgende hypothetische Bild skizzieren:

Aus den Vätergeschichten der Genesis sind neben JHWH andere Götter zu erkennen, etwa die Familiengötter mit eigenen Namen wie der »Schrecken Isaaks« und der »Starke Jakobs« in Gen 31,42.53. An den Kulturlandheiligtümern wohnen Lokalgötter wie der »El-Roi« (Gen 16,13), der »El-Olam« (Gen 21,33) und der »El-Betel« (Gen 31,13). Diese Götter verschmelzen mit JHWH.

Das vorstaatliche Israel ist eine Stämmegruppe in Zentralpalästina, die vornehmlich den kanaanäischen Hochgott El verehrt – den entscheidenden Hinweis liefert der Israelname. Dieser Hochgott und JHWH sind zusammengewachsen.

JHWH selbst stammt aus dem südlichen Ausland (Sinai, Seir, Edom) und stellt sich als Wetter- und Berggott vor (Ri 5,4; Dtn 33,2; Hab 3,3; Ps 68,16f), der mit der Gruppe seiner Verehrer, sei es über den Süden Palästinas, sei es über den Norden (vgl. das Deboralied in Ri 5), Verbindung aufnimmt. Die entscheidende Vermittlung läuft über die Mose-Exodusgruppe mit ihren spezifischen Traditionen.

Typisch für die einschlägigen älteren Zeugnisse ist die unpolemisch-tolerante Art, in der beschrieben wird, wie der expandierende JHWH sich mit anderen Göttern und deren Aufgaben verbindet und sie übernimmt. Bedeutende Beispiele gibt der alte Ps 29, wo JHWH Vorstellungen des kanaanäischen Götterkönigs El und des Wetter- und Fruchtbarkeitsgottes Baal erbt und auf sich vereinigt. Ebenso werden in Gen 18 Taten einer Göttertrias auf JHWH konzentriert. Manche sehen gerade im umstrittenen sogenannten Jahwisten ein Geschichtswerk, das durchgängig in der Ur-, Väter- und Exodusgeschichte eine integrierende, unpolemische JHWH-Verehrung zum Programm macht.

Ab dem 9./8. Jh. verändert sich das Klima. Das Verhältnis von JHWH zu Israel wird im Gebot der exklusiven Gottesverehrung dem ganzen Volk zur Pflicht gemacht. Die JHWH-Monolatrie entwickelt einen intolerant-radikalen Zug. Das sogenannte Privilegrecht in Ex 34,14 macht die Absage an einen anderen Gott zur Basis der von JHWH gezeichneten Gesellschaft. Im Bundesbuch Ex 22,19 wird der Bann an jedem vollzogen, der anderen Göttern als JHWH opfert. Das deuteronomische Kerngesetz aus dem 7. Jh. kämpft für die ausschließliche JHWH-Gefolgschaft. Im »Höre Israel« von Dtn 6,4f fordert es die alleinige Zuständigkeit JHWHs für Israel und nimmt wohl auch Stellung gegen eine lokale sogenannte poly-jahwistische Parzellierung JHWHs. In Dtn 13 werden drei ausgesuchte Musterfälle des Abfalls von JHWH behandelt und der Delinquent jeweils mit dem Tod bestraft (vgl. auch Dtn 17,2-7). In Dtn 16,21 wird die Göttin Aschera aus der Nähe JHWHs verbannt. Schließlich formuliert das erste und Hauptgebot des Dekalogs (Dtn 5,7) das exklusive Verhältnis JHWHs zu Israel. In seiner allgemeinen Form steht es an der Schwelle zum expliziten Monotheismus.

In Analogie und teilweise in Kontakt zu Tendenzen der älteren Rechtskorpora streitet die vielfältige Prophetie seit dem 9. Jh. für die exklusive Vorherrschaft JHWHs. Mehrfach bearbeitete und zeitlich schwer festzulegende Erzählungen der sogenannten Vorschriftprophetie zeigen durchgehend die Festlegung auf den einen JHWH und die Bestreitung der Koexistenz von JHWH und Baal. Die Wallfahrt Elijas zum Gottesberg 1Kön 19 zeigt den Nordreichpropheten auf den Spuren des Mose, wie er für das erste Gebot eifert. Das Gottesurteil auf dem Berge Karmel 1Kön 18 schildert die für JHWH entschiedene grundsätzliche Wahl des Volkes zwischen ihm und Baal. 2Kön 1,2-8 konkretisiert den Streit um die Totalkompetenz JHWHs in allen Lebensfragen wie die alte Nabotüberlieferung 1Kön 21,17-20. Der Schüler des Elija, Elischa, führt den Kampf seines Meisters fort und initiiert die Jehurevolution (2Kön 9-10), die für JHWH eifert und die bedeutende Omridendynastie und mit ihr den Baalskult aus der Hauptstadt Samaria und ihrer Umgebung ausrottet.

Die Schriftprophetie des 8. Jh. bezeugt in Analogie und in gelegentlicher Verbindung zu den Gesetzeskorpora das Interesse an der Alleinzuständigkeit JHWHs, ja, sie denkt und redet von ihr her. Hosea diagnostiziert die Krise des Gottesverhältnisses als Bruch der exklusiven JHWH-Bindung Israels auf vielen Feldern des religiösen Lebens, im Kult (Hos 2,7.15), in der Verehrung der Baale (Hos 13,2), im Verrat an der Erwählung von Anfang an (Hos 3,1; 11,2). Maßstab der Kritik ist für Hosea der Anspruch des ersten Gebotes (Hos 12,10; 13,4), den er im Vorlauf zum Dekalog formuliert.

Der Gott des Amos sprengt die Grenzen eines Nationalgottes. Sein Machtbereich ist unbegrenzt, wie es die Fremdvölkerworte Am 1-3; 9,7 veranschaulichen; kein Raum ist für JHWH unerreichbar (Am 9,2f). Ebenso ist für Jesaja JHWH der Völkerlenker (Jes 10,5f) und konkurrenzlose Herrscher (Jes 2,17). Der heilige Gott und König, der den Jerusalemer Tempel sprengt, ist der den Menschen entgegengesetzte, weltüberlegene Gott, dessen Herrlichkeit die Erde füllt (Jes 6).

Der Durchbruch zum Monotheismus kündigt sich an bei Jeremia (Jer 2-4) und Ezechiel (Ez 8-11) in der Disqualifikation aller anderen Götter und in der weiteren Verkündigung des universalen Herrn und einzig wahren Gottes.

Der eine Gott und das Bild

Für den Polytheismus gilt, daß »Götter in der Regel hochgradig anthropomorph aufgefaßt sind«.[5] An diesem Punkt bringen die israelitische Monolatrie und der Monotheismus ein weiteres folgenschweres Spezifikum hervor: die Bildlosigkeit des einen und einzigen Gottes. Sie bewirkt ein für die drei großen monotheistischen Weltreligionen, Judentum, Christentum und Islam, typisches Gefälle in der Gotteswahrnehmung vom bevorzugten Hören zum nachgeordneten Sehen. In Anbetracht des enormen Zugewinns an ikonographischen Daten formuliert Stolz konsequent: »Die hier [in der Ikonographie] gewonnenen Ergebnisse sind zu rezipieren unter Würdigung der Tatsache, daß die Frage nach dem Monotheismus primär sprachlich orientiert ist«.[6] Die Forderung nach bildloser kultischer Verehrung JHWHs hat sich in weitgehender Parallelität und Verknüpfung mit der Entwicklung zum Monotheismus verbunden. Der Wetter- und Berggott vom Sinai hat keine für ihn spezifische Darstellung mitgebracht, die kanonisch werden konnte. Auf JHWH verweisende Kultsymbole lassen entweder adäquate Anschaulichkeit vermissen, geraten zunehmend in Verruf oder werden schlichtweg umfunktioniert. Das alte Kriegspalladium der Lade Num 10,35 wird zum Behälter für die Dekalogtafeln Dtn 10,1-5. Die Mazzeben (Kultsteine; vgl. Gen 28,18) werden in Hos 3,4; 10,1f und Dtn 16,22 bekämpft. Der als Postamenttier des unsichtbaren JHWH verbreitete Stier (1Kön 12,28f) wird später abgelehnt (Ex 32; Hos 8,3). Das von Mose aufgestellte Schlangensymbol (Num 21,4-9) wird von König Hiskija abgeschafft (2Kön 18,4). Der Kultpfahl der Göttin Aschera wird vom Altar JHWHs getrennt (Dtn 16,21) und in der Kultreform des Joschija vernichtet (2Kön 23,6). Das Emblem der Sonnenscheibe wird mit den Sonnengott-Traditionen wohl in die Zionstheologie übernommen und auf JHWH übertragen. Anfänglich duldet man konkrete bildliche Vorstellungen (vgl. Ps 17,15), dann aber werden solare Vorstellungen angefeindet (Ez 8,16-18) und bildliche Repräsentationen entfernt (2Kön 23,11). Das Bild der Sonne überlebt nur in der Sprache (Ps 84,12; Mal 3,20). Die Polemik gegen das goldene Kalb (Ex 32; Hos 8,5f) hat der klassischen Bilderverbotsformulierung der Dekaloge (Dtn 5,8; Ex 20,4) eine Spur vorgezeichnet. Die Dekaloge verstehen das Bilderverbot als praktische Konsequenz der Ausschließlichkeit JHWHs. Das zweite Gebot ist Konsequenz des ersten.

In exilischer Zeit wird das Verbot des Kultbildes auf jede kultische Darstellung – ob Bild oder Symbol – ausgeweitet (vgl. Lev 19,4; 26,1; Dtn 4). Mit der Etablierung des expliziten Monotheismus

Diese russische Trinitätsikone aus dem 15. Jh. zeigt Gott zu Gast bei Abraham in Mamre (Gen 18). Sie geht mit dem Bilderverbot folgendermaßen um: Mit der Vätertradition faßt sie die Erzählung als vestigium trinitatis (als Verweis auf die Trinität) auf und stellt Vater (und Geist) mit dem Gesicht Jesu dar, dem – christlich verstanden – einzigen wahren Bild des Vaters.

übernimmt das Bilderverbot die Führung der religiösen Vorschriften (vgl. Ex 20,23; Dtn 27,15). Prominente Vertreter des Monotheismus wie die Theologen hinter Dtn 4 und Deuterojesaja (vgl. Jes 40,1-11) setzen nunmehr auf den akustischen Kontakt zu Gott. Von nun an bekämpft eine Götzenbildpolemik das Götterbild als menschliches Machwerk, ungeeignet, den Schöpfer zu repräsentieren, und ohnmächtig in der Kommunikation mit Gott (Jes 44; Jer 10; Ps 115,2ff; 135; Weish 13).

Der Wandel zum expliziten Monotheismus

In verschiedenen Literaturbereichen des Alten/Ersten Testaments finden wir monotheistische Aussagen; die entsprechende Theologie wird in exilischer Zeit bei den Deuteronomisten, bei Deuterojesaja und in der Priesterschrift ausformuliert.

Klassisch ist das Bekenntnis der Deuteronomisten »Jahwe ist der Gott, keiner außer ihm« (Dtn 4,35.39), das im deuteronomistischen Geschichtswerk vielfach nachklingt (z.B. 2Sam 7,22; 1Kön 8,60). Deuterojesaja denkt und spricht monotheistisch (z.B. Jes 43,10-13) und hat eine Vorliebe für polare Totalitätsaussagen: Der Schöpfer des Himmels und der Erde (Jes 40,12ff), der Erste und der Letzte (Jes 44,6), der Heil und Unheil schafft (Jes 45,7).

Die Priesterschrift stellt in ihrer Ouvertüre (Gen 1) gleich zu Beginn den Schöpfer dem geschaffenen Weltganzen (»Himmel und Erde«) gegenüber. Keine andere Macht wie das Chaos oder die Gestirne tritt ihm selbständig entgegen. Nur einer wirkt und lenkt die Geschichte. Konkurrenzgrößen wie die Götter Ägyptens werden in ihrer Ohnmacht offenbart und dem verderbenden Strafgericht überantwortet (Ex 12,12f).

Die Leistungen des Monotheismus

Der Monotheismus lehrt das Gottesvolk, die mannigfachen Phänomene der Welt und des Lebens nicht aus verschiedenen Prinzipien, sondern im Gegenüber zu dem einen und einzigen Gott zu verstehen. Der Versuchung eines solchen Konzeptes, nämlich die Widersprüche zu überspielen und die Spannungen nicht mehr wahrzunehmen, hat der alttestamentliche Gottesglaube widerstanden. Er hat die Kraft, auch Erfahrungen, die dem Wirken des einen Gottes widersprechen, nicht zu vertuschen oder zu verdrängen, sondern sich ihnen zu stellen (vgl. die Theodizee-Frage). Darin erweist sich der monotheistische Gottesglaube als redlich, und daraus gewinnt er auch seine Kraft zur Behauptung und Durchsetzung.

Im Unterschied zum philosophischen Monotheismus, der hinter den Göttern die Einheit des Göttlichen sucht, ist der biblische Monotheismus immer konkret und fordernd. Der biblische Gott ist unbegrenzt in seiner Integrationskraft, unbegrenzt in seinem Willen, die gesamte Wirklichkeit zu erfassen und für alle Lebensbereiche kompetent zu sein. Das bedingt zugleich seine Sensibilität für Konkurrenzen, denen er streitend gegenübertritt.

Der biblische Monotheismus vertritt die Transzendenz Gottes in Schöpfung und Geschichte. Damit schafft er sich das Problem der Vermittlung in diese beiden Bereiche hinein. Je mehr dieser Gott in die Transzendenz rückt, desto notwendiger werden vermittelnde Größen wie die Engel, die Herrlichkeit JHWHs, sein Name, die Weisheit, desto stärker wird die Erinnerung an die konkrete Begegnungsgeschichte in den heiligen Schriften festgehalten, desto dringlicher wird das helfend-fordernde Mitsein dieses Gottes im lebenswichtigen Gesetz. Der biblische alttestamentliche Monotheismus ist über das Judentum, das Christentum und den Islam zu einem geschichtsbestimmenden Faktor für die gesamte Welt geworden.

Die Vielfalt der Gottesvorstellungen

Gottesgeschichten und Gottesbilder

Das Alte/Erste Testament erzählt auf weiten Strecken das Geschehen zwischen Gott und den Menschen, zwischen Gott und den Vätern sowie zwischen Gott und Israel in einem Geschehenszusammenhang von der Schöpfung am Anfang bis an die Zeitenwende heran. Die Bibel Israels erzählt von Gott abwechslungs- und facettenreich, in bewegender Sprache, auf anerkanntem Niveau als Weltliteratur. Wer sich dem konstituierenden Faktor aller dieser Erzählungen, dem einen Gott, annähern will, muß seinen Spuren in der Geschichte folgen. Gerade auch die typischen, das Geschehen zusammenfassenden Credo-Texte (im AT Gen 15,13ff; Num 20,14ff; Dtn 6,20-24; 26,5-10; Jos 23; Neh 9), die auch im NT zu finden sind (vgl. z.B. Apg 7) und schließlich in das klassische Credo des Apostolicums münden, sind keineswegs eine Ansammlung von dogmatischen Kurzformeln und Lehrsätzen, sondern Kurzfassung einer kanonischen Geschichte. Von daher ist Nacherzählung und Erinnerung Basisaufgabe biblischer Theologie. Wenn hier auf beschreibende Begriffe und Sprachbilder zurückgegriffen wird, dann bleiben diese an den erzählenden Kontext zurückgebunden, da sie nur als abstrahierende und akzentuierende Hilfsbegriffe richtig verstanden sind. Eine mit Begriffen arbeitende Theologie wird sich diese Brechung beim Ansehen der Schrift immer wieder bewußt machen müssen. Wenn wir uns auf die Krücken der Gottesbeschreibungen stützen, kommt uns die Schrift entgegen, indem sie gelegentlich den einen Gott mit ehrwürdigen Eigenschaften bezeichnet und einkreist.

Den wichtigsten Zugang zu Gott bietet sein Eigenname JHWH, mit dem er sich im Kreise anderer Götter identifiziert und unter dem er sich vorstellt. Zäsuren der Geschichte können durch solche Selbstvorstellung markiert werden (bei Abraham Gen 15,7; bei Jakob Gen 28,13; bei Mose Ex 6,2; am Sinai im Anfang der Dekaloge Ex 20,2; Dtn 5,6). Die ältere Schriftprophetie gebraucht die Selbstvorstellung selten (vgl. Hos 12,10; 13,4); bei Ezechiel, Deuterojesaja und in der priesterlichen Literatur wird sie dann häufig eingesetzt. Das theologische Gewicht solcher Selbstvorstellung wird gesteigert, wenn JHWH selber den Namen erklärt, sei es, daß er ihn kurz ausdeutet wie in Ex 3,14 oder konkretisierend auslegt wie in Ex 34,6f. Diesen Namen ruft Israel durch seine lange Geschichte hindurch an, bis auch die Völker ihn anrufen (Ps 100) und der Name auf der ganzen Erde der einzige sein wird (Sach 14,9). Der Name wird Jesus von Nazaret gegeben (Jesus = JHWH ist Hilfe), der von nun an die sichtbare Präsenz dieses »Gottes mit uns« (Immanuel) ist (Mt 1,21.23).

Die erste Ausdeutung des Namens in Ex 3,14 oszilliert zwischen der Verweigerung einer definierenden Auskunft, wie um das Geheimnis seiner Person zu wahren, und einer knappen, in Zukunft noch zu präzisierenden Angabe zu seiner wirksamen Präsenz.

Die zweite Auslegung Ex 34,6f ist gesprächiger. Sie ergeht auf einem Höhepunkt der Sinaitheophanie, der abschließenden Audienz des Mose auf dem Berge. Sie umschreibt JHWHs Wesen im Blick auf die weitere Geschichte des Wüstenzuges und der Landnahme. Diese Charakterisierungen sind von großem Einfluß auf die religiöse Sprache der weiteren alttestamentlichen Literatur gewesen. Im Herzen der Tora/des Pentateuch beschreibt JHWH sich selber, und zwar in zweifacher Hinsicht:

Die erste Charakterisierung nach der Identitätsaussage (JHWH ist JHWH) besteht in einer Variation der sogenannten Gnadenformel »barmherzig und gnädig ist der Herr, langmütig und von großer Güte«. Im Hebräischen mögen bei »barmherzig« mütterliche und bei »gnädig« väterliche Konnotationen mitschwingen. Die Gnadenformel geht wohl auf kanaanäische El-Theologie zurück, woran die gelegentliche Erwähnung des El-Namens (z.B. in Ex 34,6) erinnert. Die Gnadenformel umschreibt in klassischer Form die Zuneigung und den langen Atem Gottes. In der Sinaitheophanie wird auf sie in Ex 33,19 und in der Gesetzesbegründung von Ex 20,6 angespielt. Der Prophet Hosea scheint um diese Formel in der Verneinung der Gerichtsansage Hos 1,6 und im göttlichen Herzensumsturz von Hos 11,8f zu wissen. Die spätere Prophetie knüpft daran an (vgl. Jes 54,8 und vor allem Jon 4,2). Die Deuteronomisten greifen auf sie im Dekalog (Dtn 5,9f;

vgl. Ex 20,5f) und in Dtn 4,31; 7,9f zurück. Sie strahlt bis in die nachexilischen Pss 103 und 145 aus (vgl. Neh 9,17). Ihr ferner Ausläufer ist in der muslimischen »Basmila« (Im Namen Allahs, des Allbarmherzigen) vor fast jeder Sure zu finden. Die Gnadenformel hat in ihrer Verbreitung und Wirkung Theologiegeschichte gemacht.

Neben der Gnadenformel steht als zweite Charakterisierung der Hinweis auf die spezifische göttliche Vergeltung. Gott wahrt dann keine Balance; zugunsten der Menschen besteht ein Gefälle von der überbordend nachwirkenden Gnade zur begrenzt wirksamen Gerechtigkeit (den Tausenden Huld und Vergebung, Strafgerechtigkeit in der Kette der Generationen bis zum vierten Glied): vgl. Dtn 5,9f=Ex 20,5f, Dtn 7,9f und Ps 30,6; Ps 136,1).

Wie eine Kontrastbildung zur Gnadenformel nimmt sich die ebenso ehrwürdige und seltsame Charakterisierung JHWHs als »eifersüchtiger Gott« aus. Sie folgt im selben Kapitel Ex 34,14 der Gnadenformel auf dem Fuße. Der für uns eher negativ besetzte Begriff der Eifersucht zielt weniger auf menschliche Affekte, sondern auf das fordernde Eintreten für ein exklusiv personales Verhältnis zwischen JHWH und seinem Volk. Dahinter steht der exklusive Impetus der Monolatrie (s.o.), wie ihn die Nordreichprophetie eines Elija (vgl. das Eifersuchtsmotiv in 1Kön 19,10.14) oder die Ehemetaphorik des Hosea vertritt. Auch die Charakterisierung JHWHs als »eifersüchtiger Gott« hat ein reiches Nachleben entfaltet (in den Dekalogen [Dtn 5,9f; Ex 20,5], bei den Deuteronomisten [Dtn 4,24; 6,15; Jos 24,19], in der Prophetie [Nah 1,2f]).

Die für Christen so zentrale Eigenschaft des »lieben(den) Gottes« hat ihre alttestamentliche Heimat in der prophetischen Ehemetapher. Hier zeigt sich die Erwählung und treue Anhänglichkeit JHWHs gegenüber seinem Volk Israel. Hosea ist der Ausgangspunkt (Hos 2,4-17; 11,1-11; vgl. 14,5). Im Deuteronomium kommt sie in Dtn 7,8 und 10,15 zur Sprache, bei der Forderung nach menschlicher Gottesliebe wird sie als Geschenk vorausgesetzt (Dtn 6,4f [Höre, Israel!]) und bei der Fremdenliebe Dtn 10,18f ist sie Vorbild. Die späteren Schriftpropheten Jeremia (Jer 2,2.32; 3,19ff; 12,7), Ezechiel (Ez 16; 23) und Deuterojesaja (Jes 54,2-8) nehmen die Ehemetapher im Sinne Hoseas auf.

»Mit der Bezeichnung ›der lebendige Gott‹ scheint das Alte Testament ein ihm wesentliches Anliegen in einem Wort zusammenzufassen: Gott ist nicht abstrakte Idee, sondern begegnet konkret-personenhaft; er bleibt nicht am menschlichen Geschehen unbeteiligt, sondern greift in die Geschichte ein, bestimmt jeweils neu die Gegenwart. So macht dieser Begriff wie kein anderer die Betroffenheit des Menschen durch Gott deutlich.«[7] Das Bekenntnis eines alten Königsgebetes nach erfolgter Rettung »Es lebt JHWH« (Ps 18,47) und die Hoffnung des bußwilligen Volkes, daß JHWH es nach zwei Tagen wieder aufleben lassen wird, damit sie vor ihm leben (Hos 6,2), mögen Anspielungen an den Baalsmythos vom sterbenden und wieder auflebenden Fruchtbarkeitsgott enthalten. Gehalten hat sich die Vorstellung vom lebendigen Gott vor allem in der Schwurformel »So wahr JHWH lebt« (Ri 8,9; 1Sam 14,39; Jer 22,24; Ez 14,16ff; 20,31) und in der Tempeltheologie von Ps 36,6-10 oder Ps 42,3 (vgl. Ps 84,3). In späteren, exilischen Aussagen wird die Lebenskraft des Schöpfers und Geschichtsgottes beschworen: Er (allein) tötet und macht lebendig (1Sam 2,6; Dtn 32,39); unter den ohnmächtigen Göttern und Götzen ist er allein derjenige, der nicht müde und matt wird (Jes 40,27-31), der »in Wahrheit lebendiger Gott und eigener König« ist (Jer 10,10).

Zum Schluß der Charakterisierung JHWHs durch wesentliche Eigenschaften soll ein Blick auf den »heiligen« Gott geworfen werden. Die Vorstellung der Heiligkeit des Göttlichen gehört zum Kern vieler Religionen. In ihr wird die Differenz bzw. Trennung des Heiligen vom Profanen und die Macht des Göttlichen begrifflich gefaßt. Im AT wird diese Vorstellung vor allem über den Kult vermittelt. Die frühen prophetischen Belege Am

4,2; Hos 11,9 und vor allem Jes 6,3 mit seinem Trishagion sprechen dafür. Im gesamten Jesajabuch wird »der Heilige Israels«, ein Begriff, den Jesaja selbst geprägt hat (Jes 1,4; 5,19; 30,11; 31,1), zum Leitwort seiner Gottesauffassung: JHWH ist der überlegene, unnahbare Gott, der trotzdem mit seinem Volk und seinen Boten in Kontakt tritt.
Für die priesterliche Theologie, die in der Verkündigung Ezechiels vorbereitet wird (vgl. z.B. Ez 20,39; 36,16ff und die Konzeption der beiden Tempelvisionen Ez 8-11 und Ez 40-48), rückt die Vorstellung der Heiligkeit ins Zentrum (vgl. z.B. Ex 29,43; Lev 19,2). Die Heiligkeit wird in die Geschichte Israels vermittelt und prägt das ethische Verhalten der JHWH-Gläubigen. In den Psalmen ist es zuerst die Zionstheologie, die selbstverständlich die Manifestationen der göttlichen Heiligkeit anzeigt (hl. Berg, hl. Wohnung in Pss 3,5; 15,1; 46,5; 48,2), dann kann aber auch abstrahierend die Heiligkeit zum Thema gemacht werden (z.B. Ps 22,4 oder Ps 99).

Politische Gottestitel
Aus den vielen Titeln, mit denen JHWH im AT bezeichnet wird, sollen nur drei herausgegriffen werden, die JHWHs politische Funktion gegenüber Israel und den Völkern einfangen. Sie sind für den ersten und zweiten Teil der Schrift, also gesamtbiblisch, von Bedeutung.

(1) JHWH als Krieger: An erster Stelle steht die relativ alte Vorstellung von JHWH als Krieger. Das vorexilische Schilfmeerlied nennt JHWH einen »Kriegsmann« (Ex 15,3). Der Krieg war für den Alten Orient ein geläufiges und schicksalsträchtiges Geschehen, das selbstverständlich mit dem Wirken der Götter verbunden wurde. Das war für das alte Israel nicht anders. In der vorstaatlichen Epoche Israels sind kriegerische Auseinandersetzungen unter der Führung JHWHs vonstatten gegangen, die für den Zusammenhalt und die Konstituierung der Stämmegruppen zum Volk Israel entscheidend waren. Das Deboralied in Ri 5 spiegelt die Vorgänge aus früher Zeit wider. Ebenso wirft das Mirjamlied in Ex 15,21 ein Schlaglicht auf die frühen JHWH-Kriege, in denen das Eingreifen Gottes (allein) kriegsentscheidend gewesen war (vgl. Ex 14, die Rettung Israels am Roten Meer mit der hymnischen Ausdeutung im Schilfmeerlied Ex 15,1-18). Kriegerische Auseinandersetzungen haben den Exodus begleitet (vgl. Ex 17,8-16), setzen sich fort in der Landnahme, in der Zeit der Richter und in der weiteren Geschichte Israels, in der Israel weitgehend Opfer von Großmächten war. Die Kriegsgesetze, Kriegstheorien und das Verhältnis zwischen Krieg und Frieden können hier nicht behandelt werden. JHWH als Krieger war vor allem eine frühe altisraelitische Erfahrung, die den jungen Stämmeverbund zusammenschweißte.

(2) JHWH als König: Im Unterschied zum Neuen Testament, wo die Verkündigung der Königsherrschaft Gottes ins Zentrum der Botschaft Jesu gehört, kommt der Vorstellung vom »Königtum JHWHs« im Alten/Ersten Testament keine durchgängig gewichtige Funktion zu. Der Pentateuch bringt diese Vorstellung eher sporadisch zur Sprache (Ex 15,17f; Num 23,21; Dtn 33,5.26). »Jahwes ›Königtum‹ ist ein Erbe Kanaans. Israels Gott hat das Königtum beider Götter, Els und Baals, auf sich vereinigt.«[8]
Dafür bürgt der schon erwähnte alte Ps 29. Gerade die Jerusalemer Tempel- und Zionstheologie dürfte in der mittleren Königszeit die Vermittlerin der Königsvorstellung gewesen sein. Jes 6,1-5 mit der Berufungsvision im Tempel ist ein verläßlicher Zeuge. Die Zionspsalmen 46-48 in ihrem vorexilischen Bestand preisen JHWHs Königtum über Stadt, Volk Israel und Völker. Später sind es vor allem die Exilspropheten Ezechiel (Ez 20,32f) und Deuterojesaja (Jes 40,3-5; 43,14f; 45,5-7; 52,7-10), die den neuen Exodus aus der Diaspora mit dem Königtum JHWHs verbinden und die universale Reichweite seiner Herrschaft betonen. Die Komposition der JHWH-König-Psalmen 93-100 entfaltet die Herrschaft Gottes in vielen Aspekten. Sach 14,9 erwartet die Errichtung der

Königsherrschaft Gottes zugleich mit der Durchsetzung seiner Einzigkeit und der Weltgeltung seines Namens. Die Verbindungen zur Vaterunser-Bitte Lk 11,2 (»Vater, dein Name werde geheiligt, dein Reich komme!«) springen ins Auge.
Zur Vorstellung vom Königtum Gottes gehört auch seine Funktion als göttlicher Richter, zuständig für die Wahrung von Recht und Gerechtigkeit. Die richterliche Funktion ist Teil des Aufgabenbereiches des altorientalischen Sonnengottes, dessen Züge mit der Zeit auf JHWH übertragen wurden, wiederum über die (Jerusalemer) Tempeltheologie. Die Pss 5 (vgl. 5,13) und 7 (vgl. 7,7f.18) sowie die oben genannten JHWH-König-Psalmen bezeugen diese Zusammenhänge.

(3) JHWH als Hirte: Im Alten Orient ist der Titel des Hirten eine uralte Bezeichnung für Götter und Herrscher. Sie legitimiert die politische Führung und hebt das Berufsethos hervor: Verpflichtung zum Schutz, zur Versorgung der Anempfohlenen und zur Wahrung der lebensnotwendigen Ordnung. Im Laufe der Königszeit wird die Metapher auf JHWH, den Hirten Israels angewandt (Gen 49,24). Sie kann sich mit der Fürsorge Gottes beim Exodus verbinden (Pss 77,21-29; 78,52f). Vor allem die prophetische Kritik in der Gerichtsansage wie in der Heilsverheißung zur Zeit des Exils kann sich auf das wahre Hirtenamt JHWHs berufen (Jer 29,1-4; Ez 34; Jes 40,11). Die persönliche Führung wird in Gen 48,15 und vor allem in Ps 23 in klassischer Weise beschrieben.

Familiäre Gottestitel

Gerade die familiären Gottestitel werden heutzutage von verschiedenen Seiten wiederentdeckt und neu gewichtet. An ihnen kann man die Aussagefunktion biblischer Gott-Metaphern und Hör-Bilder studieren, die die menschliche Vorstellungskraft anregen und den Zugang zu Gott über Begriffe aufsprengen, ohne Gott auf ein Bild festzulegen. Familiäre Gottestitel machen auf eine wichtige Unterströmung menschlicher Religiosität aufmerksam, die sogenannte Familienfrömmigkeit im Unterschied zur offiziellen, öffentlichen Religion. Schließlich hat die feministische Rückfrage nach der Bedeutung von Frauenerfahrungen für die Rede von Gott der Untersuchung dieser Titel einen neuen Anstoß gegeben.

(1) JHWH als Vater: Für den ersttestamentlichen Gottestitel »Vater« gilt dreierlei. Erstens: »Die alttestamentliche Religion und die Religionen in Israels Umwelt treffen sich darin, daß die Vater-Vorstellung in der (vornehmlich persönlichen) Frömmigkeit wurzelt. Dafür sprechen die vielen Eigennamen mit dem Element ›Vater‹; dafür sprechen die vielen Belege in Gebetstexten«.[9] Bekannte Beispiele für vaterhaltige Personennamen sind: Abram/Abiram (der/mein Vater ist hoch/erhaben), Joab bzw. Abija (JHWH ist [mein] Vater). Zweitens evoziert die Vater-Vorstellung ein ganzes Bündel von mitschwingenden Bedeutungen, wie der Vater als Erzeuger, als Ernährer und als Erzieher. Diese Bedeutungen können im Begriff enthalten sein, können aber auch ohne den Vaterbegriff und zerlegt in seine einzelnen Aspekte im AT an vielen Stellen verbal umschrieben werden. Drittens kann der Vater-Titel besonders in nachexilischen Texten vielfältige Verbindungen mit anderen Titeln und Vorstellungen eingehen: »Gott der Vater ist der Schöpfer der Menschen, er ist der Löser der Menschen, er ist der Anwalt der Armen; er ist der Freund des Lebens, und er ist der mütterlich liebende Erzieher ... eine weitere Gott-Metapher [wird] in den Blick kommen, die schon im Ersten Testament zur Vater-Konstellation gehört: Gott ist König«.[10]

Gott als Vater und Schöpfer der Menschen ist eine titulare Verbindung, mit der der ugaritische El ausgezeichnet wird und die seit Deuterojesaja eine Rolle spielt (vgl. Jes 45,10; 64,7; Dtn 32,6.18; Mal 2,10). Das christliche Credo beginnt mit ihr die Reihe der Taten Gottes.

Die aus dem Familienrecht stammende Aufgabe des »Lösers« und die des Vaters gehen zusammen in Jes 43,1.6 vgl. 63,16; Sir 51,8-12. Anwalt der Armen ist der Vater in Ps 68,6; er springt für jene Verwandten ein, die keinen menschlichen Rechtshelfer haben (vgl. Ps 27,10). Das Buch der Weisheit preist in Weish 11,10.26 Gottes Vaterschaft, seine Nachsicht gegenüber den sündigen Menschen und sein konstantes Interesse an allem, was er als Freund des Lebens ins Dasein gerufen hat. Als Vater ist Gott auch selbstverständlich Erzieher, so in Spr 3,12. Vaterschaft und Königsherrschaft werden in der Theologie Deuterojesajas zusammengebracht (s.o. zum Königstitel) und treten nebeneinander auf in Pss 68,6.25; 103, 13.19; 1Chr 29,10f; Weish 11,10.

»Natürlich ist die Rede von der Vaterschaft Gottes im physischen Sinn mißverständlich. Eine diesbezügliche Skepsis der JHWH-Religion ist nicht von der Hand zu weisen.«[11] Die Zurückhaltung belegen Dtn 1,31; 8,5, wo der Vaterbegriff vom Bildgehalt her gefordert ist, aber durch die Bezeichnung »Mann/Mensch« ersetzt wird. Die Rede von der Gottessohnschaft des Königs (2Sam 7,14; Ps 2,7) wird erst in exilischer Zeit gewagt. Breiter und früher belegt ist die Vaterschaft JHWHs gegenüber Israel. Das Metaphorische wird bei dieser Rede von Vaterschaft sofort deutlich; sie bezieht sich auf die Erwählung Israels seit dem Exodus aus Ägypten Ex 4,22; Hos 11,1; Dtn 14,1; 32,6.18; Jes 43,6f u.ö.

(2) JHWH als Mutter: Was im Vorhergehenden mehrfach angeklungen ist, gilt auch in diesem Falle: »Mit Nachdruck ist ... auf eine Besonderheit der biblischen personalen Gott-Metaphern hinzuweisen, die man ›Aufbrechung‹ oder ›Aufsprengung‹ nennen könnte. Durch sie wird bewirkt, daß die Metaphern ›treffend und doch nicht festlegend‹ sind. Besonders wirksame Mittel zur Aufbrechung von Vorstellungen sind die Negation und die Pluralisierung bzw. Dualisierung. Der Spezialfall der Dualisierung liegt in den Texten vor, die ›Gott als Frau und Mann vergegenwärtigen‹«.[12]

Den Weg der Negation betritt die bekannte Kommentierung des Bilderverbots in Dtn 4,15f: »Nehmt euch um eures Lebens willen gut in acht! Denn eine Gestalt habt ihr an dem Tag, als der Herr am Horeb mitten aus dem Feuer zu euch sprach, nicht gesehen. Lauft nicht in euer Verderben, und macht euch kein Gottesbildnis, das irgend etwas darstellt, keine Statue, kein Abbild eines männlichen oder weiblichen Wesens«.

Der Weg der Dualisierung wird wohl zum ersten Mal in Hos 11 beschritten, wo von JHWH Aktivitäten ausgesagt werden, die sich auf ihn sowohl als Vater wie auch als Mutter beziehen – man kann deshalb von »Elternmetaphorik« reden.

Gleiches kann von Dtn 32,18 und Jer 2,27 gesagt werden, wo JHWH, der eine Gott, als Vater und Mutter anerkannt werden will, doch Israel zu den Göttern und Götzen abfällt.

Auf eben diesem Wege setzt Deuterojesaja wiederum Akzente, indem er Vater- und Mutterbilder gezielt verwendet (Jes 40,10f; 42,13; 45,9). Er selbst wie seine Schüler können dann auch direkt das Mutterbild verwenden (Jes 46,3f; 49,15; 66,13). Ein herausragender Beleg ist ferner Ps 131,2, hinter dem eine Frau als Beterin vermutet wird. Schwer einzuordnen bleibt Num 11,12. Alle drei Redeweisen von JHWH als Mutter (Negation, Dualisierung und direkte Beschreibung) finden sich bis auf Hos 11 im Zusammenhang mit dem etablierten Monotheismus. »Wenn es außer Jahwe keinen anderen Gott gibt, dann ist es zwingend, daß dieser als Wirklichkeit in sich birgt, was immer sich dem Menschen als solche zu erfahren gibt. .... Das Bekennntnis ›Ich bin Gott – keiner sonst‹ führt nicht nur zufällig die Vergegenwärtigung Gottes als Mann und Frau mit sich.«[13]

(3) JHWH als Ehemann; Auch hier ist zuerst an den kritischen Einspruch des Bilderverbotes im Sinne seiner Kommentierung von Dtn 4,16 zu erinnern. Verstärkt wird die diesbezügliche Zurückhaltung durch Aussagen in der Art der oben genannten Negation »JHWH/Gott ist kein Mensch« wie in Num 23,19; 1Sam 15,29 und Hos 11,9. Daß gerade Hosea es ist, der im selben Kapitel Vater- und Muttervorstellungen auf JHWH überträgt, läßt aufmerken. Denn damit gibt er den

theologischen Rahmen an, in dem er das Bild des Ehemannes auf JHWH in seinem Verhältnis zu Israel als hurerischer Ehefrau überträgt (Hos 2,4-17). Die jüngeren großen Propheten sind ihm in der Ehemetaphorik gefolgt: Jer 2,2.32; 3,20; 12,7 ziehen den Vergleich häufiger heran. Ezechiel beschreibt in drastisch sexueller Bildersprache, die bei vielen Frauen heute nicht aus Prüderie, sondern wegen des Frauenbildes Anstoß erregt, in seinen Bildreden von Ez 16 und 23 die Geschichte JHWHs mit Jerusalem und dem Nord- und Südreich. Wichtig für die Interpretation ist, daß in der Einleitung beider Kapitel die dem Bild korrespondierende Sachaussage festgehalten wird (Ez 16,2 »die Greueltaten Jerusalems« und Ez 23,4 »Der Name Ohola meint Samaria, Oholiba Jerusalem«). Mit dieser konkretisierenden Übertragung wird das Metaphorische herausgenommen. Jes 54,5-8 stellt die Ehemetapher in eine Reihe von weiteren Bildern (Gott als Schöpfer, Gemahl, Erlöser, Jugendliebe).

JHWH als Ehemann kann beim derzeitigen Stand der Exegese nicht erörtert werden ohne Auswertung der Indizien, daß JHWH in Israel zeitweilig mit einer Partnerin, der Göttin Aschera, verbunden war, die gerade auch in Jerusalem neben ihm verehrt wurde. »Es ist immer noch sehr plausibel, in der frühstaatlichen Zeit mit der Ablösung Els durch JHWH bzw. der Verschmelzung beider Gottheiten zu rechnen. Im Verlauf dieses Prozesses hat JHWH die Partnerin Els übernommen und ist zum Nationalgott Israels geworden, der Jahwismus zur Staatsreligion gewachsen ... Widerstand gegen den offiziellen Ascherakult regt sich (faßbar) zuerst unter deuteronomischen Theologen des 7. Jh. ... Der Einfluß Ascheras soll zugunsten JHWHs zurückgedrängt werden. Den deuteronomischen Theologen scheint klar geworden zu sein, daß nicht nur männliche Konkurrenten JHWHs dessen Ausschließlichkeit tangieren, sondern in besonderer Weise auch die Göttin an JHWHs Seite ... Bezogen auf Aschera und ihre Bedeutung hatte die Exilszeit entscheidende Folgen: Eine Paarrelation ist undenkbar geworden, JHWH kehrt insofern zu seinen Ursprüngen zurück. Er ist wieder uneingeschränkt ein Solitär ohne Pantheon und ohne Paredra, JHWH ist wieder partnerlos, allerdings im Unterschied zur Frühzeit als ›Witwer‹.«[14]

Gottes gute Schöpfung

Schöpfung bezeichnet den Akt des Erschaffens und das Produkt dieses Aktes (Himmel und Erde, das All, die Welt, die Natur). Beide Bedeutungen haben biblisch betrachtet einen je eigenen theologischen Akzent. Der eine Gott und Schöpfer erschafft alles und erhält es am Leben bzw. im Dasein. Und der Schöpfer steht dem Geschaffenen souverän gegenüber, er ist kein Teil seines Produkts, das ihm gehört und von ihm abhängig ist. Von dieser Schöpfung ist im AT an breit gestreuten Stellen in unterschiedlicher Weise die Rede. Mit kaum zu überschätzendem Gewicht erzählen die großen Geschichtswerke zu Anfang der Schrift von der Schöpfung: der sogenannte Jahwist in Gen 2-3, die Priesterschrift in Gen 1. Die Weisheitsliteratur, die alltägliche Erfahrungen reflektiert und nach Lebensordnungen sucht, erwähnt die Schöpfung bzw. setzt sie als selbstverständlich voraus: in der älteren Weisheit unter anthropologischem, in der jüngeren nachexilischen Weisheit unter kosmologischem Aspekt (vgl. Spr 8; Ijob 38-41; Sir 24; Weish 11). Der Psalter preist Gottes gute Schöpfung vornehmlich in zentralen Hymnen wie Pss 8; 19; 24; 33; 104 und 148. Die Prophetie streift die Schöpfung, sei es in Gerichtsreden (z.B. Am 7,1-6; Hos 4,1-3; 8,14; Jer 4,23-28; 5,21ff; 14,22; 18,2-6; Ez 14,12-23), sei es in der Heilsverkündigung (Hos 2,20-25; Jer 31,35-40; Ez 34,25-30; 37,1-14; 47,1-12 und vor allem bei Deuterojesaja Jes 40ff). Wenn JHWH seine Laufbahn als Wetter- und Berggott des Sinai begonnen hat, wenn sein Auftreten in Theophanien auch die Natur erschütterte, wenn er seinen Forderungen durch Fluch- und Strafandrohungen in seiner

Schöpfung Nachdruck verlieh (vgl. Dtn 28), dann ist verständlich, daß sein Verhältnis zur natürlichen Welt immer eine Rolle spielte. Schöpfung ist deshalb für das AT kein Randthema, wenn auch nicht das zentrale Thema schlechthin. Zu einem gewichtigen Thema ist Schöpfung als Anfangsinhalt der Glaubensgeschichte geworden. Das Reden von Schöpfung erhebt den Anspruch, alle Menschen anzugehen. Dadurch daß die Schöpfungsgeschichte auf Israel zuläuft, werden die universale Schöpfung und das auserwählte Volk aufeinander bezogen. Die weichenstellende Deutung des Weltganzen hat sich seit je mit den Vorstellungen der Nachbarreligionen auseinandergesetzt und in besonderer Weise zum religionsgeschichtlichen Vergleich herausgefordert. Heute sind es gerade die mit der Schöpfung verbundenen Vorstellungen, die beim Dialog der Weltreligionen zum Vergleich und zur Diskussion der verbindlich-leitenden Deutungen des Weltganzen und des Menschen einladen.

Angesichts des Reichtums der alttestamentlichen Schöpfungsaussagen ist es nötig, systematisierende Überlegungen anzustellen. Entsprechend der geringen Neigung des Alten/Ersten Testaments, Begriffe zu bilden, ist eine Vorgehensweise angemessen, die nach den Wirkweisen des Schöpfergottes fragt. Bestimmte Verben und Verbgruppen fangen das ein: In allgemeiner unspezifischer Weise drücken Verben des Machens, Erschaffens und Wirkens die Aktivität des Schöpfers aus. Anthropomorph kann dabei vom »Werk der Finger/Hände« (vgl. Ps 8,4) die Rede sein. Die Verwandtschaft zum Bild des Töpfers (z.B. Gen 2,7; Jer 18) liegt nahe. Beliebt sind Bilder aus der Architektur (gründen, feststellen, befestigen, bauen, ausspannen etc.). Besondere Aufmerksamkeit verlangt eine hebräische Vokabel, die für Gottes Schöpfertätigkeit reserviert ist, um sein unvergleichliches Wirken auf den Begriff zu bringen (vgl. Gen 1,1). Dieser Absicht dient auch nach ägyptischem Vorbild die Rede von der Erschaffung durch das Wort (z.B. Ps 33,6 und Gen 1), die Souveränität, Durchsetzungskraft und geistiges Kommunikationsinteresse göttlichen Schaffens zum Ausdruck bringt.

Typisches für das biblische Konzept von Schöpfung läßt sich ausgehend von Gen 1,2 verdeutlichen: »Während das absolute Nichts alttestamentlich nicht recht vorstellbar wird, vermitteln die Hinweise auf eine grausige Öde erst den rechten Eindruck von dem, was Schöpfung bedeutet: Wohlgestalt, Wohlordnung, Rhythmus, Leben. Der Kontrast heißt nicht: nichts – etwas, sondern gräßlich – herrlich«.[15]

Die chaotischen Gegenmächte wie Urflut und Meer, die Chaosungeheuer oder die Finsternis bleiben bedrohlich, sind aber von JHWH ein für allemal überwunden. Erst durch den Einfluß griechischen Denkens auf die spätalttestamentliche Literatur in frühjüdischer Zeit kommt es schrittweise zur Formulierung der uranfänglichen »Schöpfung aus dem Nichts« (Weish 11,17; 2Makk 7,28), die als creatio ex nihilo sui et subjecti zum theologischen Lehrsatz wurde (vgl. Röm 4,17).

In unserem modernen Verständnis (vgl. die kaum vorstellbare lange Dauer der Evolution und die Konnotationen der »Urknallhypothese«) rangiert Schöpfung als fernes Anfangsgeschehen. Die Schrift kennt jedoch noch einen anderen Akzent, den der permanenten, gegenwärtigen Welterhaltung (gubernatio, conservatio oder creatio continua). Beide Akzente, creatio continua und creatio prima (Welterschaffung oder creatio originalis), treten häufig zusammen auf (vgl. z.B. Ps 24,1f und Ps 19). Es läßt sich aber wahrscheinlich machen, daß Schöpfung als Welterhaltung der anfangs mächtigere Aspekt war, dem dann später, den ersten überflügelnd, der Aspekt der Welterschaffung zur Seite trat.

Dieses zeitliche Gefälle von Welterhaltung zu Welterschaffung spiegelt sich in der Nacharbeit mancher einschlägiger Schöpfungspsalmen wider. Sowohl die Weisheit als auch die Prophetie belegen ein älteres, vorherrschendes Interesse am Schöpfer JHWH, der die Stabilität der Ordnungen, Fruchtbarkeit und Leben garantiert oder auch entziehen kann, vor der Rückfrage nach dem

»Wie« des Anfangs. Selbst die beiden klassischen Schöpfungsberichte gewichten im Raster der obigen Unterscheidung verschieden. Der ältere, zweite Schöpfungsbericht Gen 2-3 macht die Erstellung des Kosmos nicht eigentlich zum Thema, sondern zielt auf die Herleitung dauerhafter, gegenwärtiger Daseinsbedingungen des Menschen. Der Schöpfer gewährt die Fruchtbarkeit der Pflanzen (Gen 2,5f) und bleibt dem Menschen auch nach dem Sündenfall in Fürsorge (Bekleidung mit Fellen [Gen 3,21]) zugewandt. Der jüngere, erste Schöpfungsbericht Gen 1 hebt vornehmlich auf die Urtaten des Schöpfers ab. Der Kosmos wird am Anfang so erstellt, daß er von da an stabil auf Dauer funktioniert.

Gerade diese Auffassung von Schöpfung im ersten Schöpfungsbericht hat seine Vorordnung vor den älteren Schöpfungsbericht ermöglicht. Die creatio prima von Gen 1 geht der auf creatio continua ausgerichteten Erzählung von Gen 2-3 voraus; Gen 2-3 wird zum konkretisierenden »zweiten Akt« der Schöpfung im vorliegenden Endtext von Gen 1-3. Aus der ehemals selbständigen Paradieserzählung wird die beispielhafte Adam-Eva-Erzählung, gemäß der die Menschheitsgeschichte nach der kosmischen Grundlegung in Gen 1 nun abläuft.

Beide Schöpfungsberichte stehen am Anfang, sind Ouvertüre einer jeweils genealogisch konzipierten Geschichte: Die Unterschrift Gen 2,4a zum ersten Bericht spricht von »Zeugungen des Himmels und der Erde« und meint den Anfang weiterer Genealogien in Gen 5 und 10 als Erfüllung des Auftrags und Segens zur Vermehrung in Gen 1,28. Der zweite Schöpfungsbericht hebt so markant und einmalig im Kreis altorientalischer Schöpfungsmythen auf die Zweigeschlechtlichkeit von Mensch/Mann und Frau ab, weil er damit ab Gen 4,1 den genealogischen Fortgang seiner Geschichte begründen kann. Mit der Anfangsposition verbinden beide Berichte die Überzeugung von der guten Qualität des Geschaffenen, die aber in der weiteren Geschichte nicht durchgehalten werden kann. Im ersten Schöpfungsbericht lautet das Urteil nach

Die schon alttestamentlich durch Negation und Pluralisierung narrativ erreichte Aufbrechung von allzu festlegenden Gottesmetaphern wurde auf dem vierten Laterankonzil definiert: »Zwischen dem Schöpfer und dem Geschöpf kann man keine so große Ähnlichkeit feststellen, daß zwischen ihnen keine noch größere Unähnlichkeit festzustellen wäre.« (DS 806)

Sehr handgreifliche Darstellungsformen der Schöpfung wie etwa hier an der Kathedrale von Chartres (um 1220) finden sich auch schon im z.T. anthropomorphen biblischen Vokabular von Schöpfungstexten.

Abschluß der acht Werke in Gen 1,31: »Gott sah alles an, was er gemacht hatte: Es war sehr gut!« Der zweite Schöpfungsbericht bringt ein analoges Urteil indirekt durch das narrativ erklärende Gefälle seiner Erzählung zum Ausdruck, indem er vom guten Anfang zu den Lebensminderungen am Ende fortschreitet (vgl. von der Gartenarbeit des Menschen Gen 2,15 zur harten Arbeit des Ackerbauern Gen 3,17-19; von der Einheit von Mann und Frau Gen 2,23f zur patriarchalen Herrschaft des Mannes über die Frau Gen 3,16; vom Leben im Garten-Paradies Gen 2,16f; 3,1ff zum Leben außerhalb des Paradieses Gen 3,23f).

In der Diskrepanz vom guten Anfang zu den späteren Lebensminderungen, die alles weitere Leben bestimmen, halten beide Schöpfungsberichte an der ursprünglichen Qualität der Schöpfung fest, betreiben so die Verteidigung des guten Gottes (Theodizee) und zeigen eine nach rückwärts gewandte kritische Utopie, die in der gegenwärtigen Verfaßtheit der Welt nicht das Ziel von Gottes Schöpferwirken entdecken kann. Konsequenterweise hat die Prophetie solche Utopien auf die Endzeit projiziert (vgl. u.a. Völker- und Tierfrieden in Jes 2//Mich 4; Jes 11, neuer Himmel und neue Erde in Jes 65-66, neuer Bund mit der Schöpfung in Hos 2,20ff; Ez 34,25ff etc.).

Unter den Propheten hat vor allem Deuterojesaja den Zusammenhang von Schöpfung und Geschichte verkündet. Auf dem Nullpunkt des Exils muß er für seine Heilsverkündigung vom neuen Exodus aus der Diaspora die Macht des Schöpfergottes vor Augen führen, um den Neubeginn der Geschichte Israels plausibel zu machen (vgl. Jes 40,12ff u.ö.). In ähnlicher Weise schaut der Visionär Ezechiel die Auferstehung bzw. Neuschöpfung des toten Israels in Ez 37,1-14.

Im folgenden sollen in Auswahl zwei weitere Schwerpunkte der Schöpfungsvorstellungen angeführt werden.

(1) Die Ordnung des Kosmos: Zwar sind Kosmologie und Anthropologie in den Schöpfungstexten häufig miteinander verbunden, aber gelegentlich gewinnt der eine Schwerpunkt jeweils für sich so viel Gewicht, daß man unterscheiden darf.

Mit dem polaren Begriffspaar »Himmel und Erde bzw. Erde und Himmel« (vgl. Gen 1,1; 2,4a.b) umschreibt die Bibel häufiger das All oder das Universum. Vor allem wird eine vertikale Dreiteilung herausgearbeitet: Der einteilbare und nach oben offene Himmel, in dem Gott wohnt (vgl. 1Kön 8,27), dann die Erde (Festland und Meere) und unten die Unterwelt als Gegenbereich zum Leben auf der Erde und erst recht zum Leben Gottes (vgl. Gen 1,6-8.9f; Ex 20,4//Dtn 5,8; Ps 88).

Ein gutes Beispiel für die Kosmos-Auffassung bietet Ps 104: »... er [ist] in seiner Grundfassung ein Psalm über Gottes gute Ordnung für Kosmos und Kreatur, menschlicher Erkenntnis bis in die versteckten Winkel der Welt hinein zugänglich, dem Menschen auch und gerade darin freundlich zugewandt, daß Gott sich als der souveräne Herr seiner Ordnung erweist. Ps 104 im Grundbestand ist ein ›Schöpfungspsalm‹ im Sinne der conservatio und gubernatio der Schöpfung«.[16]

Der klassische Text der Kosmologie ist Gen 1,1-2,4a: erhaben in der Monotonie des Formelwerks, mit dem er acht Schöpfungswerke auf sechs Tage verteilt, eigenständig in der Verarbeitung altorientalischer Schöpfungsmythen zu einem Welterschaffungsbericht, der in vorwissenschaftlicher Weise das zeitgenössische Wissen um die Entstehung des Kosmos verarbeitet. Er demonstriert die Schöpfung als in Zeit und Raum geordnetes Ganzes. »In den vom Thema Zeit bestimmten Rahmen der Tage 1 (Licht/Finsternis), 4 (Himmelsleuchten), 7 (Ruhe Gottes am 7. Tag) ist als Binnenstruktur das Doppelpaar Tag 2 (Himmelsgewölbe mit Wasser oben und unten) + 3 (Land, Meer und Pflanzen) und 5 (Fische, Vögel) + 6 (Landtiere und Menschen) geschoben, wobei das Paar 2 + 3 den Lebensraum erstellt, in den hinein dann an den Tagen 5 + 6 die entsprechenden Lebewesen geschaffen werden. Von dieser Struktur her wird deutlich: Schöpfung bedeutet nach Gen 1 die Ermöglichung von Leben in einem allen Lebewesen gemeinsam zugewiesenen Raum, wobei der ordnenden Kategorie der Zeit eine wesentliche Rolle zukommt.«[17]

Ein durch die Nachwirkung in Musik und Liedgut einflußreicher Kosmostext ist noch Ps 19 in seinem ersten Teil VV 2-7. Zwei Eigentümlichkeiten verbinden ihn mit Gen 1,1-2,4a: Erstens die Vorliebe für das Licht, die in der Bevorzugung vom Tag gegenüber der Nacht (V 3), in der Konzentration auf den Sonnenumlauf (VV 5-7) ohne Rekurs auf den Mond und in der Schilderung der Tagesfahrt der Sonne gegenüber einer Andeutung der korrespondierenden Nachtfahrt (V 7) zum Ausdruck kommt, und zweitens die Hervorhebung der Zeitrhythmen, die sich hinter der unhörbaren Botschaft der Gestirne an die ganze Welt (V 4) verbergen.

Die Texte der späten Weisheit wie Spr 8, Sir 24 und Ijob 38-41 können auf ihre Weise die Kosmologie ausgestalten und mit weiteren Themen anreichern.

(2) Der Mensch als Geschöpf Gottes: »Dem Alten Testament liegt weder eine einheitliche Lehre vom Menschen zugrunde noch sind wir in der Lage, eine Entwicklung des biblischen Menschenbildes nachzuzeichnen.« So konstatiert H.W.Wolff die Fülle der alttestamentlichen Menschenbilder in der Einleitung seiner erfolgreichen »Anthropologie des Alten Testaments«.[18]

Nun muß dieses Faktum nicht zum Verzicht auf eine bibeltheologische Darstellung und Systematisierung führen. »Bei der Breite des Spektrums und aller Vielfalt der Stimmen ist das AT nur in einem eindeutig; es bedenkt den Menschen ›vor Gott‹.«[19] Der sich durchhaltende Bezugspunkt Gott in der abgeschlossenen Literatur des ersten Kanonteils der christlichen Bibel ermächtigt zum »Wagnis des Zusammendenkens«.

Das AT redet auf unterschiedliche Weise vom Menschen. Es kann von Einzelgestalten erzählen – Männern und Frauen – und darin Paradigmatisches zur Sprache bringen. So wird z.B. das reiche Leben Davids in der redaktionellen Davidisierung des Psalters zur Folie und zum reliefgebenden Hintergrund für viele Gebete, die unabhängig vom Leben Davids entstanden sind. Das Gottesvolk Israel blickt auf seine Geschichte zurück und kommt dabei zu Einsichten, die für eine Anthropologie der Bibel unverzichtbar sind. Propheten beurteilen ihre Gegenwart mit Konsequenzen für die Zukunft des Volkes und deuten dabei Maßstäbe ihrer Kritik an, die anthropologisch von Interesse sind. Schließlich gibt es Literaturbereiche, die von sich aus allgemein über den Menschen reden. Die sogenannte Urgeschichte (Gen 1-11) erzählt von den Anfängen, die als Uranfänge universal gültig sind. Die Weisheitsliteratur will regelmäßige und typische Zusammenhänge entdecken, um sie zu ästhetisch ansprechenden Sprichwörtern zu verdichten. Die Psalmen stellen im Beter den gläubigen Menschen vor Augen, wobei die einzelnen Psalmen nicht nur isoliert als Kultgebete rezipiert, sondern auch im Zusammenhang der Teilkompositionen als Meditationsliteratur gelesen werden wollen.

Das reiche Angebot für anthropologisch einschlägige Daten bedingt die Not und Notwendigkeit der Selektion und der verschiedenen Zugänge. Zunehmend wird die Darstellung der biblischen Anthropologie anhand anthropologischer Grundbegriffe wie Seele, Fleisch, Geist, Herz und weiterer Teile des Menschen[20] als unzureichend empfunden und um eine Skizze der conditio humana zwischen Geburt und Tod sowie um eine soziologische Anthropologie erweitert. Eine andere Art der bibeltheologischen Systematisierung ist die Beschreibung anthropologischer Aussagen bestimmter Literaturbereiche, so vornehmlich der Pentateuchquellen des Jahwisten und der Priesterschrift vor allem mit ihren Schöpfungsberichten, sowie der Weisheitsliteratur. Hier soll nur auf drei markante Stimmen zur Anthropologie verwiesen werden: den älteren zweiten Schöpfungsbericht (Genesis 2-3), Psalm 8 und die Gottebenbildlichkeitsaussage von Gen 1.

a) *Genesis 2-3* ist ein an Wirkungsgeschichte und sprichwörtlicher Bekanntheit kaum zu überschätzender Text. Das wird schon allein an den

Überschriften deutlich: Paradieserzählung, Erzählung von den Stammeltern Adam und Eva, Erzählung vom Sündenfall. Aus ihm stammen eine Reihe von geflügelten Worten – Sprachmünzen unserer Alltagskommunikation: vom Baum der Erkenntnis essen; die verbotene Frucht; der Adamsapfel; es ist nicht gut, daß der Mensch allein ist; Mann und Frau sind eins; das Feigenblatt; er soll dein Herr sein; im Schweiße des Angesichts sein Brot essen; Staub bist du und zu Staub sollst du werden. Die Werbebranche greift immer wieder auf Szenen dieser Erzählung zurück, wenn sie »Paradiesisches« anpreist.

Der Feminismus hat diesen Text als »Schicksalstext der abendländischen Frauen« erkannt und arbeitet sich an ihm ab.

Gen 2-3 übernimmt anthropologisch relevante Motive und Vorstellungen des Alten Orients und fügt sie seiner Konzeption von urzeitlichen Vorgängen ein, die für alle Menschen daseinsbestimmende Gültigkeit haben. Die Erzählung will protologisches Vorwort für alle weitere Geschichte sein (s.o.). Das wird schon aus dem Vorstellen der Personen deutlich: Gott wird durchweg mit Eigennamen JHWH und Gattungsnamen Gott genannt. Ihm gegenüber handelt der Urmensch, der sich im Laufe des Geschehens als Mann und Frau ausdifferenziert. Das Märchentier, die Schlange, eine vielsagende Kreatur, verkörpert das versucherisch an den Menschen herantretende Böse. Das Geschehen spielt sich ab unter den paradiesisch idealen Bedingungen eines für die weitere Menschheit verschlossenen Raumes, des von Gott angelegten Königs- und Lustgartens.

Hier können nur drei anthropologisch relevante Aussagen angeführt werden:

(1) Im religionsgeschichtlichen Vergleich singulär sind die Aussagen zur Erschaffung des Menschen als Mann und Frau. Einheit und Gleichheit der beiden Geschlechter werden in Gen 2 bedacht und auf die gesellschaftlichen Konsequenzen erwogen. Der Urmensch als Mann und Frau ist von den Tieren unterschieden. Die Rollenverteilung innerhalb der Erzählung läßt keine seinsmäßige Differenz zwischen Mann und Frau zu. Beide stehen unter demselben Essensverbot, beide

Bei Michelangelos Erschaffung des Menschen in der Sixtinischen Kapelle (16.Jh.) ist die noch unerschaffene Eva bereits bei Gott vorhanden. Der Renaissancemaler vermeidet so, das zeitliche Nacheinander der Erschaffung der Geschlechter gegen die biblischen Texte ontologisch zu deuten.

bilden in der Sündenfallerzählung von Gen 3 eine Handlungseinheit, beide werden verhört (3,8-13), und beide werden spezifisch zu ihrer Lebenssituation bestraft, bevor sie gemeinsam (eingeschlossen in die allgemeine Rede vom Menschen 3,22-24) aus dem Paradies vertrieben werden.

(2) Zu Anfang (2,7) wie zu Ende der Erzählung (3,22) wird der Urmensch mit den zwei Seiten seiner Natur beschrieben. Er ist der von Gott belebte Erdling – im hebräischen Wortspiel »der Rote von der roten Erde« -, dessen Hinfälligkeit durch die Stoffangabe »Staub« (vgl. 3,19) unterstrichen wird. Zugleich ist er gottähnlich durch seine umfassende sittliche Erkenntnis von Gut und Böse (3,22). Von Gott trennt ihn aber der verweigerte Zugang zum Lebensbaum, d.h. zum dauerhaften, ewigen Leben.

(3) Der Urmensch, d.h. Mann und Frau, steht von Anfang an unter dem göttlichen Gebot (2,16f; 3,3). Dessen Übertretung führt zu den bekannten Daseinsminderungen (3,16-19) und zur Vertreibung aus dem Paradies. Die Übertretung hat wiederum zwei Seiten: Neben dem Aspekt der Strafe hat sie auch den eines Zugewinns, umschrieben als Öffnung der Augen bzw. als Schamgefühl, das die Würde der eigenen Person schützt (3,7), und erläutert als Erkenntnis von Gut und Böse (3,5.22 vgl. 2,9.17).

Der Hauptakteur Gott wird anthropomorph dargestellt (als Töpfer 2,7, als Bildhauer 2,22, als königlicher Spaziergänger 3,8, als Richter 3,9ff, als Schneider 3,21). Vor allem bleibt er trotz der Strafe für die Übertretung der den Menschen weiter zugewandte Gott, der für sie sorgt (3,21). Die narrative Theologie der Erzählung ist vieldeutig und hat seit frühjüdischer Zeit eine starke Berücksichtigung erfahren. Vor allem hat man das zeitliche Hintereinander der Erschaffung von Mann und Frau historisierend und ontisch wertend verstanden, als sei die Frau das zweiterschaffene Wesen nach dem Mann, als ob ihr die Gottähnlichkeit sowie Gottebenbildlichkeit anders zukomme als dem Mann, jenem mit Vorrang, ihr nur in Zuordnung und Abhängigkeit vom Manne (vgl. zu dieser Tendenz Sir 25,24; 1Kor 11,8f; 1Tim 2,11f). Hier erfolgt heute der Einspruch des Feminismus, der die Eigenaussage von Gen 2-3 gegenüber seiner Rezeption in Schutz nimmt.

b) *Psalm 8* zählt zu den anthropologischen Spitzentexten des AT. Ps 8 ist gezielt von der formativen, exilischen Redaktion des ersten und ältesten Davidpsalters ins Zentrum der Psalmengruppe 3-14 gerückt worden. Als hymnisches Nachtlied zeigt er den in den Psalmen vorher erwähnten Sonnengott JHWH, der seine Macht bzw. sein Herr-Sein in und vor der Nacht behauptet. In der chaotischen Nacht bleibt die Ordnung seiner Gestirne (Himmel, Mond und Sterne) bestehen. Ps 8 ist Kontrapunkt zu den Klagegebeten aus beispielhaften Nöten in Pss 3-7 (polit. Verfolgung, Armut, Rechtsnot, Krankheit, Falschanklage) und zu den Klagen des Armen in Pss 11-14. Der angefochtene Beter ist zugleich der königliche Mensch. Der drohende Verlust der Ehre aus den Vorgängerpsalmen (Pss 3,4; 4,3; 7,6) kann die ontische Würde des Menschen nicht zerstören. Die Reflexion auf den Menschen als Gattungswesen schafft das notwendige Gegengewicht zu den umgebenden Klagegebeten und demonstriert das unverlierbare Minimum menschlicher Existenz. Die Position des Menschen im Kosmos wird zweifach eingefangen. Er hat eine Art Mittelstellung in der räumlichen Vertikale des Kosmos: JHWH, der Herr, oben mit seinem Namen über der Erdscheibe; darunter der Mensch und ihm zu Füßen die unterworfene Tierwelt. Diese Zwischenstellung wird durch weitere Motive und Bilder eingekreist. Vom Menschen werden Niedrigkeitsaussagen gemacht in der rhetorischen Frage von 8,5: im Vergleich zu JHWH ist er ein niedriger, hinfälliger Mensch, ein Menschensohn, der auf göttliche Zuwendung angewiesen ist. Und doch ist er mit einzigartiger Hoheit ausgestattet. Er ist nur wenig geringer als Gott. Der Vergleich mit Gott ist nicht selbstverständlich. Der Nachdruck des Vergleichs im Singular (Mensch-Gott) ist nicht auf niedere Gottwesen und Engel im Plural abzuschwächen, denn die Königsmetaphern zielen beim Menschen auf eine Einzelgestalt. Der Vergleich mit Gott hat altorientalischen Hintergrund und wird vornehmlich im Kontext der Beschreibung menschlicher Weisheit vorgenommen. Mehrfach wird der König David mit dem »Boten Gottes« verglichen, weil er den Durchblick hat, Dinge durchschaut und richtig entscheidet (2Sam 14,17.20; 19,28; vgl. Ez 28,11ff). Die Weisheit hebt ihn aus der Schöpfung heraus und nähert den Menschen Gott an. Zugleich wird aber die Gleichsetzung gedämpft: Der Vergleich zielt nicht auf JHWH selbst, sondern auf seine Göttlichkeit; bei aller Nähe bleibt menschliche Weisheit doch relativ geringer. Ferner wird der Mensch als König eingekleidet (vgl. das Königsornat in Pss 21,6; 29,1.4; 45,4). Wie häufig betont, wird altorientalische Königswürde demokratisiert bzw. universalisiert. Sie wirkt sich aus in der Gott stellvertretenden Königsaufgabe der Herrschaft über die Tiere, die dem dreigeteilten Kosmos von Erde – Himmel – Meer entsprechend dem Menschen zugeordnet werden: Haustiere, Wildtiere, Vögel und die Bewohner des Meeres (Fische und Meeresungeheuer). Der Mensch vor Gott/JHWH ist nach Ps 8 der mit Weisheit begabte, königliche Mensch.

c) Der *priesterliche Schöpfungsbericht* Gen 1-2,4a hat mit seinen beiden Vorgängertexten einiges gemeinsam. Mit der jahwistischen Erzählung verbinden ihn gerade die anthropologischen Aussagen: Beide kennen den Menschen nur in der Zweisamkeit von Mann und Frau (Gen 1,27; 2,18). Beide betonen die Einheit von Mann und Frau (vgl. 1,27). Beide sprechen allerdings mit unterschiedlicher Deutlichkeit von einem urzeitlichen Vegetarismus (1,29; 2,16), der dem friedlichen Zusammenleben von Mensch und Tier dient, später aber aufgegeben wird – beim Jahwisten deutet die Bekleidung mit Fellen 3,21 eine Tötung der Tiere an; bei der Priesterschrift gehört die Tiertötung zum nachsintflutlichen Kompromiß Gen 9,1-6. Mit Ps 8 verbindet ihn unter anderem die königliche Aufgabe des Menschen. Der priesterschriftliche Leitbegriff heißt »Gottebenbildlichkeit« (Gen 1,26) – neben dem jüngeren und anders herzuleitenden Personbegriff der wichtigste Beitrag zum christlichen Menschenbild.

Die Priesterschrift führt in Gen 1,26ff, 5,1ff und 9,6 den Terminus »Bild Gottes« für den Menschen ein. Sie greift damit eine Redeweise aus dem ägyptischen Neuen Reich (18. Dynastie) und aus Mesopotamien auf, wo der Pharao bzw. der König das Abbild eines Gottes (Amun, Marduk oder Schamasch) ist und den Gott auf Erden vertritt. Wie in Ps 8 wird der Königstitel universalisiert. Was der Terminus »Bild Gottes« umgekehrt an Vorstellungsgehalt für den Schöpfer selbst impliziert, kann nur annäherungsweise angegeben werden. Der der Priesterschrift nahestehende Prophet Ezechiel kann die Herrlichkeit Gottes schauen und dabei eine menschenähnliche Lichtgestalt wahrnehmen (Ez 1,26). Die Priesterschrift selbst kann Mose durch JHWH ein himmlisches Modell für das Zeltheiligtum vorführen (Ex 25,9). Und der Beter von Ps 17,15 kann sich an JHWHs umrißhafter Lichtgestalt nach Art der Sonne satt sehen. Die Hinweise konvergieren in einer gestalthaften Analogie von Gott und Mensch. Wiederum müssen die Bremsen beim Vergleichen angezogen werden, denn die Priesterschrift legt weniger Wert auf die visuelle Konkretion als vielmehr auf die Herrschafts- und Vertreterfunktion des »Bildes Gottes«. Die Anordnung von Gen 1,26 wechselt in den Plural der Gottesrede. Damit findet keine Anspielung auf den himmlischen Hofstaat statt, sondern wie Gen 3,22 will die »polytheistisch klingende Formulierung« abwehren, daß es um Gottgleichheit im strengen Sinne geht. Der Mensch hat teil an der Göttlichkeit, nicht am Wesen JHWHs bzw. Gottes selber. Von Gen 3,5.22 her ist das »Sein wie Gott« verbunden mit der Weisheit, d.h. mit der Erkenntnis von Gut und Böse.

Die Priesterschrift treibt einigen Aufwand, um die Analogie zu unterstreichen. Die Lexeme »Bild/Statue« und »Gestalt/Abbild« vermeiden die Überschneidung mit den konkreten Bildbegriffen, die die Bilderverbotstexte gebrauchen. Sie zielen auf Statthalterschaft und gottähnliche Kapazität zur Durchführung der Herrscheraufgabe. Die Präpositionen des Vergleichs (»als« und »wie«) unterstreichen die Analogie.

»In der Gottebenbildlichkeit als Repräsentanz Gottes akzentuiert die Priesterschrift die Aufgabe des Menschen an der (Um-)Welt. Die Blickrichtung geht vom Menschen zu den Wesen unter ihm, nicht vom Menschen zu Gott. Dabei hat die Priesterschrift in Gen 1,27 Mann und Frau die Funktion zuerkannt, als Bilder Gottes tätig zu sein. Erst griechische (auch neutestamentliche) Autoren, die von Eikon sprechen, ändern die Blickrichtung; sie verstehen die Gottebenbildlichkeit konzeptionell von der Relation Urbild-Abbild her und lassen das Bild zwischen Gott und Mensch treten.«[21]

Wegweisungen für das Zusammenleben

Die Tora

Wenn man nach den ethischen Weisungen des AT fragt, muß man sich zuerst den Stellenwert und die Reichweite von Tora bewußt machen. Der Bedeutungsumfang dieses einschlägigen und tragenden Begriffes reicht vom Einzelgebot über die Benennung von Gesetzeskorpora hin zur Überschrift von Literaturbereichen wie der Tora des Pentateuch bis zur allgemeinen Umschreibung für die fordernde und verbindliche Willensoffenbarung Gottes schlechthin. Wir schauen eingangs auf die Tora des Pentateuch. Das Gesamte der fünf Bücher Moses ist der umfangreichste und am stärksten systematisierte Bereich der Bibel Israels, in dem das zur Darstellung kommt, was man als ethische Weisung des AT bezeichnen kann.

Innerhalb des Pentateuch sind die Anweisungen Gottes eingebettet in die Gründungsgeschichte der Welt und Israels von der Schöpfung in Gen 1 bis zum Tod des Mose in Dtn 34. Diese Gründungsgeschichte wird als Ablauf göttlicher Setzungen und Vorschriften verstanden, der mit dem Wochenrhythmus von 6 Tagen Arbeit und Ruhe am 7. Tag anfängt. Diesen Rhythmus lebt Gott vor und läßt ihn in die Schöpfung ein, damit ihn Israel in der Wüste finden kann (Ex 16), um ihn an die Welt weiterzugeben. Schließlich schreibt Gott ihn als Bundeszeichen vor (Ex 31,12-17). Die Reihe göttlicher Anordnungen setzt sich fort über die noachitischen Gebote (Verbot des Blutgenusses und der Menschentötung Gen 9), über die Anordnung der Beschneidung im Bund mit Abraham (Gen 17), über das Gebot der Endogamie (Gen 27,46-28,9), über die Vorschriften zur Paschafeier (Ex 12) bis hin zur Kultgesetzgebung (Ex 25; Lev 16). Der Löwenanteil aller Gesetze ballt sich in der Sinai- (Ex 19-Num 10) und Horebtheophanie (Dtn 5 und 9f) mit den daran anschließenden weiteren Vorschriften auf dem Weg zum Gelobten Land. Der Sinai/Horeb ist der Ort der Heimat JHWHs, Ort der bedeutendsten Theophanie Gottes und zugleich der Promulgationsort von Gesetzen schlechthin. Die Gesetze haben deswegen ihren Zeitpunkt in der Heilsgeschichte nach dem Exodus und der Führung in der Wüste. Der »Indikativ der Heilssetzung« geht dem »Imperativ der sittlichen Forderung« voraus. Die Gesetze sind der Test für Israels Fähigkeit, die Exodusfreiheit zu bewahren. Der Verkündigungsort auf dem Weg in der Wüste vor dem Einzug ins Gelobte Land und vor der Staatsgründung bedeutet die Vorordnung der Wüstengesetze vor alle weiteren gesellschaftlich-staatlichen Regelungen. Die Autorität des Gesetzesvermittlers Mose deckt die unüberbietbare Verbindlichkeit der Vorschrift ab.

Der Tora kommt der höchste kanonische Rang zu. Sie erzählt von den Anfängen der Geschichte Gottes mit den Menschen und mit Israel, fur das Mose zum entscheidenden Offenbarungsmittler wird. Der Anfang legt die Grundregeln fest für das Zusammenleben der Menschen und für den »way of life« Israels. In dieser Funktion ist die Tora des Pentateuch zum Nukleus von Heiliger Schrift geworden, der in der Perserzeit seine endgültige, unveränderbare Textform erhalten hat. Damit war das Phänomen der Buch- oder Schriftreligion kreiert – Leben von und mit einer Sammlung normativer Schriften. Der Pentateuch wirkte sich aus zu einer Erinnerungs- und Lesekultur, die für Schriftreligionen typisch wurde.

Der kanonische Rang der Tora spiegelt sich darin wider, daß die übrigen Teile der Heiligen Schrift ihr zugeordnet werden. Der Kanonteil Propheten (Jes-Mal) wird als Interpretation der Tora verstanden, ablesbar an den Rahmentexten Jos 1,7f und Mal 3,22 sowie an der durchlaufenden Linie der Toraerwähnungen im Innern der Bücher (vgl. z.B. 2Kön 17,13; Jes 2,1-5; 5,24; 51,7; Jer 7,25f; 26,4f; 31,33; Ez 11,19f; 20; 36,27; 37,23 u.a.). Die Weisheitsschriften nehmen den Faden auf, vor allem im Psalter: Ps 1 empfiehlt die Tora zur immerwährenden Meditation und will selbst Vorwort und Gebrauchsanweisung des Gesamtpsalters sein. Ps 19 rückt die Schöpfungsordnung und die Tora zusammen. Ps 119 stimmt ein vollständiges Lob auf die Tora an. Die späte Weisheit bezieht sich in Ijob 31 auf den Dekalog und identifiziert in Sir 17,11; 19,20; 24 die Tora mit der Weisheit.

Die Tora als Pentateuch ist aus verschiedenen Gesetzeskorpora und Restmaterialien zusammengewachsen (vgl. in vermutet chronologischer Reihenfolge: das sogenannte Privilegrecht Ex 34, das Bundesbuch Ex 20-23; das Buch Dtn, das Heiligkeitsgesetz Lev 17-26; hinzu kommen andere Rechtsmaterialien des Kult-, Zivil-, des Menschen- und Völkerrechts). Diese Vorschriften stammen aus verschiedenen Zeiten und Lebenssituationen des Gottesvolkes Israel. Die Pluralität und Vielgestaltigkeit macht die Frage nach dem inneren Zusammenhang unausweichlich. Er ist im Promulgator JHWH selber zu finden, der über Mose seinen Anspruch auf die Regelung aller Lebensbereiche erhebt und dafür die Totalkompetenz beansprucht. Ein Indiz dafür ist die Leitidee des oben im Kontext des Monotheismus primär diachron betrachteten Haupt- oder Ersten Gebotes zu finden. Konsequenterweise durchzieht die Forderung nach der exklusiven und bildlosen Verehrung des einen Gottes an zentraler Stelle alle sinaitischen Rechtskorpora (vgl. den Anfang der Dekaloge in Ex 20 und Dtn 5; dann Ex 22,23; 22,19; 23,13; 34,12-17; Lev 19,4 und 26,1ff; Dtn 6,4f; 13; 17,2-7; 27).

Einen gewichtigen Beitrag zur Systematisierung der Tora leisten die Dekaloge. Indem sie jeweils an vorderster Front der Sinai- bzw. Horebtheophanie stehen, leiten sie nach Ausweis des Kontextes die nachfolgenden Gesetze mit einer Maximalreihe auf juristischer Metaebene ein, die heute zutreffend mit der Metapher »Grundgesetz« umschrieben wird. Der Dekalog als Grundgesetz gilt universal und dauerhaft. Er wendet sich primär an Israel und kann auch durch einen Bundesbruch von seiten des Volkes nicht obsolet werden. Diese kanonische Sonderstellung bildet das Fundament für den Siegeszug des Dekalogs in der Ethik der drei monotheistischen Weltreligionen: Das Judentum schätzt seine herausgehobene Stellung, achtet aber genau darauf, daß der Dekalog die übrige Breite der Toravorschriften nicht überflügelt oder in den Schatten treten läßt. Das Christentum hat durch die von Jesus initiierte Renaissance des Dekalogs diesen auf den Schild gehoben und zum Raster der gesamten Moral gemacht (vgl. die Katechismen). Mit der Zweitafelstruktur des Dekalogs ist die noch weiter getriebene Systematisierung des Doppelgebots der Gottes- und Nächstenliebe verbunden. Auch der Islam kennt in Anspielungen den Dekalog. Verständlich, daß man heute von ihm her die Inhalte des Weltethos zu bestimmen sucht.

Die beiden folgenden diachron orientierten Durchblicke haben das Interesse, in einem kleinen Ausschnitt das hohe Niveau alttestamentlicher Moral und deren Weltgeltung anzuzeigen.

Sozialethische Prinzipien

Das Alte/Erste Testament bedenkt sehr häufig den Einzelisraeliten und darüber hinaus den Einzelmenschen in seinem konkreten Leben in der Gemeinschaft von Familie, Gruppe, Stamm, Volk und Völkergemeinschaft. In dieser Beziehung war es besonders sensibel, wie ich im folgenden an zwei Linien belegen möchte.

Die Propheten haben immer wieder das Auseinanderklaffen der israelitischen Gesellschaft notiert und angegriffen; ihre diversen Gegenforderungen haben sie mit der Formel vom »Tun von Recht und Gerechtigkeit« auf den Begriff gebracht. Diese Formel ist eine der biblischen Umsetzungen des Prinzips der Solidarität. Hinter dieser Formel steht die Erinnerung an »eine Sozialstruktur, die aufbaut auf den Prinzipien von Gleichheit und Gegenseitigkeit im Verhältnis der Gruppe zueinander«.[22] Die Formel stammt aus den altorientalischen Königspflichten in Babylonien und Assyrien. Dort bezeichnete sie die Verpflichtung des Königs zu gerechter Rechtsprechung und sozialer Fürsorge für die Schwächeren, vornehmlich die personae miserabiles. Sie wird in der Sozialkritik der Südreichprophetie aufgenommen und zur Leitformel gemacht (Am 5,7.24; 6,12). Der frühe Jesaja greift sie auf in Jes 1,21-26 und im Weinberglied Jes 5,7 (vgl. Jes 28,17); ebenso hebt sie die frühe Weisheit (Spr 16,8 und 21,3) auf den Schild. Die Formel zielt auf gerechte Rechtsprechung, auf die Rechte der Volksgenossen in bezug auf Eigentum und soziale Stellung. Auch in der Prophetie der späten Königszeit behält sie ihren maßgeblichen Charakter, so bei Jeremia (Jer 4,2; 9,23; 22,13.15) und Ezechiel (Ez 18,5.19.27). Sie charakterisiert den erhofften idealen König in Jer 23,5 und 33,15 bzw. den idealen David (2Sam 8,15; 1Kön 10,9) und wird für die nachexilische Gemeinde als Orientierung festgehalten (Jes 58,2 und später Jes 56,1). Diesem Programm muß eine analoge Zusammenfassung des Ethos der Nordreichprophetie zur Seite gestellt werden, die die Überbietung des Pflichtgemäßen und des gesetzlich Geregelten zum Ausdruck bringt: das Tun von »Recht und Freundlichkeit/Großzügigkeit«. Sie taucht zuerst bei Hosea auf (Hos 2,21; 12,7), rückt bei Jer 9,23 an die erste Formel heran und wandert dann in eine deuteronomistisch beeinflußte Prophetie mit ihren bekannten und gewichtigen Zusammenfassungen in Mich 6,8: »Es ist dir gesagt worden, Mensch, was gut ist und was der Herr von dir erwartet: Nichts anderes als dies: Recht tun, Güte und Treue lieben, in Ehrfurcht den Weg gehen mit deinem Gott« und Sach 7,9: »So spricht der Herr der Heere: Haltet gerechtes Gericht, jeder zeige seinem Bruder gegenüber Güte und Erbarmen«.

Solch prophetische Linie der Einschärfung von unparteiischer Gerechtigkeit und unbemessener Großzügigkeit schlägt auch durch in den Gesetzeskorpora des AT.

Die Prozeßrechtssammlung Ex 23,1-9 des alten Bundesbuches reagiert auf die soziale Ausdifferenzierung des staatlichen Israel in ärmere und reichere Schichten und tendiert deswegen zu einem Übergang vom Recht zum Ethos. Während die Vorschriften an der Peripherie der Sammlung justitiabel sind, geht der Kern zum ethischen Appell über und fordert im Prozeßrecht die Solidarität mit den Schwachen[23]: »Du sollst den Armen (Kleinbauern) in seinem Rechtsstreit nicht begünstigen« (Ex 23,3) – »Du sollst das Recht des Armen in seinem Rechtsstreit nicht beugen« (Ex 23,6). Die Unparteilichkeit rückt ins Zentrum durch die »Forderung der Feindessolidarität«[24]: »Wenn du dem verirrten Rind oder dem Esel deines Feindes begegnest, sollst du ihm das Tier zurückbringen. Wenn du siehst, wie der Esel deines Gegners unter der Last zusammenbricht, dann laß ihn nicht im Stich, sondern leiste ihm Hilfe!« (Ex 23,4-5). Die gleiche Tendenz findet sich in dem jüngeren deuteronomischen Kerngesetz, in der häufiger beschriebenen deuteronomischen Bruderethik, wobei das »Wort ›Bruder‹ ... die Funktion einer impliziten Begründung mit starker appellativer Kraft [hat]: Wie man sich einem Bruder gegenüber zu verhalten hatte, wußte man ja vom Zusammenleben in der Familie her«.[25] Sprechende Beispiele dafür, den Nächsten als Bruder zu behandeln, bieten Dtn 15; 22,1-4; 25,1-3. Schließlich kommt dieses Ethos rezeptionsgeschichtlich wirksam in den Vorschriften des Heiligkeitsgesetzes zum »Umgang mit dem schuldig gewordenen Bruder«[26] zum Ausdruck: »Du sollst in deinem Herzen keinen Haß gegen deinen Bruder tragen. Weise deinen Stammesgenossen zurecht, so wirst du seinetwegen keine Schuld auf dich laden. An den Kindern deines Volkes sollst du dich nicht rächen und ihnen nichts nachtragen. Du sollst deinen Nächsten lieben wie dich selbst. Ich bin der Herr« (Lev 19,17-18).

Dem gleichen Zweck dienen Argumentationsfiguren spätexilischer deuteronomistischer Bearbeiter des Bundesbuches und des Deuteronomiums, die die gute Behandlung des Fremden fordern und dabei die Goldene Regel einsetzen. Der Fremde soll so behandelt werden, wie die Israeliten es für sich aus leidvoller Ägyptenerfahrung heraus wünschten: »Einen Fremden sollst du nicht ausnützen und ausbeuten, denn ihr selbst seid in Ägypten Fremde gewesen« (Ex 22,20; vgl. Ex 23,9 und Dtn 10,19; 23,8). Ähnlich wie im NT wird im Ersten Testament die Argumentationsfigur der Goldenen Regel in den Kontext des Liebesgebotes gerückt, so in Dtn 19,19 und Lev 19,22f. Dabei ist der Fremde der von außen Kommende, der in die Gemeinschaft des Volkes zu integrieren ist. Je nach Struktur des Gottesvolkes kann das beim staatlich verfaßten Volk der nichtansässige Volksgenosse oder beim Gottesvolk als Gemeinde der Glaubensbruder sein. Eine Tendenz zur Universalisierung des Adressatenkreises der Bruderliebe ist dabei festzustellen.

Dieser Durchgang darf nicht schließen ohne einen Blick auf die sogenannten Tempeleinlaßliturgien der Pss 15 und 24 (vgl. Jes 33,14-16). In ihnen werden die Unschuldsbeteuerungen der unter Rechtsnot leidenden Beter zusammengefaßt. Vor dem im Jerusalemer Tempel anwesenden JHWH geben sie an, worauf es für den JHWH-treuen Gerechten ankommt. Der im Kult präsente Gott fordert ein JHWH-konformes Verhalten im Alltag ohne besondere rituelle Leistungen. Die Charakterisierungen des Gerechten verbinden Recht und Ethos, Gesinnung und Tat, konkrete Forderungen und allgemeine Maximen. Es geht um alltägliches zwischenmenschliches Verhalten, um Aufrichtigkeit, wahrhaftiges Reden, verläßliches Wort, Beachtung des Tun-Ergehen-Zusammenhangs, Vermeidung von übler Nachrede und Meineid, Beachtung des Zinsverbotes und unbestechliche Rechtsprechung.

So wirken Prophetie, Gesetzeskorpora und Psalmen zusammen bei der Einschärfung eines JHWH-gemäßen Zusammenlebens, das für Israel ein bestimmtes Menschenbild verrät, das zugleich aber über das Gottesvolk hinaus ausstrahlt.

Alttestamentliche Ansätze zur universalen Geltung von Maximen

Mit der Idee der Menschenwürde ist der Gesichtspunkt der Gleichheit der Menschen in bezug auf ihre Würde mitgegeben. »Damit ist jede Parteilichkeit, jeder Egoismus, aber auch jeder ethische Partikularismus ausgeschlossen, der nur die Angehörigen des eigenen Volkes, der eigenen Rasse oder nur Menschen derselben Hautfarbe als seinesgleichen anerkennt.«[27] Wie wir oben gesehen haben, sind manche anthropologische Einsichten des Alten / Ersten Testaments von vornherein auf universale Gültigkeit hin formuliert und lassen sich verallgemeinern. »Das Gebot der Nächstenliebe bezieht sich auf den Volksgenossen. Es hätte aber in der Geschichte einstmals »eine derartige Bedeutung nicht gewinnen können, wäre es nicht recht allgemein formuliert gewesen.«[28] In diesem Zusammenhang sei zum Schluß ein Blick auf biblische Ansätze zur Universalisierung von Verhaltensforderungen geworfen, analog zur Begründung des Verbotes, Menschenblut zu vergießen, durch die Gottesebenbildlichkeit (Gen 9,6).

Wenn die Bibel universale Aussagen machen will, redet sie vom Schöpfer und von Schöpfung. Eine solche Denkfigur findet sich im priesterschriftlichen Gedanken, daß der Mensch, der über Israel den Gehalt der Erkenntnis vermittelt erhält, sich so zu verhalten hat, wie Gott gehandelt hat. Es ist die Argumentation mit der imitatio dei creatoris, wie wir sie im priesterschriftlichen Sabbatgebot des Exodusdekalogs Ex 20,8-11 und Ex 21,16f finden: Am Sabbat sollen Mensch und Tier ruhen, wie Gott am Schöpfungssabbat geruht hat. Der für jeden Menschen wichtige Lebensrhythmus mit seiner impliziten Qualifizierung von Arbeit und Ruhe ist vom Schöpfer in die Schöpfung eingestiftet, von Israel entdeckt (Ex 16), der

Welt vorgelebt worden, die ihn übernehmen soll.

Israel selbst hat die Überzeugung entwickelt, daß seine Gesetze und Vorschriften für den Menschen – und nicht nur für den Israeliten – lebensnotwendig sind. Im Geschichtsrückblick von Ez 20 kann in V 11 auf die Allgemeingültigkeit der Sinaigesetzgebung verwiesen werden: Es sind die Gesetze und Rechtsvorschriften, die der Mensch befolgen muß, damit er durch sie am Leben bleibt (vgl. Lev 18,5)!

Im Deuteronomium wird das eigene Erleben der Sinai-Horeb-Ereignisse, vor allem die Mitteilung des Dekalogs, für Israel transparent auf den Menschen hin: »Heute ist es uns geschehen, daß Gott zu Menschen sprach und sie am Leben blieben!« (Dtn 5,24; vgl. V 26). Eine spätere Reflexion kann im Rückblick auf die Wüstenwanderung festhalten: »Er wollte dich erkennen lassen, daß der Mensch nicht nur vom Brot lebt, sondern daß der Mensch von allem lebt, was der Mund des Herrn spricht« (Dtn 8,3).

In Dtn 4,6-8 zeigt Israel an, daß es um die Weltgeltung seiner Erfahrungen weiß, näherhin um die Qualität der Tora als des »einzigartigen wirklich gerechten Gesellschaftsentwurfs«[29] und um die besondere Nähe seines Gottes, der immer und überall anrufbar ist. Diese Linie setzt sich weiter fort, wenn Schöpfungsordnung und Tora miteinander verbunden werden wie in Ps 19.

In Texten der älteren Weisheit wird auf den Schöpfer verwiesen, wenn es darum geht, gering geachtete Arme zu schützen, indem man sie als Geschöpfe Gottes bezeichnet und sie seiner Fürsorge unterstellt: »Wer den Geringen bedrückt, schmäht dessen Schöpfer, ihn ehrt, wer Erbarmen hat mit dem Bedürftigen« (Spr 14,31; vgl. Spr 17,5 – der Arme; Spr 22,2 – Reich und Arm; Ijob 3,13-15 – Knecht und Magd; Sir 3,16; 4,5f; 38,1 – die Geringen und der Arzt). Der Blick auf universal geltende Maximen soll schließen mit einem Hinweis auf die Weltgeltung der Tora Israels, die in einer Reihe von bekannten Texten erhoben wird: Jes 2,1-4//Mich 4,1-5; einige Psalmen: »Wenn die Völker zum Zion kommen, werden sie dort von JHWH in seine umfassende Weltordnung eingewiesen: Sie werden vertraut gemacht mit den Wegen, die er Mose und sein Volk gelehrt hat. Sie erfahren die erneuernde Kraft der Sündenvergebung. Und sie werden JHWHs schlichtende Rechtsentscheide und seine Willensoffenbarung über Recht und Gerechtigkeit hören. Wie diese Worte JHWHs an und für die Völker der Welt sich zur Tora Israels genauer verhalten, lassen die Texte (offensichtlich gezielt) in der Schwebe. Daß JHWHs Tora durch den Gottesknecht Israel zu den Völkern kommt, sagt das Jesajabuch mehrmals (Jes 42,1-4; 51,4.7). In mehreren Psalmen trägt Israel als Mittler von Gottestora an die Völker ›messianische‹, also davidische Züge (vgl. die Psalmen 2 und 86 sowie die Psalmenreihe 100-103). In der synchron gelesenen Psalmenabfolge 24-25 wird die Völkertora mit Hilfe des Schemas von der Einzugsliturgie konkretisiert. Wie immer das Verhältnis dieser ›Völkertora‹ zur Mosetora (in Übereinstimmung und Unterscheidung) näher zu bestimmen sein mag – der basso continuo der Texte ... ist: Ohne Israel und seine Tora gibt es kein gottgewirktes universales Heil«.[30]

4. Das Alte Testament – ein Buch für Frauen?

Irmtraud Fischer

Das Alte Testament verbindet man landläufig mit Königen, Richtern und Propheten, mit den Patriarchen, Weisheitslehrern und Priestern. Mit Männern also. Von der Erbauungsliteratur bis hin zu den liturgischen Lesungen und den Geschichten, die im Religionsunterricht erzählt werden, wird der Eindruck vermittelt, die Hebräische Bibel hätte es fast ausschließlich mit Menschen männlichen Geschlechts zu tun. Frauen kommen bei diesem eingeschränkten Blickwinkel bestenfalls als Ehefrauen von Männern vor, sind auf diese bezogen und – falls überhaupt – nur im Zusammenhang mit ihnen wichtig.

Ist diese Sicht biblisch? Wenn das Erste Testament von den »Vätern Israels« spricht, wenn die Weisheit die Menschen mit der Anrede »mein Sohn« zum rechten Tun ermahnt, in den Schriftpropheten ausschließlich männliche Autoren genannt werden und Gesetze so formuliert sind, daß sie primär das Recht *männlicher* Bürger schützen, muß die Frage bejaht werden. Die Bibel ist in einer patriarchal strukturierten Gesellschaft verfaßt worden, in welcher freie Männer von höherem Sozialstatus Macht über Frauen und Kinder sowie über sozial niedriger gestellte Geschlechtsgenossen hatten, wobei Frauen jeweils unter den Männern derselben Schicht rangierten[1]. Und die Bibel ist vorrangig von Männern für Männer geschrieben worden. Daß diese ihre androzentrische Perspektive eintrugen, ist selbstverständlich. Denn die Texte der Bibel wollen Menschen einer bestimmten Zeit und Situation etwas sagen und sind daher *aus* einem konkreten gesellschaftlichen Kontext und *für* diesen geschrieben worden[2].

Die konsequent nächste Frage, ob die auf Männer konzentrierte Sichtweise, welche die Frauen zur Randgruppe macht, durchgängig zu erheben ist, ist hingegen klar zu verneinen. In Anbetracht der kulturellen Gegebenheiten ist dies bemerkenswert. Aber Patriarchat heißt eben nicht: keine Rechte und Bedeutung für Frauen, sondern untergeordnete Stellung in Relation zu den Männern der jeweiligen Schicht und mindere Bewertung der den Frauen zugeschriebenen sozialen Rollen, Eigenschaften und Tätigkeitsfelder.

I. Frauen im Ersten Testament

Unter diesen Voraussetzungen kann von dem, was in der Bibel über Frauen erzählt wird, nicht eins zu eins auf die tatsächlichen weiblichen Lebenszusammenhänge geschlossen werden, sondern vielmehr auf die männliche Sichtweise derselben. Dennoch gibt es überraschend viele Texte, die Frauenstimme authentisch zum Ausdruck bringen[3]. Im folgenden können nur einige Schlaglichter auf die vielen Frauenpersönlichkeiten, die die Bibel skizziert, geworfen werden.

1. Israel schreibt seine Ursprungsgeschichte als Frauengeschichte

Die Anfangsgeschichte Israels wird in der Genesis erzählt. Die alttestamentliche Forschung hat dem Textkomplex Gen 12-36 den Namen »Erz-Väter-« oder »Patriarchen-Erzählungen« verpaßt. Und das, obwohl in diesem Teil der Bibel ebenso viel von Frauen wie von Männern erzählt wird. In beinah jeder zweiten Geschichte sind Frauen die tragenden Figuren der Handlung. Dem biblischen Befund entspricht es daher besser, von »Erzeltern-Erzählungen« zu sprechen[4].

Israel schreibt seine Ursprungsgeschichte in der literarischen Gattung von Familienerzählungen in vier Generationen, wobei mit der vierten Generation die Volkwerdung in den »zwölf Stämmen Israels« beginnt. Diese literarische Gattung bedingt die Darstellung des Werdens von Völkern als Zeugen und Gebären von Kindern. In bezug auf die Väter war sich die Forschung immer einig, daß die Geschichten nicht von Vaterfreuden einzelner Männer erzählen, sondern Völkergeschichte schreiben wollen. Bei den Müttern Israels ist dies jedoch nicht klar. Ihre Geschichten wurden als Zeugnisse der Beschränkung von Frauen auf den privaten Lebensraum der Familie, als Fixierung auf das Gebären, gedeutet. Wie anders aber denn als zwölf Geburten in einer Generation kann im Rahmen von Famlienerzählungen die Rückführung der zwölf Stämme auf zwölf Brüder (vgl. Gen 29,31-30,24) erzählt werden? Die beiden Frauen, Lea und Rahel, als vom Kinderwunsch besessene Personen darzustellen und ihren Mann Jakob als Ahnvater des Volkes Israel zu zeichnen, heißt nichts anderes, als zweierlei Kriterien der Auslegung an die Texte heranzutragen: In bezug auf die Frauen nimmt man das Erzählte wortwörtlich, da der Lebensbereich der Familie nach den Geschlechterstereotypen unserer heutigen westlichen Gesellschaft die weibliche Domäne ist. In bezug auf Männer, die sich in den Erzeltern-Erzählungen ebenfalls bloß im kleinen Kreis der Familie, im Kreise ihrer Frauen, Kinder, Eltern, Geschwister und Verwandten bewegen, finden die Vorstellungen dessen, was »männlich« sei, jedoch keine Resonanz. So sucht man mit historisch-kritischen Methoden nach der dahinterliegenden völkergeschichtlichen Dimension. Die Frauengeschichten der Genesis fundamentalistisch auf die »Privatheit« der Familie zu deuten, jene der Männer jedoch im politischen Horizont der Völkergeschichte zu sehen, heißt, zweierlei Maß entlang der Trennungslinie der Geschlechter anzulegen.

Das Ringen um Nachkommenschaft hat in der Genesis nicht den privaten Charakter der Erfüllung eines quasi »natürlichen Kinderwunsches« von Frauen, sondern eine doppelte Sinndimension[5]: Eine politische, im Ringen um die Volkwerdung, und eine theologische, die der Hoffnung auf die Erfüllung der Verheißungen von Volk und Land Ausdruck verleiht. Daß die Verheißungen nicht nur an die Väter ergehen, sondern an die Eltern, zeigt sich daran, daß etwa Abraham den Sohn der Verheißung nicht mit irgendeiner Frau zeugen kann – etwa mit Hagar (vgl. Gen 16-17) –, sondern ausschließlich mit Sara. Mit ihrem Sohn wird die Verheißung erfüllt, nicht mit Abrahams Erstgeborenem. Wenn der Grabplatz für Sara als das erste Stück Eigentum im Land dargestellt wird (vgl. Gen 23), so wird sie in ihrem Tod erste Erbin der Landverheißung.

Die Aktionen der Frauen, mit denen sie ihre Söhne und Lieblingssöhne für die Erbfolge protegieren, sind ebenfalls nicht als Familienintrigen zu bewerten, sondern als politische Weichenstellungen in der Völkergeschichte Israels und seiner Nachbarn. Nicht Hagars Sohn Ismael führt die Verheißungslinie fort, sondern Saras Sohn Isaak (vgl. Gen 17f.; 21), ebenso nicht Isaaks Lieblingssohn Esau, sondern jener Rebekkas (vgl. Gen 25,28; 27,1ff.). Beide Frauen agieren bei der Durchsetzung ihres Willens am Rande der Legalität. Sara vertreibt Abrahams anerkannten Erstgeborenen – und damit Haupterben – samt dessen Mutter Hagar. Rebekka leitet Jakob zum Segensbetrug am Vater Isaak und am Bruder Esau am. Dennoch haben die Frauen Gott auf ihrer Seite, da er nachträglich die Wahl der Mütter bestätigt (21,11-13; 28,10ff.).

Auch Tamars anstößige Aktion zur Sicherung der Nachkommenschaft, mit der sie, als Prostituierte verkleidet, inkognito ihren Schwiegervater verführt, hat die Dimension der Stammesgründung Judas (vgl. Gen 38). Tamar wehrt sich damit aber auch gegen das Unrecht, das Juda ihr antut: Indem er sie nach dem Tod ihrer beiden Männer unversorgt in ihr Vaterhaus zurückschickt, sie aber weder aus der Schwagerehe entläßt noch ihr den dritten Sohn zum Mann gibt, verdammt er Tamar lebenslänglich zum kinderlosen Witwendasein. Die Erzählung hat also auch die gesellschaftspolitische Dimension der Durchsetzung von Frauen-Recht.

Die Geschichte des Juda-Stammes wird durch eine weitere unkonventionelle Ahnfrau fortgeschrieben. Die verwitwete Moabiterin Rut verläßt ihr Volk, ihr Land und ihren Gott, um sich nicht von ihrer Schwiegermutter trennen zu müssen. In Betlehem bewahrt Rut die alte Frau vorerst vor dem Hunger, indem sie durch ihre Nachlese Brot nach Hause bringt. Schließlich garantiert sie Noomi eine dauernde Altersversorgung: Rut kann Boas, den reichen Grundbesitzer, zur Übernahme seiner verwandtschaftlichen Solidaritätsverpflichtung überreden. Er heiratet Rut und ist bereit, auch Noomi bei sich aufzunehmen. Durch die Initiative Ruts wird die Geschichte der Erzeltern fortgesetzt: Sie wird als Ausländerin den Gründerinnen Israels, Lea und Rahel, gleichgestellt, führt in der Tradition Tamars das Haus Juda fort (4,11f.) und wird die Urgroßmutter König Davids (vgl. Rut 4,17ff.).

Rut schläft zu Füßen Boas'. Wenzelsbibel II 31 (14. Jh.). Wien, Österreichische Nationalbibliothek.

Die Ursprungsgeschichte der zu einem Volk gewordenen 'Familie' Jakobs in Ägypten wird ebenfalls von Frauen geschrieben. Den Beginn des Exodus, des Auszugs aus der Sklaverei, markieren die Hebammen, die sich dem Tötungsbefehl des Pharaos widersetzen (Ex 1,15ff.). Mutter und Schwester des Mose bewahren diesen als Baby vor dem angeordneten Tod. Die Pharaonentochter hilft selbst über soziale und nationale Grenzen hinweg bei der Rettung des Kindes mit (vgl. Ex 2,1-10). Als Mose aus Ägypten fliehen muß, da er das gewalttätige Konfliktlösungsmuster der Unterdrücker übernimmt, findet er durch die Töchter des Priesters von Midian eine Zuflucht (2,11-22). Zippora, seine Frau, rettet Mose schließlich aus akuter Todesbedrohung (Ex 4,24ff.). Bevor Mose seinem Rettungsauftrag, das Volk aus Ägypten zu führen, nachkommen kann, wird er selber zuvor mehrfach von Frauen gerettet.

2. Die Anfangsgeschichte des Königtums prägen die Frauen mit

Das Zeitalter des beginnenden Königtums wird ebenso als von vielen starken Frauen geprägt gezeichnet. Michal, die Tochter des ersten Königs über Israel, integriert den jungen Krieger David durch Heirat in das Haus ihres Vaters Saul. Als dieser seinen Schwiegersohn verfolgt, rettet Michal ihren Mann, indem sie ihm zur Flucht verhilft. Die Willkür des Vaters entfremdet das Paar einander (1 Sam 18,17ff.; 25,44). Als nach Sauls Tod David König wird, holt er sich Michal von ihrem neuen Ehemann zurück – nicht aus Liebe, sondern zur politischen Legitimation seiner Königswürde unter den Nordstämmen (2 Sam 3,12ff.).

Zwei weitere Frauen Davids sind am Aufbau seiner Macht wesentlich beteiligt: Abigajil, die ihm als reiche Grundbesitzerin finanzielle Unabhängigkeit gewährleistet (vgl. 1 Sam 24), und Maacha, die philistäische Königstochter (2 Sam 3,3), durch deren Heirat David das militärisch gespannte Verhältnis zu den Philistern im Süden konsolidieren kann. Die illegale Beziehung Davids zu der gebürtigen Jerusalemerin Batseba bedroht zwar vorerst seine Macht (2 Sam llf.), entwickelt sich jedoch nach deren Legitimierung zu einem Integrationsfaktor für die einheimische Bevölkerung der Königsstadt Jerusalem. Batseba stellt mit ihrer Hausmacht, die vom Propheten Natan angeführt wird, die Weichen für die Thronfolge nach David. Sie vermag ihren Sohn Salomo derart zu protegieren, daß er den älteren Söhnen vorgezogen wird und die dynastische Nachfolge begründet (1 Kön 1). Batseba ist auch als Mutter des Königs weiterhin in die Politik integriert und legt damit den Grundstein für die Machtposition der Gebira, der Mutter des Königs, in den Königshäusern Judas und Israels (vgl. 1 Kön 1-2). Am davidischen Königshof ist noch ein anderes hohes, von Frauen bekleidetes Amt belegt: Die junge Abischag von Schunem wird nicht als Bettgefährtin des alten Königs nach Jerusalem geholt, sondern in ein leitendes Verwaltungsamt bei Hof (1 Kön 1,1-4 .15)[6].

Die Regentschaft von Frauen in der Königszeit wird rückblickend ebenso negativ bewertet wie die Regierung der meisten Könige. Isebel, die aus der sidonischen Dynastie in das nordisraelitische Königshaus einheiratet, wird als skrupellose Tyrannin gezeichnet (1 Kön 16,31ff.; 21,1ff.). Atalja, die Enkelin des nordisraelitischen Königs Omri (2 Kön 8,26) und Mutter des judäischen Königs Ahasja, tritt nach dem frühen Tod ihres Sohnes die Regierung an. Ihre Herrschaft wird, wie auch jene von vielen Königen, als Usurpation gegen die legale Rechtsnachfolge beschrieben. Beide Königinnen sterben einen gewaltsamen Tod (2 Kön 30ff.; ll,lff). Positive Bewertung erfahren hingegen die legendenhaften Regentinnen, die Königin von Saba (1 Kön 10,1-13) und Königin Ester, die sich beide durch Weisheit auszeichnen.

Weise Frauen[7], die durch ihr diplomatisches Geschick und ihre realistische Einschätzung politischer Zusammenhänge die Geschicke der Gemeinschaft lenken, finden sich in Israel zu allen Zeiten. Abigajil (1 Sam 24) und die Frau aus Abel-Bet-Maacha (2 Sam 20,14-22) verhindern durch ihr Verhandlungsgeschick Auseinandersetzungen mit Waffengewalt. Der weisen Frau aus Tekoa gelingt es, von David die Aufhebung der Exilierung seines Sohnes Abschalom zu erreichen (2 Sam14), was sich in der Thronfolgeerzählung als hochpolitische Weichenstellung erweist. Aber nicht nur »weise Frauen«, die offensichtlich das gesellschaftliche Ansehen von informellen Amtsträgerinnen genossen, machen Politik. Indem Frauen die Kriegsleistungen der heimkehrenden Männer bewerten, drücken sie unverblümt die Volksmeinung aus. Etwa jene Frauen, die dem jungen David zujubeln und damit gleichzeitig die Verdienste des regierenden Königs schmälern (vgl. 1 Sam 18,7ff .). Sie stellen die Weichen für die künftige Regentschaft Davids.

In der königskritischen Tradition steht auch Rizpa, die Nebenfrau des getöteten Königs Saul, eine »Frau in Schwarz«: Sie nimmt die von David tolerierte Hinrichtung der sieben Männer aus dem Hause Sauls durch die Gibeoniter nicht widerspruchslos hin. Tag und Nacht wacht sie über die nicht bestatteten Leichen. Durch ihren Protest kann sie die Toten zwar nicht mehr lebendig machen; sie erreicht jedoch die gemeinsame Bestattung aller Toten aus dem Hause Sauls (vgl. 2 Sam 21,1-14).

Die Anfänge der Geschichtsepochen des Volkes Israel sind also nicht wie in der Tradition des Abendlandes nur als Herrscher- und Herrengeschichte geschrieben, sondern zum wesentlichen Teil als Frauengeschichte!

3. Frauen in (fast) allen politischen Führungspositionen

Aus den Texten des Ersten Testaments sind Frauen in beinahe allen Amtsbereichen und Führungspositionen zu belegen. Da die Geschichte Israels in ihren Anfängen als Familiengeschichte geschrieben wird, ist in den Erzeltern-Erzählungen von Ämtern keine Rede. Die Familie war zu allen Zeiten die kleinste soziale Einheit, die eigenständiges Überleben ermöglichte. Ämter und Funktionen sind dort notwendig, wo ein größerer sozialer Verband vorhanden ist, in dem die Notwendigkeit der Differenzierung, der Aufgabenteilung, gegeben ist. Israel wird nach seiner Geschichtsdarstellung in Ägypten zu einem großen Volk. Ab dort sind auch politische Leitungsfunktionen belegt. Die ersten, die diese übernehmen, sind ein Mann und eine Frau, Mose und Mirjam, zusammen mit Aaron. Wenngleich bei Mirjam eine mit Mose vergleichbare Berufung fehlt, ist sie es, die den Exodus, samt seinem Höhepunkt der Rettung am Schilfmeer, theologisch deutet und in hymnische Theologie gießt. Mirjams Lied in Ex 15,20f. steht zwar versteckt hinter dem viel ausführlicheren Lobpreis, der Mose in den Mund gelegt wird, ist aber älter als jener. Den Wettstreit des Ruhmes dieser beiden Führungspersönlichkeiten des Exodus, den spätere Generationen ausgefochten haben, spiegelt die tendenziöse Geschichte aus Num 12 wider: Mirjam behauptet zusammen mit Aaron ihre hervorragende Stellung gegenüber Mose und wird dafür bestraft. Aaron, der den Ausschließlichkeitsanspruch mosaischer Autorität ebenso kritisch befragt, geht straflos aus. Die Geschichte zeigt anschaulich, wie versucht wurde, Frauen aus ihren prominenten Positionen in der Geschichte hinauszuschreiben. Sie zeigt aber ebenso plastisch, welch bedeutende Stellung Mirjam in der Tradition gehabt haben muß, um dies überhaupt nötig zu machen.

Auch die nächste Epoche der Geschichte Israels, die Richterzeit, wird wesentlich von einer Frauenpersönlichkeit geprägt. Debora wird sowohl als Richterin im Sinne der Rechtsprechung (Ri 4,5) als auch als Heerführerin im Sinne ihrer männlichen Richterkollegen gezeichnet. Ihr gelingt es erstmals, die Siedlungsgebiete Galiläas mit jenen im Bergland Samarias zu vereinigen und die in der fruchtbaren Jesreelebene sitzenden Kanaanäer zu besiegen. Der Krieger Barak, den sie sich zur Durchführung des Feldzuges beruft, ist nicht bereit, alleine in die Schlacht zu ziehen. Debora muß mitkommen. Und sie verhilft den Israeliten zu einem Sieg durch ihren Gott JHWH. Jaël, eine Keniterin, die in der Nähe des Schlachtfeldes ihr Zelt aufgeschlagen hat, vollendet den Sieg, indem sie den fliehenden feindlichen Heerführer Sisera mit List ermordet. Der Ruhm des Sieges gebührt JHWH, dem die beiden Frauen mit ihrer taktischen Kriegsführung besser dienten als die schlecht ausgerüsteten Krieger Israels. Auch Debora blieb in späteren Generationen das gezielte Vergessen nicht erspart: 1 Sam 12,11 und Hebr 11,32 loben nur mehr die Tat des ängstlichen Barak.

Debora zieht mit Barak gegen Sisera. Psalter des hl. Ludwig (13. Jh.). Paris, Bibliothèque Nationale.

4. Frauen in Kult und Prophetie

Obwohl kein Prophetenbuch unter dem Namen einer Frau überliefert ist, ist Prophetie durchaus nicht nur unter Männern zu finden. Die beiden großen Gestalten der frühen Volksgeschichte, Mirjam und Debora, werden als Prophetinnen bezeichnet. Wie bei großen Männern, denen ebenfalls in der Spätzeit der Ehrentitel »Prophet« verliehen wird (vgl. etwa Abraham in Gen 20,7), läßt diese Bezeichnung nicht unmittelbar auf spezifisch prophetische Aktivitäten schließen, sondern vielmehr auf Leitungsfunktionen im Namen JHWHs. Mirjam und Debora entsprechen hierin ihren männlichen Kollegen Mose und Samuel.

Einen Gottesentscheid fällt die Prophetin Hulda, die zur Zeit Jeremias in Jerusalem wirkt. An sie wenden sich die hohen Beamten, um das im Tempel gefundene Gesetzbuch bewerten zu lassen. Indem Hulda feststellt, daß das Buch »Wort Gottes« sei, »kanonisiert« hier eine Frau erstmals einen »Bibeltext« (2 Kön 22,3ff.). Auch die Frau, mit der Jesaja in göttlichem Auftrag ein Kind zeugen soll, wird als Prophetin bezeichnet (Jes 8,3). Über ihre Aktivität ist allerdings nichts weiteres überliefert. In Opposition zu Nehemia führt die Prophetin Noadja eine prophetische Gruppe an (vgl. Neh 6,14). Daß es im Umkreis großer Prophetengestalten nicht nur Jünger, sondern auch Jüngerinnen gab, darauf läßt etwa die Frau aus Schunem schließen (vgl. 2 Kön 4,8 ff.). Sie versorgt Elischa nicht nur mit Kost und Quartier, sondern ist offensichtlich an Feiertagen mit ihm und seinem Gefolge unterwegs (vgl. 4,23). Wenn man das deuteronomische »Prophetengesetz« (Dtn 18,9ff.) mit seiner negativen Abgrenzung des Phänomens der Prophetie ernstnimmt, so kann angenommen werden, daß bis zu dessen Formulierung mantische und nekromantische Praktiken unter Prophetie gereiht wurden. Unter diesem Blickwinkel ist auch die Totenbeschwörerin von En Dor (1 Sam 28) als Prophetin zu sehen. Als solche hat sie die Macht, den größten Propheten ihrer Zeit, Samuel, für Saul aus dem Totenreich heraufsteigen zu lassen. Ihre Beschwörungskunst wird freilich im deuteronomistischen Geschichtswerk als illegitim gezeichnet. Sie wird allerdings erst aktiv, als Saul bereit ist, bei JHWH zu schwören (V10). Das bedeutet, daß die Frau von En Dor ihre Tätigkeit nicht außerhalb, sondern innerhalb des JHWH-Kultes situiert versteht.

Auf Leitungsfunktionen von Frauen im JHWH-Kult verweist das Erste Testament sehr selten. Ob dieser Befund der gelebten Realität in der langen Geschichte entspricht, ist fraglich[8]. Das schlachtopfernde Priestertum ist in Israel offensichtlich Männern vorbehalten. In Ex 38,8 und 1 Sam 2,22 wird der Dienst von Frauen am Eingang des Offenbarungszeltes mit derselben Vokabel wie der Levitendienst beschrieben (vgl. Num 4,23; 8,24). Wenn Leviten als Kultdiener gesehen werden, Frauen jedoch im selben Dienst als Putzfrauen[9], so läßt sich über derlei Exegese nur staunen.

5. Gewalt gegen Frauen: Der Schrei der Opfer bleibt hörbar

Jegliche gesellschaftliche Gewalt gegen Unterdrückte, Außenseiter, Fremde und Diskriminierte ist Gewalt gegen Frauen, da die Schwächsten all dieser Gruppen in patriarchal-hierarchischer Gesellschaftsordnung bis auf den heutigen Tag Frauen sind. Aber Frauen sind zusätzlich unterdrückt, diskriminiert und an Leib und Leben bedroht aufgrund der Verfaßtheit ihrer Sexualität und ihrer Fähigkeit, Leben zur Welt zu bringen. Dort, wo die Bibel eindeutig Gewalt gegen Frauen thematisiert, ist sexuelle Gewalt gemeint. Bei allen übrigen Phänomenen der Gewalt sind Frauen »mitgemeint« – sprachlich zwar unsichtbar – oder durch die Übersetzungen erst unsichtbar gemacht –, betroffen aber umso deutlicher!

Das Erste Testament erzählt Geschichten, in denen Frauen Opfer brutaler sexueller Gewalt werden. Die grausamste des gesamten Alten Testaments ist wohl jene von Ri 19f. Ein Levit begeht einen Notwehrexzeß. Um sich selber vor Übergriffen zu schützen, gibt er den Männern Gibeas seine Nebenfrau preis, obwohl er von deren Forderungen weiß, daß sie Sexualität als Mittel des Terrors einsetzen wollen. Er stößt die Frau, obwohl der Pöbel nach ihm selber verlangt, in die dunkle Nacht hinaus und verschließt die Tür. Die Frau wird bis in den frühen Morgen brutal vergewaltigt und findet nur mehr die Kraft, sich bis zur Türschwelle zu schleppen. Der Levit hat jedoch auch bei Tag kein Erbarmen mit der geschundenen Frau. Im Erzählfortgang (Ri 19,29f; vgl. 20,5f.) ist es nicht eindeutig, ob sie bereits tot ist oder ihr Mann sie erst ermordet.[10] Der Gott Israels ist in dieser entsetzlichen Geschichte abwesend. Er rettet die Frau nicht aus den Händen ihrer Peiniger – eine Erfahrung, die Vergewaltigungsopfer bis heute machen ...

Auch der Tochter Leas und Jakobs, Dina, wird Gewalt angetan (vgl. Gen 34). Die Genesis erzählt den seltenen Fall, daß der Gewalttäter sich nach seiner Tat in die junge Frau verliebt und jegliche Bedingung anzunehmen bereit ist, um sie zur Frau zu bekommen. Die trügerischen Brüder Dinas, die die Heiratsverhandlungen führen, sinnen jedoch ausschließlich auf Rache für die geschändete Familienehre, nicht auf das Wohlergehen der Schwester. Der Wille Dinas zählt nicht; sie wird nicht gefragt und damit noch einmal Opfer männlicher Willkür.

3 Sara verstößt Hagar. Weltchronik des Rudolf von Ems (1. Hälfte 13. Jh.).

In Israel sah man klar, was in unserem Kulturkreis lange Zeit verdrängt war und nun Statistiken immer deutlicher zu Tage fördern: Sexuelle Gewalt geschieht zum nicht geringen Teil in der eigenen Familie. Der Davidssohn Amnon vergewaltigt seine Schwester Tamar (2 Sam 13). Sie versucht mit überlegten Argumenten, ihn von der Tat abzuhalten, bewahrt ihren kühlen Kopf jedoch vergebens. Ihren Hilfeschrei kann niemand hören (vgl. Dtn 22,23ff.), da der Königssohn alle aus dem Haus geschickt hat. Tamar ist jedoch nicht bereit, zur Gewalttat zu schweigen und diese zu vertuschen. Sogar am Königshof geschieht derartiges Unrecht! Wenn die Erzeltern-Erzählungen gleich dreimal von der Preisgabe der Ahnfrau erzählen (Gen 12,10ff.; 20; 26,1-11), so deutet dies auf ein konstantes gesellschaftliches Problem in der Geschichte Israels hin: Die Väter geben ihre Frauen nicht in realer Bedrohung, sondern aus Angst vor derselben preis. Ein fremder Machthaber könnte, um an die Frauen heranzukommen, die Ehemänner töten. So geben die Patriarchen ihre Frauen als Schwestern aus, um sie sexuell für andere Männer verfügbar zu machen. Sara und Rebekka werden jedoch von ihrem Gott gerettet. Die Preisgabe-Erzählungen thematisieren so die gesellschaftlichen Probleme des mangelnden Schutzes von Frauen und der Willkür der Ehemänner. JHWH ergreift eindeutig die Partei der Ehefrauen und rettet sie.

In der Hagar-Erzählung von Gen 16 wird gesellschaftlich legitimierte Ausbeutung weiblicher Sexualität und Reproduktionsfähigkeit thematisiert – ein Problemfeld, das in der gegenwärtigen Diskussion um Leihmütter ebenso präsent ist. Die unfruchtbare Sara greift, wie auch Rahel und Lea (vgl. Gen 30,1ff.), zu der im Alten Orient vielfach belegten Rechtsinstitution des stellvertretenden Gebärens der Sklavin für die Hauptfrau. Als Hagar von Abraham schwanger wird, ist Sara jedoch nicht bereit, den geänderten Status der Sklavin zu akzeptieren. Die Herrin greift zum Disziplinierungsmittel der Unterdrückung, welche Hagar nicht bereit ist zu ertragen. Die Sklavin flieht. Das Gotteswort, das ihr ein Bote übermittelt, heißt ihre Emanzipation aus der Sklaverei gut[11].

Solche Erzählungen haben dem Alten Testament nicht den Ruf eingetragen, daß es realistisch, sondern daß es grausam sei. Über sexuelle Gewalt redet man gerade in moralüberfrachteten religiösen Kontexten nicht gerne. Man schweigt sie tot und begeht an den geschundenen Frauen ein weiteres Unrecht, indem das Leid der Opfer ignoriert und ihr Schrei – und damit die Anklage der Täter sowie die Benennung des Verbrechens – zum Verstummen gebracht wird. Indem Israel in seiner Bibel solche Geschichten überliefert, widersteht es der Versuchung, seine Geschichte als Heiligenlegende zu schreiben, in der etwaiges Unrecht immer vor der Bekehrung geschieht und nachher alles strahlend sauber ist. Israel weiß um die Gebrochenheit des menschlichen Daseins – nicht vor allem Glauben, sonder *in* allem Glauben und *neben* allem Glauben.

II. Was sagt das Alte Testament den Frauen?

Die Bibel wurde durch Jahrhunderte immer wieder als Legitimationsurkunde der Frauenunterdrückung verwendet. Jene biblischen Geschichten, die die androzentrisch definierten Geschlechterstereotypen verfestigen, wurden den Frauen als Erbauungsliteratur nahegebracht, um ihnen ihren untergeordneten Status als gottgegebene Weltordnung schmackhaft zu machen. Geschichten von selbstbestimmenden Frauen in Führungspositionen gehörten (und gehören his heute?) nicht zu den Lehrerzählungen für brave Kirchenbesucherinnen. Theologen und Seelsorger haben durch diese tendenziöse Verwendung der Bibel den Frauen das volle Menschsein verweigert. Gleichzeitig aber haben Frauen die Bibel immer auch als Legitimationsurkunde ihrer Befreiung gelesen, weil sie die Rettungsgeschichten des Gottes Israels ernst genommen haben. Die Hebräische Bibel zeichnet auf weite Strecken keine utopische, sondern eine realistische Sichtweise menschlichen Daseins. Sie beschreibt glückendes und mißlingendes, befreites und unterdrücktes Leben und tabuisiert keinen Bereich menschlicher Realität. Indem sie Unterdrückung und Gewalt gegen Frauen thematisiert, holt sie diese bis heute fortbestehenden Phänomene, welche auch die Bibel nicht immer in der angebrachten Eindeutigkeit disqualifiziert, zumindest aus der Grauzone der Verdrängung.

Daß von dem einen und einzigen Gott immer in grammatikalisch männlicher Form gesprochen wird, selbst wenn die Taten des EINEN mit weiblichen Metaphern beschrieben werden (vgl. Num 11,10ff.; Jes 66,10ff.), erschwert die Verankerung des Weiblichen im Symbolischen und mindert das Weibliche gegenüber dem Männlichen. Und dies der klaren göttlichen Anordnung zum Trotz, daß JHWH kein Bild von sich duldet: An erster Stelle in der Ausfaltung des Bilderverbotes in Dtn 4,16ff. wird das männliche Abbild verboten. Aber nicht nur das ikonographische Bild engt den EINEN ein, sondern auch die sprachlichen Bilder, die vorwiegend männlich geprägten Metaphern, ja das gesamte theologische Denken in Geschlechterdualismen, das das Weibliche auf der dem Göttlichen abgewandten Seite verortet.

Die Bibel bietet – wie in vielen Fragen – auch in Frauenfragen keine eindeutigen Antworten. Wortwörtlich-fundamentalistische Auslegung der unterschiedlichen Aussagen über Frauen führt daher in ein unlösbares Dilemma. Der Gott des Exodus, des Auszugs aus der Sklaverei, ist jedoch der Garant dafür, daß er Unterdrückung nicht gutheißt, auch nicht die Unterdrückung von Frauen. Wenn Gerechtigkeit das göttliche Maß für die Menschen ist, so gilt dies auch für Frauen – nicht nur im individuellen Bereich, sondern auch in der gesellschaftspolitischen und kulturellen Ordnung des Zusammenlebens.

5. Gemeinsame Bibel für Juden und Christen

Erich Zenger

Auf der Suche nach einer neuen Sicht

Wie in unserem Buch deutlich wurde, gab und gibt es viele Zugangs- und Wirkweisen des Alten Testaments. Seit die Kirche, nicht zuletzt im Erschrecken über die für die Juden so fatalen Folgen der jahrhundertelangen theologisch motivierten und kirchlich propagierten Judenfeindschaft, in den letzten drei Jahrzehnten ihr Verhältnis zum Judentum geändert und sich eine neue theologische Sicht des nachbiblischen und zeitgenössischen Judentums erarbeitet hat, bahnt sich auch eine neue christliche Leseweise des Alten Testaments an. Diese will Ernst machen mit der vom Zweiten Vatikanischen Konzil und zahlreichen Erklärungen der Evangelischen Kirchen verkündeten Lehre, daß die Juden nach wie vor im Gottesbund stehen und daß sie insbesondere in der ihnen von ihrem Bundesgott gegebenen Heiligen Schrift ein bleibendes Fundament ihrer jüdischen Identität haben. Das bedeutet zugleich, daß Christen anerkennen, daß ihr Altes Testament zunächst einmal als Bibel der Juden und für Juden entstanden ist – und bis heute zuallererst die Jüdische Bibel bleibt.[1]

Zwar hat die Kirche in der Vergangenheit mehrfach und vielfach den biblisch nicht gedeckten Anspruch erhoben, daß sie an die Stelle des Judentums getreten sei, daß sie dadurch auch die rechtmäßige »Alleinerbin« des Alten Testaments geworden sei und daß nur sie dieses Buch theologisch »richtig« verstehe, wenn und weil sie es vom Neuen Testament, dem eigentlichen Ziel der Offenbarung, her lese. Von dieser irrigen Auffassung, die die meisten Theologen noch bis über die Mitte unseres Jahrhunderts vertreten haben, hat sich die Kirche gelöst – und beginnt nun auch die Tatsache ernstzunehmen, daß es zwei aus theologischer Sicht notwendigerweise unterschiedliche Leseweisen des Alten Testaments gibt, nämlich eine jüdische und eine christliche.[2] Es ist eben nicht gleichgültig, ob die Bibel Israels im Kontext des Judentums oder im Kontext des Christentums mit der Absicht, darin das rettende, wegweisende und tröstende Wort Gottes zu hören, gelesen wird. Dabei ist ein wichtiger Unterschied schon rein äußerlich gegeben: Während die Bibel Israels im Judentum dessen ganze Bibel ist, ist sie im Christentum nur deren erster Teil und muß deshalb schon auf der Ebene des Buchumfangs als Teil dieses Ganzen gelesen werden, eben als erster Teil der aus Altem und Neuem Testament bestehenden christlichen Bibel. Was es konkret bedeutet, daß die Christen ihr Altes Testament künftighin *so* lesen wollen, daß sie dabei einerseits dem Judentum seine theologische Würde als Gottes Bundesvolk belassen, und daß sie andererseits ihr Altes Testament im Zusammenhang mit dem Neuen Testament sehen, ist derzeit noch in Diskussion. Immerhin zeichnen sich Hauptlinien eines Konsenses ab, der im Folgenden skizziert werden soll.

Fundament und Wurzel des Christentums

Die christlichen Gemeinden haben im Gottesdienst von Anfang an biblische Texte als Gottes Wort vorgelesen und ausgelegt. Biblische Texte waren prägend für christliche Existenz in der Nachfolge Jesu. Sprache und Bilder der Bibel bildeten die kulturelle Welt der ersten Jüngerinnen und Jünger Jesu. *Diese* Bibel der Christen war bis ins 2. Jahrhundert hinein die *Jüdische* Bibel. Für das Urchristentum war diese Bibel nicht das »Alte Testament« im Sinne einer zweitrangigen oder gar veralteten Offenbarung. Die Bibel Israels und die aus ihr herauswachsende Lebensgestaltung galten als der *prinzipiell* unumstrittene Lebens- und Glaubenshorizont sogar für die Heidenchristen, selbst dann noch, als der Streit um die *Sinnrichtung* der Tora in der Nachfolge Jesu zu einer von der Mehrheit des zeitgenössischen Judentums abgelehnten »christlichen« Auslegung bzw. Aktualisierung von Einzelbestimmungen der Tora führte. Dieser Streit wurde nicht *gegen* die Bibel Israels, sondern *um* sie und um ihr rechtes Verständnis *für die Gegenwart* geführt. »Hätte man einen Christen um das Jahr Hundert gefragt, ob seine Gemeinde ein heiliges und verbindliches Buch göttlicher Offenbarung besäße, so hätte er die Frage stolz und ohne zu zögern bejaht: die Kirche besaß solche Bücher, das ›Gesetz und die Propheten‹, das heute sogenannte Alte Testament. Über hundert Jahre lang, noch um die Mitte des zweiten Jahrhunderts bei Justin, erscheint das Alte Testament als die einzige, maßgebende und völlig ausreichende Schrift der Kirche ...; daß zur Sicherung über das Alte Testament hinaus weitere, schriftliche Urkunden erwünscht oder erforderlich sein könnten, kam ihm nicht in den Sinn.«[3]

Als die christlichen Gemeinden ab der Mitte des 2. Jahrhunderts darangingen, ihre eigenen Schriften zu sammeln und ihnen den gleichen theologischen und kanonischen Stellenwert, den die Bibel Israels hatte, zuerkannten, traf die Kirche zwei wichtige Entscheidungen:

1. Sie behielt *alle* Schriften der Bibel Israels bei, und sie stellte die »neuen« Schriften nicht vor, sondern hinter die Bibel Israels; so entstand die eine, zweigeteilte christliche Bibel.
2. Sie griff nicht in den *jüdischen Wortlaut* des ersten Teils ein, um ihn durch eine Überarbeitung zu »christianisieren«, auch nicht dort, wo in einem neutestamentlichen Text eine christologisch / christlich motivierte Neuinterpretation eines alttestamentlichen Textes vorlag.

Daß die Kirche die Bibel Israels *so* in *ihrer* Bibel beibehielt, entsprach der in den neutestamentlichen Schriften selbst und in den wichtigen Glaubensbekenntnissen der Alten Kirche sich aussprechenden Überzeugung, daß die Bibel Israels das unaufgebbare Fundament des Christentums ist. Bei aller Polemik, die das sich profilierende junge Christentum gegen die jüdische Mehrheit entwickelte, die *seinen* Weg nicht gehen wollte, hielten die neutestamentlichen Autoren auch nach der Tempelzerstörung (70 n. Chr.), wie es scheint noch entschiedener als zuvor, daran fest: Christliche Identität gibt es nur, auch für das Heidenchristentum, in der bleibenden Rückbindung an das Judentum (vgl. die liturgischen Traditionen) und insbesondere an die Jüdische Bibel. Selbst als faktisch aus vielfältigen Gründen die Brücken zwischen Kirche und »Synagoge« abgebrochen wurden, blieb die Kirche, auch wenn es ihr offensichtlich schwerfiel, dabei: »Nicht du trägst die Wurzel, sondern die Wurzel trägt dich« (Röm 11,18).

Auslegungshorizont des Neuen Testaments

Daß das Christentum der Bibel Israels als seines Fundamentes bedarf, ist beinahe auf jeder Seite des Neuen Testaments buchstäblich zu greifen. Um die Botschaft vom endzeitlichen Wirken Gottes in und durch Jesus Christus nahezubringen, werden immer wieder »die Schrift«/»die Schriften« (d.h. die Jüdische Bibel) wörtlich zitiert oder motivlich eingespielt.

Mit ihrem ausdrücklichen Rückgriff auf »die Schrift« und durch das subtile Einspielen von Vorstellungs- oder Geschehenszusammenhängen aus der Bibel Israels wollen die neutestamentlichen Autoren nicht »die Schrift« *auslegen*. Ihnen geht es um ein Verstehen und Näherbringen des Christusereignisses als der in ihrer Sicht endgültig entscheidenden Heilssetzung Gottes »von der Schrift her«, d.h. von der als bekannt und autoritativ anerkannt vorausgesetzten Bibel Israels her. Die neutestamentlichen Autoren lassen weder Jesus einen alttestamentlichen Text zitieren noch zitieren sie selbst einen solchen, *um* damit diesen Text verbindlich christlich auszulegen, so als wäre dies der *einzige* Sinn des Textes. Das Problem der jungen Kirche, gerade im Angesicht des lebendigen Judentums, war nicht, wie sie mit der Bibel Israels umgehen sollte. »Man darf nicht sagen, daß das Alte Testament für die ersten Christen aus sich selbst keine Autorität gehabt habe und nur darum übernommen worden sei, weil man sah, daß es ›Christum trieb‹ oder auf Christus zutrieb. Die kritische Frage, auf die Luthers bekannte, viel mißbrauchte Formulierung Antwort gibt, war noch gar nicht gestellt. Die Dinge liegen eher umgekehrt: Christus wird vor den Ungläubigen wohl aus der Schrift gerechtfertigt, aber das entgegengesetzte Bedürfnis, die Schrift von Christus her zu rechtfertigen, ist noch nirgends erwacht.«[4]

Daß die Kirche die Bibel Israels zum ersten Teil ihrer Bibel gemacht hat, hat programmatische Bedeutung: Die Bibel Israels hatte den unbestrittenen Offenbarungsanspruch. Sie hatte kanonische Qualität und Autorität. Auf sie griffen deshalb die Jesusjünger zurück, um ihrer Jesusbotschaft kategoriale Mitteilbarkeit, Überzeugungskraft und Gültigkeit zu geben. Dabei wird nicht das Alte Testament vom Neuen her gelesen, sondern umgekehrt gilt: Das Neue Testament ist vom Alten Testament her geschrieben; *das Neue Testament will im Lichte des Alten Testaments gelesen werden*. In Abwandlung des vielzitierten Wortes des altkirchlichen Schriftgelehrten und Bibelübersetzers Hieronymus »Die Schrift nicht kennen heißt Christus nicht kennen« kann gesagt werden: Das Alte Testament nicht kennen und verstehen heißt Christus und das Christentum nicht verstehen.

Daß es ein genuin christliches Bekenntnis zu Jesus dem Christus nur in Rückbindung an die Traditionen des Judentums geben kann, dokumentiert das Neue Testament auf dreifache Weise:

(1) Die neutestamentlichen Erzählungen über Jesus sind so intensiv und detailliert aus der Bibel Israels heraus gestaltet, daß Jesu Leben und Sterben insgesamt als »schriftgemäß« präsentiert wird: Er hat selbst »schriftgemäß« gelebt und seine Jüngerinnen/Jünger haben ihn »schriftgemäß« erlebt. Insofern ist der »schriftgemäße« Jesus die Besiegelung der Bibel Israels für seine Jüngerinnen und Jünger. Jesus und die Bibel Israels sind für sie untrennbar.

(2) Das neutestamentliche Zeugnis von Jesus stellt ihn als einzigartige biographische Aktualisierung der kanonischen Ursprungsgeschichte seines Volkes dar, wie diese in der Tora/im Pentateuch erzählt wird (von Ägypten durch die Wüste hinauf nach Jerusalem). Die christliche Tradition hat dies in ihrer typologischen Lektüre des Alten Testaments richtig erkannt. Daß sie dabei oft die Bedeutung des Alten Testaments meist darauf reduzierte, (schattenhafte) Vorausdarstellung der in Jesus geschehenen »Erfüllung« zu sein, widerspricht nicht nur dem Selbstverständnis des Alten Testaments, sondern auch der Art und Weise, wie das Neue Testament selbst das Jesusleben *so* als Ereignis und eschatologische Aktualisierung der Geschichte Israels darstellt, daß *diese* Geschichte durch Jesus den Christus ihrer Vollendung entgegengeführt wird – und zwar »schriftgemäß«!

(3) Die neutestamentliche Christologie, die in den sogenannten Hoheitstiteln entfaltet wird (vor allem: Menschensohn, Herr, Christus/Messias, Gottessohn), ist ohne ihre Rückbindung an den jüdischen Kontext, in dem sie entstanden und überliefert sind, schlechterdings nicht verstehbar. Dies gilt ebenso vom christlichen Glauben an die Auferweckung von den Toten.

Altes Testament oder Erstes Testament?

Man kann fragen, ob die grundlegende Funktion des ersten Teils der christlichen Bibel nicht verkannt wird, wenn man ihn traditionell »Altes Testament« nennt. Schon das Neue Testament selbst kennt keine Kategorie »Alte« Schriften als Sammelbegriff für die Jüdische Bibel. Erst die

Im 16. und 17. Jh setzte in der christlichen Exegese eine stärkere Bemühung um den biblischen Originaltext ein. Damals entstanden die bis heute nützlichen Polyglottenbibeln, die den hebräischen Originaltext und die alten Versionen (Septuginta, Targum, Vulgata, syrische Übersetzung = Peschitta u.a.) nebeneinander abdruckten. Bis heute wird meist die sog. Londoner Polyglotte von Brian Walton (London 1654 bis 1657; Nachdruck Graz 1964; 6 Bde.) verwendet. Unsere Abb. zeigt deren Titelbild.

gezielte Absetzung der Kirche vom Judentum hat diesen Begriff geschaffen. Das ist die Hypothek, die bis heute auf ihm lastet.

Die Bezeichnung »Altes Testament« muß nicht notwendigerweise negative Beitöne haben; umgekehrt kann das Prädikat »neu« auch eine negative Qualifikation (z.B. modisch, unerfahren) oder zumindest gegenüber »alt« eine Qualitätsminderung sein (z.B. alter Wein – neuer Wein). So lange »alt« im Sinne von Anciennität (altehrwürdig, kostbar, bewährt) und Ursprung seine positiven Konnotationen behält, kann die Bezeichnung gewiß akzeptabel bleiben, zumal sie selbst »alt« ist. Und wenn man sich bewußt macht, daß dies eine spezifisch christliche Bezeichnung ist, die daran erinnert, daß es das Neue Testament nicht ohne das Alte Testament gibt, kann man sie als legitimen Appell an die fundamentale Wahrheit hören, daß die christliche Bibel aus zwei in unterschiedlichen Kontexten entstandenen Teilen besteht, deren Gemeinsamkeit und Differenz zugleich (Kontinuität und Diskontinuität) festgehalten werden muß. Das Wortpaar »alt –neu« ist dann nicht als Opposition, sondern als Korrelation gemeint. Freilich muß man sich daran erinnern, daß dies eine Bezeichnung ist, die weder dem Selbstverständnis des Alten Testaments entspricht noch dem jüdischen Verständnis dieser Schriften angemessen ist. Als solche ist sie anachronistisch und, wie die Rezeptionsgeschichte im Christentum zeigt, der Auslöser permanenter Mißverständnisse und fataler Antijudaismen. Deshalb müßte sie eigentlich immer in Anführungszeichen gesetzt – oder durch eine andere Bezeichnung ersetzt oder zumindest ergänzt werden. Diese korrigierende Funktion könnte von der Bezeichnung »Erstes Testament« ausgeübt werden.

Die Bezeichnung »Erstes Testament« kann sich durchaus biblisch legitimieren. Sie kommt nicht nur im Hebräerbrief vor (vgl. Hebr 8,7.13; 9,1.15.18), sie wird auch in der griechischen Übersetzung (Septuaginta) von Lev 26,45 verwendet, wo sie – anders als im Hebr – uneingeschränkt positiv den »ersten« Bund am Sinai als »Bund zur Vergebung der Sünden« (vgl. Lev 26,39-45) im Sinne des gründenden und weiterwirkenden Anfangs meint. Genau diesen Aspekt kann die Bezeichnung herausstellen: Der erste Teil der christlichen Bibel ist das grundlegende Fundament, das zuerst gelegt wurde und auf dem das im »Zweiten Testament« bezeugte neue Handeln Gottes an und durch Jesus und an denen, die Jesus nachfolgen, so aufruht, daß es dessen erneute und endgültige Aktualisierung ist.

Die Bezeichnung hat mehrere positive Implikationen: (1) Sie vermeidet die traditionelle Abwertung, die sich assoziativ und faktisch mit der Bezeichnung »Altes Testament« verbunden hat. (2) Sie gibt den historischen Sachverhalt korrekt wieder: Es ist gegenüber dem Neuen/Zweiten Testament in der Tat als »erstes« entstanden, und es war die erste Bibel der jungen, sich formierenden Kirche. (3) Sie formuliert theologisch richtig: Es bezeugt jenen »ewigen« Bund, den Gott mit Israel als seinem »erstgeborenen« Sohn (vgl. Ex 4,22; Hos 11,1) geschlossen hat, als »Anfang« jener großen »Bundesbewegung«, in die der Gott Israels auch die Völkerwelt hineinnehmen will. (4) Als »Erstes« Testament weist es hin auf das »Zweite Testament«. So wie letzteres nicht ohne ersteres sein kann, erinnert auch die christliche Bezeichnung »Erstes Testament«, daß es in sich keine vollständige christliche Bibel ist.

Der spannungsreiche Dialog der beiden Teile der einen christlichen Bibel

Zwar sind die unterschiedlichen biblischen Schriften von der sie sammelnden Tradition in gewisse Ordnungsschemata gebracht worden. Aber eine »Einheit« mit einer begrifflich oder konzeptionell beschreibbaren Mitte und Systematik bilden sie nicht – auch wenn sie als eine einzige Größe, eben »die Schrift« bzw. »die Schriften«, bezeichnet und betrachtet werden. Ihre »Einheit« liegt eher in ihrer Funktion als »kanonisches« Dokument von Judentum und Kirche denn in ihrem Inhalt.

Die Polyphonie des Ersten Testaments ist von seinen »Arrangeuren« erkannt und als solche akzeptiert worden. Die Vielschichtigkeit und Mehrstimmigkeit ist nicht einfach die (leider) unvermeidbare Folge der Tatsache, daß dieses Opus eine so komplexe und lange Entstehungsgeschichte hat; zumindest wäre es ja möglich gewesen, daß eine glättende Schlußredaktion eine »Einheit« hergestellt hätte (wie wir dies z.B. bei Konzilsdokumenten oder Kommissionspapieren kennen). Auch die Tatsache, daß hier so unterschiedliche Formen, Motive und Kompositionstechniken verwendet werden, muß eine fundamentale »Einheitlichkeit« nicht von vornherein ausschließen. Nein, die komplexe und kontrastive Gestalt des Ersten Testaments ist zum größten Teil ausdrücklich gewollt. Daß und wie die Töne, Motive und Melodien, ja sogar die einzelnen Sätze dieser polyphonen Sinfonie (= Zusammenklang!) miteinander streiten und sich gegenseitig ins Wort fallen, sich ergänzen und bestätigen, sich widersprechen, sich wiederholen und sich variieren, ist kein Makel und keine Unvollkommenheit dieses Opus, sondern seine intendierte Klanggestalt, die man hören und von der man sich geradezu berauschen lassen muß, wenn man sie als Kunstwerk, aber auch als Gotteszeugnis erleben will.

Seit dem Aufkommen der Bibeldrucke wurden die sog. Rabbinerbibeln für die jüdische Bibelauslegung sehr einflußreich. Bei diesen Bibelausgaben wird der biblische Text mit den (aramäischen) Targumim und den wichtigsten Kommentaren (vor allem Raschi, Abraham ibn Esra, Mosche ben Nachman) *zusammen* abgedruckt. Dadurch wird die Vielschichtigkeit des Textes in seinem jeweiligen Kontext betont. Unsere Abb. zeigt das Titelbild einer solchen »Rabbinerbibel« und deren erste Seite mit dem biblischen Text Gen 1,1 und ringsherum die verschiedenen Kommentierungen.

Was die historische Kritik zum Ausgangspunkt ihrer Hypothesen zur komplexen Entstehungsgeschichte der Bibel und einzelner Teile gemacht hat und macht, insbesondere bei den sogenannten Dubletten, Widersprüchen, semantischen und stilistischen Differenzen, darf nicht so mißverstanden werden, als hätten die »Bearbeiter« und die »Redaktoren« die Spannungen nicht bemerkt. Im Gegenteil: Es ist eben das Proprium der Bibel, daß eine solche Komplexität gezielt geschaffen und aus theologischem (!) Interesse beibehalten wurde. Wenn man unbedingt von einer »Einheit« des Ersten Testaments reden will, dann ist dies höchstens eine komplexe, spannungsreiche, unsystematische und kontrastive Einheit. Statt von »Einheit« sollte man vielleicht konsequenter von »Zusammenhang« reden, dessen Vielgestaltigkeit zum Diskurs und zum Streit über/um die *eine*, vielgestaltige Gottes-Wahrheit provozieren will.

Dies gilt analog für das Zweite Testament und für die christliche Bibel als Ganzes: Daß alle Überlieferungen auf den einen und einzigen Gott Israels bezogen sind, der der Schöpfer der Welt und der Vater Jesu Christi ist, konstituiert ihren dramatischen Zusammenhang – und provoziert den (innerjüdischen, innerchristlichen und jüdisch-christlichen) Streit um die Gotteswahrheit, die sich nur einstellt, wenn man sich auf den leidenschaftlichen Dialog einläßt, den die vielen Stimmen der Bibel miteinander führen. Die Kanonisierung der vielen Stimmen der Bibel ist so der kanonisierte innerbiblische Dialog.

Insofern die frühe Kirche das Erste Testament in seiner *jüdischen*, christlich *nicht* bearbeiteten Textgestalt *neben* dem Zweiten Testament beibehalten hat, wird auch eine Lese- und Verstehensweise des Ersten Testaments als in sich verstehbaren Text nahegelegt – »als ob es das Neue Testament nicht gäbe«. Als vorgängig zum und unabhängig vom Neuen Testament gelesene Büchersammlung wird das Erste Testament zur Herausforderin, Rivalin und Kommentatorin des Neuen Testaments. Sie ist auf bestimmten Lebens- und Glaubensfeldern ihrer neutestamentlichen Konkurrentin überlegen, auf anderen Feldern erhebt sie heilsamen Einspruch gegen allzu vorschnelle Reden des Zweiten Testaments und auf wieder anderen Feldern kann sie sich durch das Zweite Testament in Frage stellen oder ergänzen lassen. Läßt man beide Testamente als Rivalinnen im Streit um die Gotteswahrheit zu, kann aus ihrer Korrelation und Konfrontation eine neue, produktive Lektüre der einen, zweigeteilten Bibel hervorgehen, die keines der beiden allein und in sich selbst ermöglichen würde.

Das Erste Testament kann seine Rolle als Herausforderin, Rivalin und Kommentatorin des Zweiten Testaments nur spielen, wenn man ihm sein *Eigenwort mit Eigenwert* beläßt – und wenn man seine Vielgestaltigkeit und Andersartigkeit nicht mit der christlichen Brille übersieht. So wichtig es ist, gegenüber allen alten und neuen Formen des Markionismus die Traditions- und Bekenntniskontinuität vom Ersten zum Zweiten Testament zu betonen, so notwendig ist es, die Differenzen gelten zu lassen, damit ein produktiver Streit über das in beiden Teilen sich aussprechende Zeugnis von dem einen und einzigen Gott entstehen kann.

Brücke und Graben zugleich

Daß Juden und Christen die gleichen Texte als Bibel lesen, verbindet und trennt sie zugleich. Auf die Frage, wie und woraufhin Christen *als Christen* heute diese Texte, die zuallererst die Jüdische Bibel sind, lesen sollen, lassen sich folgende vier Gesichtspunkte herausstellen:

(1) Wenn Christen ihr Altes Testament lesen, sollen sie es zuallererst als Lehre über die Juden als die Erstadressaten dieser Bibel annehmen. Dabei ist die gegenüber früheren Jahrhunderten wichtige neue Erkenntnis zu betonen: Wir sollen diese Texte nicht nur als Lehre über die Würde des biblischen Israel hören, sondern als Aussagen über die bleibende Würde des zeitgenössischen Judentums. Wenn in diesen Texten von Zion, Jerusalem,

vom Tempel, von den Stämmen und Sippen Israels, vom Land Israel, von der Herausführung aus Ägypten, von der Feier des Pesach/Pascha usw. die Rede ist, dann dürfen wir dies alles nicht vorschnell oder gar ausschließlich auf uns Christen beziehen. Nein, da ist zunächst das jüdische Volk im Blick – wie es der Wortlaut ja auch sagt. Wir Christen kommen dabei nur vor, wenn und insofern wir als Kirche in Lebensgemeinschaft mit Israel stehen. Wenn wir die Texte *so* lesen, können wir lernen, die Mißverständnisse und die Verzerrungen zu überwinden, die eine falsche christliche Theologie jahrhundertelang über das Judentum verbreitet hat. Im unvoreingenommenen Hören auf die Botschaft der Bibel Israels können wir neu entdecken: daß der Gott des sog. Alten Testaments ein Gott der Güte und der Barmherzigkeit ist; daß die Tora Israels nicht ein unfrei machendes »Gesetz«, sondern eine beglückende Wegweisung ist; daß die Geschichte Gottes mit Israel hinzielt auf das alle Völker in Frieden zusammenführende Gottesreich.

(2) Christen sollen ihr Erstes Testament lesen als Botschaft vom Ersten Bund, den Gott mit der Schöpfung und mit Israel geschlossen hat und den er in Jesus, dem Kind Israels, eschatologisch erneuert hat. Der eschatologisch erneuerte Erste Bund, in dessen Gnade Christen leben, ist kein Bund neben dem Bund Gottes mit Israel oder gar ein Bund, der den Gottesbund mit Israel aufhebt. Es ist der *eine* Bund der Erwählung und der Versöhnung, an dessen vielgestaltiger geschichtlicher Wirklichkeit Juden und Christen auf unterschiedliche Weise teilhaben.[5] Insofern die Kirche jener Teil der Völker ist, der den Ruf Jesu zur Anerkenntnis des Gottes Israels und zur Teilhabe an der Bundes*geschichte* angenommen hat, braucht die Kirche das Erste Testament als Zeugnis von der Stiftung dieses Ewigen Bundes mit Israel und der Verheißung seiner eschatologischen Erneuerung (vgl. Jer 31,31-34). Ohne dieses Zeugnis wäre die christliche Rede vom Neuen Bund grund-los.

(3) Christen sollen ihr Erstes Testament als unverzichtbaren und kostbaren Teil ihrer Bibel hören und lesen, der eine Lebenshilfe anbietet, die so nicht im Neuen Testament begegnet. In mancher Hinsicht ist das Alte Testament eine notwendige Ergänzung zum Neuen Testament, ja, in mancher Hinsicht weist es ihm gegenüber sogar ein Plus auf. Während das Neue Testament in der Gestalt Jesu Christi sozusagen die Idealgestalt erlösten Lebens und Sterbens verkündet, konfrontiert das Erste Testament stärker mit der Realität des Durchschnittsalltags.

(4) Das Erste Testament, das die Christen mit den Juden teilen, zwingt die Kirche nicht nur, ein für allemal den Versuchungen zu einem triumphalistischen Absolutheitsanspruch zu widersagen, es konfrontiert sie auch beharrlich mit der Erinnerung, daß sie gerade als Kirche Jesu Christi nicht am Ziel, sondern auf dem Wege ist – zusammengebunden in einer messianischen Weggemeinschaft mit den Juden. Daß diese »Botschaft« den Christen nicht immer leicht gefallen ist und fällt, haben die Juden sehr schmerzlich erleiden müssen, bis hin zu Auschwitz. Gerade das ernsthafte Hinhören der Christen auf die sogenannten messianischen Texte des Ersten Testaments sollte sie dafür wach halten, daß viele Verheißungen Gottes noch nicht erfüllt sind – wie unerträglich wären sonst die Gegenwart und die Zukunft, wenn wir über das hinaus, was schon »ist«, nicht noch etwas zu erwarten und zu erhoffen hätten (nämlich den zur Vollendung kommenden Gott). Und das vorurteilsfreie Mithören der jüdischen Leseweise der gleichen biblischen Texte sollte das die Christen irritierende Nein der Juden zu Jesus als dem Messias verständlich machen, wenn diese, nicht zuletzt aus der Differenz zwischen den messianischen Texten der Jüdischen Bibel und der von den Christen mit Jesus verbundenen messianischen Wirklichkeit, die Messiasfrage meinen offen halten zu müssen – um des Gottesreiches willen, um dessen Kommen die Christen im Vaterunser beten: »Dein Reich komme.«

Ausblick

Erich Zenger

Das Manna fällt auch heute noch

Als die Kinder Israels den Sklavenlagern Pharaos entkommen waren, atmeten sie endlich die Luft der Freiheit. Doch der Weg der neuen Freiheit war beschwerlich und gefährlich. Es war ein Weg durch die Wüste, der ihnen viel abverlangte. Schon bald, so erzählt das 16. Kapitel des Buches Exodus, war die Begeisterung für den Weg in die Freiheit und in das ferne Gelobte Land geschwunden. Die Entscheidung zwischen »Unfreiheit mit vollen Fleischtöpfen« und »Freiheit mit hungrigen Mägen« schien bald keine Frage mehr. Sollten sie nicht besser zurückkehren in das Sklavenhaus, wo es sich zwar nicht gut, aber immerhin leben ließ? Als sie Mose und ihrem Gott die Last, ja Absurdität der neuen Freiheit vorhalten, reagiert ihr Gott nicht mit Unverständnis und nicht mit Vorwürfen. Im Gegenteil: Er verheißt ihnen »Brot vom Himmel«, das sie als »tägliches Brot« die ganze Wüstenzeit hindurch erhalten sollen. Es wird einfach da sein, wo immer sie sind. Morgen für Morgen. Sie brauchen nur einzusammeln und zu essen ...

Und in der Tat, so erzählt die Bibel, lag plötzlich am nächsten Morgen etwas Feines, Knuspriges auf dem Wüstenboden rings um das Lager der Kinder Israels. Als sie es sahen, fragten sie erstaunt: »*Man hu*?« – »Was ist denn das?« – »Das ist das Brot vom Himmel, das euch euer Gott zu essen gibt«, antwortet ihnen Mose. Von der Frage »*Man hu*?« hat das Manna seinen Namen.

Mit dem Manna überstanden die Kinder Israels den Hunger der Wüste. Es gab ihnen die Kraft, den Weg in die Freiheit weiterzugehen. Die Bibel erzählt die Gabe des Manna als Wunder. Es ist eine Wundergeschichte, die man *als solche* (und nicht als Tatsachenbericht) lesen und *beherzigen* muß. Das zu betonen ist wichtig. Denn »bei Wundern sollte man genau hinsehen, worüber man sich zu wundern hat. Denn nicht die Tatsache, daß Manna vom Himmel fiel, ist das Wunder. Bei genauerem Zusehen entpuppt sich das ›Himmelsbrot‹ als ein buchstäblich ›lausiges Brot‹. Ähnlich wie Bienen Honig produzieren Schildläuse Manna. Aber worin lag das Wunder? Es gab so viel davon, daß alle satt wurden. Das ist wichtig, ungewöhnlich, aber doch nicht das Wunder. Das Wunder war, daß, wie 2. Mose 16 erzählt, jeder, so viel oder so wenig er auch sammelte, nach seinem Eßbedarf hatte. Jeder hatte nach seinem Eßbedarf – das ist die große Utopie der Gerechtigkeit und des Schalom, in dem jeder genug hat, jedem Genüge getan ist, jeder vergnügt ist. Ebenso groß aber war das andere Wunder: Man konnte das Manna essen und davon für den Tag satt werden, man konnte es aber nicht horten. Es ließ sich nicht akkumulieren, nicht zur Ware, nicht zum Kapital machen. Es war nichts als Lebensmittel, hatte nur einen Gebrauchs- und keinen Tauschwert. Wer es horten wollte, dem wurde es stinkend. Gegen das Verlangen nach der herstellbaren Sicherheit hatte Gott dem Volk die Gewißheit für den Tag gegeben. Und das dritte Wunder war, daß das am Vortag gesammelte Manna am *Sabbat nicht* verdarb.«[1] Weil es am Sabbat das Manna nicht wie an den anderen sechs Tagen gab und es doch da war, entdeckten sie das Geheimnis des siebten Tages und den Unterschied zwischen den sechs Tagen des Sammelns und dem einen Tag der Ruhe.

So lernten sie am »Wunder« des Manna vieles. Vor allem konnten sie lernen, daß und wie ihr Gott sie »wunderbar« auf dem Weg durch die Wüste umsorgt. Im 8. Kapitel des Buches Deuteronomium wird das »Lehrstück Manna« folgendermaßen zusammengefaßt: »Durch Hunger hat er dich gefügig gemacht und hat dich dann mit dem Manna gespeist, das du nicht kanntest und das auch deine Väter nicht kannten. Er wollte dich erkennen lassen, daß der Mensch nicht nur von Brot lebt, sondern daß der Mensch von allem lebt, was der Mund JHWHs spricht« (Dtn 8,3). Tag für Tag braucht der Mensch das Brot – für seinen Leib und für seine Seele. Das Manna zeigt, daß der Mensch auch Brot braucht, das er selbst nicht backen kann – das Gott gibt: umsonst, hinreichend und immer neu, an den sechs Tagen *und* für den siebten Tag. Es ist Brot, das Kraft geben will, den Weg der Freiheit durch die Wüste weiterzugehen.

Nach biblischem Verständnis ist die Bibel selbst solches »Brot vom Himmel«. Nicht, weil sie vom Himmel gefallen wäre, sondern weil in ihr der Geschmack und die Kraft des Himmels stecken. Man muß »nur« wie die Kinder Israel aus seinem Lager hinausgehen, dieses Manna sammeln *und essen* – wie auch die jüdische Überlieferung empfiehlt: »Das Manna der Wüste fällt auch heute noch vom Himmel und auch heute noch wie damals genau in der Menge, die jeder von uns zum Leben braucht. In der Wüste bekamen wir es ohne jede eigene Bemühung, heute kommt es zu uns durch unsere eigene körperliche oder geistige Anstrengung.«[2]

Dieses Sachbuch will die Augen und die Herzen für das Manna im Alten/Ersten Testament öffnen. Denn das Manna fällt auch heute noch.

»Da sagte JHWH zu Mose [in der Wüste]: Ich will euch Brot vom Himmel regnen lassen. Das Volk soll hinausgehen, um zu sammeln, was es täglich braucht ... Das Haus Israel nannte das Brot Manna. Es war weiß wie Koriandersamen und schmeckte wie Honigkuchen« (Ex 16,4.31). Die Miniatur aus der Wenzelsbibel (Anfang des 15. Jh., Wien, ÖNB Cod. 2759, fol. 70r, benannt nach Wenzel IV., ab 1363 König von Böhmen, 1376/78-1400 röm.-dt. König) zeigt Gott in der Wolke der Herrlichkeit (vgl. Ex 16,10) als Spender des Manna. Daß Mose zwei Hörner auf seinem Haupt hat (vgl. auch die berühmte Plastik des Michelangelo), geht auf eine falsche Übersetzung von Ex 34,29 zurück, die bereits in der Vulgata vorlag; während es im hebräischen Text heißt, daß das Angesicht des Mose »strahlend/glänzend« war, machte die Übersetzung daraus Mose als Mann mit zwei Hörnern und knüpfte dabei an die altorientalische Vorstellung an, nach der Götter als Zeichen ihrer göttlichen Kraft zwei Stierhörner haben (vgl. Num 23,22).

Anmerkungen

Einführung: Das fremde Buch?

1 H.P.Schwerfel, Der Star, den keiner kennt: Zeitmagazin 37,1991,22-24.

2 H.Heine, Ludwig Börne - eine Denkschrift, in: Heinrich Heine Werke. Vierter Band. Schriften über Deutschland, hrsg. von H.Schanze, Frankfurt 1968,370.

3 I.Blumenthal-Weiss, Rainer Maria Rilke und das Judentum: Deutsche Rundschau 84,1958,268.

4 F.Nietzsche, Sämtliche Werke. Kritische Studienausgabe, Band 5, München/Berlin 1980,72.

Spuren des Alten Testaments in der Alltagswelt

1 Vgl. auch den provozierend schrecklichen (und geschmacklosen) Titel des Werks, aus dem diese Zitate stammen: O.Cöster, Ad'Age - der Himmel auf Erden: Eine Theodizee [!] der Werbung, Hamburg 1990,13.

2 Einen materialreichen Überblick bietet: L.Röhrich, Adam und Eva. Das erste Menschenpaar in Volkskunst und Volksdichtung, Stuttgart 1968; diesem Werk verdanken sich auch die oben angeführten Beispiele.

3 K.Schreiner, Volkstümliche Bibelmagie und volkssprachliche Bibellektüre. Theologische und soziale Probleme mittelalterlicher Laienfrömmigkeit, in: P.Dinzelbacher/D.R.Bauer (Hrsg.), Volksreligion im hohen und späten Mittelalter, Paderborn u.a. 1990,361f.

4 K.Schreiner, Volkstümliche Bibelmagie, 366f.

5 Vgl. H.Zschoch, Größe und Grenzen des »Löwen von Mitternacht«. Das Bild Gustav Adolfs in der populären protestantischen Publizistik als Beispiel religiöser Situationswahrnehmung im Dreißigjährigen Krieg: ZThK 91,1994,25-50; ebda. auch die Kommentierung des oben besprochenen Flugblattes von 1631. Weiteres Material findet sich auch bei W.Harms, Gustav Adolf als christlicher Alexander und Judas Makkabaeus. Zu Formen des Wertens von Zeitgeschichte in Flugschrift und illustriertem Flugblatt um 1632: Wirkendes Wort 35,1985,168-183.

6 Vgl. dazu die Beiträge in dem von Ch.Tümpel herausgegebenen Katalogband zur Ausstellung »Im Lichte Rembrandts. Das Alte Testament im Goldenen Zeitalter der niederländischen Kunst«, Münster o.J. (1994).

7 M.Huiskamp, Öffentlicher Unterricht in Geschichte und Moral. Das Alte Testament in Rathäusern und anderen öffentlichen Gebäuden, in: Ch.Tümpel, Im Lichte Rembrandts (s.o.), 151f.

8 Vgl. W.Süvern, Torbögen und Inschriften lippischer Fachwerkhäuser (Heimatland Lippe, Sonderheft 7), Detmold 1971.

9 Ich zitiere aus der 32. Auflage: vollständig neubearbeitet von G.Haupt/W.Hofmann, Berlin 1972.

10 L.Röhrich, Lexikon der sprichwörtlichen Redensarten, Bände 1-5 (Herder Spektrum 4400), Freiburg ^{2}1995,

Das Alte Testament in Bildprogrammen christlicher Kunst

1 Zu den Besonderheiten der Bibel Israels im Frühchristentum vgl. C. Dohmen, in: C. Dohmen/G. Stemberger, Hermeneutik (s.u.), 11ff, 136ff.

2 Vgl. im einzelnen M. Schmid, Die Darstellung der Geburt Christi in der bildenden Kunst. Entwicklungsgeschichtliche Studie, Stuttgart 1890.

3 Zu den Besonderheiten des biblischen Bilderverbotes vgl. C. Dohmen, Bild, Bilderverehrung, Bilderverbot, LThK^{3}, Bd. 2, 441-443.

4 von Erffa, Ikonologie I (s.u.) 13.

5 Wetzel, Armenbibel (s.u.) 9.

Zugrunde liegende und weiterführende Literatur

C. Dohmen, Das Neue Jerusalem. Der Ezechiel-Zyklus von Schwarzrheindorf, Bonn 1994.

C. Dohmen/G. Stemberger, Hermeneutik der Jüdischen Bibel und des Alten Testamentes, Stuttgart 1996.

H.M. von Erffa, Ikonologie der Genesis. Die christlichen Bildthemen aus dem Alten Testament und ihre Quellen, I/II München 1989/95.

L. Goppelt, Die typologische Deutung des Alten Testamentes im Neuen, Darmstadt 1969 (= Gütersloh 1939).

T. Iking, Vom Sakrament der Schrift. Typologisches Denken am Beispiel der Biblia pauperum, in: C. Dohmen/T. Sternberg (Hg.), ... kein Bildnis machen. Kunst und Theologie im Gespräch, Würzburg ^{2}1987, 83-96.

C. Jakob, Zum hermeneutischen Horizont der Typologie. Der Antitypos als Prinzip ambrosianischer Allegorese, in: K. Richter/B. Kranemann (Hg.), Christologie der Liturgie. Der Gottesdienst der Kirche - Christusbekenntnis und Sinaibund (QD 159) Freiburg 1995, 103-111.

L. Kötzsche/P.von der Osten-Sacken (Hg.), Wenn der Messias kommt. Das jüdisch-christliche Verhältnis im Spiegel mittelalterlicher Kunst, Berlin 1984.

G. Lange, Kunst zur Bibel, München 1988.

G. Schmidt, Die Armenbibeln des XIV. Jahrhunderts, Graz/Köln 1959.

O. von Simson, Von der Macht des Bildes im Mittelalter, Berlin 1993.

C. Wetzel/H. Drechsler (Hg.), Biblia pauperum. Armenbibel. Die Bilderhandschrift des Codex Pallatinus latinus 871

im Besitz der Bibliotheca Apostolica Vaticana, Stuttgart/Zürich 1995.

Alttestamentliche Gestalten als politische Programme in der europäischen Malerei und Plastik

1 Zu den Lot-Darstellungen siehe Kauffmann, C.M., Lot, in: Lexikon der christlichen Ikonographie, Bd.3, Freiburg 1971, 107-112; Von Erffa, H.M., Ikonologie der Genesis, Bd.2, München 1995, 115-119.

2 Den Hinweis auf das Lotbild von Altdorfer, dessen antisemitische Deutung samt der Verankerung in der Biographie des Malers verdanke ich Manfred Riesel, der mir freundlicherweise sein Manuskript zur Verfügung gestellt hat. Vgl. dazu: Riesel, M., Müssen wir alles glauben, was uns erzählt wird? Kritische Betrachtungen zu Darstellungen der Kunst: Sein und Schein, Frankfurt 1997 (im Druck).

3 Zu den Fresken des Regensburger Kaiserbades und deren Datierung siehe Benesch, O., Der Maler Albrecht Altdorfer, Wien ^{4}1943.

4 So deutet die verschlungene Beinstellung: Kehr, W., Bilder von »Judith« und »Salome«, in: Kunst+Unterricht 117 (1989), 17-26; 21.

5 V/5; vgl. Doutreleau, L., ed., Origène: Homélies sur la Genése, Sources Chrétiennes 7, Paris 1985, 175ff.

6 Vgl. dazu den Artikel Lot, in: Encyclopedia Judaica, Bd.11, Jerusalem 1971, 507f.

7 Siehe dazu: Wyss, R.L., David, in: Lexikon der christlichen Ikonographie, Bd.1, Freiburg 1968, 477-490; Ders., David, in: Reallexikon zur Deutschen Kunstgeschichte, Bd.3, Stuttgart 1954, 1083-1119. Siehe auch die einzelnen Artikel zu David in: Encyclopaedia Judaica, Bd.11, Jerusalem 1971, 1318-1338, sowie Kunze, K., David, in: Lexikon der christlichen Ikonographie, Bd.6, Freiburg 1974, 35f.

8 Zu diesem Aspekt vgl. Münkler, H., Moses, David und Ahab. Biblische Gestalten in der politischen Theorie der frühen Neuzeit, in: Ebach, J., Faber, R., Hg., Bibel und Literatur, München 1995, 113-136.

9 Siehe dazu: Bonsanti, G., David. Storia e mito di una statua, Firenze o.J.

10 Zu den Juditdarstellungen siehe: Garrard, M.D., Artemisia Gentileschi, Princeton 1989; Seibert, J., Judith, in: Lexikon der christlichen Ikonographie, Bd.2, Freiburg 1970, 454-458; Friedman, M., The Metamorphoses of Judith, in: FS. Narkiss, B., Jewish Art 12-13 (1987), 225-246; Kehr, W., Bilder von »Judith« und »Salome«, in: Kunst+Unterricht 117 (1989), 17-26.

11 Ich danke Minna Antova für die anregenden Gespräche über ihre Bilder.

Das Alte Testament in Oratorien und Opern

1 Vgl. dazu H.-H. Decker-Vogt, Aus der Seele gespielt. Eine Einführung in die Musiktheraphie, München 1991; Ch. Schwabe, Regulative Musiktherapie, Stuttgart 1996.

2 Worbs, Mendelssohn-Bartholdy (s.u.) 121.

3 Pahlen, Verdi (s.u.) 157f

Zugrunde liegende und weiterführende Literatur

I. Adler u.a., Musik und Religion, TRE 23, 441-495.

F. Chrysander, Händels Biblische Oratorien in geschichtlicher Betrachtung, Hamburg 1897.

D. Hiller, Auf dem Weg zum bibelkundigen Publikum. Die Musik in den Oratorien Georg Friedrich Händels, BiKi 48, 1993, 94-99.

K. Pahlen, Giuseppe Verdi, Nabucco, Mainz ^{2}1991.

A.L. Ringer, Arnold Schönberg. The Composer as Jew, Oxford-New York ^{2}1993.

O. H. Steck, Moses und Aron. Die Oper Arnold Schönbergs und ihr biblischer Stoff, München 1981.

W. Thiel, Mendelssohns ›Elias‹ und der biblische Elia, in: P.Mommer/W.Thiel (Hg.), Altes Testament - Forschung und Wirkung (FS H. Graf Reventlow) Frankfurt u.a. 1994, 337-353.

W. Wiora (Hg.), Religiöse Musik in nicht-liturgischen Werken von Beethoven bis Reger, Studien zur Musikgeschichte des 19. Jahrhunderts 51, 1978.

H. C. Worbs, Felix Mendelssohn-Bartholdy, Hamburg 1974.

Das Alte Testament in der Kunst und Literatur des 20. Jahrhunderts

1 S.Mosès, Spuren der Schrift. Von Goethe bis Celan, Frankfurt 1987,7; das Buch stellt die Aufnahme alttestamentlich-jüdischer Traditionen durch J.W.Goethe, F.Nietzsche, F.Kafka, W.Benjamim, F.Rosenzweig, Th.Mann und P.Celan dar.

2 Zitiert nach H.J.Schultz (Hrsg.), Sie werden lachen die Bibel. Überraschungen mit dem Buch, Stuttgart 1975,7.

3 F.Kafka, Tagebücher 1910-1923, in: Gesammelte Werke, hrsg. von M.Brod, Frankfurt 1983,367; vgl. dazu K.-J.Kuschel, Die Bibel in der Literatur des 20. Jahrhunderts, in: M.Huber u.a. (Hrsg.), Mit der Bibel leben. Die Bibel, verstaubtes Buch oder heißes Eisen, Passau 1994,195-197.

4 Vgl. u.a. H.-M.Rotermund, Graphik zur Bibel. Zeitgenössische Darstellungen zu biblischen Themen, Freiburg/Lahr 1966; H.Schwebel, Die Bibel in der Kunst. Das 20. Jahrhundert, Stuttgart 1994.

5 Vgl. u.a. die Überblicke bzw. Einzelstudien: J.Ebach/R.Faber (Hrsg.), Bibel und Literatur, München

1995 (darin besonders die Beiträge über Thomas Mann [von H.Kurzke und E.Drave], Stefan Heym, Grete Weil und Torgny Lindgren [von W.Dietrich] und über die Rezeption der Psalmen in der modernen Lyrik [von B.Kytzler); J.Holzner/U.Zeilinger (Hrsg.), Die Bibel im Verständnis der Gegenwartsliteratur, St.Pölten/Wien 1988; K.-J.Kuschel, Die Bibel in der Literatur des 20. Jahrhunderts, in: M.Huber u.a. (Hrsg.), Mit der Bibel leben (s.o.), 169-200; ders., Vor uns die Sintflut? Spuren der Apokalypse in der Gegenwartsliteratur, in: H.-J.Klauck (Hrsg.),Weltgericht und Weltvollendung (QD 150), Freiburg 1994,232-260 (u.a. über M.Frischs »Der Mensch erscheint im Holozän« sowie über G.Grass' »Rättin«); B.Lermen, Biblische Texte in der deutschen Gegenwartsliteratur: Stimmen der Zeit 210,1992,529-542; F.Link (Hrsg.), Paradigmata. Literarische Typologie des Alten Testaments. Zweiter Teil: 20. Jahrhundert (Schriften zur Literaturwissenschaft Band 5/2), Berlin 1989.

6 G.Langenhorst, Hiob unser Zeitgenosse. Die literarische Hiob-Rezeption im 20. Jahrhundert als theologische Herausforderung (Theologie und Literatur 1), Mainz 1994.

7 J.Roth, Hiob, Roman eines einfachen Mannes (Herder-Bücherei 25), Freiburg 1958,5f.

8 J.Roth, Hiob, 128-130.

9 Vgl. den kurzen Überblick bei G.Langenhorst, Hiob, 143-146.

10 G.Langenhorst, Hiob, 98f.

11 A.Döblin, Berlin Alexanderplatz. Die Geschichte vom Franz Biberkopf (dtv 1490), München [34]1995,124-127.

12 Brief vom 13.9.1946 an Kurt Frener, in: C.Blasberg (Hrsg.), Karl Wolfskehls Briefwechsel aus Neuseeland 1938-1948, Darmstadt 1988,909.

13 Vgl. G.Langenhorst, Hiob, 176-195 (mit zahlreichen Literaturangaben); das oben zitierte Gedicht steht in: Nelly Sachs, Fahrt ins Staublose. Gedichte, Frankfurt 1988,95.

14 Th.W.Adorno, Prismen, Frankfurt 1976,31.

15 Vgl. die beiden Textsammlungen (mit Einführung) von P.K.Kurz, Psalmen vom Expressionismus bis zur Gegenwart, Freiburg 1978; Wem gehört die Erde. Neue religiöse Gedichte, Mainz 1984; kurze Überblicke bei: P.K.Kurz, Niemand knetet uns wieder. Psalm und Lyrik im 20. Jahrhundert: TThQ 157,1977,43-68; B.Kytzler, Moderne Psalmen, in: J.Ebach/R.Faber (Hrsg.), Bibel und Literatur (s.o.), 157-181; wichtige monographische Abhandlungen sind: I.Bach/H.Galle, Deutsche Psalmendichtung vom 16. bis zum 20. Jahrhundert. Untersuchungen zur Geschichte einer lyrischen Gattung, Berlin 1989; A.Stadler, Das Buch der Psalmen und die deutschsprachige Lyrik des 20. Jahrhunderts. Zu den Psalmen im Werk Bertolt Brechts und Paul Celans, Köln 1989.

16 Der vierteilige Zyklus »Psalm« erschien in I.Bachmanns erstem Gedichtband »Die gestundete Zeit« 1953; er findet sich nun in Band I der von Ch.Koschel/I.von Weidenbaum/C.Münster herausgegebenen Werke I.Bachmanns ([2]1982); vgl. u.a. D.Mieth, Die »Umsetzung« biblischer Sprache im Werk Ingeborg Bachmanns, in: J.Holzner/D.Zeilinger (Hrsg.), Die Bibel (s.o.), 61-68.

Die Lebenswelt der Bibel Israels

Zugrunde liegende und weiterführende Literatur

Biblisches Reallexikon (hrsg. von K. Galling), Tübingen [2]1977.

V. Fritz, Die Stadt im Alten Israel, München 1990.

Herders Großer Bibelatlas (hrsg. von J. B. Pritchard, dt. Ausgabe hrsg. und bearb. von O. Keel / M. Küchler, Freiburg/Basel/Wien 1989.

O. Keel / C. Uehlinger, Göttinnen und Gottessymbole. Neue Erkenntnisse zur Religionsgeschichte Kanaans und Israels aufgrund bislang unerschlossener Quellen (Quaestiones Disputatae 134), Freiburg [3]1995.

E. A. Knauf, Die Umwelt des Alten Testaments (Neuer Stuttgarter Kommentar. Altes Testament 29), Stuttgart 1994.

M. Noth, Die Welt des Alten Testaments. Einführung in die Grenzgebiete der Alttestamentlichen Wissenschaft (Sammlung Töpelmann, Zweite Reihe 3), Berlin [4]1962.

H. Weippert, Palästina in vorhellenistischer Zeit (Handbuch der Archäologie Vorderasien II Bd. 1), München 1988.

Entstehung und Aufbau des Alten Testaments

1 Zu diesem ganzen Kapitel vgl. E.Zenger u.a., Einleitung in das Alte Testament (Studienbücher Theologie1,1), Stuttgart [2]1996; weitere Einleitungswerke: O.Kaiser, Grundriß der Einleitung in die kanonischen und deuterokanonischen Schriften des Alten Testaments I-III, Gütersloh 1992/1994; R.Rendtorff, Das Alte Testament. Eine Einführung, Neukirchen-Vluyn [4]1992; H.W.Schmidt, Einführung in das Alte Testament, Berlin [5]1995; R.Smend, Die Entstehung des Alten Testaments, Stuttgart [4]1989; L.Schottroff/S.Schroer/M.-Th.Wacker, Feministische Exegese. Forschungserträge zur Bibel aus der Perspektive von Frauen, Darmstadt 1995.

2 Daß die früher von vielen Forschern angenommene »Synode von Jamnia« um 100 n.Chr., die den jüdischen Kanon definitiv festgelegt hätte, nur ein Gelehrtenkonstrukt war, ist inzwischen allgemeine Meinung; vgl. dazu G.Stemberger, Jabne und der Kanon, in: ders., Studien zum rabbinischen Judentum (SBAB 10), Stuttgart 1990, 375-389.

3 »Klassische« Darstellungen der Geschichte Israels sind: H.Donner, Geschichte des Volkes Israel und sei-

ner Nachbarn in Grundzügen I und II (ATD.Erg 4/1.2), Göttingen [2]1996; M.Metzger, Grundriß der Geschichte Israels, Neukirchen-Vluyn [8]1990; M.Noth, Geschichte Israels, Göttingen [7]1969. Die starke Interdependenz von politischer Geschichte und biblischer Literatur wird glänzend herausgearbeitet bei R.Albertz, Religionsgeschichte Israels in alttestamentlicher Zeit I und II (ATD.Erg 8/1.2), Göttingen 1992; für die nachexilische Epoche vgl. auch J.Maier, Zwischen den Testamenten. Geschichte und Religion in der Zeit des Zweiten Tempels (NEB.Erg 3), Würzburg 1990.

4 Vgl. den guten Überblick bei H.Stegemann, Die Essener, Qumran, Johannes der Täufer und Jesus. Ein Sachbuch (Herder Spektrum 4294), Freiburg 1993.

5 Zur Bedeutung des Kanons vgl. die Zusammenfassung der derzeitigen Forschungssituation bei Ch.Dohmen/G.Stemberger, Hermeneutik der Jüdischen Bibel und des Alten Testaments (Studienbücher Theologie 1,2), Stuttgart 1996, 144-154.

6 Vgl. J.Assmann, Das kulturelle Gedächtnis. Schrift, Erinnerung und politische Identität in frühen Hochkulturen, München 1992.

7 H.W.Wolff, Prophet und Institution im Alten Testament, in: T.Rendtorff (Hrsg.), Charisma und Institution, Gütersloh 1985, 87-101

8 G.von Rad, Das Alte Testament ist ein Geschichtsbuch, in: C.Westermann (Hrsg.), Probleme alttestamentlicher Hermeneutik (ThB 11), München 1963, 11.

Eine Bibel – viele Zugänge und Leseweisen

1 H. Graf Reventlow, Epochen der Bibelauslegung Bd. I, München 1990, 7.

2 H. Goldstein, Kleines Lexikon zur Theologie der Befreiung, Düsseldorf 1991, 29.

3 A. Deissler, Die Grundbotschaft des Alten Testaments, Freiburg 1995, 8.

4 M. Buber / F. Rosenzweig, Die Schrift und ihre Verdeutschung, Berlin 1936, 314.

5 G. Stemberger, in: Ch. Dohmen / G. Stemberger, Hermeneutik der Jüdischen Bibel und des Alten Testaments, Stuttgart 1996, 130.

6 M. Buber, Werke Bd. II: Schriften zur Bibel, München-Heidelberg 1964, 1186.

Weiterführende Literatur

H. K. Berg, Ein Wort wie Feuer. Wege lebendiger Bibelauslegung, München/Stuttgart 1991 (zur raschen Orientierung über die Vielfalt der Ansätze);

H. Reventlow, Epochen der Bibelauslegung, München 1990ff (eine großangelegte Geschichte der Bibelauslegung in mehreren Bänden);

Die Interpretation der Bibel in der Kirche, Stuttgarter Bibelstudien 161, Stuttgart 1995;

R. J. Coggins/J. L. Houlden, A Dictionary of Biblical Interpretation, London 1990 (ein umfangreiches Nachschlagewerk zur Geschichte, Theorie und Praxis der Bibelauslegung – ein vergleichbares dt. Lexikon gibt es nicht).

Schwerpunkte der Theologie

1 F.Stolz, Einführung in den biblischen Monotheismus, Darmstadt 1996, 20.

2 Ebd., 110.

3 B.Lang, Art. Monotheismus, NBL II, 834-844, 835.

4 W.H.Schmidt, Art. Monotheismus, TRE 23, 237-248, 243.

5 F.Stolz, Einführung, 37.

6 Ebd., 93.

7 W.H.Schmidt, Alttestamentlicher Glaube in seiner Geschichte, Neukirchen [7]1987, 183.

8 Ebd., 172.

9 G.Vanoni, »Du bist doch unser Vater« (Jes 63,16). Zur Gottesvorstellung des Ersten Testaments, SBS 159, Stuttgart 1995, 32.

10 Ebd., 48f.

11 Ebd., 32.

12 Ebd., 27.

13 H.W.Jüngling, »Was anders ist Gott für den Menschen, wenn nicht sein Vater und seine Mutter?«, in: W.Dietrich/U.A.Klopfenstein (Hg.), Ein Gott allein?, OBO 139, Fribourg 1994, 365-386, 383.

14 Ch.Frevel, Aschera und der Ausschließlichkeitsanspruch JHWHs, BBB 94, 1 + 2, Weinheim 1995, 926f.928f.930.

15 H.Seebaß, Genesis I, Neukirchen 1996, 66.

16 H.Spieckermann, Heilsgegenwart, Göttingen 1989, 49.

17 E.Zenger, Gottes Bogen in den Wolken, SBS 112, Stuttgart 1983, 78.

18 H.W.Wolff, Anthropologie des Alten Testaments, [5]1990, 16.

19 W.H.Schmidt, »Was ist der Mensch?«, in: BiKi 42 (1987) 2-15, hier: 15.

20 Vgl. J.Schmid, Art. Anthropologie, Biblische A., LThK I, Freiburg [2]1957, 604-615.

21 W.Groß, Art. Gottebenbildlichkeit, LThK[3], Bd. 4, 1995, 872.

22 G.Fleischer, Von Menschenverkäufern, Baschankühen und Rechtsverkehrern, BBB 74, Frankfurt a.M. 1989, 131-154, hier: 145.

23 Zur Prozeßrechtssammlung Ex 23,1-9 siehe L.Schwienhorst-Schönberger, Das Bundesbuch, BZAW 188, Berlin

1990, 378ff; E.Otto, Der Dekalog als Brennspiegel israelitischer Rechtsgeschichte, in: J.Hausmann/H.J.Zobel (Hg.), Alttestamentlicher Glaube und Biblische Theologie, FS H.D.Preuß, Stuttgart 1992, 59-68, hier: 65.

24 E.Otto, Die Geburt des moralischen Bewußtseins. Die Ethik der Hebräischen Bibel, in: E.Otto/S.Uhlig, Bibel und Christentum im Orient, Orientalia Biblica et Christiana 1, Glückstadt 1991, 65-87, hier: 73.

25 H.P.Mathys, Liebe deinen Nächsten wie dich selbst, OBO 71, Göttingen 1986, 35.

26 Ebd., 67; vgl. E.Otto, Die Geburt, 74ff.

27 W.Wolbert, »Niemals bloß als Mittel, immer zugleich als Zweck«, in: Theologie und Glaube 76 [1986] 1-16, hier: 16.

28 H.P.Mathys, Liebe deinen Nächsten, 39.

29 N.Lohfink, Das deuteronomische Gesetz in der Endgestalt – Entwurf einer Gesellschaft ohne marginale Gruppen, in: BN 51 (1990) 25-40, hier: 38f.

30 N.Lohfink/E.Zenger, Der Gott Israels und die Völker. Untersuchungen zum Jesajabuch und zu den Psalmen, SBS 154, Stuttgart 1994, 180.

Das Alte Testament – ein Buch für Frauen?

1 Zur Definition des Patriarchats siehe Schüssler Fiorenza, E., Zu ihrem Gedächtnis ..., München 1988, 62.

2 Die Feststellungen des II. Vaticanums von Dei Verbum, 11- 12, haben ihre besondere Gültigkeit für jene Aussagen der Bibel, die Frauen marginalisieren.

3 Vgl. Brenner, A., van Dijk-Hemmes, F., On Gendering Texts, Biblical Interpretation Series 1, Leiden 1993, 5-11.

4 Siehe dazu Fischer, I., Die Erzeltern Israels, Beihefte zur Zeitschrift für die alttestamentliche Wissenschaft 222, Berlin 1994.

5 Siehe zum folgenden Fischer, I., Gottesstreiterinnen, Stuttgart 1995.

6 Vgl. dazu Häusl, M., Abischag und Batscheba, Arbeiten zu Text und Sprache im Alten Testament 41, St. Ottilien 1993, 239-242.297.

7 Siehe dazu Schroer, S., Weise Frauen und Ratgeberinnen in Israel – Vorbilder der personifizierten Chokmah, in: Wodtke, V., Auf den Spuren der Weisheit, Frauenforum, Freiburg 1991, 9-23.

8 Zu Frauen im Göttinnenkult siehe: Schroer, S., Auf dem Weg zu einer feministischen Rekonstruktion der Geschichte Israels, in: Schottroff, L., Schroer, S., Wacker, M.-T., Feministische Exegese, Darmstadt 1995, 157ff.

9 So etwa die Auskunft des viel verwendeten Lexikons: Köhler, L., Baumgartner, W., Stamm, J.J. u.a., Hebräisches und aramäisches Lexikon zum Alten Testament III, Leiden 1983, 933.

10 Zu Ri 19f. siehe Trible, P., Mein Gott, warum hast Du mich vergessen!, Gütersloher Taschenbücher 491, Gütersloh [2]1990, 99-133.

11 Die alte Erzählung von Gen 16 ist mehrfach bearbeitet worden und hat dadurch Sinnverschiebungen erfahren. Siehe dazu Fischer, Gottesstreiterinnen, 31-39.

Gemeinsame Bibel für Juden und Christen

1 Vgl. zum Folgenden besonders E.Zenger, Das Erste Testament. Die Jüdische Bibel und die Christen, Düsseldorf [5]1995; Ch.Dohmen/Th.Söding (Hrsg.), Eine Bibel - zwei Testamente. Positionen Biblischer Theologie (UTB 1893), Paderborn 1995; Ch.Dohmen/F.Mußner, Nur die halbe Wahrheit? Für die Einheit der ganzen Bibel, Freiburg 1993.

2 Diese doppelte Leseweise wird sehr gut dargestellt bei Ch.Dohmen/G.Stemberger, Hermeneutik der Jüdischen Bibel und des Alten Testaments (Studienbücher Theologie 1,2), Stuttgart 1996.

3 H.von Campenhausen, Die Entstehung des Neuen Testaments, in: E. Käsemann (Hrsg.), Das Neue Testament als Kanon, Göttingen 1970, 110.

4 H.von Campenhausen, Die Entstehung der christlichen Bibel, Tübingen 1968, 78.

5 Vgl. besonders N.Lohfink, Der niemals gekündigte Bund. Exegetische Gedanken zum christlich-jüdischen Dialog, Freiburg 1989.

Ausblick: Das Manna fällt auch heute noch

1 J.Ebach, »... und behutsam mitgehen mit deinem Gott.« Theologische Reden 3, Bochum 1995,100. Dieser Band des Bochumer Alttestamentlers läßt (wie auch seine beiden Vorgängerbände »Theologische Reden, mit denen man keinen Staat machen kann«, Bochum 1989, und »Biblische Erinnerungen. Theologische Reden zur Zeit«, Bochum 1993) in eindrucksvoller Weise die Aktualität des Alten Testaments lebendig werden.

2 P.Kuhn (Hrsg.), Weißt du, wo Gott zu finden ist? Geschichten aus dem chassidischen Judentum, Kevelaer 1984, 113.

Verzeichnis der Bibelstellen

Ortsverzeichnis (alphabetisch)

Verzeichnis der Personennamen (alphabetisch)